本书是张文宏教授主持的上海市教育委员会科研创新计划人文社科重大项目"高校教师的获得感与社会流动"的最终成果

张文宏 等 著

高校教师的
获得感与社会流动

THE SENSE OF GAIN
AND SOCIAL MOBILITY OF
UNIVERSITY FACULTY

社会科学文献出版社
SOCIAL SCIENCES ACADEMIC PRESS (CHINA)

目 录
CONTENTS

第一章　导　论

张文宏[*]

一　学术价值及实践意义

习近平总书记在党的十九大报告中提出要"加快一流大学和一流学科建设，实现高等教育内涵式发展"（习近平，2017）。2018 年，习近平总书记在北京大学师生座谈会上的讲话强调要"建设高素质教师队伍"。他指出："随着信息化不断发展，知识获取方式和传授方式、教和学关系都发生了革命性变化。这也对教师队伍能力和水平提出了新的更高的要求。"（习近平，2018）同时，让高校教师有更多获得感也是检验高校办学水平提升的重要标尺。目前，全国各地的高校正致力于大幅提升科研教学水平和服务地方社会能力的改革。如何切实在高校改革中真正提升高校教师的获得感也成为目前中央和地方政府、教育界及社会各界共同关注的一个重要问题。研究表明，高校教师的科研教学工作在信息化的影响下产生了明显的变化。高校教师越来越多地通过社会交往活动来共享知识和生活体验，从而形成了一个个活跃跨越组织边界、充满了思想碰撞和创新观念的社会关系网络。这种新型的社会关系网络一方面促进了高校教师的科研教学创新行为，另一方面也为社会网络中的成员带来了职业流动及社会流动的信息和渠道，进而影响到高校教师获得感的提升。

从理论意义上讲，本研究将建构和检验高校教师的社交网络、知识共享网络对社会流动的作用机制，探索通过问卷调查方法来呈现高校教师在社会网络中体现的同质性与异质性，并考察他们的社会流动经历与社会网络共同作用于获得感的影响机制，进而建立分析高校教师获得感的影响因

---

*　张文宏，南开大学社会学院院长、二级教授、博士生导师，哲学（社会学）博士。

素的总体性的分析框架和识别模型，补充和完善有关高校教师的社会交往网络中的社会互动和人际关系对教师获得感和社会流动的影响路径的结构模型，深化对获得感的影响因素的理论认识。

从实践意义上讲，本研究将通过对全国高校教师所进行的调查来系统全面地反映高校教师的社会网络互动行为，这有助于在高校和相关科研机构建立和谐活跃的知识创新网络和社会交往社群，为实时掌握高校科研骨干的社会流动提供有效的手段，并对现有服务高校科研创新社群的社会政策和公共服务项目进行批判性反思，从而帮助政府和高校的有关部门制定有针对性的措施来进一步提升高校教师的获得感，增强高校教师的工作积极性和创新能力。

二　国内外研究现状分析

习近平总书记于 2015 年 2 月 27 日在中央全面深化改革领导小组第十次会议上首次提出了"获得感"的概念。习近平总书记指出："要科学统筹各项改革任务……推出一批能叫得响、立得住、群众认可的硬招实招，处理好改革'最先一公里'和'最后一公里'的关系，突破'中梗阻'，防止不作为，把改革方案的含金量充分展示出来，让人民群众有更多获得感。"[①] 这既体现了中国共产党坚持以人民为中心、人民至上的执政理念，也反映了实现社会利益的公平公正分配的紧迫性。"获得感"是带有鲜明中国特色的本土化概念，指的是因物质层面和精神层面的获得而产生的可以长久维持下来的满足感，它强调的是一种在物质和非物质资源与利益基础上的实实在在的满足感。

就我国目前来说，"获得感"多指人民群众共享改革成果的幸福指数，与其相似的概念包括生活满意度、主观幸福感、相对剥夺感等。"获得感"的提出就是为了让人民群众可以享受更多实实在在的东西，是为了能让人民群众真正成为历史的创造者。"获得感"的实现坚持一切从实际出发，着眼于解决社会发展不平衡等现实热点问题，这就要坚持共享发展的理念、坚持人民幸福的信念。获得感的提出有利于促进人的全面发展、实现

---

① 《习近平主持召开中央全面深化改革领导小组第十次会议 李克强等出席》，2015 年 2 月 27 日，https://www.gov.cn/xinwen/2015 - 02/27/content_2822649.htm，最后访问日期：2023 年 12 月 4 日。

人的自我超越，提升个人的幸福指数；就社会而言，"获得感"的提出有利于规避社会的物化现象，形成正确的义利观。

目前有关高校教师获得感的研究还比较少。我们主要借鉴现有以幸福感和满意度为主题的研究成果。幸福感最早提出是基于心理学视角，随后逐渐成为社会学、经济学等多学科共同关注的热点问题。对于高校教师来讲，主观幸福感与获得感所体现的共同特点包括高校教师从事教学科研和社会服务过程中所取得的成就感、发展愉悦感、实现人生价值的满足感和获得社会、他人尊重的积极心理体验等。高校教师的幸福感与获得感之间有着非常强的联系，但我们也要注意两者的区别。高校教师的获得感是基于实实在在获得的利益和资源的主观判断。而高校教师的幸福感是指在高等教育工作中感受到的职业内在的尊严与欢乐，是一种实现自身专业成长和各方面和谐发展的持续的快乐体验。高校教师幸福感和获得感的影响因素大体上可以分为个体特征变量、社会资本变量、组织制度变量等，本研究将重点关注高校教师的人口统计学特征及社会资本这两方面与社会流动之间的交互效应对获得感的影响。

（一）人口统计学变量

人口统计学因素研究主要是探讨性别、年龄、婚姻等人口统计学变量对于教师幸福感的影响。如 Sajad 和 Allahvirdiyani（2011）的研究表明，年龄、婚姻、受教育水平以及教师所属收入阶层与教师幸福感没有显著关系，而经济状况安全度、工作满意度、收入和支出的平衡度与教师幸福感有显著关系。周末和陈江兵（2008）发现男教师的幸福感高于女教师，原因是女教师除承担与男教师相同的教学和科研任务外，还得兼顾家庭方面的责任与义务（如生育、教育小孩、家务等）。而邱秀芳（2007）的研究则认为高校女教师的幸福感高于男教师，原因主要考虑三方面的影响：社会期望、个人成就动机和家庭负担。社会对高校男教师的期望更高，男教师在成就追求方面比女教师要求更高，男教师家庭经济负担比女教师重，导致男教师压力比较大，幸福感低。

周末和陈江兵（2008）发现无婚姻生活的高校教师在人际适应及心态平衡方面都显著高于已婚教师，原因是已婚教师面临的问题、冲突较未婚教师多。雷小庆（2012）的研究认为在生活满意度上，已婚教师高于未婚教师。这可能是因为未婚教师面临着事业、婚恋、生育三重压力，在遭遇困境时没有得到情感和经济支持（王凤娟、王京京，2012）。

对不同学科的教师来说，幸福感也可能存在差异。关晓圆（2014）认为，从健康方面来说，理工科学院教师最担忧，文科学院教师担忧少；但是理工科高校教师的生命活力指数可能高于文科教师。收入越高的教师其自我接纳水平、生存质量满意度和社会关系满意度越高，所以其总体幸福感明显高于低收入教师。

（二）社会资本

随着社会物质生活水平和个人健康水平的提升，学者们开始关注社会环境对幸福感和获得感的影响（Diener et al.，1999；Helliwell and Putnam，2004）。其中，社会网络的影响尤其受到社会学家的关注，并涌现了一批研究成果。社会网络将人们的生活与社会结构有机地结合在一起，为我们更全面、更深入地探讨社会环境对幸福感的影响提供了一个非常有效的研究视角。相关研究通常从两种角度探讨社会网络的作用。以伯特（Burt，2001）、林南（Lin，1999）和格兰诺维特（2015）为代表的研究强调社会网络在个人目的性行动中的作用。而以帕特南（Putnam，2000）为代表的研究则更强调社会网络为身处其中的个体和群体（通常是社区）所创造的价值。前者注重社会网络的结构和社会资源的分布特征，后者则强调社会网络的公共性。无论是哪一种视角，研究者都是从社会网络的结构、社会网络资源和社会网络参与状况的指标出发探讨社会网络与幸福感的关系的。

虽然学术界对社会网络和幸福感的概念和测量尚有一定争议，但都普遍认为社会网络对幸福感具有重要影响（Bowling, et al.，1991；Haller and Hadler，2006）。传统的中国社会是一个比较典型的熟人社会，人们的日常生活和社会行为都深深嵌入在各种社会关系中（Lin and Bian，1991）。因此，对中国人的社会网络与幸福感的关系进行研究具有特别的意义。虽然中国对幸福感的研究仍方兴未艾，但专注于高校教师的社会网络与幸福感关系的学术成果并不多见，比较系统的量化研究则更少。

从外部因素来讲，社会资本视角下教师幸福感的影响因素与社会支持和社会评价等变量有关。Sue（2012）将教师在学校场域中的社会资本界定为教师的各种社会关系，包括与学生、学校领导、同事、学生家长的关系等，该研究认为社会关系的好坏直接影响教师的幸福感水平。社会支持会提升高校教师的生活满意度，增加其积极情感，使其幸福感相对较高。当今社会，人们对物质的追求高于精神追求和文化享受，对教师的评价越来越功利化，对教师职业道德存在误解及偏见，给高校教师不成熟的定位和期望，这些给高校教师造成了一定的社会压力，使高校教师的幸福感降低。有些高校教师的人际关系不和谐，生活圈子过于狭窄，缺乏和同事、学生、领导的交流，幸福感较低。Vesely 等（2014）研究了情商与教师幸福感之间的关系，结果表明，集中的情商训练可以对教师心理幸福感相关变量产生积极的影响，心理韧性、压力管理能力以及处理多变环境的能力都可以随情商训练而提高。Nader 和 Tebyanian（2011）的研究认为舒适的校园环境会激发教师的创造性，提高教师的幸福感。Aelterman 等（2007）的研究发现，支持性学校文化可以提升教师幸福感。

（三）社会资本与社会流动的交互效应

高校教师的社会流动越来越频繁，这一现象引发了专家、学者们的广泛关注。合理的社会流动无论是对高校教师，还是对高校或是国家都是有益的，引导高校教师社会流动朝着健康、良性的方向发展，有利于实现高等教育资源的优化配置，鼓励教师产生更多的科研成果和教学成绩。对教师而言，"人往高处走，水往低处流"是事物发展的本性，况且流动过程本身对其也是一种考验、历练和社会再选择的过程。通过社会流动，教师能逐步找到适合自身发展的环境，有利于实现其自身价值；同时，社会流动能使教师产生危机意识，努力学习新的知识、科研方法以适应新形势的需要。

社会资本在中国大学教师社会流动的决策讨论、信息获取、职位获得三个方面具有重要影响，"强关系假设"更适用于中国研究型大学教师的社会流动。研究发现，在大学教师社会流动的不同环节，不同社会资本所起的作用差异很大。在决策讨论过程中，家庭成员及朋友发挥了核心作用；在信息获取环节，一些基于学缘积累的弱关系起到了重要作用；在职位获得过程中，基于学缘建立起来的强关系起到了核心作用（刘进，2016）。

基于社会交往关系的知识创新与共享是知识管理中承上启下的重要环节。现有对高校教师幸福感和获得感的研究主要集中在组织内或团队的层面，关注的是知识特性、学习意愿、学习能力、沟通与信任、文化和组织差异以及合作方的机会主义行为等因素对教师幸福感的影响。路琳和梁学玲（2009）研究了和谐的人际关系网络对知识共享行为的复杂影响。通过知识共享，企业员工可以有效获取内外部的创新资源，并通过适度地开放，获取外部组织的多维支持，从而实现组织内部与外部组织之间互补性或异质性资源的共享。组织内部的知识共享行为使得知识在实现各创新构成要素之间功能耦合、多重反馈的基础上涌现新特性。通过对内外部各种资源的整合优化，高校教师可以在社会交往关系网络中获得较大的尊重和认可，并为自己的职业发展和科研教学工作创造更为和谐有利的氛围。

本研究关注的个体层面的社会交往与知识共享网络，指的是高校教师通过社会交往建立的多层次、多核心的社会关系网络和知识共享网络。这类网络是由网络成员通过非契约关系或在反复的社会互动的基础上建立起来的，综合运用互联网信息技术手段和线下社会互动方式实现的校内外联动，进而建构起彼此信任、长期合作、互利互通的稳定的社会关系网络。教师们通过非正式的研究小组或者私人关系进行社会交往和知识交流，可以弥补正式的社会交往行为的缺陷，大家通过线上或线下的交谈、聊天、互相帮助、交换意见等方式建立联系，从而促进思想火花的碰撞和创新思想的产生。

以往的研究揭示出，科技人员的社会关系网络对于社会流动和科研创新绩效都存在比较明显的影响。高校教师在工作过程中形成的知识共享网络在不同的个体之间存在比较大的差异。现有研究大多探讨的是社会网络对社会流动和创新行为的积极影响。有研究表明，社会网络中行动者的角色和位置的差异可能会对职业流动和创新行为产生不同的影响。网络中的角色和位置决定了他们在网络中的权力和影响力的大小，这也会导致他们在社会交往和知识共享上采取不同的策略。处于网络核心地位和结构洞位置的行动者更愿意主导科研创新活动，并且也更可能从社会交往和知识共享行为中获得积极的反馈（薛靖、任子平，2006）。而在社会网络中处于边缘和隔离状况的行动者则可能回避参与社会交往行为和科研创新行为，并从社会交往行为中获得消极的心理反馈。

国内外对于获得感的影响因素的研究特别强调在"共享"发展理念的指导下推动包容性发展、提高公共服务供给水平、促进公共服务均等化、实现公共事务的公民参与等（曹现强、李烁，2017）。而对于高校教师来说，他们的获得感不仅来源于工资福利和科研经费方面的切实增长，同时也依赖于更有弹性的社会网络包容性、更合理的行政约束和更通畅的社会参与渠道。高校教师的社会交往活动和科研教学工作中存在各类任务冲突和思想碰撞，这些冲突大多具有较强的破坏性。在科研创新的过程中所引起的争论和摩擦可能会导致职业流动的产生，并在一定程度上阻碍科研活动的开展。但是大量研究也表明，如果教师能够从共享和发展的角度来合理有效地处理这些冲突和碰撞，则会促进他们的科研教学行为并带来幸福感和成就感的提升（Barron and Harrington，1981）。因此，如何在社会网络互动和社会流动的过程中不断扩大社会网络的包容性和共享性，同时避免社会网络权力差异和组织任务冲突问题对教师的获得感产生消极影响就成为本研究的另一个重点。

三　主要内容

本研究将采取问卷调查的量化方法与个案访谈的质性方法相结合的手段，对全国比较典型的高校专业教师进行问卷调查，展现高校教师工作生活的基本现状，研究影响高校教师获得感的影响因素，进一步分析高校专业教师的获得感与社会流动之间的双向影响机制，发现高校现行人力资源管理制度的弊端，优化和完善现行的人力资源管理制度，促进高校教师合理积极的社会流动，减少或避免不合理的消极的社会流动，与西方的"职业获得理论""二元路径流动模型""人力资本与社会资本的社会流动模型"等理论对话，建立有中国特色的"高校教师获得感与社会流动关系的创新理论模型"。

本研究一方面加强社会网络分析的理论、方法和统计模型与实证调查的结合，另一方面通过对高校教师的职业流动和绩效水平的考察，运用、检验社会网络理论、方法和统计模型对于中国高校教师群体的适应性，并根据中国经验研究对社会网络理论、科技创新理论和职业流动理论进行批判和修正，努力构建基于中国情境的社会网络、职业流动和科研创新的理论体系，继续深化对当代中国高教体制的实证研究，提出相应的改革措施和政策建议。

（一）高校教师的生活状况、工作状况及其获得感

通过问卷调查数据、个案访谈资料及高校教师大数据分析，描述高校教师的收入、住房、社会保障、生理和心理健康、闲暇生活、消费、子女教育、婚姻家庭生活、社会网络、社会流动经历等方面的基本状况，在描述上述基本指标的基础上，运用因子分析的方法提炼出高校教师获得感的评估指标体系。

（二） 高校教师的社会分层：高校分层（"双一流"高校、"一流学科"高校、普通高校）、教师的社会分层（客观分层、主观分层）

从社会分层的视角研究教师的客观社会地位、主观社会地位分层。第一步按照教师所属高校的层次或级别分为"双一流"高校、"一流学科"高校、普通高校三个层级；第二步按照教师的职称、收入、行政级别、社会声望、学术权力等指标分为上层、中层、下层三个层级；第三步分别分析高校教师在校内和全国范围内的客观社会地位与主观社会地位；最终对高校教师在中国社会分层结构中的相对位置做出科学的定位，运用中间阶层或中等收入群体理论对量化分析结果提出中国特色的解释。

（三） 性别视角下的高校教师分化

研究高校教师的获得感与社会流动，不能忽视性别的视角。社会流动研究中的性别分析，将流动过程理解为一个性别现象，分析女性和男性高校教师的生活、社会流动过程背后的政治和规束、流动者的工作环境和职业发展、国家的社会流动政策、跨地区流动等社会流动和性别制度与实践的契合点。本研究具体关注以下三方面的主要问题。第一，性别是如何影响社会流动的决定和过程的？男性主导或者女性主导的社会流动的原因和后果是什么？第二，劳动力（学术）市场吸纳特定性别的劳动者的机制是什么？为什么会出现高校教师的性别分化与隔离？第三，不同性别的高校教师的获得感是否存在本质的差别？如果存在差别，这种差别是否影响到其社会流动？

（四） 青年教师的生存压力与社会信心

高校教师的生活和工作压力大、强度高、焦虑多等问题，严重影响了高校教师的获得感。本研究将从社会支持网络入手，探讨如何减轻社会压力的负面影响，增加高校教师在大城市生活的社会融入度与社会信心指数，为制定有效的社会建设与社会管理政策提供参考。本研究主要涉及如下内容：高校教师的社会压力包括住房压力（首付、月供、购买二套房、购买学区房等）、家庭压力（夫妻关系、婆媳关系、子女关系等）、子女教育压力（择校、子女发展预期等）、工作压力（工作发展前景、职业病、过度劳累、人际关系、工作收入等）、生活压力（社会保障、社会安全等)、心理压力(心理健康、生活满意度、自我评价等);社会信心,包括对自我发展的信心(工作发展、身体健康、心理健康等)、对家庭生活的信心(家庭收入、子女教育、老人赡养、家庭关系和睦等)、对社会整体发展的信心(对政府各项政策的前景、整个社会未来发展的预期)、对所在城市的信心(是否会离开所在城市、流动倾向)等。

(五) 高校教师的社会网络与社会资本

本研究试图借鉴格兰诺维特的"弱关系的强度"假设,林南的社会资源理论,科尔曼、普特南、布迪厄、波提斯等人的社会资本理论,博特的结构洞理论,边燕杰的"强关系的力量"命题中的基本概念和理论,运用大型抽样调查的数据,分析高校教师的社会资本构成模式、网顶、网差、网资总量等结构指标对其获得感和社会流动过程及其结果的具体影响,进一步验证前人在不同背景下提出的弱关系和强关系假说的相对解释力,对高校教师这一特定社会群体的获得感及社会流动过程做出社会资本的独特解释。

(六) 影响高校教师社会流动的因素分析

社会流动是指个人或群体在职业结构中位置和空间地理位置的变动,包括水平流动和垂直流动或向上流动和向下流动等。多数研究关注社会位置的变动,特别是向上流动。教师的社会流动可分为教育系统内部流动与教育系统外部流动,主动流动与被动流动,水平流动、向上流动与向下流动等。影响教师社会流动的因素通常涉及家庭背景、自致因素、社会网络、工作环境、单位认同、收入状况、发展潜力、微观制度设计等。本研究将社会地位和空间地理位置的变动以及向上流动和向下流动结合起来进行考察。就高校系统而言,社会流动可分为教育系统内部流动与教育系统外部流动两种。

教育系统内部流动指的是高校教师在整个教育系统之间进行流动。此种流动可以划分为以下几类。首先,以高校为研究对象,可分为组织内流动(人事变更)与组织外流动(人才引进或人才流失)。组织内流动可理解为因学校的人事变更而产生的内部流动,如学校内各部门之间教职人员的调动,本校范围内因教师学术阶梯改变而引起的学术职业流动等都属于此类流动;组织外流动则包含了正流动(人才引进)和负流动(人才流失),直接反映了大学对高校教师吸引力的大小。其次,无论是组织内流动还是组织外流动，从学科的视角出发，都存在学科内流动（学术人员在其从事学科内部的职位流动）与学科外流动（学术人员脱离本学科而从事本学科外的工作）。

教育系统外部流动指的是高校教师向教育系统外的流动。显而易见，与教育系统内部流动相比，两者的本质区别在于教育系统外部流动会造成高校教师人才队伍的流失。

我们将集中研究社会资本在高校教师的社会流动、地域迁移及与当地居民融合过程中的社会机制。所研究的主要问题包括：社会资本在高校教师的地域和职业流动过程中究竟占据着什么地位、所发挥的主要功能是什么？社会资本通过什么方式帮助高校教师实现向上社会流动或地域流动？强关系和弱关系在高校教师的职业与社会流动中的相对有效性如何？社会网络是不是高校教师成功实现迁移和向上社会流动的一条主要途径？

（七）政策建议

把握国内不同高校和地区之间在教师获得感与人才引进政策及其社会效果方面的异同，对东亚和欧美一些国家采取的不同政策开展比较研究，把握其主要的政策内容以及各自的效果，对我国高校教师获得感提升提出可操作化的政策建议。

四　研究目标

本研究的总体目标是：基于中国若干高校的实证调查，通过理论建构、实证分析和操作化对策等层面的研究，为解决高校教师职业流动和科研创新中的重大问题、促进高校科研水平提升提供前瞻性、建设性的理论指导、分析框架和政策建议。

具体目标如下。

第一，通过研究、梳理国内外高校教师流动和互动的理论和经验研究的前沿和动态，形成一个高校教师获得感及社会流动的理论分析框架。

第二，通过问卷调查数据的定量统计和个案访谈资料的系统分析，概括中国高校教师职业流动、社会交往、科研创新合作行为等方面的内在规律，与国外的相关理论和经验研究对话，形成适合中国教育体制特点的创新理论。

第三，通过对国家和地方政府现行高校支持政策与西方发达国家教育政策的比较分析，指出我国现行相关政策的积极和消极功能，为改进和完善现行的高校科研激励政策，促进高校教师有序、合理流动，推动高校骨干科研人才的认同与融合，营造各地高校的科研创新环境提供可操作化的对策思路。

五　重点、难点和创新点

本研究的重点是：高校教师的社会网络的结构特征，是在什么样的特定社会环境下形成的，以及这种结构特征对高校教师的获得感和社会流动的过程与结果产生了什么影响？通过对这些问题的研究进而分析微观社会网络与宏观社会结构之间的关系，即影响个人行为的微观社会结构是如何受到宏观社会结构的促进或制约的，以此解释个人层次上的社会网络资本对高校教师自身的获得感、社会流动及其所在高校的科研教学实力及学校声望提升的作用机制。

本研究的难点是：第一，运用社会网络与社会分层相结合的独特视角研究高校教师的获得感与社会流动及其二者之间的双向影响机制，这在国内的同类研究中非常罕见；第二，建立一个多因素的高校教师获得感的评估指标体系，并将其运用到高校教师社会流动的研究中，开辟一个新的研究领域。

本研究的创新点如下。

第一，将获得感作为高校教师社会流动的一个核心变量，在以往的研究中并不多见。

第二，在社会网络的测量方面，将使用"科研知识共享与帮助网"这一操作化的概念。以往的研究使用"重要问题的讨论网"、"社会支持网"或"拜年网"、"宴请网"等来测量中国人的社会资本，似乎都不能十分准确地反映高校教师的社会资源状况。对于"科研知识共享与帮助网"的操作化测量，将是社会网络与社会资本研究中的新尝试，不仅可与以往关于社会网络中的诸种提名法和定位法测量技术进行比较，而且将会在方法论上有所突破。

第三，将社会分层的视角引入高校教师获得感与社会流动的研究中，是本研究的核心创新点。将高校教师分为不同的阶层或利益群体，通过对不同阶层的高校教师社会网络与社会资本状况的深入分析，运用社会网络和社会资本的理论框架，为教师内部各阶层的社会流动过程与后果提供一种独特的诠释，比笼统地不分群体、不分阶层地分析高校教师的社会资本对社会流动过程与结果的影响更具解释力。

第四，在对教师获得感与社会流动的研究中，从来没有将大数据与问卷调查数据及个案访谈结合起来，本研究将进行初步的尝试和探索。

六　调查样本的基本情况

本研究将主要使用定量分析和定性分析相结合的方法来收集数据和资料。大规模问卷调查重点收集高校教师的获得感与社会流动、社会网络等方面的核心数据。深入的个案访谈、扩展的个案访谈、民族志和文献研究等质性研究方法主要运用于不宜用问卷调查收集的更深层次的信息和资料。本研究通过将大规模问卷调查的定量分析技术与深入的定性分析方法有机地结合起来，使两种研究方法弥补单一研究方法的不足、相得益彰。本课题组于 2019 年至 2020 年在北京、上海、西安和武汉等地对 2000 余名高校教师进行了问卷调查，系统全面地分析了我国高校教师的生活状况、工作满意度、生活满意度、安全感以及获得感等。

抽样方案。在上海、北京等高校集中城市随机抽取 13 所高校（包括"双一流"高校 5 所，"一流学科"高校 4 所，普通高校 4 所），再从所选高校中随机抽取 2000 余名高校教师进行问卷调查，并从中选择 100 名高校教师及管理人员进行深入的个案访谈。个案访谈采用结构式和非结构式的访谈提纲。

研究手段。对于定量资料的分析处理主要通过多元线性回归、对数比率回归、多类别对数比率回归、对数线性模型和事件史分析等统计方法进行。对于深入访谈资料的分析整理，运用"内容分析技术"简化定性资料的分析工作，使定性资料的处理过程标准化。

调研计划。研究团队通过调查问卷、个案访谈、文献分析、现有统计数据的二次分析等手段，从宏观、中观和微观不同层次进行调研，力图掌握准确的资料，反映真实的信息。

（1）在选取的高校进行随机问卷调查和个案访谈。通过问卷调查和个案访谈，集中了解和分析高校教师的社会资本与社会流动的关系、社会流动、地位获得、社会网络与科研绩效、现行政策的评估等核心问题。

（2）对高校主管领导、中层管理人员和教师进行深入的个案访谈，以了解现行教师科研激励和人员流动政策的积极和消极功能，为完善和改进现行的政策提供第一手的经验资料。

（3）通过召开专题研讨会和专家咨询会，研究有关理论、观点和基本判断，形成促进高校教师社会流动、社会网络优化与科研绩效提升等方面的对策措施。

本研究调查涉及了 13 所高等教育院校，并进一步按照"双一流"高校、"一流学科"高校和普通高校进行归类。首先，"双一流"高校包括 5 所：清华大学（9.57%）、中国农业大学（9.57%）、复旦大学（10.35%）、华东师范大学（3.83%）和西安交通大学（4.32%），合计占样本总量的 37.64%。其次，"一流学科"高校包括 4 所：华东理工大学（12.51%）、上海海洋大学（4.42%）、上海大学（8.39%）、华中农业大学（8.63%）、合计占样本总量的 33.95%。最后，普通高校包括 4 所：华东政法大学（4.91%）、上海工程技术大学（8.44%）、上海应用技术大学（7.85%）和上海商学院（7.21%），合计占样本总量的 28.41%（见表 1-1）。

表 1-1　最终样本的分布

单位：%

高校类型	高校名称	频数	占比
"双一流"高校	清华大学	195	9.57
	中国农业大学	195	9.57
	复旦大学	211	10.35
	华东师范大学	78	3.83
	西安交通大学	88	4.32
"一流学科"高校	华东理工大学	255	12.51
	上海海洋大学	90	4.42
	上海大学	171	8.39
	华中农业大学	176	8.63
普通高校	华东政法大学	100	4.91
	上海工程技术大学	172	8.44
	上海应用技术大学	160	7.85
	上海商学院	147	7.21
合计		2038	100.00

注：各类型中按学校代码排序。

从表 1-2 中可以发现，在出生世代方面，总体来看，高校教师群体中

80 世代占比最高（45.73%），70 世代次之（33.07%），换言之，31～50 岁的中青年教师占高校教师总体的 78.80%，而在不同类型高校中呈现了相似的分布。

表 1-2　受访者的高校类型与出生世代

单位:%

高校类型	60 世代前	60 世代	70 世代	80 世代	90 世代	合计（N）
"双一流"高校	1.56	13.17	34.03	42.24	9.00	100（767）
"一流学科"高校	0.29	12.28	31.07	48.41	7.95	100（692）
普通高校	0.69	11.57	34.20	47.15	6.39	100（579）
总体	0.88	12.41	33.07	45.73	7.90	100（2038）

Pearson χ^2（8）= 15.2263；p = 0.055

在性别方面，总体来看，男性教师的比例（54.42%）高于女性教师（45.58%），但在不同类型高校中并未呈现相似的分布。具体来看，在"双一流"高校中，男性教师比例（63.49%）高于女性教师（36.51%）；这一情况同样存在于"一流学科"高校中，男性教师与女性教师的比例分别为 54.48%、45.52%；然而在普通高校中，女性教师的比例（57.69%）却高于男性教师的比例（42.31%）（见表 1-3）。

表 1-3　受访者的高校类型与性别

单位:%

高校类型	女性	男性	合计（N）
"双一流"高校	36.51	63.49	100（767）
"一流学科"高校	45.52	54.48	100（692）
普通高校	57.69	42.31	100（579）
总体	45.58	54.42	100（2038）

Pearson χ^2（2）= 59.6686；p = 0.000

在婚姻状况方面，大部分教师为在婚，总体比例达到了 83.66%，这一情况在不同类型高校中保持了一定的稳定性，教师在婚比例均在八成以上（见表 1-4）。

表1-4 受访者的学校类型与婚姻状况

单位:%

高校类型	非在婚	在婚	合 计（N）
"双一流"高校	17.60	82.40	100（767）
"一流学科"高校	14.60	85.40	100（692）
普通高校	16.75	83.25	100（579）
总体	16.34	83.66	100（2038）

Pearson χ^2（2）= 2.5053；p = 0.286

在政治面貌方面，党员比例最高的高校类型是普通高校，达到了73.92%；其次是"一流学科"高校，党员比例为71.68%；而"双一流"高校的党员比例最低，为66.88%（见表1-5）。

表1-5 受访者的高校类型与政治面貌

单位:%

高校类型	非党员	党员	合 计（N）
"双一流"高校	33.12	66.88	100（767）
"一流学科"高校	28.32	71.68	100（692）
普通高校	26.08	73.92	100（579）
总体	29.49	70.51	100（2038）

Pearson χ^2（2）= 8.5416；p = 0.014

如表1-6所示，在受教育程度方面，总体而言，大部分高校教师的受教育程度为"博士研究生"，比例达到了80.62%，小部分教师的学历为硕士研究生（15.95%），仅有3.43%的高校教师的学历为大学专科或本科。受教育程度在不同类型的高校中呈现着相似的分布，略有不同的是，在"双一流"高校中，博士教师比例相对更高，达到了88.13%，"一流学科"高校的博士教师比例次之（79.19%），普通高校的博士教师比例相对最低（72.37%）。

表1-6 受访者的高校类型与受教育程度

单位:%

高校类型	大学专科或本科	硕士研究生	博士研究生	合 计（N）
"双一流"高校	2.09	9.78	88.13	100（767）

续表

高校类型	大学专科或本科	硕士研究生	博士研究生	合计（N）
"一流学科"高校	4.62	16.19	79.19	100（692）
普通高校	3.80	23.83	72.37	100（579）
总体	3.43	15.95	80.62	100（2038）
Pearson χ^2（4）= 58.4919；$p = 0.000$				

从表 1-7 中可以看到，在收入方面，总体来看，家庭年收入为"30万~50万元"的比例最高（31.21%），其次分别为"50万元及以上"（28.75%）、"20万~30万元"（24.48%），"20万元以下"的比例最低，仅为15.55%。收入分布在不同类型高校中有所不同，"双一流"高校教师的家庭年收入处于相对较高水平，"50万元及以上"的教师比例达到了46.15%，其次分别为"30万~50万元"（29.20%）、"20万~30万元"（14.47%）、"20万元以下"（10.17%）；在"一流学科"高校中，比例由高到低依次是"30万~50万元"（33.67%）、"20万~30万元"（31.36%）、"20万元以下"（18.79%），家庭年收入为"50万元及以上"的教师比例最低，仅为16.18%；在普通高校中，家庭年收入为"30万~50万元"的比例最高，为30.92%，其次分别是"20万~30万元"（29.53%）、"50万元及以上"（20.73%），年收入为"20万元以下"的比例最低，为18.83%。

表 1-7　受访者的高校类型与家庭年收入

单位：%

高校类型	20万元以下	20万~30万元	30万~50万元	50万元及以上	合计（N）
"双一流"高校	10.17	14.47	29.20	46.15	100（767）
"一流学科"高校	18.79	31.36	33.67	16.18	100（692）
普通高校	18.83	29.53	30.92	20.73	100（579）
总体	15.55	24.48	31.21	28.75	100（2038）
Pearson χ^2（6）= 207.8216；$p = 0.000$					

在专业职称方面，总体来看，"副高"职称教师的比例最高（39.21%），其次依次为"中级"职称教师（31.99%）、"正高"职称教师（18.35%）、无职称教师（6.43%），"初级"职称教师的比例最低（4.02%）。在"双一流"高校中，"副高"及"正高"职称的教师比例相对最高，两者相加占到了七成以上（70.67%）；在"一流学科"高校中，两者比例为57.81%；在

普通高校中,"副高"及"正高"职称教师的比例最低,两者相加仅占 39.90% (见表1-8)。

表1-8　受访者的高校类型与专业技术职称

单位:%

高校类型	无职称	初级	中级	副高	正高	合计 (N)
"双一流"高校	4.95	5.61	18.77	43.29	27.38	100 (767)
"一流学科"高校	5.49	2.75	33.96	40.90	16.91	100 (692)
普通高校	9.50	3.45	47.15	31.78	8.12	100 (579)
总体	6.43	4.02	31.99	39.21	18.35	100 (2038)

Pearson χ^2 (8) = 184.1907;p = 0.000

从表1-9中可见,总体而言,绝大部分高校教师未担任行政职务,这一比例达到了79.88%。具体来看,在"一流学科"高校中,未担任行政职务的教师比例最高,为85.55%;其次为普通高校,未担任行政职务的教师比例为77.72%;比例最低的是"双一流"高校,76.40%的教师未担任行政职务。

表1-9　受访者的高校类型与行政职务级别

单位:%

高校类型	无级别	科级副职	科级正职	处级副职	处级正职及以上	合计 (N)
"双一流"高校	76.40	4.30	7.17	9.26	2.87	100 (767)
一流学科高校	85.55	3.47	5.78	4.48	0.72	100 (692)
普通高校	77.72	5.53	6.22	7.77	2.76	100 (579)
总体	79.88	4.37	6.43	7.21	2.11	100 (2038)

Pearson χ^2 (8) = 29.9401;p = 0.000

参考文献

曹现强、李烁,2017,《获得感的时代内涵与国外经验借鉴》,《人民论坛·学术前沿》第2期。

格兰诺维特,马克,2015,《镶嵌:社会网与经济行动》,罗家德等译,社会科学文献出版社。

关晓圆，2014，《大连市高校女教师主观幸福感现状的调查研究》，硕士学位论文，辽宁师范大学。

雷小庆，2012，《秦皇岛市高校教师主观幸福感调查研究》，硕士学位论文，河北科技师范学院。

刘进，2016，《社会资本与高校大学教师流动的实证研究》，《山东高等教育》第 2 期。

路琳、梁学玲，2009，《知识共享在人际互动与创新之间的中介作用研究》，《南开管理评论》第 1 期。

邱秀芳，2007，《高校教师主观幸福感的实证研究》，《华南农业大学学报》（社会科学版）第 1 期。

王凤娟、王京京，2012，《高校教师幸福感研究综述》，《中国市场》第 27 期。

习近平，2017，《决胜全面建成小康社会　夺取新时代中国特色社会主义伟大胜利——在中国共产党第十九次全国代表大会上的报告》，10 月 18 日，https://www.gov.cn/zhuanti/2017 - 10/27/content_ 5234876. htm，最后访问日期：2023 年 12 月 4 日。

习近平，2018，《在北京大学师生座谈会上的讲话》，5 月 2 日，https://www.ccps. gov. cn/xxsxk/zyls/201812/t20181216_125673. shtml，最后访问日期：2023 年 12 月 4 日。

薛靖、任子平，2006，《从社会网络角度探讨个人外部关系资源与创新行为关系的实证研究》，《管理世界》第 5 期。

周末、陈江兵，2008，《高校教师主观幸福感实证研究》，《社区医学杂志》第 19 期。

Aelterman, A. , Engels, N. , Van Petegem, K. , and Pierre Verhaeghe, J. 2007. "The Well-being of Teachers in Flanders: The Importance of a Supportive School Culture." *Educational Studies* 33 (3): 285 – 297.

Barron, F. and Harrington, D. M. 1981. "Creativity, Intelligence, and Personality." *Annual Review of Psychology* 32 (1): 439 – 476.

Bowling, A. , Farquhar, M. , and Browne, P. 1991. "Life Satisfaction and Associations with Social Network and Support Variables in Three Samples of Elderly People." *International journal of Geriatric Psychiatry* 6 (8): 549 – 566.

Burt, R. S. 2001. "Attachment, Decay, and Social Network." *Journal of Organizational Behavior* 22 (6): 619 – 643.

Diener, E. , Suh, E. M. , Lucas, R. E. , and Smith, H. L. 1999. "Subjective Well-being: Three Decades of Progress." *Psychological Bulletin* 125 (2): 276 – 302.

Haller, M. and Hadler, M. 2006. "How Social Relations and Structures Can Produce Happiness and Unhappiness: An International Comparative Analysis." *Social Indicators Research* 75: 169 – 216.

Helliwell, J. F. and Putnam, R. D. 2004. "The Social Context of Well-being." *Philosophical Transactions of the Royal Society of London Series B: Biological Sciences* 359 (1449):

1435 – 1446.

Lin, N. 1999. "Social Networks and Status Attainment." *Annual Review of Sociology* 25 （1）: 467 – 487.

Lin, N. and Bian, Y. 1991. "Getting Ahead in Urban China." *American Journal of Sociology* 97 （3）: 657 – 688.

Nader, S. and Tebyanian, E. 2011. "A Study of the Relationship between Principals' Creativity and Degree of Environmental Happiness in Semnan High Schools." *Procedia-Social and Behavioral Sciences* 29: 1869 – 1876.

Putnam R. D. 2000. *Bowling Alone: The Collapse and Revival of American Community.* New York: Simon and Schuster.

Sajad, H. and Allahvirdiyani, K. 2011. "Effects of Economic and Non Economic Factors on Happiness on Primary School Teachers and Urmia University Professors." *Procedia-Social and Behavioral Sciences* 30: 2050 – 2051.

Sue, R. 2012. "Pupil Wellbeing-Teacher Wellbeing: Two Sides of the Same Coin?." *Educational and Child Psychology* 29 （4）: 8 – 17.

Vesely, A. K., Saklofske, D. H., and Nordstokke, D. W. 2014. "EI Training and Pre-service Teacher Wellbeing." *Personality and Individual Differences* 65: 81 – 85.

第二章 高校教师的收入水平及其影响因素

袁 媛 李桂兴[*]

高校教师的薪资与收入分配问题是政府、高校及高校教师们普遍关注的热点议题。在高校教师的薪资确定与收入分配过程中，人才引进制度和奖励制度发挥了重要的作用。在人才引进制度下，高校主要依据人才项目类型与级别确定薪资待遇，包括安家费、科研启动费、住房补贴等；在奖励制度下，高校主要根据科研项目、论文、著作及获奖等要素确定薪资待遇。以人才引进制度和奖励制度中的系列指标组成的高校教师收入分配与薪资待遇，是当前高校教师收入分配体系的重要组成部分。

一 文献综述

目前，国内学界对高校教师收入分配的研究大体上围绕微观、中观和宏观三个层面展开。其中，对微观层面的分析是学界关注的主体。

微观层面的分析重点在于高校教师个体分析，将影响高校教师收入的因素分为先赋性因素和自致性因素。其中，先赋性因素主要关注高校教师收入的性别差异，不论是学校的差异还是学科、职称等方面的差别，男性和女性在收入上的差距十分显著。Katz（1973）以个人访谈方式对1969年美国某高校576名教授进行了收入、晋升和教学科研产出关系的调研。他通过构建教师收入决定模型和教学科研产出指标发现，不同性别的教师的教学科研产出存在较大差异，并且这一差异直接影响了教师的晋升通畅度及其收入水平。Gordon等（1974）采用分段线性函数，Mcnabb和Wass（1997）选用Oaxaca-Blinder分解方法，Ward（2001）使用描述统计法，

* 袁媛，上海大学社会学院博士研究生；李桂兴，上海大学社会学院博士研究生。

Toutkoushian 和 Conley（2005）同时构建 OLS、IV 以及含虚拟变量的 OLS、IV 模型先后对性别这一因素展开详尽分析。研究发现，男性教师与女性教师的收入水平存在显著差距。女性教师一般拥有相对较少的工作经验，主要集中分布在较低职位和职称，即便是进入较高职位、拥有较高职称，相比男性教师，她们的收入也会略少。一般而言，不同性别教师的收入差异程度基本维持在 15% 的水平。Ogbogu（2009）和 Binder 等（2010）则分别以尼日利亚和美国高校为例，探究了女性教师的教学科研产出及其与收入的关联性。结果发现，男女教师收入差距的主要原因在于不同性别收入结构存在显著差异，同时由于高校女性教师的年论文发表率一般都比较低，所以增强女性教师的科研产出水平是改善其收入状况，缩小高校性别收入差距的必然选择。沈红和熊俊峰（2014）探讨了不同性别教师在高校收入分配机制下的收入差异状况。通过 I_p 指数以及 Oaxaca 工资分解模型，他们发现在学科和职称获得上都存在着不同程度的性别隔离问题，其中，工科和理科的隔离程度最高，而医学和生命科学的隔离程度最低，同时男、女教师分别聚集于高、低职称段。这表明高校教师之间的收入水平差异往往是性别隔离的结果。自致性因素主要考察高校教师的职称、行政职务、学术头衔、工龄、受教育程度和学科类别对收入的影响。Strathman（2000）在同时构建级别内生化模型与级别外生化模型后发现，教师级别是影响教师自身收入水平的重要因素。胡敏（2003）随机调查了某地区 500 名高校教师的月工资收入情况，分别研究了性别、年龄、职务、学历、教龄和聘职时间等因素对高校教师收入水平的影响。结果显示，教师职务及其聘职时间是教师工资差异的主要原因，而性别、学历和年龄的影响相对不显著。邢志杰和闵维方（2006）改进了研究方法并扩充了数据规模。他们利用收集到的 2005 年某高校 421 名教师的岗位津贴数据，通过建立多元线性回归模型，研究了工作业绩和个人特征对高校教师收入及其差异程度的影响。结果发现，工作业绩会对全体教师的岗位津贴收入产生影响，同时职称和职称资历是影响分配的最主要原因。这一结论与胡敏的研究结论相似。运用 Mincer 经典收入方程，有学者对辽宁省某校教师的收入决定因素进行了分析，结果显示，教师职称对其收入水平有显著的影响，不仅如此，工作经验对收入的作用要明显大于产出对收入的作用（黄金芳、张凤林，2006）。也有学者扩展了 Mincer 的教育收益率模型，通过对 2009 年北京市 18 所高校教师收入数据进行计量分析发现，高校教师收入分配中的"权力维续"问题，即职称和行政职位成为决定样本高校教师收入水平的最主要因素，但是相比之下，学历和工龄则没有显著影响，同时劳动投入的作用也不够突出（赵卫华，2013）。还有学者运用洛伦兹曲线和基尼系数测算了河北省某校全体教师的收入差异程度。结果发现，该校教师总收入的基尼系数为 0.1923，其中基本工资和基础绩效工资的基尼系数分别仅为 0.1787 和 0.0717，而奖励绩效工资的基尼系数却已经达到 0.3940。通过岗位和职称分组，他们发现岗位因素和职称因素是形成教师收入差距的重要原因。按岗位分组后，教学人员的收入差异程度最大，其基尼系数达到 0.3995，而教辅人员、管理人员和工勤人员内部的基尼系数依次为 0.3963、0.3657 和 0.3403；按职称分组后，助教级教师的收入差异程度最高，达到 0.4455，而教授级、副教授级和讲师级教师的收入基尼系数分别为 0.3738、0.3678 和 0.4052（曹志文等，2013）。当沈红和熊俊峰（2013）将研究范围扩大到全国时，人力资本又成为影响教师薪酬的重要因素。通过对全国 11 个省份 68 所高校 3612 名教师进行调查，他们发现教龄是对教师薪酬作用最显著的因素，相比之下，在职培训的影响效果则较小。对于高校教师来说，人力资本是其参与收入分配最具合理性与合法性的凭借要素，这种人力资本特征包括教师受教育程度、海外教育经历和所属学科等因素。总体来看，有关人力资本的影响及其作用机制在多数研究中得到了关注，如邢志杰、闵维方（2006）认为工作业绩和个人特征（职称、职称资历、年龄、管理职务和学历等）在高校教师岗位津贴分配中占据重要位置，这些个人特征对工资收入的影响远远超越课时、业绩考核等因素的作用。张青根、沈红（2016）基于人力资本理论，将人力资本进行多层次分解，关注其中一个要素对高校教师收入的影响，如出国进修对高校教师经济收益的显著影响。此外，高校教师薪酬调查课题组（2014）对中国 84 所高校教师的薪酬状况调查表明，高校多元分配模式和学科差异等因素均是高校教师收入水平产生差异的重要原因。该研究指出，推行诸如年薪制、讲席冠名薪酬、科研团队薪酬等多元分配模式的高校，其校内教师的收入差异程度往往较高；高校教师是否拥有学术头衔以及拥有的学术头衔的级别高低对收入分配也会产生较大影响，比如拥有中国科学院院士、教育部"长江学者"特聘教授、杰出青年科学基金获得者等国家级学术头衔的教师，他们的收入明显高于普通教师的平均水平，前者收入最多为后者收入的 6.2 倍。经济学、管理学和法学等学科的教师，其收入水平也总体高于那些从教于文史哲和教育学等学科的教师。这种以人才项目头衔为中心的收入分配进一步加剧了高校教师间收入的差异，造成一种"逆向激励"的局面。

中观层面的研究主要考察学校层面的变量对高校教师收入的影响，关注不同学校层次之间的收入差距。一方面，强调院校等级对高校教师收入的影响，与低层次的院校相比，高层次的院校有更显著的收入优势，而且这种优势会随时间的推移而产生累积效应。淡志强等（2011）以河北省为例，探讨了造成不同高校教师之间收入差距扩大的内在根源。他们认为，由于高校存在中央与地方、重点与普通的等级差别，如"985工程"高校、"211工程"高校、普通省属高校等，而不同级别高校获得的财政投入资金规模又存在巨大差异，因此这势必会造成校际教师收入悬殊。另一方面，教师在职的高校能否获得足够的财政经费支持，能否有效地开拓资金渠道成为校际高校教师收入差距的重要影响因素。

宏观层面的研究主要集中于关注劳动力市场的供给结构与经济发展水平对高校教师收入分配的影响。教育学从学术劳动力市场的角度讨论高校教师收入分配问题时，习惯于将新古典经济学引入学术劳动力市场竞争对教师薪酬影响的分析中，认为高校教师的收入水平往往与其所在区域中学术劳动市场的薪资水平密切相关。当然，除了受学术劳动力市场竞争影响外，高校教师收入也与高等学校所在地区经济发展水平等有关，经济发达地区高校教师收入水平明显高于中西部地区高校，地处都市的高校教师的收入水平普遍高于地处非都市的高校教师（Glover et al.，2008）。此外，诸如空气质量、公共安全、公共品供给等有关生活质量的地区差异也会对高校教师的实际收入水平产生一定的影响（Clark and Knapp，1995）。Smyth（1993）和 Cradden（1998）的研究分别证实了宏观经济形势对高校教师收入水平的重要作用。根据他们的测算，通货膨胀率和经济衰退程度不仅直接影响高校管理层对高校教师薪资的确定，而且影响高校教师的实际收入状况，甚至还会间接影响那些优秀毕业生的择业倾向。

综上所述，现有研究从性别隔离、人力资本、职称、职务、工龄、学科、学校类别、劳动力市场的供给结构和地区经济水平差异等多个角度，运用多种研究方法对高校教师的收入差距和薪资定价进行了研究，为政策实践中相关制度的变革提供了具有可操作性的政策参考，但是在理论上，有关高校教师收入分配的研究仍存在一些有价值的问题值得继续探讨。因此，本章试图将影响高校教师收入差距的多种因素全部纳入回归模型进行分析，以期回应现有研究结论中的冲突性问题。

二 研究设计

（一）研究内容与方法

本部分首先对高校教师的收入状况以及不同特征的高校教师收入状况和差异进行概括描述，然后根据已有数据，运用回归模型分别探究微观、中观、宏观因素对高校教师收入状况的影响。因变量收入为连续变量，因此本章运用多元线性回归模型探究高校教师收入的影响因素。

（二）概念的操作化

1. 因变量

本章的因变量为高校教师的收入状况。由于高校教师工资收入的特点是总收入由工资性收入和项目性收入构成，因此本研究将收入分为总收入、工资性收入和项目性收入三个部分分别进行模型分析，探究不同类型的收入状况的影响因素以便更加细致地了解高校教师的收入情况。

具体来说，问卷分别询问了受访者上一年度个人税后总收入、工资性收入和项目性收入，工资性收入和项目性收入包含在总收入中，项目性收入包括咨询性收入。

2. 自变量

（1）微观因素

受教育程度：受访者的最高受教育程度，原始问卷分为大学专科、大学本科、硕士研究生和博士研究生，由于大学专科和大学本科样本量较少，在分析中将二者合并为大学专科或本科。

专业类别：受访者当前工作学院专业类别，原始问卷具体分为理学、农业科学、医药科学、工程与技术科学和人文与社会科学五大类。

专业技术职称：受访者专业技术职称的级别，原始问卷分为无职称、初级、中级、副高级和正高级五类，考虑到无职称群体可能为临时雇员，与正式教师的工资制度标准不同，因此在本章分析高校教师收入状况影响因素的模型中剔除了无专业技术职称的样本，将此变量分为初级、中级、副高级和正高级四类。

行政职务职级：受访者担任过的行政或管理的最高职务级别，原始问卷分为无级别、科级副职、科级正职、处级副职、处级正职、厅局级副职、厅局级正职及以上七类，分析中将处级正职、厅局级副职、厅局级正职及以上合并为处级正职及以上。

工龄：受访者进入高校（或科研院所）参加工作的年份至受访年份的年数。

除此之外，本章将性别、婚姻状况、政治面貌等人口学变量也作为微观变量加入模型。

（2）中观因素

高校类型：受访者当前工作高校类型，分为普通高校、"一流学科"高校和"双一流"高校。

合同类型：受访者当前与所在高校签订的合同类型，分为短期固定期限合同和长期合同（终身制）。

流动经历：根据受访者初教职及现教职的高校级别生成，分为未流动、向下流动、水平流动、向上流动、其他（包括国际流动、企校间流动等）五类。

兼职经历：受访者在本学年是否进行过或正在进行有报酬的兼职，分为有兼职和无兼职两类。

（3）宏观因素

户籍：受访者是否为本地户籍，分为本地户籍和非本地户籍两类，将最初实行现户籍制度时或出生时就是本地户籍的以及后获得本地户籍的都称为本地户籍。

所在地区：受访者工作高校所在地区，分为发达地区和次发达地区两类，将北京和上海合并为发达地区，将武汉和西安合并为次发达地区。

三　收入的描述性统计结果

（一）收入基本状况

高校教师的收入状况一直是社会普遍关心的问题。因为高校教师学历要求高，所以在前期需要投入大量的家庭和社会人力成本，然而这一职业群体的高教育水平的回报如何呢？表2-1显示了本章使用的与收入相关的变量，回归分析模型中对连续性变量个人年收入、工资性收入和项目性收入进行缩尾处理去掉了极端值。

表 2 - 1（a）　　收入变量描述性分析（类别变量）

	变量定义	频数	占比（%）
	10 万元及以下	506	21.77
个人年收入	10 万～20 万元	1079	46.43
	20 万～50 万元	453	19.49
	50 万元以上	286	12.31

表 2 - 1（b）　　收入变量描述性分析（连续变量）

	均值	标准差
个人年收入	27.95	30.87
工资性收入	22.11	23.48
项目性收入	6.08	13.81

从表 2 - 1 中可知，高校教师个人平均年收入为 27.95 万元，标准差为 30.87，从标准差来看，高校教师之间的收入差距很大。高校教师个人年收入在 10 万元及以下的比例刚超过 20%，46.43% 的高校教师年收入集中在 10 万～20 万元，年收入为 20 万～50 万元的人群占 19.49%，年收入在 50 万元以上的人群占 12.31%。从收集到的数据看，高校教师的年收入集中在 5 万～15 万元，与 2018～2021 年全国居民人均可支配收入 3 万元左右相比，这一水平并不算低。从高校教师收入的构成来看，工资性收入占了总收入的绝大部分，高校教师工资性收入平均为 22.11 万元，项目性收入平均为 6.08 万元，虽然项目性收入占比较小，但其标准差为 13.81，是均值的 2 倍，可见项目性收入的悬殊。

（二）微观因素与收入

首先，探究具有不同微观因素特征，即不同性别、婚姻状况、政治面貌、受教育程度、专业类别、专业技术职称、行政职务级别及工龄的高校教师，其收入的差异情况。

不同性别的高校教师平均年收入差异显著（$p = 0.000$），高校男教师平均年收入显著高于女教师。高校男教师平均年收入为 34.11 万元，高校女教师平均年收入为 20.73 万元（见表 2 - 2）。

表 2 - 2 不同性别高校教师的平均年收入

性别	样本量	均值	标准差	标准误差	最小值	最大值
女性	978	20.73	23.26	0.74	3	170
男性	1182	34.11	34.57	1.01	3	170
总体	2160	28.05	30.71	0.66	3	170
$F = 106.465$；$p = 0.000$						

分析数据显示，不同婚姻状况的高校教师平均年收入差异显著（$p = 0.011$），在婚的高校教师平均年收入比非在婚的高校教师更高。在婚的高校教师平均年收入为 28.99 万元，非在婚的高校教师平均年收入为 24.21 万元（见表 2 - 3）。

表 2 - 3 不同婚姻状况高校教师的平均年收入

婚姻状况	样本量	均值	标准差	标准误差	最小值	最大值
非在婚	324	24.21	26.43	1.47	3	170
在婚	1803	28.99	31.68	0.75	3	170
总体	2127	28.26	30.98	0.67	3	170
$F = 6.553$；$p = 0.011$						

不同政治面貌的高校教师平均年收入差异不显著（$p = 0.357$）。非党员身份高校教师平均年收入更高，为 29.00 万元；党员身份高校教师平均年收入为 27.68 万元（见表 2 - 4）。

表 2 - 4 不同政治面貌高校教师的平均年收入

政治面貌	样本量	均值	标准差	标准误差	最小值	最大值
非党员	653	29.00	31.28	1.22	3	170
党员	1520	27.68	30.39	0.78	3	170
总体	2173	28.07	30.66	0.66	3	170
$F = 0.847$；$p = 0.357$						

不同受教育程度的高校教师平均年收入差异显著（$p = 0.000$），受教育程度越高，平均年收入越高。博士研究生学历高校教师平均年收入最高，为 30.61 万元；大学专科或本科学历高校教师平均年收入最低，为 17.84 万元（见表 2 - 5）。

表 2 - 5　不同受教育程度高校教师的平均年收入

受教育程度	样本量	均值	标准差	标准误差	最小值	最大值
大学专科或本科	64	17.84	18.95	2.37	5	100
硕士研究生	326	18.35	21.21	1.17	3	170
博士研究生	1730	30.61	32.37	0.78	3	170
总体	2120	28.34	30.94	0.67	3	170

$F = 25.940$；$p = 0.000$

不同专业类别的高校教师平均年收入差异显著（$p = 0.000$）。农业科学和理学专业高校教师平均年收入较高，为 32.48 万元和 32.23 万元；人文与社会科学专业高校教师平均年收入最低，为 22.79 万元（见表 2 - 6）。

表 2 - 6　不同专业类别高校教师的平均年收入

专业类别	样本量	均值	标准差	标准误差	最小值	最大值
理学	391	32.23	37.57	1.90	3	170
农业科学	147	32.48	31.36	2.59	6	170
医药科学	74	27.81	27.08	3.15	6	100
工程与技术科学	869	29.67	31.35	1.06	3	170
人文与社会科学	631	22.79	24.14	0.96	3	170
总体	2112	28.22	30.76	0.67	3	170

$F = 7.878$；$p = 0.000$

不同专业技术职称的高校教师平均年收入差异显著（$p = 0.000$）。正高级技术职称高校教师平均年收入最高，为 40.42 万元；中级职称高校教师平均年收入最低，为 18.87 万元（见表 2 - 7）。

表 2 - 7　不同专业技术职称高校教师的平均年收入

专业技术职称	样本量	均值	标准差	标准误差	最小值	最大值
初级	89	27.11	33.64	3.57	3	170
中级	747	18.87	23.36	0.86	3	170
副高级	888	29.97	32.46	1.09	3	170
正高级	426	40.42	32.91	1.60	3	170
总体	2150	28.06	30.76	0.66	3	170

$F = 49.457$；$p = 0.000$

不同行政职务级别的高校教师平均年收入差异显著（$p = 0.000$），大致呈现行政职务级别越高，平均年收入越高的趋势。处级正职及以上级别的高校教师平均年收入最高，为 55.94 万元；无级别的高校教师平均年收入最低，为 25.06 万元（见表 2-8）。

表 2-8　不同行政职务级别高校教师的平均年收入

行政职务级别	样本量	均值	标准差	标准误差	最小值	最大值
无级别	1626	25.06	27.53	0.68	3	170
科级副职	88	38.99	46.58	4.97	5	170
科级正职	132	36.36	40.43	3.52	3	170
处级副职	154	41.01	35.16	2.83	7	170
处级正职及以上	51	55.94	38.66	5.41	10	170
总体	2051	28.35	31.22	0.69	3	170

$F = 26.810$；$p = 0.000$

高校教师工龄与年收入呈现显著的正向相关（$p < 0.01$），相关系数为 0.177。工龄越长的高校教师，年收入也随之增加（见表 2-9）。

表 2-9　高校教师年收入与工龄的相关性分析

	样本量	均值	标准差	皮尔逊相关
工龄	2181	28.07	30.65	0.177 **
年收入	2327	13.04	9.25	

** $p < 0.01$。

（三）中观因素与收入

接下来，探究具有不同中观因素特征，即不同高校类型、合同类型、兼职经历及职业流动方向的高校教师，其收入的差异情况。

不同高校类型的教师平均年收入差异显著（$p = 0.000$），大致呈现高校类型层级越高，平均年收入越高的趋势。"双一流"高校的教师平均年收入最高，为 45.90 万元；普通高校的教师平均年收入最低，为 16.78 万元（见表 2-10）。

表 2 – 10　不同高校类型高校教师的平均年收入

高校类型	样本量	均值	标准差	标准误差	最小值	最大值
普通高校	611	16.78	19.26	0.78	3	170
"一流学科"高校	729	16.95	13.74	0.51	3	170
"双一流"高校	841	45.90	38.56	1.33	3	170
总体	2181	28.07	30.65	0.66	3	170

$F = 294.065$；$p = 0.000$

不同合同类型的高校教师平均年收入差异显著（$p = 0.000$），签订长期合同（终身制）的高校教师平均年收入比签订短期固定期限合同的高校教师更高。签订长期合同（终身制）的高校教师平均年收入为 34.18 万元，签订短期固定期限合同的高校教师平均年收入仅为 23.92 万元（见表 2 – 11）。

表 2 – 11　不同合同类型高校教师的平均年收入

合同类型	样本量	均值	标准差	标准误差	最小值	最大值
短期固定期限合同	1275	23.92	26.53	0.74	3	170
长期合同（终身制）	891	34.18	35.06	1.17	3	170
总体	2166	28.14	30.74	0.66	3	170

$F = 59.981$；$p = 0.000$

有兼职与无兼职的高校教师平均年收入差异显著（$p = 0.000$），有兼职的高校教师平均年收入比无兼职的高校教师更高。有兼职的高校教师平均年收入为 34.96 万元，无兼职的高校教师平均年收入仅为 26.83 万元（见表 2 – 12）。

表 2 – 12　不同兼职经历高校教师的平均年收入

兼职经历	样本量	均值	标准差	标准误差	最小值	最大值
无兼职	1807	26.83	29.32	0.69	3	170
有兼职	341	34.96	36.12	1.96	3	170
总体	2148	28.12	30.63	0.66	3	170

$F = 20.421$；$p = 0.000$

不同职业流动方向的高校教师平均年收入差异不显著（$p = 0.634$）。"其他"即有企校流动、国际流动经历的高校教师平均年收入最高，为34.41万元；有向下流动经历的高校教师平均年收入最低，为27.86万元（见表2－13）。

表2－13　不同职业流动方向高校教师的平均年收入

职业流动方向	样本量	均值	标准差	标准误差	最小值	最大值
未流动	1397	28.91	31.28	0.84	3	170
向下流动	56	27.86	37.07	4.95	8	170
水平流动	204	30.46	34.16	2.39	3	170
向上流动	108	29.97	30.26	2.91	5	100
其他	74	34.41	31.78	3.70	8	100
总体	1839	29.33	31.75	0.74	3	170
$F = 0.640$；$p = 0.634$						

（四）宏观因素与收入

最后，探究具有不同宏观因素特征，即不同户籍类型和地区的高校教师，其收入的差异情况。

本地户籍与非本地户籍的高校教师平均年收入差异不显著（$p = 0.382$）。非本地户籍的高校教师平均年收入更高，为31.51万元；本地户籍的高校教师平均年收入为28.49万元（见表2－14）。

表2－14　不同户籍类型高校教师的平均年收入

户籍	样本量	均值	标准差	标准误差	最小值	最大值
非本地户籍	85	31.51	37.28	4.04	3	170
本地户籍	1962	28.49	30.86	0.70	3	170
总体	2047	28.61	31.15	0.69	3	170
$F = 0.765$；$p = 0.382$						

来自发达地区与次发达地区的高校教师平均年收入差异显著（$p = 0.000$），来自发达地区的高校教师平均年收入比来自次发达地区的高校教师更高。来自发达地区的高校教师平均年收入为29.01万元，来自次发达地区的高校教师平均年收入为21.95万元（见表2－15）。

表 2 - 15　不同地区高校教师的平均年收入

所在地区经济水平	样本量	均值	标准差	标准误差	最小值	最大值
次发达	291	21.95	19.34	1.13	4	170
发达	1890	29.01	31.94	0.74	3	170
总体	2181	28.07	30.65	0.66	3	170
$F = 13.472; \ p = 0.000$						

四　收入影响因素的研究发现

表 2 - 16 是总收入的线性回归模型。模型 1 是只加入了微观因素的模型，模型 2 是在模型 1 的基础上又加入了中观因素的模型，模型 3 则又加入了宏观因素，模型拟合度有显著提升，模型 3 中所有自变量已经可以解释因变量的 35.1%。

表 2 - 16　总收入的线性回归分析结果

	模型 1：微观	模型 2：中观	模型 3：宏观
性别[a]	8.886 *** （1.430）	5.631 *** （1.471）	6.192 *** （1.516）
婚姻状况[b]	1.212 （2.027）	3.800 （2.030）	4.001 （2.117）
政治面貌[c]	- 0.923 （1.525）	0.888 （1.542）	1.383 （1.587）
受教育程度[d]			
硕士研究生	6.847 （4.381）	8.258 （4.673）	8.572 （4.741）
博士研究生	17.697 *** （4.277）	15.738 *** （4.604）	16.510 *** （4.646）
专业类别[e]			
农业科学	- 1.847 （3.024）	- 4.114 （2.952）	- 2.467 （3.111）
医药科学	0.514 （3.945）	- 18.405 *** （4.108）	- 19.426 *** （4.21）
工程与技术科学	0.128 （1.905）	0.417 （1.909）	1.548 （1.962）
人文与社会科学	- 6.843 *** （2.072）	- 7.580 *** （2.107）	- 7.044 ** （2.167）
专业技术职称[f]			
中级	- 10.878 ** （3.661）	- 0.499 （3.786）	0.476 （3.911）
副高级	- 6.860 （3.796）	- 1.033 （3.866）	0.421 （3.978）
正高级	- 3.477 （4.182）	- 2.403 （4.238）	- 1.602 （4.355）

续表

	模型 1：微观	模型 2：中观	模型 3：宏观
行政级别^g			
科级副职	15.878 *** （3.375）	14.890 *** （3.408）	15.674 *** （3.507）
科级正职	10.012 *** （2.854）	7.627 ** （2.887）	7.758 ** （2.961）
处级副职	9.363 *** （2.732）	8.144 ** （2.75）	8.529 ** （2.812）
处级正职及以上	25.108 *** （4.819）	20.629 *** （4.925）	21.449 *** （5.151）
工龄	0.409 *** （0.096）	0.364 *** （0.101）	0.333 ** （0.105）
高校类型^h			
"一流学科"高校		− 0.305 （1.962）	1.262 （2.106）
"双一流"高校		30.435 *** （2.002）	31.774 *** （2.075）
合同类型ⁱ		4.301 ** （1.559）	4.979 ** （1.608）
兼职经历^j		4.651 * （1.922）	4.508 * （1.976）
职业流动方向^k			
向下流动		5.378 （4.105）	6.383 （4.394）
水平流动		1.181 （2.355）	1.030 （2.476）
向上流动		− 5.632 （3.112）	− 6.248 * （3.174）
其他		2.982 （3.431）	2.188 （3.456）
户籍^l			− 0.492 （3.785）
所在地区^m			7.619 ** （2.351）
截距	9.286 （5.688）	− 9.190 （6.161）	− 19.263 ** （7.347）
N	1875	1560	1490
R^2	0.149	0.336	0.351

注：①^a 参照组为女性，^b 参照组为非在婚，^c 参照组为非党员，^d 参照组为大学专科或本科，^e 参照组为理学，^f 参照组为初级，^g 参照组为无级别，^h 参照组为普通高校，ⁱ 参照组为短期固定期限合同，^j 参照组为无兼职，^k 参照组为未流动，^l 参照组为非本地户籍，^m 参照组为次发达地区；② [*] $p < 0.05$，^{**} $p < 0.01$，^{***} $p < 0.001$；③括号内为标准误。

　　模型 1 显示，在微观因素中，性别、受教育程度、专业类别、专业技术职称、行政级别、工龄与总收入显著相关，而婚姻状况、政治面貌与总收入的关系不大。具体来说，男性比女性的个人总年收入高 8.886 万元；受教育程度越高，收入也越高，相比于大学专科或本科学历的高校教师，硕士研究生学历的高校教师总年收入有所提高但不明显，而博士研究生学历的高校教师总年收入显著提高了 17.697 万元；专业类别中，人文与社会科学专业的高校教师比理学专业的高校教师总年收入显著低 6.843 万元，农业科学、医药科学、工程与技术科学专业的高校教师与理学专业的高校教师总年收入并无显著差异；专业技术职称与总年收入并无正向的线性关系，模型1中中级职称的高校教师收入甚至比初级职称更低；行政级别与总年收入大致呈现正向关系，相比于无职称的高校教师，科级副职的高校教师总年收入要高15.878万元，科级正职的高校教师的总年收入要高10.012万元，处级副职的高校教师的总年收入要高9.363万元，处级正职及以上的高校教师比无职称的高校教师总年收入高出最多，为25.108万元；工龄与收入呈现显著正向关系，工龄每增加一年，高校教师总年收入增加0.409万元。

模型2加入了中观因素的指标，性别、受教育程度、行政级别和工龄的显著效应没有发生明显改变；专业技术职称的相关性消失了，说明模型1中专业技术职称与收入的关系结论并不稳定；专业类别中除了模型1中显示的人文与社会科学专业的高校教师总年收入明显低于理学专业，医药科学专业的高校教师总年收入也明显变得更低。中观因素中，高校类型、合同类型、兼职经历三个因素与总年收入显著相关，而职业流动因素不影响高校教师总年收入状况。具体来说，相比于普通高校，"双一流"高校对教师总年收入有显著影响，"双一流"高校教师总年收入比普通高校教师高30.435万元；签订的合同类型对于高校教师的总年收入也有促进作用，签订长期合同（终身制）的高校教师比签订短期固定期限合同的高校教师总年收入高4.301万元；兼职经历同样会提升高校教师总年收入，有兼职的高校教师比无兼职的高校教师总年收入高4.651万元。

模型3加入了宏观因素指标，相较于模型2，除了中观因素中职业流动方向对总年收入的影响变得显著了（有向上流动经历的高校教师比未流动的高校教师有更低的收入），其他微观和中观因素对收入的影响均没有显著的变化。在宏观因素中，有无本地户籍对于高校教师总年收入的影响不大，但所在地区有较大影响，在北京、上海这样的一线发达地区就职的高校教师比在次发达地区就职的高校教师收入高7.619万元。

表2-17是高校教师总收入的两个重要组成部分——工资性收入和项目性收入的线性回归模型，模型4分析了工资性年收入的影响因素，模型5分析了项目性年收入的影响因素。

表 2 - 17　工资性收入和项目性收入的线性回归分析结果

	模型 4：工资性收入	模型 5：项目性收入
性别[a]	5. 124 *** （1. 201）	0. 221（0. 792）
婚姻状况[b]	3. 207（1. 682）	0. 415（1. 107）
政治面貌[c]	0. 012（1. 257）	1. 070（0. 826）
受教育程度[d]		
硕士研究生	4. 963（3. 796）	4. 627（2. 579）
博士研究生	8. 520 * （3. 721）	8. 532 *** （2. 540）
专业类别[e]		
农业科学	− 3. 091（2. 463）	− 0. 955（1. 621）
医药科学	− 14. 683 *** （3. 327）	− 6. 360 ** （2. 238）
工程与技术科学	2. 708（1. 565）	− 1. 740（1. 024）
人文与社会科学	− 4. 683 ** （1. 730）	− 3. 846 *** （1. 140）
专业技术职称[f]		
中级	3. 768（3. 180）	1. 672（2. 105）
副高级	4. 728（3. 243）	− 0. 101（2. 154）
正高级	1. 086（3. 543）	1. 705（2. 347）
行政职务级别[g]		
科级副职	10. 130 *** （2. 839）	6. 266 *** （1. 818）
科级正职	5. 042 * （2. 305）	2. 983 * （1. 502）
处级副职	7. 733 *** （2. 20）	0. 280（1. 419）
处级正职及以上	14. 013 *** （4. 055）	7. 083 ** （2. 579）
工龄	0. 187 * （0. 083）	0. 186 *** （0. 055）
高校类型[h]		
"一流学科"高校	2. 602（1. 682）	0. 225（1. 104）
"双一流"高校	26. 780 *** （1. 661）	8. 492 *** （1. 087）
合同类型[i]	2. 530 * （1. 272）	3. 089 *** （0. 834）
兼职经历[j]	0. 097（1. 559）	4. 009 *** （1. 012）
职业流动方向[k]		
向下流动	4. 923（3. 526）	1. 459（2. 387）
水平流动	0. 056（1. 972）	1. 176（1. 295）
向上流动	− 3. 043（2. 561）	− 3. 677 * （1. 687）
其他	5. 333（2. 752）	− 1. 939（1. 788）

	模型4：工资性收入	模型5：项目性收入
户籍[l]	3.005（3.006）	−2.534（1.942）
所在地区[m]	6.521 *** （1.843）	2.080（1.212）
截距	−17.539 ** （5.879）	−9.147 * （3.913）
N	1416	1323
R^2	0.351	0.199

注：①[a]参照组为女性，[b]参照组为非在婚，[c]参照组为非党员，[d]参照组为大学专科或本科，[e]参照组为理学，[f]参照组为初级，[g]参照组为无级别，[h]参照组为普通高校，[i]参照组为短期固定期限合同，[j]参照组为无兼职，[k]参照组为未流动，[l]参照组为非本地户籍，[m]参照组为次发达地区；② $* p < 0.05$ ，$** p < 0.01$ ，$*** p < 0.001$ ；③括号内为标准误。

模型4显示，在微观因素中，性别、受教育程度、专业类别、行政职务级别和工龄与工资性年收入显著相关，而婚姻状况、政治面貌、专业技术职称与工资性年收入的关系不大。具体来说，男性比女性的工资性年收入高5.124万元；相比于大学专科或本科学历的高校教师，硕士研究生学历的高校教师工资性年收入有所提升但不明显，博士研究生学历的高校教师工资性年收入显著高8.520万元；专业类别中，医药科学专业的高校教师比理学专业的高校教师工资性年收入显著低14.683万元，人文与社会科学专业的高校教师比理学专业的高校教师工资性年收入显著低4.683万元，其他专业的高校教师与理学专业的高校教师工资性年收入并无显著差异；在行政职务级别与工资性年收入的关系中，相比于无级别的高校教师，科级副职的高校教师工资性年收入提高了10.130万元，科级正职的高校教师工资性年收入提高了5.042万元，处级副职的高校教师工资性年收入提高了7.733万元，处级正职及以上的高校教师比无级别的高校教师工资性年收入高出最多，为14.013万元；工龄与工资性年收入呈现显著正向关系，工龄每增加一年，高校教师工资性年收入增加0.187万元。中观因素的指标中，高校类型、合同类型对工资性年收入有显著影响，而兼职经历和职业流动方向不影响高校教师工资性年收入状况。具体来说，相比于普通高校的教师，"双一流"高校的教师工资性年收入显著提高了26.780万元；稳定的合同类型对于高校教师的工资性年收入也有促进作用，签订长期合同（终身制）的高校教师比签订短期固定期限合同的高校教师工资性年收入高2.530万元。宏观因素指标中，有无本地户籍对于高校教师工资性年收入的影响不大，而所在地区有显著影响，在发达地区就职的高校教师比在次发达地区就职的高校教师工资性年收入高 6.521 万元。

模型 5 显示，在微观因素中，受教育程度、专业类别、行政职务级别和工龄与项目性年收入显著相关，而性别、婚姻状况、政治面貌、专业技术职称与项目性年收入的关系不大。具体来说，相比于大学专科或本科学历的高校教师，硕士研究生学历的高校教师项目性年收入有所提高但不明显，博士研究生学历的高校教师项目性年收入显著提高了 8.532 万元；专业类别中，医药科学专业的高校教师比理学专业的高校教师项目性年收入显著低了 6.360 万元，人文与社会科学专业的高校教师比理学专业的高校教师项目性年收入显著低了 3.846 万元，其他专业的高校教师与理学专业的高校教师项目性年收入并无显著差异；在行政职务级别与项目性年收入的关系中，相比于无级别的高校教师，科级副职的高校教师项目性年收入提高了 6.266 万元，科级正职的高校教师项目性年收入提高了 2.983 万元，处级副职的高校教师项目性年收入有提高但不显著，处级正职及以上的高校教师比无级别的高校教师项目性年收入高出最多，为 7.083 万元；工龄与收入呈现显著正向关系，工龄每增加一年，高校教师项目性年收入增加 0.186 万元。中观因素的指标中，高校类型、合同类型、兼职经历和职业流动方向与项目性年收入显著相关。具体来说，相比于普通高校的教师，"一流学科"高校的教师项目性年收入有所提升但不显著，"双一流"高校的教师项目性年收入显著提高了 8.492 万元；稳定的合同类型对于高校教师的项目性年收入也有促进作用，签订长期合同（终身制）的高校教师比签订短期固定期限合同的高校教师项目性年收入高 3.089 万元；有兼职经历也会促进高校教师项目性年收入的提升，有兼职的高校教师比无兼职的高校教师项目性年收入高 4.009 万元；向上流动的高校教师比未流动的高校教师项目性收入反而减少了 3.677 万元。宏观因素指标中，有无本地户籍以及高校所在地区对于高校教师项目性年收入的影响都不大。

工资性年收入和项目性年收入的影响因素差异主要集中在性别、行政职务级别、兼职经历、职业流动方向、所在地区五个方面。具体来说，性别仅显著影响工资性收入，即高校男教师在工资性收入方面明显处于优势地位，在项目性收入方面，高校男教师也存在优势但不显著；行政职务级别方面，任何级别的高校教师相比于无级别的高校教师在工资性收入上都有显著提升，但处级副职的高校教师相比于无级别的高校教师在项目性收入上的提升不显著，这可能是因为处级副职的高校教师行政性工作的压力最大，挤压了科研时间，导致项目性收入的提升不显著；兼职经历的影响差异是因为许多与政府和企业合作的兼职行为都有项目作为支撑，因此有兼职的高校教师仅会提升其项目性收入，不会提升其工资性收入；职业流动方向仅带来高校教师在项目性收入上的差距，这是因为高校教师在向上流动后，与流入高校的其他教师相比不存在项目申报方面的优势，甚至存在劣势，故其项目性收入显著减少；所在地区因素仅会带来高校教师在工资性收入上的显著差异，在项目性收入上的差异并不显著，经济发达的城市普遍会带来更高的工资性收入。

五 结论与讨论

本章首先回顾了与高校教师收入相关的理论和影响因素，对高校教师的收入情况进行了基本的描述性分析，并分别探究了微观、中观和宏观三个层面的因素对高校教师总年收入、工资性年收入和项目性年收入的影响。

研究结果显示，我国高校教师个人平均年收入为 27.95 万元，收入状况高于全国人均水平。总体来说，收入特征为大多数集中在 20 万元及以下且绝大多数为工资性收入，高校教师之间收入差距大，尤其是项目性收入差距最明显。回归分析细致地从微观、中观和宏观三个维度探究了高校教师的总收入、工资性收入和项目性收入的影响因素。在三个维度下，不同的因素对高校教师收入的作用不尽相同。在微观因素中，受教育程度、专业类别、行政职务级别、工龄对高校教师总收入、项目性收入和工资性收入均有显著影响，博士研究生学历比大学专科或本科学历、理学专业比医药科学专业和人文与社会科学专业、有行政职务级别比无级别以及工龄长的高校教师在收入上有优势；性别、专业类别和行政职务级别对三类收入的影响存在差异，高校男教师因在工资性收入中显著高于高校女教师，使得二者在总收入中也呈现了显著差异。相比于理学专业的高校教师，在专业类别中，医药科学专业和人文与社会科学专业的高校教师的各类收入均显著更低。行政职务级别中，相比于无级别的高校教师，处级副职的高校教师工资性收入和总收入都显著更高，但在项目性收入上提高不显著。婚姻状况、政治面貌、专业技术职称对高校教师总收入、工资性收入和项目性收入影响都不大。中观因素均在不同程度上影响高校教师的收入，高校类型、合同类型与高校教师各项收入的关联都很大，高校类型层级高、签订长期合同（终身制）的高校教师在收入方面有更大优势；兼职经历和职业流动方向对三种类型收入的影响有差异，兼职经历会显著提高高校教师项目性收入和总收入，但对工资性收入影响不大，职业流动方向对总收入、项目性收入有显著影响。相比于未流动的高校教师，向上流动的高校教师的项目性收入显著降低了，导致对总收入的负向影响也变得显著。流动方向的负向作用可能是因为，一些高校教师在职业发展中更注重平台而非收入。就宏观因素而言，本地户籍并不能提高高校教师的收入，但来自发达地区的高校教师相比于来自次发达地区的高校教师工资性收入更高，导致其总收入也更高，而来自发达地区的高校教师项目性收入的提高不显著。

　　总结起来，高校教师的收入受到多方面因素的影响，既包括个体层面的微观因素、学校层面的中观因素，还包括国家政策层面的宏观因素，因此具有不同特征的高校教师收入差距较大。由于高校教师特殊的收入构成，我们探究了其工资性收入和项目性收入的影响因素，通过模型结果及对比可以发现，二者的影响因素之间也存在差异，并在不同程度上导致了总收入影响因素的变化。因此要想实现收入在高校教师生活和工作中的保障与激励作用，应从多方面入手。

参考文献

曹志文、牛晓叶、曲京山，2013，《基于岗位绩效工资制的高校收入分配实证分析》，《会计之友》第 11 期。

淡志强、韩东海、王耀忠，2011，《建立收入分配调控机制 促进高等学校和谐发展——建立高校教师收入分配调控机制的必要性及建议》，《河北省社会主义学院学报》第 3 期。

高校教师薪酬调查课题组，2014，《高校教师收入调查分析与对策建议》，《中国高等教育》第 10 期。

胡敏，2003，《高校教师工资影响因素分析》，《统计与信息论坛》第 5 期。

黄金芳、张凤林，2006，《经验收入曲线：生产力还是制度作用？——高校教师收入的经验分析》，《经济经纬》第 5 期。

沈红、熊俊峰，2013，《高校教师薪酬差异的人力资本解释》，《高等教育研究》第 9 期。

沈红、熊俊峰，2014，《职业性别隔离与高校教师收入的性别差异》，《高等教育研究》第 3 期。

石丹、李涛，2012，《浙江省高校教师工资收入影响因素分析》，《经济论坛》第 7 期。

邢志杰、闵维方，2006，《影响高校教师岗位津贴分配的因素分析》，《教育与经济》第 2 期。

张青根、沈红，2016，《出国进修如何影响高校教师收入？——基于"2014 中国大学教师调查"的分析》，《教育与经济》第 4 期。

赵卫华，2013，《高校收入分配影响因素分析——基于北京 18 所高校的调研数据考察》，《复旦教育论坛》第 2 期。

Binder, M., Krause, K., Chermak, J., Thacher, J., and Gilroy, J. 2010. "Same Work, Different Pay? Evidence from a US Public University." *Feminist Economics* 16 (4): 105 – 135.

Clark, D. E. and Knapp, T. A. 1995. "The Hedonic Price Structure of Faculty Compensation at US Colleges and Universities." *Review of Regional Studies* 25 (2): 117 – 141.

Cradden, C. 1998. "'Old' University Academic Staff Salary Movement since 1949." *Higher Education Quarterly* 52 (4): 394 – 412.

Gordon, N. M., Morton, T. E., and Braden, I. C. 1974. "Faculty Salaries: Is There Discrimination by Sex, Race and Discipline?" *The American Economic Review* 64 (3): 419 – 427.

Glover, L. C., Simpson, L. A., and Waller, L. R. 2008. "Disparities in Salaries: Metropolitan Versus Nonmetropolitan Community College Faculty." *Community College Journal of Research and Practice* 33 (1): 47 – 54.

Katz, D. A. 1973. "Faculty Salaries, Promotion, and Productivity at a Large University." *The American Economic Review* 63 (3): 469 – 477.

Mcnabb, R. and Wass, V. 1997. "Male-female Salary Differentials in British Universities." *Oxford Economic Papers* 49 (3): 328 – 343.

Ogbogu, C. O. 2009. "An Analysis of Female Research Productivity in Nigerian Universities." *Journal of Higher Education Policy and Management* 31 (1): 17 – 22.

Smyth, D. J. 1993. "Annual Faculty Salary Increase at University and Colleges: The Effects of Inflation and Recession." *International Journal of Manpower* 14 (9): 23 – 31.

Strathman, J. G. 2000. "Consistent Estimation of Faculty Rank Effects in Academic Salary Models." *Research in Higher Education* 41 (2): 237 – 250.

Toutkoushian, R. K. and Conley, V. M. 2005. "Progress for Women in Academe, Yet Inequalities Persist: Evidence from NSOPF: 99." *Research in Higher Education* 46 (1): 1 – 28.

Ward, M. 2001. "The Gender Salary Gap in British Academia." *Applied Economics* 33 (13): 1669 – 1681.

第三章　高校教师的住房分层

袁　媛[*]

自 20 世纪 90 年代以来，我国各地逐步深化住房体制改革，住房的不平等问题也随之成为社会分层领域的热点话题。受传统农耕文化的影响，人们对住房格外看重，甚至有"无房不家"的说法（朱平利、杨忠宝，2019）。住房是人们生活中必不可少的物质和生存资料，而在当下，房子已演变成为衡量一个人社会地位和财富身份的工具。是否有房或以后能否拥有属于自己的房子，是影响阶层地位信心的重要变量（雷开春，2015）。客观的刚性需求以及投资性需求使得城市楼房价格不断上涨（胡小武，2014），在巨大的购房压力之下，一些群体因没有住房而处于焦虑状态，而焦虑的群体中也包含着还没有住房的高校教师群体。

近年来，随着我国高等教育规模的不断扩大，高校教师群体数量不断增加，但我国高校教师尤其是青年教师的住房状况却并不乐观。住房开销可以说是一个家庭最大的一笔支出，如果个人尚未购买住房或者正在还房贷，住房支出就可能成为其最大的压力来源。"兴国必先强师"，为加快推进教育现代化、建设教育强国，满足教师队伍的基本生活需求是科教兴国的关键。为解决教师住房问题，2022 年 4 月 2 日，教育部等八部门印发《新时代基础教育强师计划》，明确提出要增加教师的保障性住房供应，确保教师能够安居乐业、安心教学。[①]

那么，高校教师现在的住房状况如何？什么因素会影响高校教师的住房状况？本章将进行详细探讨。

---

* 袁媛，上海大学社会学院博士研究生。

① 《教育部等八部门关于印发〈新时代基础教育强师计划〉的通知》，中华人民共和国教育部，http：//www.moe.gov.cn/srcsite/A10/s7034/202204/t20220413_616644.html，最后访问日期：2023 年 4 月 11 日。

一 相关研究综述

（一）相关概念及指标研究

Rex 和 Moore（1967）将住房与社会阶层相联系，认为住房其实是个体职业能力的反映，他们最先提出了"住房阶级"这一概念。"住房阶级"指：拥有高端职业的上层群体通常也拥有相应的高级住房；相反，拥有较低职业分层地位的群体的住房也只能在结构下层。"住房阶级"理论是社会分层的重要内容（张杨波、吴喜，2011），不仅可以透视社会群体在住房获得背后的市场和政策因素，而且有助于全社会重视住房不平等及不同住房群体之间的关系问题。

在现有讨论住房分层的研究中，被提出的住房分层指标主要包括住房的所有权、价格、地理位置、社区环境、社区文化特征等（李强，2009）。关于衡量住房分层的标准，学界还没有统一的论断。刘祖云、毛小平（2012）以获得住房的方式和住房所在地区为划分标准，将"住房阶层"分为五类。Saunders（1984）更加激烈地提出，住房状况比工作更能体现一个人的社会阶层，他以韦伯的"财产阶级"这一概念为基础，以是否拥有住房产权为标准，将"住房阶级"分为三类，分别为住宅物业的"供应者"、租客、自住业主，直接肯定了住房对社会地位的重要影响，以及住房所有权对于住房分层的作用。还有学者根据住房数量和面积将"住房阶级"分为上、中、下三层群体（李路路、马睿泽，2020）。李强（2009）强调住房不但是人类赖以生存的最重要的"物质资源"，而且是稳定的社会关系的体现，并由此提出"住房地位群体"概念，认为住房地位群体是受住房的影响、处于相似社会地位上不同群体的人，在此概念基础上根据住房来源和环境特征，将住房类型分成六类。还有学者根据居民家庭自有住房的产权类型以及有多少自有房屋构建了是否大产权住房、大产权住房的数量、是否小产权住房、小产权住房的数量四类住房类型划分标准，填补了除完全产权外其他产权类型住房划分的空白（李涛等，2011）。根据以往研究及数据可得性，本章将住房产权、面积和社区类型作为住房分层的指标。

（二）高校教师住房不平等现状及影响因素研究

高校教师的住房状况探究应被给予充分重视。已有研究表明，高校青年教师在住房方面主要面临四点困难：一是仅靠工资收入买不起房。高校教师尤其是青年教师对住房的需求强烈，但收入低、储蓄少、房价过高，其晋升、加薪的速度远不及房价上涨的速度。二是享受保障性住房的机会少。自住房改革以来，福利分房制度被取消，高校不再为教师提供有产权的住房，而现有可调配的住房资源早已枯竭，形成了巨大的供需矛盾。三是租房现象普遍，但租金也同样较高。尤其在北京、上海这样的特大城市，租金和通勤距离成为每一个租房者要仔细权衡的矛盾问题。四是住房改善难度大。许多青年教师为缓解压力选择在结婚时购买小户型房产，但刚性需求不断升级，房贷和房价等压力使其要改善住房变得十分困难（侯艳艳等，2019）。

现有探究住房不平等的形成原因或影响因素的研究，大致可分为"国家中心论"和"市场中心论"两个论点，"国家中心论"和"市场中心论"的争论点在于，到底是市场还是再分配的力量导致了住房的不平等。关于这个问题已经有很多学者运用"生命历程""社会排斥""消费分层""社会转型"等理论假说进行了探讨，事实上，探究这个问题的关键在于要将住房不平等问题放到时代背景下考量。"国家中心论"是指住房是国家财富再分配的一种手段（魏万青、高伟，2020），部分单位或机构员工依靠国家政策或地位权力获得住房，导致了社会群体之间的住房差异（李路路、马睿泽，2020）。社会体系中的个体越是接近核心部门，其所处的住房阶层也就越高（方长春，2014）。1978～1992年，我国居民住房依托单位管理，这期间国家力量占主导，强调住房的社会功能和福利效应。1992年起，中国逐步走上社会主义市场经济道路，部分公有住房转变为居民个人所有，其经济功能和财富效应显现出来，住房不平等得到暂时缓解。1998年，国务院出台了《关于进一步深化城镇住房制度改革 加快住房建设的通知》，标志着我国进入新住房体制时期，住房的经济功能和财富效应膨胀，住房不平等又逐渐扩大（刘欣，2005；胡蓉，2012；方长春，2014）。中国城镇住房政策在改革中也逐渐形成了住房双轨制（魏万青，2014）。"市场中心论"强调改革开放后，市场经济体制下，住房也随之市场化，人力资本和财富成为影响住房水平高低的重要因素，市场化水平的提高会导致一段时期内住房资源分配的不均衡，拉大居民的住房不平等（胡蓉，2012）。

在住房改革背景下，高校教师的住房问题日益凸显。住房改革后，各高校取消了实物分房政策，老职工和新职工在住房上的差异也显现出来。虽然住房货币化和市场化逐渐被年轻教师所接受，并且许多高校对于新进青年教师会给予一定的住房补贴和安家费，以帮助其在短时间内解决住房问题，但面对住房市场，这些补贴往往是杯水车薪。根据"市场中心论"，收入等市场性因素对住房状况有绝对的影响，已有研究发现，导致高校教师住房状况差的很大一部分原因来自于其经济收入水平差，尤其是青年教师的低收入与高房价之间存在巨大鸿沟，这直接导致了青年教师的住房问题，并且存在着高校和地区之间的差异等问题（沈益朋，2020）。由于住房具有家庭属性，因此本章用家庭年收入来衡量市场性因素。除了市场性因素的影响，高校教师本身的工作特征也具有一定的特殊性。根据"国家中心论"，一个人因职业获得的权力也可能带来住房的不平等。高校教师作为体制内的典型职业，在住房改革前享有较好的住房福利；住房改革后，相较体制外人群，高校教师这一职业也会享有很多其他形式的住房福利，但势必较住房改革前有所下降。同时，不同专业技术职称/行政职务级别的高校教师所拥有的权力是不同的，因此，由工作特征差异带来的内部的巨大差异，可能也会导致高校教师群体内部在住房上的差异。除此之外，性别、婚姻状况等个人特征也是一个重要的方面，已婚教师对于住房的需求更加迫切，而拥有一个安稳的住房环境会大大缓解其生活压力（查丹明等，2014）。据此，本章自变量分为三类：市场性因素、工作特征以及个人特征。在考察整个高校教师群体住房分层时，应该同时考虑"市场中心论"和"国家中心论"，以及个人特征等相关因素的影响。

总结起来，目前对于高校教师住房的研究，大多停留在现状描述及质性的原因分析上，对于高校教师住房状况的影响因素的研究还不够深入，且缺乏量化的实证分析。本章将运用量化的研究方法，围绕"市场中心论"和"国家中心论"两个论点，主要探讨以收入为代表的市场性因素和与高校教师职业相关的工作特征对高校教师住房状况的影响，对高校教师住房分层及其影响因素进行全方位的细致分析。

二　研究设计

（一）研究内容

在这一部分中，我们首先将对高校教师的整体住房状况进行概括性描述，接着将高校教师的收入和工作特征分别与其住房状况进行交叉分析，最后运用回归模型分别探究市场性因素、工作特征以及个人特征对高校教师住房状况的影响。

（二）概念操作

1. 因变量

本章的因变量为住房分层，由住房产权、住房面积和社区类型三个变量组成。这三个变量都是对受访者当前住房情况的反馈，可以更加真实地反映高校教师目前的住房状况。

住房产权：受访者当前居住房屋的产权，原始分类为自购商品房（含经济适用房）、租住公房（公租房、廉租房）、租住私房、借住他人住房（不支付房租等费用）、租住单位型住房和其他住房6个类型。在回归分析中，将自购商品房类型归为"有产权"，将其他5个类型归为"无产权"。

住房面积：受访者当前居住房屋的建筑面积。

社区类型：受访者当前居住的社区类型，原始分类为未经改造的老城区（街坊型社区）、单一或混合的单位社区、保障性住房社区、普通商品房小区、别墅区或高级住宅区、新近由农村社区转变过来的城市社区（村改居、村居合并或"城中村"）、其他社区7个类型。在回归分析中，将单一或混合的单位社区、保障性住房社区归为"福利性住房社区"，将普通商品房小区、别墅区或高级住宅区归为"商品房社区"，将未经改造的老城区（街坊型社区）、新近由农村社区转变过来的城市社区（村改居、村居合并或"城中村"）和其他社区归为"老城区或城郊社区"。

2. 自变量

（1）市场性因素

家庭年收入：受访者前一年全年家庭总收入，分为20万元及以下、20万～30万元、30万～50万元以及50万元及以上。

（2）工作特征

高校类型：受访者当前工作高校类型，分为普通高校、"一流学科"高校和"双一流"高校。

专业类别：受访者当前工作学院专业类别，分为理学、农业科学、医药科学、工程与技术科学和人文与社会科学5类。

专业技术职称：受访者专业技术职称的级别，分为无职称、初级、中级、副高级和正高级5类。

行政职务级别：受访者担任过的最高行政或管理职务级别，原始问卷分为无级别、科级副职、科级正职、处级副职、处级正职、厅局级副职、厅局级正职及以上7类，分析中将处级正职、厅局级副职、厅局级正职及以上合并为处级正职及以上。

职业流动方向：根据受访者初教职及现教职的高校级别生成，分为未流动、向下流动、水平流动、向上流动、其他（包括国际流动、机构高校间流动等）5类。

兼职经历：受访者在本学年是否进行过或正在进行有报酬的兼职，分为有兼职和无兼职2类。

在描述性统计中，还涉及所有住房数量、所有房产总面积、所有房产市值以及住房产权和数量几个变量。所有住房数量指受访者家庭拥有的房产总数；所有房产总面积指受访者家庭拥有所有房产的总面积；所有房产市值指受访者家庭拥有所有房产当前的总市值；住房产权和数量指在描述性分析中，将住房数量分为"无房"、"一套房"和"多套房"，同时结合受访者当前拥有房产的产权状况，生成以下5个类别，即无现住房产权也无其他住房、无现住房产权另有一套住房、无现住房产权另有多套住房、有现住房产权无其他住房和有现住房产权另有多套住房。

（3）个人特征

个人特征主要包括性别、出生世代、户籍、所在地区、婚姻状况、政治面貌、受教育程度（见表3-1），本章将个人特征作为主要控制变量加入模型。

表3-1　样本个人特征描述性统计

	变量定义	频数	占比（%）
性别	女性	1160	46.49
	男性	1335	53.51

续表

	变量定义	频数	占比（%）
出生世代	60 世代前	27	1.08
	60 世代	320	12.83
	70 世代	835	33.47
	80 世代	1106	44.33
	90 世代	207	8.30
户籍	非本地	131	5.58
	本地	2218	94.42
所在地区	上海	1771	70.08
	非上海	756	29.92
婚姻状况	非在婚	427	17.54
	在婚	2008	82.46
政治面貌	非党员	764	30.39
	党员	1750	69.61
受教育程度	大学专科或本科	87	3.56
	硕士研究生	391	15.99
	博士研究生	1967	80.45

（三）分析方法与统计模型

本章运用对数比率回归探究当前住房产权的影响因素，因变量为拥有当前住房产权和不拥有当前住房产权两类；在探究当前住房面积的影响因素时，因变量"当前住房面积"为连续变量，采用多元线性回归模型；在探究住房社区影响因素时，采用多分类对数比率回归模型。同时，将"商品房社区"作为基准类，研究不同自变量是否影响人们当前住房社区基于基层的发生比。

三　住房分层的统计结果

（一）住房基本状况

表 3-2 显示了在分析中应用的与住房相关的变量，涵盖了以往住房研究中衡量住房财富的大部分指标。本章对所有住房数量、当前住房面积、

所有房产总面积和所有房产市值进行缩尾处理，去掉了极端值。下面对住房整体状况进行概括描述，以便对高校教师住房状况进行更细致的探究。

表 3 - 2（a）　　住房变量描述性分析（类别变量）

	变量定义	频数	占比（%）
所有住房数量	无房	287	13.44
	一套房	1089	51.01
	多套房	759	35.55
所有房产总面积	90 平方米及以下	482	25.36
	90～180 平方米	853	44.87
	180～270 平方米	366	19.25
	270 平方米及以上	200	10.52
所有房产市值	250 万元及以下	340	19.15
	250 万～500 万元	632	35.61
	500 万～1000 万元	610	34.37
	1000 万元以上	193	10.87
当前住房产权	无产权	755	30.57
	有产权	1715	69.43
当前住房面积	60 平方米及以下	395	16.31
	60～90 平方米	803	33.15
	90～120 平方米	735	30.35
	120 平方米以上	489	20.19
当前住房社区类型	福利性住房社区	676	27.51
	商品房社区	1571	63.94
	老城区或城郊社区	210	8.55
住房产权和数量	无现住房产权也无其他住房	256	11.04
	无现住房产权另有一套住房	227	9.79
	无现住房产权另有多套住房	120	5.18
	有现住房产权无其他住房	28	1.21
	有现住房产权另有多套住房	1687	72.78
住房公积金	5 万元及以下	1646	68.38
	5 万～10 万元	597	24.80
	10 万～15 万元	119	4.94
	15 万元以上	45	1.87

表 3 – 2（b）　　　住房变量描述性分析（连续变量）

	均值	标准差
所有住房数量	1.32	0.87
所有房产总面积（平方米）	157.74	98.03
所有房产市值（万元）	621.37	457.85
当前住房面积（平方米）	97.47	37.80

1. 所有住房数量与当前住房产权

由表 3 – 2 可知，高校教师平均拥有住房数量为 1.32 套，略高于全国平均水平，高校教师拥有住房数量分布整体上呈"纺锤形"，其中 13.44% 没有房产，51.01% 有一套房产，35.55% 有多套房产。这一结果表明，85% 以上的高校教师拥有住房。在高校教师群体中，近七成人拥有现居住房屋的产权，剩下三成则是租住房屋，包括公租房和廉租房。

从综合住房产权和数量形成的新变量来看，占比最多的情况是有现住房产权另有多套住房（72.78%），其次为无现住房产权也无其他住房（11.04%）和无现住房产权另有一套住房（9.79%）的情况，而无现住房产权另有多套住房和有现住房产权无其他住房的情况分别占比 5.18% 和 1.21%。

2. 住房面积与房产市值

那么这些住房的面积大概有多大？房产的市值又是多少呢？研究数据显示，全国高校教师当前住房面积均值为 97.47 平方米，多数教师当前住房的居住面积在 60～120 平方米之间。其中，居住面积在 60～90 平方米的占 33.15%，90～120 平方米的占 30.35%，还有 16.31% 的高校教师当前住房居住面积在 60 平方米及以下，20.19% 的高校教师当前住房居住面积超过 120 平方米。高校教师家庭拥有的所有房产总面积平均为 157.74 平方米，分布主要集中在 90～180 平方米区间，占比 44.87%；90 平方米及以下占比 25.36%；180 平方米以上占比近 30%。所有房产市值平均为 621.37 万元，多数集中在 250 万～1000 万区间，占比近 70%，还有 19.15% 的家庭其所有房产市值在 250 万元及以下，10.87% 在 1000 万元以上。

总体来说，高校教师群体的住房还是比较宽敞的，当然也不能忽视该群体中还有当前住房面积在 60 平方米及以下的人群（16.31%），这部分人基本是租赁住房。所有房产市值近半数高于 500 万元，虽然房价的地区差异性较大，但即使在北京、上海等特大城市，多数可能也处于中等偏上水平。

3. 当前住房社区类型与住房公积金

在高校教师现居住的社区类型中，最多的是商品房社区，占比 63.94%，有 27.51% 和 8.55% 的人居住在福利性住房社区和老城区或城郊社区。上述结果表明，在上海的高校教师群体中，绝大多数人是自购商品房，但值得关注的是，仍有相当一部分群体是租用住房，超过 30% 的群体居住的社区环境较差，当然，这里可能还包含一些改善型的租房人群。高校教师每年的住房公积金和补充住房公积金在 5 万元及以下的比例最高（68.38%），其次为 5 万~10 万元（24.80%），10 万~15 万元和 15 万元以上的比例分别为 4.94% 和 1.87%。

从当前住房社区类型和住房公积金的情况来看，只有不到三成的高校教师享受福利性住房，并且超过六成人群每年的住房公积金和补充住房公积金总额在 5 万元及以下，可见高校教师住房福利仍有待提高。

（二）不同收入层次高校教师的住房情况

不同家庭年收入层次的高校教师的住房情况有显著差异（见表 3-3）。在无现住房产权也无其他住房情况中，家庭年收入在 20 万元及以下的比例最高（28.69%），20 万~30 万元次之（9.94%），50 万元及以上比例最低（4.41%）；无现住房产权另有一套住房的情况同样是家庭年收入在 20 万元及以下的比例最高（17.33%），20 万~30 万元次之（10.87%），50 万元及以上比例最低（6.44%）；无现住房产权另有多套住房的情况中，家庭年收入在 30 万~50 万元的比例最高（6.12%），50 万元及以上次之（5.59%），20 万~30 万元比例最低（4.60%）；有现住房产权无其他住房情况中，家庭年收入在 20 万元及以下的比例最高（2.84%），30 万~50 万元次之（1.17%），20 万~30 万元比例最低（0.55%）；有现住房产权另有多套住房的情况最为普遍，其中家庭年收入在 50 万元及以上的比例最高（82.71%），30 万~50 万元次之（75.80%），20 万元及以下比例最低（46.31%）。由此可知，家庭年收入和住房状况的关联性较强，家庭年收入越高的高校教师其住房状况可能越好。

表 3-3　家庭年收入与住房情况

单位：%

家庭年收入	无现住房产权也无其他住房	无现住房产权另有一套住房	无现住房产权另有多套住房	有现住房产权无其他住房	有现住房产权另有多套住房	合计
20 万元及以下	28.69	17.33	4.83	2.84	46.31	100（352）

家庭年收入	无现住房产权也无其他住房	无现住房产权另有一套住房	无现住房产权另有多套住房	有现住房产权无其他住房	有现住房产权另有多套住房	合计
20 万 ~ 30 万元	9. 94	10. 87	4. 60	0. 55	74. 03	100（543）
30 万 ~ 50 万元	8. 02	8. 89	6. 12	1. 17	75. 80	100（686）
50 万元及以上	4. 41	6. 44	5. 59	0. 85	82. 71	100（590）
总体	10. 87	10. 09	5. 39	1. 20	72. 46	100（2171）

Pearson χ^2（12）= 213.4956；$p = 0.000$

（三）不同工作特征高校教师的住房情况

不同类型高校的教师的住房情况差异不显著（见表 3 – 4）。在住房类型中的最底层——无现住房产权也无其他住房情况中，"双一流"高校的比例最高（11.79%），"一流学科"高校次之（11.04%），普通高校比例最低（10.17%）；无现住房产权另有一套住房的情况中，"一流学科"高校的比例最高（11.04%），"双一流"高校次之（9.46%），普通高校比例最低（8.74%）；无现住房产权另有多套住房的情况中，"双一流"高校的比例最高（6.14%），"一流学科"高校次之（5.58%），普通高校比例最低（3.58%）；有现住房产权无其他住房的情况中，"双一流"高校的比例最高（1.47%），普通高校次之（1.43%），"一流学科"高校比例最低（0.74%）；有现住房产权另有多套住房的情况在所有高校类型中都较为普遍，其中普通高校的比例最高（76.07%），"一流学科"高校次之（71.59%），"双一流"高校比例最低（71.13%）。

表 3 – 4　高校类型与住房情况

单位：%

高校类型	无现住房产权也无其他住房	无现住房产权另有一套住房	无现住房产权另有多套住房	有现住房产权无其他住房	有现住房产权另有多套住房	合计
普通高校	10. 17	8. 74	3. 58	1. 43	76. 07	100（698）
"一流学科"高校	11. 04	11. 04	5. 58	0. 74	71. 59	100（806）
"双一流"高校	11. 79	9. 46	6. 14	1. 47	71. 13	100（814）
总体	11. 04	9. 79	5. 18	1. 21	72. 78	100（2318）

Pearson χ^2（8）= 11.9231；$p = 0.155$

不同专业类别的高校教师的住房情况有显著差异（见表 3 - 5）。在无现住房产权也无其他住房情况中，工程与技术科学占比最高（11.93%），理学和人文与社会科学次之（10.81% 和 10.80%），农业科学占比最低（8.81%）；无现住房产权另有一套住房的情况中，农业科学占比最高（18.24%），医药科学次之（12.68%），理学占比最低（8.60%）；无现住房产权另有多套住房的情况中，农业科学占比最高（8.81%），医药科学占比最低（2.82%）；有现住房产权无其他住房情况中，人文与社会科学占比最高（1.80%），工程与技术科学次之（1.02%），医药科学占比最低（0.00%）；有现住房产权另有多套住房的情况在所有专业类别中都较为普遍，其中理学占比最高（76.17%），医药科学次之（74.65%），农业科学占比最低（63.52%）。由此可知，理学、工程与技术科学和人文与社会科学专业的高校教师的住房情况两极分化更加明显，农业科学和医药科学专业的高校教师有住房但目前租房的情况相对更多。

表 3 - 5　专业类别与住房情况

单位：%

专业类别	无现住房产权也无其他住房	无现住房产权另有一套住房	无现住房产权另有多套住房	有现住房产权无其他住房	有现住房产权另有多套住房	合计
理学	10.81	8.60	3.44	0.98	76.17	100 (407)
农业科学	8.81	18.24	8.81	0.63	63.52	100 (159)
医药科学	9.86	12.68	2.82	0.00	74.65	100 (71)
工程与技术科学	11.93	8.98	5.23	1.02	72.84	100 (880)
人文与社会科学	10.80	9.00	5.68	1.80	72.71	100 (722)
总体	10.81	8.60	3.44	0.98	76.17	100 (407)

Pearson $\chi^2 = 29.2746$；$p = 0.022$

不同专业技术职称的高校教师的住房情况同样有显著差异（见表 3 - 6）。在无现住房产权也无其他住房情况中，初级职称和无职称的比例最高（30.11% 和 25.58%），中级职称次之（13.18%），正高级职称比例最低（4.61%）；无现住房产权另有一套住房的情况同样是初级职称和无职称的比例最高（18.28% 和 12.21%），中级职称次之（12.09%），正高级职称比例最低（7.37%）；无现住房产权另有多套住房的情况中，无职称和初级职称比例最高（8.14% 和 7.53%），正高级职称比例最低（3.46%）；有现住房产权无其他住房情况中，无职称的比例最高（3.49%），中级职称次之

（1.49%），副高级职称比例最低（0.70%）；有现住房产权另有多套住房情况中，正高级职称的比例最高（83.64%），副高级职称次之（79.04%），中级职称和无职称的比例分别为67.93%和50.58%，初级职称比例最低（43.01%）。可以明显地看出，高校教师的专业技术职称与其住房状况有密切的联系，初级职称和无职称的高校教师住房状况相对最差，随着专业技术职称等级的提升，住房状况逐渐改善，正高级职称高校教师的住房状况最好。

表 3 − 6　专业技术职称与住房情况

单位：%

专业技术职称	无现住房产权也无其他住房	无现住房产权另有一套住房	无现住房产权另有多套住房	有现住房产权无其他住房	有现住房产权另有多套住房	合计
无职称	25.58	12.21	8.14	3.49	50.58	100（172）
初级	30.11	18.28	7.53	1.08	43.01	100（93）
中级	13.18	12.09	5.30	1.49	67.93	100（736）
副高级	7.26	7.73	5.27	0.70	79.04	100（854）
正高级	4.61	7.37	3.46	0.92	83.64	100（434）
总体	10.97	9.83	5.24	1.22	72.74	100（2289）

Pearson χ^2（16）= 165.8554；$p = 0.000$

从表 3 − 7 可以看出，随着高校教师行政职务级别的提升，其住房情况也呈现显著的改善趋势。在无现住房产权也无其他住房情况中，无级别和科级副职的比例最高（12.97%和9.47%），处级副职次之（3.80%），处级正职及以上比例最低（0.00%）；无现住房产权另有一套住房的情况中，科级副职和无级别的比例最高（11.58%和10.39%），科级正职次之（7.25%），处级正职及以上比例最低（3.92%）；无现住房产权另有多套住房的情况中，处级正职及以上比例最高（11.76%），无级别和处级副职次之（5.40%和5.06%），科级副职比例最低（4.21%）；有现住房产权无其他住房情况中，无级别的比例最高（1.55%），科级正职次之（0.72%），科级副职、处级副职和处级正职及以上均无此情况（0.00%）；有现住房产权另有多套住房情况中，科级正职、处级副职和处级正职及以上占比均超过了80%，科级副职次之（74.74%），无级别比例最低（69.69%）。整体上，不同行政职级高校教师的住房情况在科级副职到科级正职间有较大提升。

表 3 - 7　行政职务级别与住房情况

单位：%

行政职务级别	无现住房产权也无其他住房	无现住房产权另有一套住房	无现住房产权另有多套住房	有现住房产权无其他住房	有现住房产权另有多套住房	合计
无级别	12.97	10.39	5.40	1.55	69.69	100 (1742)
科级副职	9.47	11.58	4.21	0.00	74.74	100 (95)
科级正职	2.90	7.25	4.35	0.72	84.78	100 (138)
处级副职	3.80	5.70	5.06	0.00	85.44	100 (158)
处级正职及以上	0.00	3.92	11.76	0.00	84.31	100 (51)
总体	11.22	9.75	5.40	1.28	72.34	100 (2184)

Pearson χ^2 (16) = 52.4944；$p = 0.000$

（四）不同职业流动方向与兼职经历差异高校教师的住房情况

从卡方检验来看，不同职业流动方向在住房情况上仅在 1% 的水平上显著（见表 3 - 8）。具体来说，除其他流动方向外，无现住房产权也无其他住房情况中，未流动和向上流动的比例最高（12.38% 和 12.07%），水平流动次之（7.91%），向下流动比例最低（6.35%）；无现住房产权另有一套住房的情况中，向下流动的比例最高（11.11%），水平流动和未流动次之（9.77% 和 9.72%），向上流动比例最低（6.03%）；无现住房产权另有多套住房的情况中，向上流动的比例最高（6.90%），未流动和向下流动次之（5.79% 和 4.76%），水平流动比例最低（2.33%）；有现住房产权无其他住房的情况中，未流动的比例最高（1.33%），水平流动和向上流动次之（0.93% 和 0.86%），无向下流动（0.00%）；有现住房产权另有多套住房情况中，水平流动和向下流动的比例最高（79.07% 和 77.78%），向上流动次之（74.14%），未流动占比最低（70.77%）。总体来说，有流动经历的高校教师的住房状况更好一些，尤其是水平流动或向下流动的情况。

表 3 - 8　职业流动方向与住房情况

单位：%

职业流动方向	无现住房产权也无其他住房	无现住房产权另有一套住房	无现住房产权另有多套住房	有现住房产权无其他住房	有现住房产权另有多套住房	合计
未流动	12.38	9.72	5.79	1.33	70.77	100 (1502)

职业流动方向	无现住房产权也无其他住房	无现住房产权另有一套住房	无现住房产权另有多套住房	有现住房产权无其他住房	有现住房产权另有多套住房	合计
向下流动	6.35	11.11	4.76	0.00	77.78	100（63）
水平流动	7.91	9.77	2.33	0.93	79.07	100（215）
向上流动	12.07	6.03	6.90	0.86	74.14	100（116）
其他	14.71	19.12	1.47	1.47	63.24	100（68）
总体	11.76	9.88	5.30	1.22	71.84	100（1964）

Pearson χ^2（16）= 23.9165；p = 0.091

从表 3 - 9 可以看出，是否有兼职经历也会使高校教师的住房情况产生差异。有兼职经历的高校教师在无现住房产权另有一套住房（10.24%）、无现住房产权另有多套住房（8.09%）、有现住房产权无其他住房（2.16%）三种情况中占比更高；而没有兼职经历的高校教师在无现住房产权也无其他住房（11.48%）和有现住房产权另有多套住房（73.27%）两种情况中占比更高，说明没有兼职经历的高校教师之间的住房情况差异较大，而有兼职经历的高校教师的住房情况较为平衡。

表 3 - 9　兼职经历与住房情况

单位：%

兼职经历	无现住房产权也无其他住房	无现住房产权另有一套住房	无现住房产权另有多套住房	有现住房产权无其他住房	有现住房产权另有多套住房	合计
无兼职	11.48	9.70	4.51	1.05	73.27	100（1908）
有兼职	9.70	10.24	8.09	2.16	69.81	100（371）
总体	11.19	9.78	5.09	1.23	72.71	100（2279）

Pearson χ^2（4）= 12.4006；p = 0.015

四　住房分层的研究发现

表 3 - 10 中，模型 1 是当前住房有产权的对数比率回归，以"无产权"为参照类别，探究了何种因素会使得高校教师更可能拥有当前住房的产权。

家庭年收入对当前住房产权归属的影响显著。可以看到，家庭年收入越高的高校教师拥有当前住房产权的可能性越大，与家庭年收入在 20 万元及以下的高校教师相比，家庭年收入在 20 万 ~30 万元的高校教师拥有当前住房产权的发生比增加了 1.423 倍，家庭年收入在 30 万 ~50 万元的高校教师拥有当前住房产权的发生比增加了 2.005 倍，家庭年收入在 50 万元及以上的高校教师拥有当前住房产权的发生比增加了 2.337 倍。

工作特征因素中，高校类型、专业技术职称和职业流动方向对高校教师是否拥有当前住房的产权有显著影响，而专业类别、行政职务级别和兼职经历对高校教师是否拥有当前住房的产权影响不大。高校类型对高校教师是否拥有当前住房的产权有显著影响，但系数为负，说明其呈负向影响，"一流学科"高校的教师拥有当前住房产权的发生比仅是普通高校教师的 0.723 倍，而"双一流"高校的教师拥有当前住房产权的发生比更低，仅是普通高校教师的 0.617 倍。专业技术职称总体上对高校教师是否拥有当前住房的产权有正向影响，与无职称的高校教师相比，初级和中级职称的高校教师拥有当前住房产权的发生比并没有显著提升，专业技术职称为副高级和正高级的高校教师拥有当前住房产权的发生比才明显比无职称的高校教师提高了 0.705 倍和 1.568 倍。最后，与没有流动经历的高校教师相比，不论向下流动、水平流动还是向上流动的高校教师在是否拥有当前住房产权的发生比上都没有显著变化，只有在其他情况下，即有国际流动、机构高校间流动经历的高校教师拥有当前住房产权的发生比才显著比没有流动经历的高校教师低，其拥有当前住房产权的发生比仅是没有流动经历的高校教师的 0.440 倍。

除此之外，在个人特征因素中，出生世代、政治面貌和受教育程度对高校教师是否拥有当前住房产权的影响不大，而性别、户籍、所在地区、婚姻状况对高校教师是否拥有当前住房的产权有显著影响。具体来说，高校中，女教师比男教师有更大概率拥有当前住房的产权，男教师拥有当前住房产权的发生比仅是女教师的 0.797 倍；拥有本地户籍的高校教师拥有当前住房产权的发生比是非本地户籍高校教师的 2.336 倍；上海地区高校教师拥有当前住房产权的发生比仅是非上海地区高校教师的 0.32 倍；在婚的高校教师拥有当前住房产权的发生比是非在婚高校教师的 1.570 倍。总结起来，个人特征为女性、本地、非上海、在婚的高校教师在当前住房产权归属上更具优势。

表 3-10 中，模型 2 是当前住房面积的线性回归模型，以连续性住房面积为因变量，探究当前住房面积的影响因素。

　　高校教师的家庭年收入对其当前住房面积有显著影响，并且随着家庭年收入的增高，当前住房面积也会逐渐增加，与家庭年收入20万元及以下的高校教师家庭相比，家庭年收入在20万～30万元、30万～50万元和50万元及以上的高校教师的当前住房面积分别增加了9.390平方米、19.312平方米和24.315平方米。

　　工作特征因素对高校教师当前住房面积的影响很大，专业类别、专业技术职称、行政职务级别、职业流动方向和兼职经历对高校教师当前住房面积都有显著的影响，只有高校类型的影响不大。具体来说，相较于理学专业，只有医药科学专业的高校教师的当前住房面积显著减少了15.157平方米；不同专业技术职称高校教师之间的当前住房面积差异整体来说并不大，只有中级职称的高校教师比无职称的高校教师的当前住房面积在10%显著性水平上少6.929平方米；行政职务级别与当前住房面积的关系并不是线性的，但有行政职务级别且为正职级别的科级正职和处级正职及以上的高校教师的当前住房面积要比无级别的高校教师多12.795平方米和17.616平方米；就职业流动方向来说，与没有流动经历的高校教师相比，有水平流动经历的高校教师的当前住房面积会显著减少6.053平方米；最后，有兼职经历比没有兼职经历的高校教师的当前住房面积显著增加4.414平方米。

　　除此之外，在个人特征因素中，性别、户籍、婚姻状况和政治面貌对高校教师的当前住房面积均有显著影响，而出生世代、所在地区和受教育程度对高校教师的当前住房面积影响不大。具体来说，相较于高校女教师，高校男教师的当前住房面积减少了3.852平方米；与非本地户籍高校教师相比，本地户籍高校教师的当前住房面积增加了8.260平方米；与非在婚高校教师相比，在婚高校教师的当前住房面积显著增加了8.995平方米；与非党员高校教师相比，党员高校教师的当前住房面积显著减少了4.292平方米。由此可见，女性、本地户籍、在婚且为非党员的高校教师在当前住房面积上有显著优势。

表3－10　当前住房产权的对数比率回归和面积的线性回归分析结果

	M1：当前住房有产权		M2：当前住房面积
	B	Exp（B）	B（SE）
性别[a] 出生世代[b]	－0.227[+]	0.797	－3.852[*]（1.878）

	M1：当前住房有产权		M2：当前住房面积
	B	Exp（B）	B（SE）
60 世代	1.266	3.545	6.431（10.312）
70 世代	0.305	1.356	1.397（10.237）
80 世代	− 0.577	0.562	− 11.849（10.320）
90 世代	− 0.846	0.429	− 10.012（10.839）
户籍 c	0.848 **	2.336	8.260 *（4.116）
所在地区 d	− 1.140 ***	0.320	− 1.972（2.472）
婚姻状况 e	0.451 **	1.570	8.995 ***（2.618）
政治面貌 f	0.003	1.003	− 4.292 *（1.953）
受教育程度 g			
硕士研究生	− 0.529	0.589	− 2.662（2.511）
博士研究生	− 0.816	0.442	− 4.253（2.906）
家庭年收入 h			
20 万 ~ 30 万元	0.885 ***	2.423	9.390 **（2.939）
30 万 ~ 50 万元	1.100 ***	3.005	19.312 ***（2.889）
50 万元及以上	1.205 ***	3.337	24.315 ***（3.068）
高校类型 i			
"一流学科"高校	− 0.324 +	0.723	4.521（5.586）
"双一流"高校	− 0.482 *	0.617	1.513（5.313）
专业类别 j			
农业科学	− 0.059	0.942	− 2.899（3.973）
医药科学	− 0.277	0.758	− 15.157 **（5.400）
工程与技术科学	− 0.133	0.876	− 1.651（2.447）
人文与社会科学	− 0.098	0.906	0.927（2.678）
专业技术职称 k			
初级	− 0.195	0.823	− 7.828（5.694）
中级	0.176	1.192	− 6.929 +（4.045）
副高级	0.533 +	1.705	− 1.814（4.211）
正高级	0.943 **	2.568	4.059（4.722）
行政职务级别 l			
科级副职	0.008	1.008	1.997（4.352）
科级正职	0.337	1.401	12.795 ***（3.625）
处级副职	− 0.180	0.836	3.359（3.560）
处级正职及以上	− 0.274	0.761	17.616 **（6.558）
职业流动方向 m			
向下流动	− 0.260	0.771	0.530（5.445）

续表

| | M1：当前住房有产权 | | M2：当前住房面积 |
	B	Exp（B）	B（SE）
水平流动	- 0. 280	0. 756	- 6. 053 * （3. 042）
向上流动	- 0. 230	0. 794	- 0. 863 （3. 986）
其他	- 0. 821 **	0. 440	- 6. 153 （4. 407）
兼职经历ⁿ	- 0. 026	0. 974	4. 414 + （2. 390）
截距	0. 375	1. 456	80. 526 *** （12. 522）
N	1573		1573
R^2	0. 198		0. 214

注：①ᵃ 参照组为女性；ᵇ 参照组为 60 世代前；ᶜ 参照组为非本地；ᵈ 参照组为非上海；ᵉ 参照组为非在婚；ᶠ 参照组为非党员；ᵍ 参照组为大学专科或本科；ʰ 参照组为 20 万元及以下；ⁱ 参照组为普通高校；ʲ 参照组为理学；ᵏ 参照组为无职称；ˡ 参照组为无级别；ᵐ 参照组为未流动；ⁿ 参照组为无兼职。② $^+ p < 0.1$，$^* p < 0.05$，$^{**} p < 0.01$，$^{***} p < 0.001$。

采用多类别对数回归模型，以"商品房社区"为参照类别，对高校教师当前住房社区类型进行分析，表 3 - 11 中的统计结果显示了影响高校教师当前住房社区类型的因素。

表 3 - 11　社区类型的多类别对数比率回归结果

| | 福利性住房社区 | | 老城区或城郊社区 | |
	B	Exp（B）	B	Exp（B）
性别ᵃ	0. 198	1. 218	0. 396 *	1. 486
出生世代ᵇ				
60 世代	0. 081	1. 085	- 0. 283	0. 753
70 世代	0. 008	1. 008	- 0. 458	0. 632
80 世代	0. 078	1. 081	0. 107	1. 113
90 世代	0. 169	1. 185	- 0. 429	0. 651
户籍ᶜ	- 0. 401	0. 670	- 0. 044	0. 957
所在地区ᵈ	1. 771 ***	5. 878	0. 336	1. 400
婚姻状况ᵉ	- 0. 240	0. 786	0. 109	1. 116
政治面貌ᶠ	0. 119	1. 126	0. 106	1. 112
受教育程度ᵍ				
硕士研究生	0. 663	1. 941	- 0. 870 +	0. 419
博士研究生	0. 804	2. 234	- 0. 636	0. 530
家庭年收入ʰ				
20 万 ~ 30 万元	- 0. 543 *	0. 581	- 0. 757 **	0. 469
30 万 ~ 50 万元	- 0. 823 ***	0. 439	- 0. 770 **	0. 463
50 万元及以上	- 0. 681 **	0. 506	- 1. 243 ***	0. 289

	福利性住房社区		老城区或城郊社区	
	B	Exp（B）	B	Exp（B）
高校类型[i]				
"一流学科"高校	1.031***	2.804	-0.035	0.966
"双一流"高校	1.165***	3.205	0.303	1.354
专业类别[j]				
农业科学	-0.020	0.980	-0.471	0.625
医药科学	0.298	1.347	-0.065	0.937
工程与技术科学	0.282	1.326	-0.227	0.797
人文与社会科学	0.212	1.236	-0.103	0.902
专业技术职称[k]				
初级	0.223	1.249	0.393	1.482
中级	-0.108	0.898	-0.602+	0.548
副高级	-0.224	0.799	-0.558	0.573
正高级	-0.597+	0.550	-0.749	0.473
行政职务级别[l]				
科级副职	0.137	1.146	-13.961	0.000
科级正职	-0.270	0.763	-0.334	0.716
处级副职	0.376	1.457	-0.759	0.468
处级正职及以上	0.118	1.125	-0.639	0.528
职业流动方向[m]				
向下流动	-0.293	0.746	0.306	1.358
水平流动	0.180	1.197	-0.415	0.661
向上流动	-0.135	0.874	-0.708	0.493
其他	0.407	1.502	0.002	1.002
兼职经历[n]	0.004	1.004	-0.209	0.811
截距	-2.224*	0.108	-0.036	0.965
N	1568			
R^2	0.157			

注：①[a] 参照组为女性；[b] 参照组为60世代前；[c] 参照组为非本地；[d] 参照组为非上海；[e] 参照组为非在婚；[f] 参照组为非党员；[g] 参照组为大学专科或本科；[h] 参照组为20万元及以下；[i] 参照组为普通高校；[j] 参照组为理学；[k] 参照组为无职称；[l] 参照组为无级别；[m] 参照组为未流动；[n] 参照组为无兼职。② $+ p<0.1$，$* p<0.05$，$** p<0.01$，$*** p<0.001$。

家庭年收入对高校教师当前住房社区类型的影响显著。与"商品房社区"相比，家庭年收入每提高一档，都会显著降低其居住在福利性住房社区的概率，家庭年收入在20万~30万元、30万~50万元和50万元及以上的高校教师住在福利性住房社区的发生比分别仅是家庭年收入在20万元及以下的高校教师的 0.581 倍、0.439 倍、0.506 倍；而与"商品房社区"相比，家庭年收入每提高一档，家庭年收入在 20 万～30 万元、30 万～50 万元和 50 万元及以上的高校教师住在老城区或城郊社区的发生比分别仅是家庭年收入在 20 万元及以下的高校教师的 0.469 倍、0.463 倍、0.289 倍。

工作特征因素中，专业类别、行政职务级别、职业流动方向和兼职经历对高校教师当前住房社区类型均没有显著影响，而高校类型和专业技术职称的影响显著。具体来说，与"商品房社区"相比，"一流学科"高校和"双一流"高校的教师居住在福利性住房社区的发生比是普通高校教师的 2.804 倍和 3.205 倍；而拥有中级职称的高校教师居住在老城区或城郊社区的发生比仅是无职称高校教师的 0.548 倍。

除此之外，在个人特征因素中，性别、所在地区对高校教师当前住房社区类型有显著影响，而出生世代、户籍、婚姻状况、政治面貌对高校教师当前住房社区类型影响不大。与"商品房社区"相比，男性高校教师住在老城区或城郊社区的发生比是女性高校教师的 1.486 倍，不同性别高校教师住在福利性住房社区的发生比并无明显差别；在上海地区高校工作的教师住在福利性住房社区的发生比是在非上海地区高校工作的教师的 5.878 倍，不同地区高校的教师住在老城区或城郊社区的发生比没有明显差异。可见，高校女教师更加注重居住环境，并且上海地区的高校教师可能由于高房价而不得不选择居住在福利性住房社区。受教育程度对高校教师当前住房社区类型的影响不大，与"商品房社区"相比，硕士研究生学历的高校教师住在老城区或城郊社区的发生比是大学专科或本科学历的高校教师的 0.419 倍，但仅在 10% 的水平上显著，不同受教育程度的高校教师住在福利性住房社区的发生比并无显著差异。

五 结论与讨论

本章首先回顾了住房分层相关的理论与影响因素，对高校教师的住房情况进行了基本的描述性分析，并展现了不同工作特征的高校教师在住房产权和数量上的差异，最后研究了高校教师住房分层的几个要素与个人特征因素、市场性因素以及工作特征因素之间的关系。

描述性分析显示我国高校教师当前拥有的住房数量呈"纺锤形"分布，仍有超过 10% 的高校教师的住房情况堪忧——无现住房产权也无其他住房。高校教师群体的住房比较宽敞，房产总市值近半数高于 500 万元，且绝大多数是自购商品房。但值得关注的是，仍有将近31%的群体在租用住房，超过30%的群体居住的社区环境较差。从当前住房的社区类型和住房公积金的情况来看，一部分高校教师的住房福利仍有待提高。

不同高校类型和不同专业类别的高校教师的住房情况均有显著差异，在不同类型的高校中，"双一流"高校和"一流学科"高校的教师比普通高校的教师在住房数量和产权状况上更差一些。专业类别情况更加复杂一些，总体来说，理学、工程与技术科学和人文与社会科学专业的高校教师的住房情况两极分化更加明显，农业科学和医药科学专业的高校教师有住房但目前租房的情况相对更普遍。

高校教师专业技术职称的提升可以明显改善其住房数量和产权状况，值得注意的是，在拥有初级职称的高校教师中，约30%既无现住房产权也无其他住房。随着高校教师行政职务级别的升高，其住房数量和产权状况也有显著的改善趋势，且在科级副职到科级正职间更加明显。

拥有流动经历的高校教师，尤其是有水平流动或向下流动经历的高校教师可能在住房数量和产权状况上有更大优势，这说明一些普通高校为了聚集更高层次的师资，可能会在住房上给予其更好的待遇。从兼职经历上看，没有兼职经历的高校教师在住房数量和产权状况最差和最好层次上的比例都高于有兼职经历的教师，这说明没有兼职经历的高校教师内部在住房情况上产生了较大的差异。

回归分析结果表明，高校教师的家庭年收入对其住房情况的影响较大，不论是对住房产权、面积还是社区类型都有显著影响，家庭年收入越高的高校教师越可能拥有当前住房产权、住房面积更大，并且居住在环境好的商品房社区而非福利性住房社区、老城区或城郊社区。

拥有不同工作特征的高校教师也在不同程度上产生了住房差异。高校类型对住房产权和社区类型的影响较大。数据显示，普通高校的教师比"一流学科"高校或"双一流"高校的教师更可能拥有当前住房的产权，而"一流学科"高校和"双一流"高校的教师住在福利性住房社区的概率更高一些；专业技术职称对高校教师当前住房状况的影响较大，专业技术职称为正高级的高校教师更可能拥有当前住房的产权并居住在商品房社区；行政职务级别只对住房面积影响显著，科级正职或处级正职及以上职级的高校教师比无职级的高校教师的住房面积更大；职业流动方向对当前住房的产权和面积的影响显著，企业向高校或国外向国内的工作经历的流动会降低高校教师对当前住房产权的拥有概率，而有水平流动经历的高校教师相对于没有流动经历的高校教师住房面积会更小；最后，兼职经历仅对当前住房面积有显著影响，有兼职经历的高校教师更可能居住在更大面积的住房中。

回归分析还从不同方面更加细致地探究了不同特征的高校教师住房情况的差异性。在个人特征因素中，性别对住房分层的三个维度均有显著影响，高校女教师不但更可能拥有住房产权、居住面积更大，还更有可能住在商品房社区。户籍、婚姻状况对当前住房产权和面积都有显著影响，拥有本地户籍、在婚的高校教师更可能拥有当前住房的产权，并且居住在面积更大的住房中；所在地区因素对当前住房面积和住房社区类型的影响显著，非上海地区高校的教师的当前住房面积更大，且更可能居住在环境更好的商品房社区，而非福利性住房社区、老城区或城郊社区；政治面貌仅对当前住房面积有显著影响，非党员高校教师的住房面积更大。在所有个人特征因素中，只有出生世代因素对任何指标的住房状况影响都不显著，年轻一代高校教师的住房状况没有改善，甚至有变得更差的趋势。最后，高校教师的受教育程度仅对当前住房面积和住房社区类型影响显著，学历更高的高校教师的住房面积反而更小，但其住在老城区或城郊社区的可能性也更小，这可能是因为随着高等教育的扩张，高校对教师学历的要求也越来越高，而那些拥有相对较低学历的教师往往进入高校的时间更早，在早先的体制下更容易获得住房。但住房体制改革后，各地住房价格不断上涨，住房相对来说变得更难以获取，因此，年轻一代的高校教师在住房产权和面积方面并无优势，但学历更高的高校教师可能会选择更好的居住环境。

改革开放以来，中国的住房体制经历了福利分房制向市场经济体制的转变，这一转变也深刻影响着高校教师群体。虽然从整体来看，高校教师群体在住房情况方面整体上处于中上水平，但其内部也不免存在住房弱势群体，如何改善这一群体的住房状况、提升他们的住房水平是值得探讨的。住房政策往往反映了一个时代的特征，如今国家大力宣传"房住不炒"，并出台一系列扩大福利住房范围、抑制房价上涨的住房政策，使得不少地区的房价已经趋于回落。从数据上也可以看到，福利性住房在一定程度上缓解了高校教师的住房压力，尤其是在上海这样房价上涨迅猛地区的"双一流"高校和"一流学科"高校的教师。增加福利性住房数量、保障高校教师的住房需求是提升高校教师获得感的重要举措。除此之外，高校教师自身的发展也会促使其获得住房、居住在更舒适的环境中，晋升到更高级的职称、担任行政职务、进行兼职或者高校间的流动都可能是这一群体进入更高"住房阶级"的途径。因此,高校要及时疏通教师晋升途径,提供更好的住房福利以吸引更多更高层次的师资和人才,这也是留住人才的重要举措之一,以此进一步建设和提高高校的专业软实力。

参考文献

方长春,2014,《体制分割与中国城镇居民的住房差异》,《社会》第 3 期。

侯艳艳、李玲、郑建彬,2019,《北京高校青年教师住房问题研究》,《中国房地产》第 33 期。

胡蓉,2012,《市场化转型下的住房不平等——基于 CGSS2006 调查数据》,《社会》第 1 期。

胡小武,2014,《青年的住房压力与社会稳定的探讨——大都市"房怒族"形成的社会化逻辑》,《中国青年研究》第 10 期。

雷开春,2015,《青年人的阶层地位信心及其影响因素》,《青年研究》第 4 期。

李路路、马睿泽,2020,《住房分层与中国城市居民的公平感——基于 CGSS2003、CGSS2013 数据的分析》,《中央民族大学学报》(哲学社会科学版) 第 6 期。

李强,2009,《转型时期城市"住房地位群体"》,《江苏社会科学》第 4 期。

李涛、史宇鹏、陈斌开,2011,《住房与幸福:幸福经济学视角下的中国城镇居民住房问题》,《经济研究》第 9 期。

刘欣,2005,《当前中国社会阶层分化的制度基础》,《社会学研究》第 5 期。

刘祖云、毛小平,2012,《中国城市住房分层:基于 2010 年广州市千户问卷调查》,《中国社会科学》第 2 期。

沈益朋,2020,《高校青年教师住房问题分析》,《科教文汇》(上旬刊) 第 3 期。

魏万青,2014,《制度变迁与中国城市居民住房不平等的演化特征》,《江汉论坛》第 5 期。

魏万青、高伟,2020,《经济发展特征、住房不平等与生活机会》,《社会学研究》第 4 期。

查丹明、赵芳、戴毓军,2014,《高校青年教师住房状况调查研究与建议》,《中国职工教育》第 4 期。

张杨波、吴喜,2011,《西方"住房阶级"理论演变与经验争辩》,《国外社会科学》第 2 期。

朱平利、杨忠宝,2019,《农民工城市归属感影响因素的多维分析》,《华南农业大学学报》(社会科学版) 第 1 期。

Rex, J. and Moore, R. 1967. *Race, Community and Conflict: A Study of Sparkbrook*. London:

Oxford University Press.

Saunders, P. 1984. "Beyond Housing Classes: The Sociological Significance of Private Property Rights in Means of Consumption." *International Journal of Urban and Regional Research* 8（2）: 202 – 227.

第四章　高校教师的职业流动情况

周诗韵[*]

职业流动是市场经济的重要特征（边燕杰、张文宏，2001）。职业流动既是人力资本发挥最大效用的必要条件，也是市场和社会发展的必要条件，是市场、社会良性运行的重要协调机制。在我国，诸多学者从社会、经济、管理、心理等学科视角关注不同产业、不同行业的职业流动情况。其中，学术劳动力市场，尤其是高校教师流动与国家高等教育发展状况联系紧密，高校教师的职业流动情况值得引起重视并加以深入探讨。

随着市场经济体制的不断完善和教师主体意识的增强，2000年高校师资管理机制改革之后，我国高校教师流动日益频繁。在学术劳动力市场发展不断成熟的加持下，吸引高校教师流入成为各高校配置学术人力资源的重要手段。党的十九大报告指出，培养造就一批具有国际水平的战略科技人才、科技领军人才、青年科技人才和高水平创新团队是建设创新型国家和世界科技强国的必然要求。高校人力资源流动能够激发教师活力，有利于学术资源的优化配置，既是社会化改革和发展的需要，也是时代的必然要求和产物。因此，全面、科学地认识和把握我国高校教师流动的规律、特征及原因，了解学术劳动力市场的状况，探索和把握影响科研人员职业成长的因素和规律，对我国科技人才队伍建设具有重要意义。

社会学始终关注科研人员职业流动与职业成长的议题，很多研究者已经对科研人员职业流动与成长影响因素进行了考察，探索了科研人员流动与成长的规律和重要路径。但相对而言，学术界关于高校教师流动规律的研究仍较为欠缺。刘进和哈梦颖（2017）认为，当前学术界对高校教师流动增加趋势关注不足、对流动规律探究不深、对流动可能带来的影响追踪不够，客观上导致了高校人事制度改革缺乏足够的学理和实证支撑。

---

[*]　周诗韵，上海大学社会学院博士研究生。

因此，本章通过描述性统计与建立回归模型的方式对中国高校教师的职业流动情况进行综合性分析，主要关注职业流动和职业成长两个方面。其中，对高校教师职业流动情况的描述着重关注两个阶段："毕业—初职"阶段和"初教职—现教职"阶段，我们将分别对这两个阶段的流动类型及其占比进行总体性和差异性分析。此外，为进一步分析高校教师进行职业流动的影响因素，本章在第三部分通过建立 Logistic 回归模型呈现高校教师进行职业流动和实现职业发展的个体影响因素，通过描述性统计呈现高校教师进行职业流动的主观因素。

一　相关研究综述

高校教师的流动问题是一个历史问题，阿特巴赫（Altbach，2002）曾说，高校教师的流动不仅不新鲜，而且有相当长的历史。流动是学术职业生而具有的天然基因（刘进、沈红，2015）。从历史的角度来看，欧洲中世纪的学者可以自由迁徙，从一个地方到另一个地方流动讲学。

国外学界对高校教师流动的研究起步较早。20 世纪 30 年代，一批学者已经开始进行早期的研究。1958 年，Caplow 和 McGee 在《学术市场》一书中首次提出了"学术市场"概念，并采用了实证的方法提出高校教师流动是由市场规律进行调节的这一机制，被公认为是高校教师流动研究的起源（刘进、沈红，2015），从而掀起了西方学者对于高校教师流动研究的热潮。20 世纪 60 年代中后期，美国学界已经开始关注高校教师和科研人员的职业发展情况，并在 20 世纪 70 年代后期进入迅速发展阶段。其中，科学界的奖励和分层是 20 世纪 60 年代兴起的科学社会学研究的核心议题。

国外关于高校教师流动的研究主要集中在流动状况、影响因素、人才发展和高校内部管理激励机制四个方面。总体上看，从相对静止到适度流动是国际学术劳动力市场发展的基本规律，影响高校人才流动和人才成长的因素较多，集中在个体特征、环境因素和激励机制上，教师的不同需求决定了其流动方向。例如，在高校教师的国际化流动中，性别是影响教师流动的重要因素，尤其阻碍女教师的流动（Van de Bunt-Kokhuis，2000）；Smart（1990）发现工作年限和所属学科领域对高校教师流动都存在着影响，新教师和人文社会学科的教师更易流动；Weiler（1985）发现，近一半的被调查者认为薪酬是影响流动的因素。

然而，人才流动具有鲜明的国家性、民族性、学科性和阶段性特征，西方学界的研究成果在中国的适用性仍需论证。近年来，我国学者对于高校教师的职业流动问题也给予了高度关注，通过经济学、管理学、社会学和心理学等多学科视角，对高校人才流动的特征表现、流动原因、流动带来的影响以及流动管理机制等进行了研究。

曾先锋（2017）对高校教师流动展开了理性分析，从流动频率、流动方向、流动结构、流动层次及流动趋势五个方面总结了高校教师的流动现状，强调了当前高校教师流动的不合理性；吕文晶、刘进（2018）发现中外高校教师流动规律存在显著不同，他们比较了1993～2008年全球主要国家大学教师的流动频率与中国研究型大学教师的流动频率，发现中国研究型大学教师的流动频率偏低，有三次及以上工作经历的仅有12.4%，其中工科类教师占比最大；刘进（2019）引入简历分析法，通过对中日两所大学的对比发现，中国大学教师的学术流动强度高于日本大学教师，工作流动强度低于日本大学教师，中国大学教师在流动范围上比日本大学教师更为广泛。

学者们在对高校教师的流动情况进行分析时，根据不同的标准或视角划分出了不同的流动类型。李志峰、谢家建（2007）将学术职业流动区分为教育系统内部和外部的流动。李志峰、易静（2009）根据流向将美国学术职业流动区分为水平流动（横向）和垂直（纵向）流动：横向流动指教师进入不同行业的流动，包括学术职业流入和流出；纵向流动指在高等教育系统内部随着教师学术职务的升降而产生的流动，包括晋升和降职低聘。刘进、沈红（2014）基于对九所中国研究型大学的专题调查发现，中国研究型大学教师流动主要分为从海外回国任教、从企业流向大学、兼职教授、"家属"模式、"猎头"公司模式和"以才引才"模式六种类型。

影响因素研究是高校教师流动研究的核心。在社会学界，针对高校教师流动影响因素的研究，主要借助推拉理论、优势积累理论、社会资本理论、新制度主义等理论工具，从社会心理、性别、组织制度等理论视角进行深入分析。学者们从宏观、中观和微观视角切入，主要探讨了社会、组织和个体三个维度，涉及经济、制度、管理、文化、职业和个人多个方面。

柳冰（2014）在进行了较为全面的分析后认为，影响高校科技人才流动的因素包括社会经济因素、组织管理因素、个人因素三个方面，其中，社会经济因素包括生活水平、工资待遇等；组织管理因素包括高校人才管理机制（包括公平的人才评价与激励机制等）、组织管理环节（包括学术氛围、相关政策支持、校友文化建设、人际关系等）；个人因素包括年龄、教育背景、需求、思想观念、成就等。徐芳等（2016）、李峰和孙梦园（2019）、闫昊等（2021）则从博后经历、本科出身、导师身份等学术出身因素对学术精英和科研人员的职业流动与发展的影响进行了研究；肖京林（2020）以历史制度主义为分析框架，通过梳理我国大学教师流动制度70年的历史沿革，探讨了宏观制度对大学教师流动的影响，发现大学教师流动制度经历了三个阶段：国家控制型、过渡型和市场调控型；罗晓雯、李化树（2017）关注了文化对人才流动的重要影响：社会价值取向转变为个人价值取向，越来越多的高校教师为实现自我发展和追求个人生活而流动，人才流动速度加快。

从研究方法上看，大学教师流动研究表现出两个主要特点：一是综合化，即对流动的研究进行跨学科的综合；二是实证主义占主流，强调分析基础上的理论，现有研究以定量分析和政策分析为主。

总体来说，关于高校教师流动问题的研究已经相当深入。国外学术流动研究开展已超过60年，然而我国的相关研究成果主要集中在近10年，刘进、哈梦颖（2017）认为，我国关于高校教师流动领域的研究实质上"刚刚起步，亟待学术界更多开展此领域的探索"。尽管现有的研究成果比较丰富，但我国在该领域的研究上仍存在一些不足：一是大部分研究只强调影响流动的因素，如工资、工作环境、职称等，却较少从影响程度大小以及相关性方面切入；二是因学科的不同，教师流动的原因也各异，少有学者在研究时关注到要对学术市场进行细分以及学科间的差异和对比；三是高校教师的学术流动和学术发展情况具有年龄段和阶段性差异，少有学者关注到其不同阶段的流动差异，缺少对高校教师流动进行生命历程分析的研究；四是关于专业学者向学术职业领域外流动的研究也较少。

因此，本章通过描述性统计与建立回归模型的方式对中国高校教师的职业流动情况进行综合性分析。本章对高校教师流动情况分别进行全景式呈现和群体差异呈现，将性别、年龄、学科、学术出身等重要影响因素纳入考量，体现不同高校教师群体的流动差异。关于高校教师职业流动情况的描述，本章依据生命历程理论，着重关注高校教师职业发展的两个重要阶段："毕业—初职"阶段和"初教职—现教职"阶段，分别对这两个阶段的流动类型及其占比进行总体性和差异性分析，并且通过梳理职业发展重要节点的情况展现高校教师普遍的职业流动路径。此外，本章还通过建立回归模型进一步分析和比较影响高校教师职业流动和成长的因素。

二 研究设计

（一）研究问题

本章的核心研究问题是高校教师的职业流动情况，研究内容主要涉及以下四方面。

（1）高校教师的职业流动现状：包括整体性流动情况、横向和纵向流动情况，具体包括流动类型（如学术流动和非学术流动、同专业流动和跨专业流动等）、流动方向（如向上流动、水平流动、向下流动、国际流动等），以及流动情况的群体差异（如性别差异、学科差异、年龄差异、学术出身差异等）。

（2）高校教师不同学术生涯阶段的流动情况：包括"毕业—初职"阶段和"初教职—现教职"阶段。

（3）高校教师职业成长的流动路径：包括职业成长速度、职业成长流动路径。

（4）高校教师职业流动和职业成长的影响因素：主要考察个人特征、学术出身和主观原因对高校教师职业流动和发展的影响。

（二）概念的测量与操作

1. 因变量

本章的因变量为职业流动，主要从职业流动频次、职业流动类型、职业流动方向和职业晋升情况四个方面反映高校教师的职业流动状况。

职业流动频次：受访者开始工作以来换单位的次数，工作单位以学校或企业等级别为准，跨院或跨部门不算在内。根据次数分为 0 次、1 次、2 次、3 次和 4 次及以上五类。

职业流动类型：根据受访者职业流动前后的工作单位性质对比，分为校际流动（教职流动）和职业间流动（非教职流动）、国内流动和国际流动、同专业流动和跨专业流动等。

职业流动方向：根据受访者职业流动前后的工作单位性质和院校层级对比，分为未流动、向下流动、水平流动、向上流动、国际流入、国际流出和非教职流动七类。高校教师流动方向的种类数目在其职业生涯的不同阶段有所不同。

职业晋升情况主要通过职业晋升与职业晋升速度两个方面体现。

职业晋升：受访者职业晋升情况，主要考察受访者是否获得副高级和正高级职称两种情况，分为晋升和未晋升两类。

职业晋升速度：受访者获得当前职称与上一级职称的间隔时间，单位为年，不足一年按一年计算，主要考察无职称到初级、初级到中级、中级到副高级和副高级到正高级四个阶段。

2. 自变量

自变量主要分为两类：个人特征和学术出身。

（1）个人特征

性别：分为男性和女性。

年龄：按照受访者年龄分为 35 岁及以下、36～45 岁、46～55 岁和 56 岁及以上四组。

（2）学术出身

受教育程度：受访者的最高学历，原始问卷分为大学专科、大学本科、硕士研究生和博士研究生，由于大学专科和大学本科样本量较少，在分析中将二者合并为大学专科或本科，即分为大学专科或本科、硕士研究生和博士研究生三类。

最高学历毕业院校层级[①]：受访者最高学历的毕业院校层级，分为普通高校、"211 工程"高校、"985 工程"高校、中央科研机构和港澳台及海外院校五类。在研究纵向流动时涉及院校层级间的对比，由于中央科研机构难以界定层级高低，且样本量较小，故分析中剔除了中央科研机构的样本，分为四类。

本科毕业院校层级：受访者本科学历的毕业院校层级，分为普通高校、"211 工程"高校、"985 工程"高校、中央科研机构和港澳台及海外院校五类。在研究纵向流动时涉及院校层级间的对比，由于中央科研机构难以界定层级高低，且样本量较小，故分析中剔除了中央科研机构的样本，分为四类。

高校层级：受访者当前工作院校的层级，分为普通高校、"211 工程"高校和"985 工程"高校。

---

① 由于涉及与已有研究结果对话、学术出身等问题，与本书其他章节不同，在高校分类的操作上，本章选择沿用学界常用的"'985 工程'院校、'211 工程'院校和普通高校"的分类方法，特此说明。

　　学科类别：受访者当前工作学院的学科类别，原始问卷中共细分为十二类，为便于操作和分析，本章将其转换成人文和社会科学以及自然科学两类。

　　海外经历：根据受访者是否有过海外求学、访学或就职经历，分为有和无两类。

　　此外，职业流动经历将在分析高校教师纵向流动（即职业成长和晋升）时作为重要的自变量纳入模型，分为有和无两类。

　　本章主要变量的统计描述如表 4 - 1 所示，表中未列出的变量将在后文中具体呈现。

表 4 - 1（a）　类别变量的描述性统计

	变量定义	频数	占比（％）
性别	女性	1160	46.49
	男性	1335	53.51
年龄	35 岁及以下	708	28.38
	36～45 岁	1130	45.29
	46～55 岁	501	20.08
	56 岁及以上	156	6.25
受教育程度	大学专科或本科	87	3.56
	硕士研究生	391	15.99
	博士研究生	1967	80.45
最高学历毕业院校层级	普通高校	175	8.12
	"211 工程"高校	551	25.58
	"985 工程"高校	1122	52.09
	中央科研机构	51	2.37
	港澳台及海外院校	255	11.84
本科毕业院校层级	普通高校	568	33.79
	"211 工程"高校	453	26.95
	"985 工程"高校	638	37.95
	中央科研机构	0	0.00
	港澳台及海外院校	22	1.31
学科类别	人文和社会科学	1060	42.54
	自然科学	1432	57.46

续表

	变量定义	频数	占比（%）
海外经历	无海外经历	1588	62.84
	有海外经历	939	37.16
职业流动经历	无职业流动经历	1632	65.94
	有职业流动经历	843	34.06
职业流动频次	0 次	1632	65.94
	1 次	503	20.32
	2 次	198	8.00
	3 次	111	4.48
	4 次及以上	31	1.25
"毕业—初职"流动方向	向下流动	603	28.62
	水平流动	858	40.72
	向上流动	82	3.89
	国际流入	201	9.54
	国际流出	18	0.85
	非教职流动	345	16.37
"初教职—现教职"流动方向	未流动	1632	77.71
	向下流动	65	3.10
	水平流动	236	11.24
	向上流动	125	5.95
	国际流入	42	2.00
晋升副高级职称	未晋升	1078	43.24
	晋升	1415	56.76
晋升正高级职称	未晋升	2026	81.27
	晋升	467	18.73

表 4-1（b）　连续变量的描述性统计

	均值	标准差
初级职称晋升间隔时间	2.07	2.28
中级职称晋升间隔时间	4.09	4.88
副高级职称晋升间隔时间	6.06	3.93
正高级职称晋升间隔时间	6.98	4.39

（三）研究方法

本章主要使用定量研究方法：采用描述性统计的方法，利用图表等形式对中国高校教师的职业流动情况和群体差异进行呈现；采用重要职业事件发生情况来描绘高校教师的职业流动路径；运用二元 Logistic 回归模型重点分析学术出身对高校教师向上流动的影响；运用描述性统计呈现影响高校教师职业流动的主观因素。

三　职业流动的统计结果

（一）基本情况

图 4-1 展现了高校教师的职业流动频次总体性情况。可以发现，整体上，没有职业流动经历的教师居多，占总体的 65.94%。而在有职业流动经历的教师中，以流动 1~3 次为主体，仅流动过 1 次的最多，流动过 4 次及以上的占比最小。总的来说，高校教师大多没有进行过职业流动，即大多数高校教师毕业后的初职即现职，即便是有流动经历的高校教师其职业流动频次也较少，整体较为稳定。

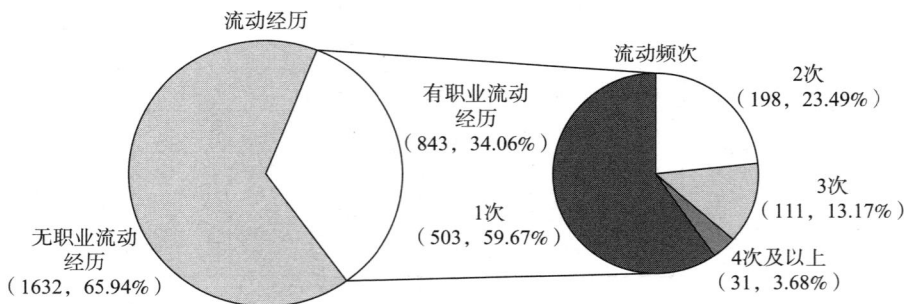

图 4-1　高校教师的职业流动频次情况（N = 2475）

为了进一步探究高校教师职业流动频次是否存在群体差异，我们将年龄、性别、学科、受教育程度和最高学历毕业院校层级分别与职业流动次数进行交互，通过比较不同群体进行职业流动频次的占比，获得高校教师职业流动频次的群体差异现状，详见表 4-2。根据卡方检验，高校教师在职业流动频次方面不存在显著的性别、学科与受教育程度方面的差异（显著性均大于 0.05），故表 4-2 中仅展示高校教师职业流动频次的年龄差异和最高学历毕业院校层级差异。

表 4 - 2　高校教师职业流动频次的群体差异

	职业流动次数（次）				
	0	1	2	3	≥4
年龄差异					
35 岁及以下	553（79.80%）	101（14.57%）	29（4.18%）	8（1.15%）	2（0.29%）
36 ~ 45 岁	731（65.50%）	242（21.68%）	95（8.51%）	41（3.67%）	7（0.63%）
46 ~ 55 岁	247（50.61%）	118（24.18%）	57（11.68%）	50（10.25%）	16（3.28%）
56 岁及以上	83（55.33%）	37（24.67%）	15（10.00%）	9（6.00%）	6（4.00%）
Pearson χ^2 (12) = 169.14；$p = 0.000$；$N = 2447$					
最高学历毕业院校层级差异					
普通高校	101（58.05%）	52（29.89%）	15（8.62%）	6（3.45%）	0（0.00%）
"211 工程" 高校	373（68.82%）	108（19.93%）	43（7.93%）	14（2.58%）	4（0.74%）
"985 工程" 高校	768（69.63%）	193（17.50%）	81（7.34%）	47（4.26%）	14（1.27%）
中央科研机构	27（55.10%）	10（20.41%）	5（10.20%）	5（10.20%）	2（4.08%）
港澳台及海外院校	152（61.04%）	51（27.42%）	21（8.43%）	11（4.42%）	2（1.61%）
Pearson χ^2 (16) = 36.37；$p = 0.003$；$N = 2117$					

根据表 4 - 2 可知，从年龄来说，35 岁及以下的青年教师拥有职业流动经历的占比最小，仅为 20.20%，绝大多数（79.80%）青年教师的初职即现职，他们还未进行过职业流动。高校教师整体上呈现年龄越大有职业流动经历的占比越大的趋势，但 56 岁及以上的高校教师没有职业流动经历的占比反而大于 46 ~ 55 岁的高校教师，这说明高校教师大多没有进行过职业流动，整体上较为稳定。随着年龄的增长，高校教师进行职业流动的可能性增大，但流动频次较少，多为 1 ~ 2 次，其中 46 ~ 55 岁的高校教师的职业流动较为频繁。

从最高学历毕业院校层级来说，其与职业流动频次整体上呈现两极化趋势，最高学历毕业院校层级越高的高校教师职业没有职业流动经历的人数占比越大，但其在高流动次数（3 次及以上）中的占比也越大。毕业于港澳台及海外院校与中央科研机构的高校教师更倾向于进行职业流动，高流动次数的占比也相对较大。

（二）职业流动类型

1. 总体情况

表4-3聚焦高校教师群体的职业流动经历，具体区分了三组流动类型，并统计了不同类型的人数占比。

第一组类型为校际流动经历和职业间流动经历。通过对比有流动经历的高校教师的初职与现职差异情况发现，校际流动占多数，59.56%的高校教师进行过高校或科研院所间的教职流动，而40.44%的高校教师则有过教职工作以外的其他职业经历，进行过职业间的流动。

为了解高校教师的专业流动情况，通过对比不同阶段的专业授课情况，我们获得了第二组与第三组类型。

表4-3　高校教师的职业流动经历

流动经历	校际流动经历	职业间流动经历	样本量	备注
人数（占比）	511（59.56%）	347（40.44%）	858	基于有流动经历的高校教师，通过对比其初职与现职差异情况获得
流动经历	学术职业流动中的同专业流动经历	学术职业流动中的跨专业流动经历	样本量	备注
人数（占比）	384（73.70%）	137（26.30%）	521	基于有校际流动经历的高校教师，通过对比其第一份教职与现职差异情况获得
流动经历	初教职的同专业流动经历	初教职的跨专业流动经历	样本量	备注
人数（占比）	1434（73.35%）	521（26.65%）	1955	基于初职为教职的高校教师，通过对比其第一份教职与其最高学历专业的差异情况获得

第二组类型集中在进行过校际流动的高校教师中，即进行过学术职业流动的教师群体，通过对比其第一份教职的授课专业与现职授课专业的差异情况，具体分为学术职业流动中的同专业流动经历和跨专业流动经历。其中，绝大多数高校教师进行教职岗位流动时仍然选择同一专业，占73.70%，仅26.30%的教师进行了跨专业的教职流动。

通过对比高校教师毕业时所学的专业和其第一份教职的授课专业，即检验高校教师初职的授课专业是否与其所学专业一致，第三组流动类型区分为初教职的同专业流动经历与跨专业流动经历。第三组流动经历结果与第二组相近，绝大多数高校教师最初进入教职岗位时仍然选择其所学专业，占73.35%，仅26.65%的高校教师的第一份教职工作选择了不是自己所学专业的教学科研工作。

2. "毕业—初职"阶段的流动类型

上半部分的分析主要围绕高校教师横向的职业流动展开，为了进一步探究其纵向的职业流动情况，接下来对高校教师职业流动情况的分析将聚焦于其职业成长历程中最重要的两个阶段——"毕业—初职"阶段（毕业后的第一份工作情况）和"初教职—现教职"阶段（从获得第一份教职到获得目前教职的流动情况）。

需要说明的是，由于中央科研机构的层级与其他高校的层级难以进行比较，且中央科研机构的相关样本量较少（毕业于中央科研机构的样本量为51，初教职就职于中央科研机构的样本量为32），因此在研究纵向职业流动情况时，本章将毕业和就职于中央科研机构的样本进行了赋缺失值处理，不考量"机构高校流动"这一类情况。

在"毕业—初职"阶段，通过区分高校教师第一份工作的性质，即第一份工作是否为教职工作，流动类型可分为学术和非学术流动两大类。进一步区分初职为教职工作的高校教师，通过对比其最高学历院校层级与其第一份教职工作所在院校的层级，可分为向下流动（即初职院校层级低于最高学历毕业院校层级）、水平流动（即初职院校层级与最高学历毕业院校层级相同）、向上流动（即初职院校层级高于最高学历毕业院校层级）、国际流入（即毕业于海外院校但回国进行教学科研工作）和国际流出（即毕业于国内院校但初职就职于海外院校或研究机构），总体占比情况见图4-2。

由图4-2可知，高校教师毕业后水平流动占比最大，为40.72；国际流出占比最小，为0.85%。总体而言，大部分高校教师毕业后的第一份工作仍然选择的是高校的教职工作，选择非教职工作的仅占16.37%。大部分高校精英毕业后第一份工作趋向于选择同级别或低于自己毕业院校层级的学校就职，在不考量学术精英国际流动的情况下，能够在初职就实现向上流动的高校教师仅占3.89%。

为了进一步探究高校教师在"毕业—初职"阶段的流动经历是否存在群体差异，本章将年龄、性别、学科、受教育程度和最高学历毕业院校层级分别与"毕业—初职"阶段的流动经历进行交互，通过比较不同群体在"毕业—初职"阶段流动类型的占比，获得高校教师"毕业—初职"阶段

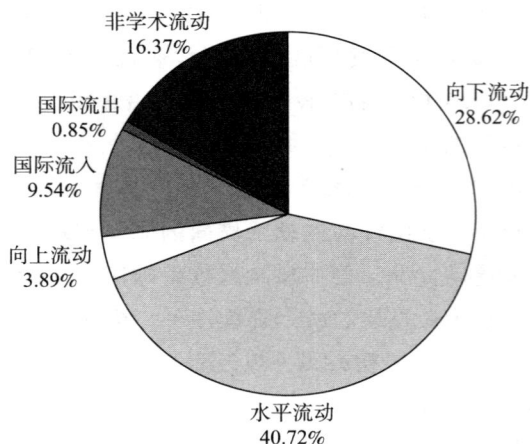

图 4 - 2 高校教师"毕业—初职"阶段的流动类型及占比 （N = 2107）

流动经历的群体差异，详见表 4 - 4 和表 4 - 5。

表 4 - 4 高校教师"毕业—初职"阶段流动经历的群体差异

	流动类型					
	学术流动					非学术流动
	向下流动	水平流动	向上流动	国际流入	国际流出	非教职流动
年龄差异						
35 岁及以下	183 (30.10%)	257 (42.27%)	17 (2.80%)	82 (13.49%)	9 (1.48%)	60 (9.87%)
36～45 岁	284 (30.37%)	365 (39.04%)	39 (4.17%)	77 (8.24%)	7 (0.75%)	163 (17.43%)
46～55 岁	99 (23.74%)	174 (41.73%)	20 (4.80%)	21 (5.04%)	1 (0.24%)	102 (24.46%)
56 岁及以上	31 (24.60%)	54 (42.86%)	6 (4.76%)	17 (13.49%)	1 (0.79%)	17 (13.49%)
Pearson χ^2 (15) = 71.10；$p = 0.000$；$N = 2086$						
性别差异						
男	269 (24.04%)	519 (46.38%)	43 (3.84%)	105 (9.38%)	14 (1.25%)	169 (15.10%)
女	331 (34.02%)	331 (34.02%)	38 (3.91%)	95 (9.76%)	4 (0.41%)	174 (17.88%)
Pearson χ^2 (5) = 44.45；$p = 0.000$；$N = 2092$						

续表

	流动类型					非学术流动
	学术流动					
	向下流动	水平流动	向上流动	国际流入	国际流出	非教职流动
受教育程度差异						
大学专科或本科	16 (22.54%)	33 (46.48%)	4 (5.63%)	0 (0.00%)	1 (1.41%)	17 (23.94%)
硕士研究生	92 (27.71%)	139 (41.87%)	15 (4.52%)	4 (1.20%)	3 (0.90%)	79 (23.80%)
博士研究生	495 (29.26%)	686 (40.54%)	63 (3.72%)	197 (11.64%)	14 (0.83%)	237 (14.01%)
Pearson χ^2 (10) = 61.47；p = 0.000；N = 2095						
学科差异						
人文和社会科学	312 (36.11%)	258 (29.86%)	35 (4.05%)	90 (10.42%)	5 (0.58%)	164 (18.98%)
自然科学	287 (23.54%)	587 (48.15%)	47 (3.86%)	110 (9.02%)	13 (1.07%)	175 (14.36%)
Pearson χ^2 (5) = 78.59；p = 0.000；N = 2083						

根据表 4-4 可知，不同年龄组的高校教师获得初职的情况不同，但普遍其毕业后的第一份工作仍然选择的是高校的教职工作，且初职就实现向上流动的高校教师较少。其中，越年轻的高校教师的初职选择越倾向水平或向下流动，即选择同等或低于自己最高学历毕业院校层级的高校，而年龄较大的高校教师其初职更容易实现向上流动。35 岁及以下和 56 岁及以上的高校教师初职即进行国际学术流动的占比相对较大，其中，35 岁及以下的青年教师在其初职选择时更能够实现国际学术流动。

在性别差异方面，初职选择非教职工作的女教师占比大于男教师，初职进行国际学术流动的女教师则少于男教师。相对于男教师而言，高校女教师的初职选择更倾向于向下流动，即选择层级低于自己最高学历毕业院校的高校，而男教师的第一份教职工作更倾向于选择与自己最高学历毕业院校同级的高校教职。

在受教育程度差异方面，不同最高学历的高校教师在初职选择方面均倾向于教职工作，其中博士研究生占比最大，且博士研究生初职即进行国际学术流动的占比最大，但同时在初职选择上向下流动的占比也最大。

在学科差异方面，初职选择非教职工作的人文和社会科学类教师的占比大于自然科学类教师。在初职的国际学术流动方面，人文和社会科学类教师回国就职的比例更大，自然科学类教师前往海外就职的比例更大。人文和社会科学类教师在初职选择上更倾向于向下流动，而自然科学类教师则更倾向于水平流动。

考虑到如果直接将最高学历毕业院校层级与流动类型进行交互，由于以"普通高校"和"'985 工程'高校"为最高学历毕业院校和职院校层级的上下阈值，那么"普通高校"和"'985 工程'高校"毕业生的初教职选择分别会呈现出没有向下流动和没有向上流动的情况，这就会造成在考量不同院校毕业生初职流入的选择趋势时可能出现较大的误差。因此，我们将最高学历毕业院校层级与初职院校层级进行单独的交叉分析，详见表 4-5。

表 4-5　高校教师的最高学历毕业院校层级与初职院校层级

最高学历毕业院校层级	初职院校层级				非教职工作
	教职工作				
	普通高校	"211 工程"高校	"985 工程"高校	港澳台及海外院校	
普通高校	95 (55.88%)	21 (12.35%)	20 (11.76%)	0 (0.00%)	34 (20.00%)
"211 工程"高校	173 (32.04%)	235 (43.52%)	41 (7.59%)	6 (1.11%)	85 (15.74%)
"985 工程"高校	251 (23.22%)	179 (16.56%)	510 (47.18%)	12 (1.11%)	129 (11.93%)
港澳台及海外院校	38 (15.57%)	60 (24.59%)	103 (42.21%)	17 (6.97%)	26 (10.66%)

Pearson χ^2 (12) = 449.133；$p = 0.000$；$N = 2035$

通过表 4-5 可知，除海外院校毕业的高校教师外，绝大多数高校教师在初职选择时，更倾向于选择层级与自己最高学历毕业院校层级相同的工作单位。其中，最高学历毕业院校层级越低，其越倾向于选择非教职工作。自海外院校毕业的高校教师在初职选择时更倾向于进入国内"985 工程"院校任职。

3. "初教职—现教职"阶段的流动类型

在"初教职—现教职"阶段，通过对比高校教师第一份教职工作所在院校的层级和目前这份教职工作所在院校层级的差异进行流动类型区分，具体可分为向下流动（即现教职院校层级低于初教职院校层级）、水平流动（即现教职院校层级与初教职院校层级相同）、向上流动（即现教职院校层级高于初教职院校层级）和国际流入（即初教职工作单位为海外院校或机构但目前已回国进行教学科研工作），总体占比情况详见图4－3。

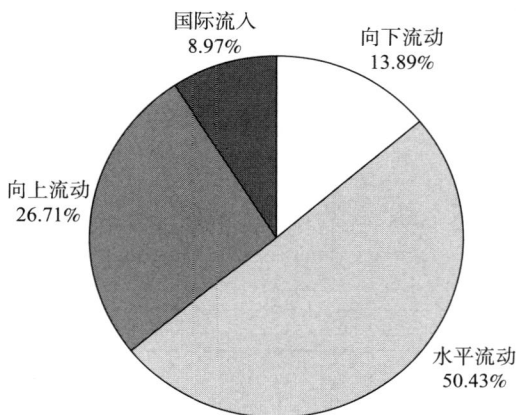

图4－3 高校教师"初教职—现教职"阶段的流动类型及占比 （$N = 468$）

注：排除了初教职即现教职的情况。

由图4－3可知，高校教师在"初教职—现教职"阶段进行水平流动的占比最大，为50.43%；国际流入占比最小，为8.97%。总体而言，大多数进行过职业流动的高校教师实现了水平流动，实现向上流动的占比也较大。在不考量学术精英国际流动的情况下，此阶段职业向下流动的高校教师占比最小，仅为13.89%。

为了进一步探究高校教师在"初教职—现教职"阶段的流动经历是否存在群体差异，本章将年龄、性别、学科、受教育程度和最高学历毕业院校层级分别与"初教职—现教职"阶段的流动经历进行交互，通过比较不同群体进行不同职业流动的占比，获得高校教师"初教职—现教职"阶段流动经历的群体差异。根据卡方检验，高校教师在"初教职—现教职"阶段的流动经历方面不存在显著的性别、学科与受教育程度方面的差异（显著性均大于0.05），故表4－6仅展示高校教师在"初教职—现教职"阶段流动经历的年龄差异和最高学历毕业院校层级差异。

表 4 - 6　高校教师 "初教职—现教职" 阶段流动经历的群体差异

	流动类型			
	向下流动	水平流动	向上流动	国际流入
年龄差异				
35 岁及以下	4 (5.26%)	34 (44.74%)	20 (26.32%)	18 (23.68%)
36~45 岁	38 (19.10%)	98 (49.25%)	47 (23.62%)	16 (8.04%)
46~55 岁	19 (14.07%)	79 (58.52%)	32 (23.70%)	5 (3.70%)
56 岁及以上	3 (6.12%)	23 (46.94%)	22 (44.90%)	1 (2.04%)
Pearson χ^2 (9) =45.76；p =0.000；N =459				
最高学历毕业院校层级差异				
普通高校	5 (14.29%)	17 (48.57%)	13 (37.14%)	0 (0.00%)
"211 工程" 高校	13 (15.48%)	32 (38.10%)	32 (38.10%)	7 (8.33%)
"985 工程" 高校	27 (14.36%)	99 (52.66%)	50 (26.60%)	12 (6.38%)
港澳台及海外院校	5 (7.58%)	30 (45.45%)	14 (21.21%)	17 (25.76%)
Pearson χ^2 (9) =33.02；p =0.000；N =373				

根据表 4 - 6 可知，不同年龄组的高校教师职业流动情况不同，但大多数进行了水平流动。35 岁及以下和 56 岁及以上的高校教师向下流动占比较小；56 岁及以上的高校教师实现向上流动占比最大；36~55 岁的高校教师职业流动趋势较为复杂。曾在海外院校工作的高校教师中，35 岁及以下的青年教师更倾向于回国工作。

不同最高学历毕业院校层级的高校教师在更换工作岗位时进行职业流动的情况也不同。普通高校、"985 工程" 高校和港澳台及海外院校出身的高校教师实现水平流动的占比更大，而 "211 工程" 高校出身的高校教师的水平流动和向上流动占比持平。

（三）职业成长速度及职业流动路径

1. 职业成长速度

表 4 - 7 呈现了高校教师不同职称晋升阶段的平均用时情况，反映了高校教师职业成长速度的总体情况。要晋升的职称级别越高，晋升用时越长。通常来说，高校教师从无职称晋升到初级职称平均用时 2.07 年，从初级职称晋升到中级职称平均用时 4.09 年，从中级职称晋升到副高级职称平均用时 6.06 年，而从副高级职称晋升到正高级职称平均用时 6.98 年。也就是说，如果一名高校教师毕业就进入高校任职，到获得正高级职称一共需要约 19 年的时间。

表 4 – 7　高校教师专业技术职称晋升用时

晋升职位	均值	标准差	样本量
无职称 → 初级	2.07	2.28	92
初级 → 中级	4.09	4.88	748
中级 → 副高级	6.06	3.93	926
副高级 → 正高级	6.98	4.39	458
$F = 53.04$；$p = 0.000$；$N = 2231$			

　　为了进一步探究高校教师在职业成长速度上是否存在群体差异，本章将性别、学科、受教育程度和最高学历毕业院校层级分别与不同职称晋升阶段的间隔时间进行交互，通过比较不同群体在职称晋升时所花费的时间，获得高校教师职称晋升速度的群体差异，详见表 4 – 8。

表 4 – 8　高校教师专业技术职称晋升速度的群体差异

单位：年

		晋升间隔时间			
		初级	中级	副高级	正高级
性别	男性	2.68（3.297）	3.80（4.498）	5.81（3.993）	6.84（4.420）
	女性	1.63（0.917）	4.25（5.062）	6.37（3.812）	7.37（4.366）
	F 检验值	4.997*	1.595	4.662*	1.236
学科	人文和社会科学	2.60（3.186）	3.70（3.744）	6.66（4.083）	7.65（4.946）
	自然科学	1.63（0.846）	4.51（5.833）	5.70（3.814）	6.69（4.102）
	F 检验值	3.699[+]	5.126*	12.745***	4.719*
受教育程度	大学专科或本科	4.00（5.621）	11.16（8.254）	13.45（5.078）	11.00（8.093）
	硕士研究生	1.95（2.403）	5.11（4.429）	8.48（4.037）	7.81（3.082）
	博士研究生	1.87（1.272）	3.14（4.200）	5.61（3.590）	6.85（4.239）
	F 检验值	2.404[+]	55.153***	69.868***	2.705[+]
最高学历毕业院校层级	普通高校	1.67（0.888）	4.98（5.196）	7.07（4.251）	8.06（5.093）
	"211 工程"高校	2.89（4.595）	4.15（4.219）	6.47（4.395）	8.51（4.064）
	"985 工程"高校	1.68（1.325）	3.82（5.282）	6.01（3.628）	6.56（3.928）
	港澳台及海外院校	1.89（1.167）	2.33（2.721）	5.08（4.066）	5.88（4.641）
	F 检验值	1.005	3.859[+]	3.771*	6.157***
样本量		92	748	926	458

　　注：① [+] $p < 0.1$，* $p < 0.05$，** $p < 0.01$，*** $p < 0.001$；②括号内为标准误。

根据表4-8可知，除了在晋升初级职称时女教师的晋升间隔时间小于男教师，在晋升其他职称时，女教师的晋升间隔时间均大于男教师。也就是说，在晋升中级及以上职称时，男性高校教师的晋升速度均快于女性高校教师。晋升速度只在晋升初级职称和副高级职称时存在较为显著的性别差异，在晋升初级职称时女教师明显快于男教师，在晋升副高级职称时男教师则明显快于女教师。

学科差异方面，在晋升所有级别的职称时，晋升速度均存在较为显著的学科差异。除在晋升中级职称时自然科学类教师的晋升间隔显著大于人文和社会科学类教师外，在晋升其他职称时，自然科学类教师的晋升间隔均明显小于人文和社会科学类教师。也就是说，在晋升初级、副高级和正高级职称时，自然科学类教师的晋升速度均显著快于人文和社会科学类教师。

在晋升所有级别的职称时，晋升速度均存在较为显著的受教育程度差异。综合来看，在所有级别的晋升中，学历越高，晋升间隔时间越短。学历的提升对职称晋升速度的提升有显著的正向影响。

除了在晋升初级职称时，最高学历毕业院校层级差异不显著且趋势复杂，综合而言，最高学历毕业院校层级越高，职称晋升间隔时间越短，即职称晋升速度越快。毕业于海外院校的高校教师职称晋升间隔时间最短。晋升速度最快体现出海外学历对高校教师职称晋升、职业成长有重要的正向作用。

2. 职业流动路径

为了观测高校教师的职业流动路径，本章以高校科研人员职业发展中的多个重要事件为观测点，分别考察高校教师从毕业至各重要事件发生时间节点的流动模式。考察的五个重要职业事件为：获得初职、获得当前教职、获得人才称号、获得专业技术职称和获得行政职务。根据最高学历毕业院校层级与重要事件发生时学者所在院校的层次差异将流动模式划分为七类：未流动（包括初职即为现职、未获得人才称号、未获得专业技术职称和未获得行政职务）、水平流动（即重要事件发生时所在院校层级与前一阶段所在院校层级相同）、向上流动（包括重要事件发生时所在院校层级高于前一阶段所在院校层级、获得人才称号、获得专业技术职称和获得行政职务）、向下流动（即重要事件发生时所在院校层级低于前一阶段所在院校层级）、国际流入（毕业于海外院校或曾在海外院校任职后回国在高校任职）、国际流出（毕业于国内院校在海外院校任职）和非教职流动

（在国内非高校和科研院所的单位任职）。通过对 13 所高校的教师进行履历分析，可以识别 12 种人数分布较多的职业流动路径，详见表 4 – 9。

表 4 – 9 　高校教师的职业流动路径 （N = 1646）

路径	重要事件观测点					人数	占比（%）
	1	2	3	4	5		
	获得初职	获得当前教职	获得人才称号	获得专业技术职称	获得行政职务		
1	水平流动	未流动	未流动	向上流动	未流动	300	18.23
2	向下流动	未流动	未流动	向上流动	未流动	255	15.49
3	水平流动	未流动	向上流动	向上流动	未流动	177	10.75
4	水平流动	未流动	未流动	向上流动	向上流动	83	5.04
5	水平流动	未流动	向上流动	向上流动	向上流动	71	4.31
6	向下流动	未流动	向上流动	向上流动	未流动	70	4.25
7	国际流入	未流动	未流动	向上流动	未流动	66	4.01
8	水平流动	未流动	未流动	未流动	未流动	47	2.86
9	国际流入	未流动	向上流动	向上流动	未流动	42	2.55
10	向上流动	未流动	未流动	向上流动	未流动	36	2.19
11	向下流动	向上流动	未流动	向上流动	未流动	33	2.00
12	向下流动	水平流动	未流动	向上流动	未流动	33	2.00

注：本表仅统计人数排名前十二的职业流动路径。

由观测点 1 可知，高校教师的职业流动路径中，初职选择往往是等同或低于其最高学历毕业院校层级的高校。由观测点 2 可知，高校教师的职业流动路径中最多的是"从一而终"的模式，即不进行校际职业流动，初职即现职。由观测点 4 可知，高校教师普遍通过获得专业技术职称实现向上流动。由观测点 3、观测点 5 可知，获得人才称号和行政职务也是高校教师实现向上流动的方式，但通过这两种路径实现向上流动的比例相对较小，其中通过获得行政职务实现向上流动的人数少于通过获得人才称号实现向上流动的人数。

根据路径 1、路径 2 可知，高校教师的职业流动路径最普遍的是初职选择进入等同或低于其最高学历毕业院校层级的高校，之后不再变动工作单位，通过获得专业技术职称实现向上流动。根据路径 3、路径 4、路径

5、路径 6 可知,在通过获得专业技术职称实现向上流动之后,高校教师实现向上流动的第二选择是获得人才称号,第三选择是获得行政职务。通过路径 7 和路径 9 可知,存在高校教师国际学术流动的路径且占比不小,国际学术流动以人才流入为主。通过路径 10 和路径 11 可知,存在通过进行职业流动获得向上流动的路径,区别在于前者是在初职选择时就完成了向上流动,而后者是通过换工作等校际职业流动行为实现向上流动,但通过职业流动实现向上流动的路径选择的占比相对偏小。

(四) 职业流动的影响因素

前文呈现了高校教师职业流动不同类型、不同阶段、不同群体的复杂情况。通过对已有研究的梳理可以发现,影响高校教师职业流动的因素复杂且多维度。依据已有研究和现有数据,本章选择从两个方面探讨职业流动的影响因素:一个是探究学术出身对高校教师纵向职业流动(职业发展)的影响,另一个是高校教师进行职业流动的主观原因。

1. 学术出身对高校教师职业发展的影响

李峰、孙梦园(2019)研究发现,本科就读高校的层次与高校学术精英的职业发展速度之间没有显著关联,本科就读于普通高校的学术精英在职业发展中并没有处于劣势地位,并不存在"本科出身决定论"。研究还发现,在 985 高校和海外高校就读博士学位、国内博士后经历、海外教职经历、跨部门流动经历均能显著增加本科就读于普通高校的学术精英向上职业流动的概率。

徐芳等(2016)发现,就免疫学科而言,性别、单位性质、博士毕业国别对科研人员职业成长有显著影响。其中,国外获取的博士学位是一个比较重要的影响因素,能够在科研人员职业生涯中起到促进其快速发展的作用。对管理科学与工程学而言,单位性质和流动频次对其成长有显著影响。

综合以往研究可以发现,学术出身对高校教师的纵向流动(尤其是职业晋升)有着重要的影响。因此,本章将个人特征(包括性别和年龄)、学术出身(包括受教育程度、学科类别、最高学历毕业院校层级、本科毕业院校层级、海外经历)和控制变量(职业流动经历)纳入二元 Logistic 回归模型,考察这些因素对于高校教师能否晋升副高级和正高级职称的影响情况,回归结果详见表 4 - 10 和表 4 - 11。

表 4 – 10　学术出身对晋升副高级职称影响的 Logistic 回归模型

自变量	B	Wals	Sig.	Exp（B）
性别[a]	0.463	12.549	0.000 ***	1.589
年龄[b]				
36~45 岁	1.651	127.818	0.000 ***	5.214
46~55 岁	3.125	178.854	0.000 ***	22.753
56 岁及以上	5.207	87.660	0.000 ***	182.572
学科类别[c]	0.589	20.123	0.000 ***	1.802
海外经历[d]	0.199	1.605	0.205	1.220
职业流动经历[e]	0.027	0.037	0.847	1.027
受教育程度[f]				
硕士研究生	1.293	7.803	0.005 **	3.644
博士研究生	3.162	48.693	0.000 ***	23.623
最高学历毕业院校层级[g]				
"211 工程" 高校	0.093	0.112	0.738	1.097
"985 工程" 高校	0.122	0.207	0.649	1.130
港澳台及海外院校	0.015	0.002	0.966	1.015
本科毕业院校层级[h]				
"211 工程" 高校	0.183	1.171	0.279	1.201
"985 工程" 高校	0.556	10.856	0.001 ***	1.744
港澳台及海外院校	− 0.268	0.221	0.639	0.765
常数项	− 4.961	93.628	0.000 ***	0.007
Nagelkerke R^2	0.410			
卡方值	548.045 ***			
自由度	15			
预测准确率	75.73%			
N	1526			

注：①[a] 参照组为女性；[b] 参照组为 35 岁及以下；[c] 参照组为人文和社会科学；[d] 参照组为无海外经历；[e] 参照组为无流动经历；[f] 参照组为大学专科或本科；[g] 参照组为普通高校；[h] 参照组为普通高校。② + $p < 0.1$，* $p < 0.05$，** $p < 0.01$，*** $p < 0.001$。

表 4 – 11　学术出身对晋升正高级职称影响的 Logistic 回归模型

自变量	B	Wals	Sig.	Exp（B）
性别[a]	0.489	8.588	0.003 **	1.631
年龄[b]				
36~45 岁	1.279	24.980	0.000 ***	3.593
46~55 岁	2.934	116.277	0.000 ***	18.801

续表

自变量	B	Wals	Sig.	Exp（B）
56 岁及以上	4.523	138.338	0.000 ***	92.125
学科类别[c]	0.293	2.956	0.086 +	1.340
海外经历[d]	0.343	3.317	0.069 +	1.409
职业流动经历[e]	-0.431	6.304	0.012 *	0.650
受教育程度[f]				
硕士研究生	0.943	1.674	0.196	2.569
博士研究生	3.137	21.665	0.000 ***	23.033
最高学历毕业院校层级[g]				
"211 工程" 高校	-0.075	0.035	0.852	0.928
"985 工程" 高校	0.376	0.993	0.319	1.456
港澳台及海外院校	0.576	1.657	0.198	1.779
本科毕业院校层级[h]				
"211 工程" 高校	0.032	0.020	0.887	1.032
"985 工程" 高校	0.216	1.125	0.289	1.241
港澳台及海外院校	-0.276	0.093	0.761	0.759
常数项	-6.998	81.537	0.000 ***	0.001
Nagelkerke R^2	0.356			
卡方值	377.392 ***			
自由度	15			
预测准确率	85.13%			
N	1526			

注：①[a] 参照组为女性；[b] 参照组为 35 岁及以下；[c] 参照组为人文和社会科学；[d] 参照组为无海外经历；[e] 参照组为无流动经历；[f] 参照组为大学专科或本科；[g] 参照组为普通高校；[h] 参照组为普通高校。② + $p < 0.1$， * $p < 0.05$， ** $p < 0.01$， *** $p < 0.001$。

根据表 4-10 可知，在个人特征方面，性别和年龄均与晋升副高级职称有显著的相关性。具体来说，高校男教师晋升副高级职称的发生比是高校女教师的 1.589 倍，这说明在副高级职称的获得方面男性比女性具有显著优势。36～45 岁、46～55 岁和 56 岁及以上的高校教师晋升副高级职称的发生比分别是 35 岁及以下的青年教师的 5.214 倍、22.753 倍和 182.572 倍，随着年龄的增加，晋升副高级职称的可能性也越大。

学术出身方面，学科类别、受教育程度、本科毕业院校层级对晋升副高级职称有显著的正向影响，而海外经历、职业流动经历、最高学历毕业院校层级有正向影响但不显著。具体来讲，自然科学类教师晋升副高级职称的发生比是人文和社会科学类教师的 1.802 倍，具有显著优势；相较于大学专科或本科学历的高校教师，拥有硕士研究生和博士研究生学历的高校教师晋升副高级职称的发生比分别是其 3.644 倍和 23.623 倍，说明学历越高，晋升副高级职称的可能性越大；本科毕业于"985 工程"高校的教师晋升副高级职称的发生比明显高于本科毕业于普通高校的教师，是普通高校出身教师的 1.744 倍；本科毕业于"211 工程"高校的教师晋升副高级职称的发生比也略高于普通高校出身的教师，但并不显著。同样，尽管不显著，但本科出身为海外院校反而对副高级职称的晋升有抑制作用。这可能是由于本科在海外院校就读的高校教师过早进入国外学术界，相对缺乏国内学术资本的积累，一定程度上不利于其职称晋升。

有海外经历的高校教师比没有的晋升发生比高，有流动经历的高校教师比没有的晋升发生比高，最高学历毕业院校层级越高晋升发生比也越高，港澳台及海外院校学历对晋升也有正向影响，但影响均不显著。

根据表 4－11 可知，在个人特征方面，性别和年龄均与晋升正高级职称有显著的相关性。具体来说，高校男教师晋升副高级职称的发生比是高校女教师的 1.631 倍，这说明在正高级职称的获得方面男性比女性具有显著优势。36～45 岁、46～55 岁和 56 岁及以上的高校教师晋升正高级职称的发生比分别是 35 岁及以下的青年教师的 3.593 倍、18.801 倍和 92.125 倍。年龄越大，晋升正高级职称的可能性越大。

学术出身方面，学科类别、海外经历、受教育程度对晋升正高级职称有显著的正向影响，职业流动经历有较为显著的负向影响，而本科和最高学历毕业院校层级影响均不显著。具体来讲，自然科学类教师晋升正高级职称的发生比是人文和社会科学类教师的 1.340 倍，略有优势；有海外经历的高校教师的晋升发生比是没有的 1.409 倍，略有优势；相较于拥有大学专科或本科学历的高校教师，拥有硕士研究生和博士研究生学历的高校教师晋升正高级职称的发生比分别是其 2.569 倍和 23.033 倍，说明学历越高，晋升正高级职称的可能性越大，尤其是博士研究生学历有显著的促进作用。

不同于副高级职称的晋升，有流动经历的高校教师晋升正高级职称的发生比反而比没有的低，流动经历对高校教师在正高级职称的晋升上存在较为显著的抑制作用。这可能是由于正高级职称的晋升难度、晋升时长和学术水平要求更高，而工作的变动不利于学术产出和在评级学校的贡献以及学术资本的积累。

不同于副高级职称的晋升，本科出身对于正高级职称的晋升有一定的促进作用，但并不显著。其中与副高级职称模型结果相同的是，本科出身为港澳台及海外院校对于正高级职称晋升有一定的抑制作用。这说明海外学历对学术精英的职业发展并不一定起到积极作用，本科学历为港澳台及海外院校反而会起到一定的消极作用。

最高学历毕业院校层级方面，相对于普通高校，"985 工程"高校出身的教师晋升发生比略高，港澳台及海外院校出身对晋升正高级职称也有正向影响，但不显著。然而，"211 工程"高校出身的教师相比于普通高校出身的教师，其晋升正高级职称的发生比反而略低，这可能是由于正高级职称晋升难度大、要求高，更看重个人学术产出，因此学术出身反而影响不大。

综合两表的研究结果来说，个人特征和学术出身均对高校教师纵向的职业流动（即职业发展）有显著的影响，男性、自然科学类、年龄大、学历高的高校教师在职业晋升时具有显著优势。与李峰、孙梦园（2019）的研究结论不同的是，本章在进一步考察了不同职业晋升阶段的影响因素后发现，本科"985 工程"高校出身对于高校教师获得副高级职称具有显著优势。另外，本章在区分了不同海外学历的情况后发现，海外学历对于学术精英的职业发展并不一定起到积极作用，本科学历为港澳台及海外院校反而会起到一定的消极作用。

2. 职业流动的主观原因

为了获知高校教师进行职业流动的原因，我们通过询问高校教师"最近一次换工作单位的主要原因"，得到了高校教师进行职业流动的主观原因，见图 4-4。

从图中排序可知，影响高校教师进行职业流动的最主要因素为家庭因素，占 24.17%，多数高校教师表示会因子女教育、户口、养老等家庭实际问题进行工作变动。对原单位的不满也是促使高校教师进行职业流动的一个重要因素，其中缺乏科研氛围或资源以及晋升机会的影响较大。此外，个人发展和提升自我的要求也会促使高校教师进行职业流动，如 6.64% 的高校教师因继续深造（如读博读研、出国进修等）更换过工作单位。其他原因主要涉及个人理性追求或兴趣等。

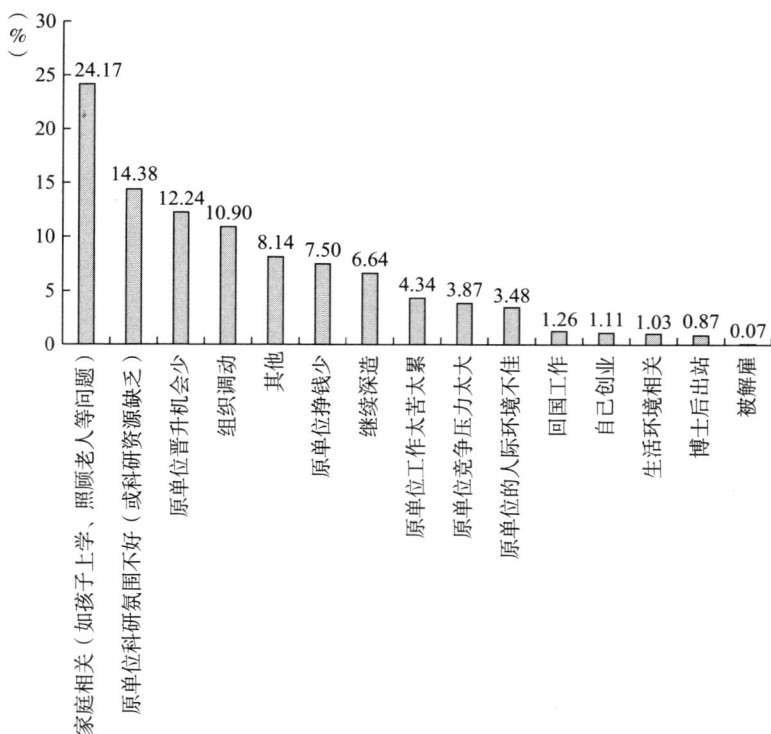

图 4－4　高校教师职业流动的主观原因 （ $N = 827$ ）

四　结论与讨论

综合来看，大多数高校教师没有进行过职业流动。多数高校教师毕业后的初职即为现职，即便是有流动经历的高校教师，其职业流动频次也较少，整体较为稳定。在职业流动频次方面不存在显著的性别、学科与受教育程度方面的差异，但存在显著的年龄差异和最高学历毕业院校层级差异。年龄越大，职业流动的可能性越大，其中 46～55 岁的高校教师的职业流动较为频繁。毕业院校层级与职业流动频次整体上呈现两极化趋势，最高学历毕业院校层级越高的高校教师没有流动经历的人数占比越大，但在高流动次数中占比也越大。毕业于港澳台及海外院校与中央科研机构的高校教师更倾向于进行职业流动，流动较为频繁。

根据高校教师群体的职业流动经历，可以区分三组流动类型：校际流动经历和职业间流动经历、学术职业流动中的同专业流动经历和跨专业流动经历、初教职的同专业流动经历和跨专业流动经历。三组流动类型中，每组前者的占比均比后者大。这说明，绝大多数高校教师最初进入教职岗位时仍然选择其所学专业，职业流动更倾向于学术界内部流动。

通过聚焦高校教师职业成长历程中最重要的两个阶段——"毕业—初职"阶段和"初教职—现教职"阶段，我们发现大部分高校教师毕业后的第一份工作仍然选择的是高校的教职工作，且更倾向于选择在同级别或低于自己毕业院校层级的院校就职。在职业发展过程中，大多数进行过职业流动的高校教师实现了水平流动，实现向上流动的占比也较大。男性、年龄越大、学历越高，实现向上流动的占比越大。

在高校教师职业成长速度方面，随着晋升职称级别的升高，晋升的用时更长。平均而言，一名高校教师如果毕业就进入高校任职，到获得正高级职称一共需要约 19 年的时间。综合而言，男性、自然科学类、拥有海外学历的教师在晋升速度上有显著优势，且学历和毕业院校层级越高，晋升速度越快。

通过观测高校教师职业发展中的多个重要事件，我们考察了高校教师从毕业到各重要事件发生时间节点的流动模式，获得了高校教师的主要职业流动路径。其中，最普遍的路径是初职选择进入等同或低于其毕业院校层级的高校，之后不再变动工作单位，通过获得专业技术职称实现向上流动。在通过获得专业技术职称实现向上流动之后，高校教师实现向上流动的第二选择是获得人才称号，第三选择是获得行政职务。通过更换工作岗位进行职业流动从而获得向上流动这一路径的选择人数占比相对较小。

进一步通过回归分析发现，个人特征和学术出身均对高校教师纵向的职业流动（即职业发展）有显著的影响，男性、自然科学类、年龄大、学历高的高校教师在职业晋升时具有显著优势。本科"985 工程"高校出身对高校教师在副高级职称获得上具有显著优势。此外，海外学历对于学术精英的职业发展并不一定起到积极作用，本科学历为港澳台及海外院校反而会起到一定的抑制作用。

影响高校教师进行职业流动的最主要因素为家庭因素，对原单位的不满也是促使高校教师进行职业流动的一个重要因素，其中缺乏科研氛围或资源以及晋升机会的影响较大。此外，个人发展和提升自我的要求也会促使高校教师进行职业流动。

综合而言，中国高校教师的流动频次较低，这可能是由于高等教育人才更替、人才成长周期较长，因此高校教师进行工作变动的可能性较小。

此外，这可能与计划经济体制时期遗留的单位制度有关，刘进和沈红（2014）认为单位制度使得因单位而构建起来的行业保护和社会资本等成为教师生存的制度依赖。

　　基于对高校教师职业流动和职业成长影响因素的分析结果，本章对教师层面的职业发展、对高校和政府层面的人才招聘和管理工作提出一些建议。一方面，科研人员在职业发展过程中不应盲目追求"名校"和"海外学历"，应综合考虑学科平台和自身需求做出理性决策；另一方面，高校在人才招聘过程中不应将第一学历就读高校层次作为评价标准，而应该更注重考察高校教师的学术训练质量、个人的学术能力及学术产出。此外，高校在管理上要构建人才流动机制，注重营造良好的科研氛围，提供更多人才发展机会，维护职业晋升和职业收入的公平性，关怀高校教师的身心健康，提供帮助教师协调"家庭—工作"的措施；政府要关注学术市场的流动状况，保障学术市场的开放和规范，促进和保障高素质人才的流动。通过这些举措，全方面提升高校教师的职业获得感，保障和规范职业发展，从而推动我国科技人才队伍的建设，引导学术职业流动朝着合理的方向发展，促进教育资源的优化配置。

参考文献

边燕杰、张文宏，2001，《经济体制、社会网络与职业流动》，《中国社会科学》第2期。

陈晓华，2015，《高校教师职业流动问题综述》，《教育教学论坛》第37期。

李峰、孙梦园，2019，《本科出身决定论？——学术精英的职业流动和职业发展分析》，《高教探索》第10期。

李志峰、谢家建，2007，《中国学术职业流动的内外部因素分析》，《大连理工大学学报》（社会科学版）第4期。

李志峰、易静，2009，《美国学术职业流动的类型与特征》，《比较教育研究》第2期。

李志峰、游怡，2018，《大学教师流动的相关性：学科专业、机构与教育背景——基于理工主导型大学教师的简历分析》，《大学教育科学》第1期。

林松月、刘进、徐丽，2020，《大学教师究竟因何流动——一种非接触式研究方法的引入》，《教师教育研究》第1期。

刘进，2019，《学术职业流动：中日对比研究——中国M大学与日本N大学的教师流动情况实证分析》，《中国高教研究》第4期。

刘进、哈梦颖，2017，《什么影响了大学教师流动？》，《河北师范大学学报》（教育科学版）第 2 期。

刘进、李志峰、哈梦颖，2020，《开放式"推—拉"理论——人工智能视角下的大学教师流动研究理论创新》，《教育学术月刊》第 6 期。

刘进、沈红，2014，《中国研究型大学教师流动：频率、路径与类型》，《复旦教育论坛》第 1 期。

刘进、沈红，2015，《大学教师流动影响因素研究的文献述评——语义、历史与当代考察》，《现代大学教育》第 3 期。

刘进、沈红、庞海芍，2015，《全球大学教师流动在加速吗？——基于两次全球学术职业调查数据的分析》，《比较教育研究》第 8 期。

柳冰，2014，《影响高校科技人才流动的因素与激励机制构建》，《中国高校科技》第 11 期。

罗晓雯、李化树，2017，《高校人才合理流动研究》，《湖北第二师范学院学报》第 5 期。

吕文晶、刘进，2018，《中国"工科类"大学教师的流动——一项大数据分析》，《技术经济》第 1 期。

田瑞强、姚长青、袁军鹏、潘云涛、李俊峰，2013，《基于履历信息的海外华人高层次人才成长研究：生存风险视角》，《中国软科学》第 10 期。

肖京林，2020，《新中国七十年大学教师流动制度的变迁逻辑——基于历史制度主义的分析》，《教师教育研究》第 6 期。

徐芳、周建中、刘文斌、李晓轩，2016，《博后经历对科研人员成长影响的定量研究》，《科研管理》第 7 期。

闫昊、赵延东、周建中，2021，《导师身份对科研人员职业成长影响的实证研究》，《科研管理》第 5 期。

朱冠楠、吴磊，2008，《高校青年教师的流动意愿及其影响因素探析》，《中国社会科学院研究生院学报》第 4 期。

曾先锋，2017，《当前我国高校教师流动的理性分析》，《江苏高教》第 8 期。

Altbach, P. G. 2002. "Perspectives on Internationalizing Higher Education" *International Higher Education* 27：6 – 8.

Caplow, T. and McGee, R. 1958. *The Academic Market Place*. New York：Basil Books Inc.

Smart, J. C. 1990. "A Causal Model of Faculty Turnover Intentions." *Research in Higher Education* 31 (5)：405 – 424.

Van de Bunt-Kokhuis, S. G. 2000. "Going Places：Social and Legal Aspects of International Faculty Mobility." *Higher Education in Europe* 25 (1)：47 – 55.

Weiler, William C. 1985. "Why Do Faculty Members Leave a University？" *Research in Higher Education* 23 (3)：270 – 278.

第五章 高校教师的主观地位认同

刘 飞[*]

改革开放 40 余年来,我国在各项事业上都取得了举世瞩目的成就,这与长期坚持教育强国、重视师资建设的发展战略密不可分。目前,我国已具有一个规模十分庞大的高校教师队伍,据教育部 2021 年 8 月发布的《2020 年全国教育事业发展统计公报》显示,普通高等学校专任教师已达到 183.30 万人,比上年增加 9.28 万人,增长 5.34%。[①] 高校教师队伍是我国建设高等教育强国的智力支持,特别是"双一流"建设工程的实施,将高校师资队伍建设摆在了更加突出的位置。如何进一步提高高校教师的地位和待遇,以吸引、激励优秀人才进入高校教师队伍,提高高校教师队伍的整体水平,成为我国从高等教育大国迈向高等教育强国的关键。目前关于高校教师社会地位的研究以薪资待遇为代表的经济地位研究为主,而本章的研究则更多地关注高校教师对自身社会地位的主观评价,即主观地位认同。

本章主要通过测量地位认同来考察高校教师对自身在社会阶层结构中所处位置的判断,进而分析高校教师主观地位认同的结构形态。本章尝试从结构决定论、地位过程论和参照群体理论的视角出发,剖析高校教师主观地位认同的形成机制,并分析影响其地位认同的主要因素。

一 文献综述

(一)主观地位认同

在阶级阶层分析中,客观维度的分层研究往往聚焦于阶层结构分化、

---

* 刘飞,南开大学社会学院助理研究员,社会学博士。

① 《2020 年全国教育事业发展统计公报》,http://www.moe.gov.cn/jyb_sjzl/sjzl_fztjgb/202108/t20210827_555004.html,最后访问日期:2023 年 12 月 4 日。

群体间关系、收入差距、社会流动等方面，主观维度揭示的则是人们对客观社会变迁和社会分化的主观认知，尤其是公众对于社会不平等的结果、意义的感知与判断，如主观地位认同、阶级意识等（秦广强，2016）。作为客观阶层地位的主观反映，主观社会地位不仅是衡量社会结构现代化的重要维度，也是决定个体社会心态和政治倾向的关键因素。相同或相近的概念有"阶层认同""主观社会阶层""主观社会位置""自评阶层"等。较早的研究源于马克思关于阶级意识的分析，他认为，阶级意识包括两个方面：一是指一个阶级作为一个集体对自身阶级地位和利益的觉悟；二是指阶级成员相似的情感、幻想、思想方法等。这些属于一个阶级的上层建筑，阶级成员通过传统和教育去接受和承袭它们。而接受和承袭这些情感与观念的过程，就是阶级认同形成的过程（马克思、恩格斯，1972：629）。关于阶级认同作用的最主要的观点是马克思关于阶级意识能动性的论证。物质决定意识，意识对物质具有反作用。阶级的形成不仅受到经济基础和社会结构的影响，而且受到阶级认同的重要影响。

部分学者将主观地位认同完全等同于阶级意识（Hodge and Treiman，1968；Guest，1974），另一部分学者则将主观地位认同视作阶级意识的一个组成部分（Murphy and Morris，1961；Jackman and Jackman，1973）。如Rosenberg（1953）认为，主观地位认同是阶级意识的初级阶段或其形成的前提条件，杰克曼夫妇（Jackman and Jackman，1973）将其定义为人们对自身在社会等级结构中所处位置的主观感知。国内学者刘欣也给出了相似的界定，他认为，主观地位认同是外在客观社会地位的内化，即"居于一定社会阶层地位的个体对社会不平等状况及其自身所处的社会经济地位的主观意识、评价和感受，所强调的是个体的心理和意识状态"（刘欣，2001）。因此，主观地位认同也成为客观社会地位与一系列社会后果之间的重要中介机制，且具有独立作用。例如，相比于客观社会地位指标而言，主观地位认同能够更好地预测个体的自评健康、幸福感等（Adler et al.，2000；Demakakos et al.，2008；Sakurai et al.，2010；Singh-Manoux et al.，2003）。

（二）主观社会地位的理论基础

在主观地位认同的研究发展史上，根据对其形成机制的不同理解，其理论源流大致可以划分为结构决定论、地位过程论和参照群体（社会比较）理论。

结构决定论。无论马克思和韦伯在社会阶层结构形态的预测上有何分歧，两位理论家都一致认为客观的阶层地位塑造了主观的阶层地位认同。当存在明显的经济差异时，人们最有可能意识到他们实际的阶层地位。换言之，个人的阶层地位认同是其客观社会地位的直接反映。早期的实证研究发现，美国民众是以客观地位为基础来区分自己的阶层地位认同或阶层归属的（Centers，1949）。随着研究的不断深入，一些研究发现个体的客观社会地位仅能部分解释其主观地位认同（Jackman and Jackman，1973，1983）。

地位过程论。与传统阶级分析的结构主义不同，过程视角强调"过去"对"现在"的社会化影响，重视以能动者为中心（agent-centered）的社会行为（Wright and Shin，1988）。通过对美国和瑞典调查资料的分析，赖特等人发现，个人的阶级轨迹（class trajectory）对人们的阶层地位认同具有显著影响，并且阶层地位认同还对阶级利益意识有形塑效应。转型期中国民众的阶层认知并不简单地取决于他们当下所处的社会经济地位，而在很大程度上同他们的社会经济地位的"相对变动"有关（刘欣，2002）。然而，既有研究都是从代际流动亦或嵌入在社会变迁中的客观阶层地位来度量流动过程的，对作为流动过程主观反映的社会流动感知（subjective social mobility）缺乏足够重视。根据布迪厄对流动轨迹的类型区分法（Bourdieu，1984），社会流动感知可以划分为向上流动感知、向下流动感知和水平流动感知三大类。其中，向上流动感知者一般具有乐观主义态度，对自身的社会地位评价较高，而向下流动感知者主观认同的社会地位则可能较低。

参照群体（社会比较）理论。该理论认为人们通过与他人进行比较以对自身的阶层地位进行评估，由于受制于个体所处的社会环境，人们通常会选择日常生活中的亲戚、朋友、同事等同质性较强的他人来进行比较，恰是通过这种"主观抽样"得到的有偏样本形成了对客观阶层结构的主观认知，进而导致了多数人都认为自己处于社会阶层结构的中间位置。一系列跨国比较研究发现，在不同国家和不同阶层群体中都普遍存在"中间阶层认同偏好"（Evans et al.，1992；Kelley and Evans，1995；Evans and Kelley，2004）。社会比较理论所强调的相对地位，在一定程度上弥补了地位决定论和地位过程论对地位认同解释力的不足。因为，社会比较广泛存在于人们的认知与情绪的形成过程中（Lange and Crusius，2015）。以他人的社会地位作为参照，可以从相对视角来评价自己在社会阶层结构中的位置，从而能够与其他社会成员进行良好的互动（Baldwin and Mussweiler，2018）。

（三）主观社会地位的相关研究

已有的诸多研究都表明，主观地位认同呈现"多元决定"模式，职业、教育和收入对个体的主观地位认同都具有较强的影响（Centers，1949；Hodge and Treiman，1968；Jackman and Jackman，1983；Murphy and Morris，1961）。但多项跨国比较研究证实，在不同的社会环境下，职业、教育和收入的作用会略有差异。

早期对美国和英国的相关研究发现，职业、教育和收入对两国民众主观地位认同均具有显著影响，且三大指标各自的效应也相近（Vanneman，1980）。凯利和埃文斯（Kelley and Evans，1995）在美国和英国的基础上进一步将比较国家的范围扩大至包括澳大利亚、瑞士、奥地利和德国在内的六国，结果显示，教育和收入对各国民众的主观地位认同均具有显著影响，而职业地位在中欧国家（瑞士、奥地利）则不具有显著影响。部分学者对单一国家的纵贯研究也得到了与跨国比较研究大致相同的结论。Hout（2008）对美国的研究发现，在30多年（1973~2004）的时间里美国民众的主观地位认同始终维持着职业、教育和收入的"多元决定"模式，但职业和教育的作用逐渐式微，而收入的影响力在不断提升。

国内主观地位认同研究也重点分析了客观地位的各个维度对主观地位认同的影响。利用不同时点的调查数据的多项研究均证实，中国公众的主观地位认同同样呈现"多元决定"模式，即职业地位、受教育程度和收入共同形塑了人们的主观地位认同（胡荣、沈珊，2018；李飞，2013；李升、倪寒雨，2018）。其中比较具有代表性的是以下两项研究。刘欣（2001）于1996年对武汉市居民的调查发现，教育、收入是决定主观地位认同高低的重要因素，而职业并非个体进行自我阶层地位评价的核心指标。随后，李培林和张翼（李培林、张翼，2008；张翼，2011）利用具有全国代表性的2006年和2008年"中国社会状况综合调查"（Chinese Social Survey，CSS）的数据研究发现，相对于职业和教育因素来说，收入分层是影响公众社会阶层归属感的最主要因素。由此可见，对于中国公众而言，职业并非影响主观地位认同的核心因素，这可能预示了职业分化并未充分体现出社会地位的差异，也可能由于社会成员间的收入差异更多是与行业、单位而非职业相关所致（刘欣，2001）。

与上述基于结构决定论进行的大量研究相比，基于地位过程论和参照群体或社会比较理论展开的研究则相对较少。就地位过程论而言，仅有的研究也并非直接考察个体社会地位流动与主观地位认同的关系，而是关注流动感知对地位认同偏差的影响。例如，范晓光和陈云松（2015）的研究发现，社会流动感知和阶层地位认同偏差显著相关，向下流动感知强化阶层地位认同向下偏，向上流动感知则相反。基于社会比较理论的经验研究大致可分为三类：①将宏观收入不平等状况视为社会成员进行收入比较形成的相对地位的集合，从而考察国家/地区的收入不平等（基尼系数）对民众地位认同的影响。例如，Lindemann 和 Saar（2014）以及 Schneider（2019）的研究都发现，国家层次的收入不平等显著降低了民众的地位认同。陈云松和范晓光（2016）基于中国调查数据进行的纵贯研究获得了较为一致的结果。②将个体收入在给定比较组内的排序作为微观个体的客观相对地位。例如，黄超（2020）对中国城乡居民的研究发现，社区层次的相对收入对地位认同不具有显著影响。③采用"自我评估法"来测量个体的主观相对地位，由被访者评价自己的社会经济地位与一些群体如同龄人、亲戚、同事、朋友等相比是高还是低，如果被访者报告自己的社会经济地位低于比较群体就被视为具有相对剥夺感。大多数学者倾向于认为，相对剥夺感与地位认同之间呈显著的负相关关系（陈光金，2013；李飞，2013）。

（四）　高校教师的客观与主观社会地位

高校教师是掌握并运用人类已有的知识，并致力于知识的发现、积累和传播，即从事知识生产的社会成员，被归类为知识分子。在改革开放初期，中国出现了在收入上脑力劳动者低于体力劳动者的现象。当时，知识分子没有从改革中获得较多的经济利益，与体力劳动者相比，甚至可能存在"相对剥夺感"。20 世纪 90 年代中期，知识贬值现象逐渐消退，脑力劳动者的收入逐渐赶上甚至超过体力劳动者。到 21 世纪初，以知识分子为主的行业的平均工资已明显高于以体力劳动为主的行业（朱光磊，2007）。

高校教师群体的经济收入变化与知识分子整体的收入变化状况基本一致。一项纵贯研究考察了 1995～2015 年高校教师工资的变化情况，在 20 年间，全国高校教师的平均年工资从 6452 元增加到 87480 元，整体增长近 13 倍，高于同期人均 GDP 的增长幅度，这表明高校扩招带来的高等教育大发展对提高高校教师工资起到了一定的作用。从相对收入来看，在 20 年间，高校教师工资一般比全社会平均工资高出 20% 左右，不过，与 IT 行业相比，高校教师工资长期低 20% 左右，且在 2004 年后，高校教师的平均工资也长期低于金融行业（胡咏梅等，2019）。

通过对高校教师社会地位相关文献的回顾可知，既有研究主要关注的是该群体的经济地位，而有关主观地位认同的研究相对缺乏。本章并不是简单将传统的主观地位认同研究"移植"到一个特定职业群体，而是希望通过检验高校教师的主观地位认同的形成机制，为回答高知群体壮大和分化会带来什么样的社会后果这一问题提供新的理论洞见。结合前文对不同理论视角的梳理，本章的研究框架如图 5 - 1 所示。

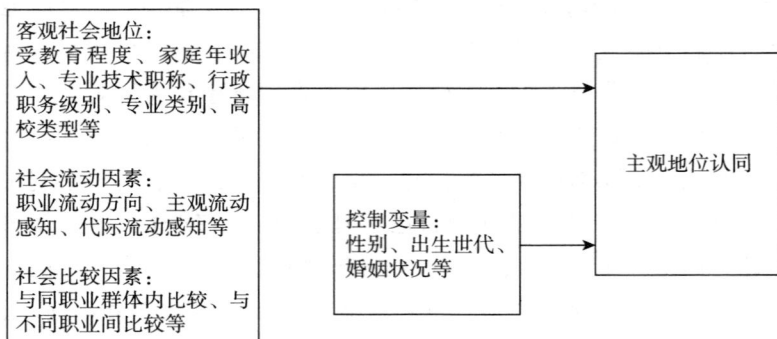

图 5 - 1　研究框架

二　研究设计

（一）因变量

本章的因变量是主观地位认同。调查问卷采用十级阶梯量表测量主观地位认同，其中 1 分表示最下层，10 分表示最上层。

（二）自变量

1. 客观社会地位

主观地位认同研究通常考察个体的职业、受教育程度和收入的影响，由于本章的研究对象为高校教师群体，所以仅考察受教育程度（大学专科或本科 = 0；硕士研究生 = 1；博士研究生 = 2）和家庭年收入（20 万元以下 = 0；20 万～30 万元 = 1；30 万～50 万元 = 2，50 万元及以上 = 3）的影响，同时将可能表征高校教师群体内部地位分化的指标一并纳入分析，如专业技术职称（无职称 = 0；初级 = 1；中级 = 2；副高级 = 3；正高级 = 4）、行政职务级别（无级别＝0；科级副职＝1；科级正职＝2；处级副职＝3；处级正职及以上＝4）、专业类别（理学＝0；农业科学＝1；医药科学＝2；工程与技术科学＝3；人文与社会科学＝4）、高校类型（普通高校＝0；"一流学科"高校＝1；"双一流"高校＝2）和所在地区（非上海＝0；上海＝1）。

2. 社会流动因素

社会流动因素包括了四个自变量，职业流动方向（未流动＝0；向下流动＝1；水平流动＝2；向上流动＝3；其他＝4），当前主观地位认同与对十年前社会地位的评价相比形成的主观流动感知（向下流动＝0；未流动＝1；向上流动＝2），对十年后社会地位的预期与当前主观地位认同相比形成的主观流动预期（向下流动＝0；未流动＝1；向上流动＝2），当前主观地位认同与对14岁时家庭社会地位的评价相比形成的代际流动感知（向下流动＝0；未流动＝1；向上流动＝2）。

3. 社会比较因素

社会比较因素共包括了六个自变量。与职业群体内部的比较有三个变量，调查问卷中询问了受访者"您认为自己当前的生活水平与下列与您同一行业的人相比，是好一些还是差一些？"同行业的人包括"所在学院其他老师（职称、职务与您相当）"、"所在学校其他学院老师（职称、职务与您相当）"和"所在地区其他高校教师（类型、级别相同的高校，且职称、职务与您相当）"。答案1～5分依次表示"低很多"、"低一些"、"差不多"、"高一些"和"高很多"，将1～2分合并赋值为1，表示具有相对剥夺感，3～5分合并赋值为0，表示无相对剥夺感。

与其他职业群体的比较同样有三个变量，调查问卷中询问了受访者"您认为自己当前的生活水平与下列群体相比，是好一些还是差一些？"其他职业群体包括"本市公务员（年龄相当）"、"本市国企白领（年龄相当）"和"本市私企白领（年龄相当）"。答案1～5分依次表示"低很多"、"低一些"、"差不多"、"高一些"和"高很多"，将1～2分合并赋值为1，表示具有相对剥夺感，3～5分合并赋值为0，表示无相对剥夺感。

（三）控制变量

本研究的控制变量主要包括了社会人口学变量，出生世代（60世代前＝0；60世代＝1；70世代＝2；80世代＝3；90世代＝4）、性别（女＝0；

男 = 1)、政治面貌（非党员 = 0；党员 = 1）、婚姻状况（非在婚 = 0；在婚 = 1）、户籍（非本地户籍 = 0；本地户籍 = 1）。各变量描述性统计分析如表 5 - 1 所示。

表 5 - 1　各变量描述性统计分析（$N = 1565$）

	变量定义	频数	占比（%）
主观社会地位	下层	81	5.18
	中下层	364	23.26
	中层	755	48.24
	中上层	342	21.85
	上层	23	1.47
出生世代	60 世代前	12	0.77
	60 世代	191	12.20
	70 世代	494	31.57
	80 世代	742	47.41
	90 世代	125	8.05
性别	女性	685	43.77
	男性	880	56.23
政治面貌	非党员	467	29.84
	党员	1098	70.16
婚姻状况	非在婚	258	16.49
	在婚	1307	83.51
户籍	非本地户籍	84	5.37
	本地户籍	1481	94.63
家庭年收入	20 万元以下	239	15.27
	20 万 ~ 30 万元	367	23.45
	30 万 ~ 50 万元	479	30.61
	50 万元及以上	480	30.67
受教育程度	大学专科或本科	50	3.19
	硕士研究生	195	12.46
	博士研究生	1320	84.35

	变量定义	频数	占比（%）
专业技术职称	无职称	98	6.26
	初级	58	3.71
	中级	480	30.67
	副高级	617	39.42
	正高级	312	19.94
行政职务级别	无级别	1246	79.62
	科级副职	68	4.35
	科级正职	101	6.45
	处级副职	120	7.67
	处级正职及以上	30	1.92
专业类别	理学	308	19.68
	农业科学	117	7.48
	医药科学	52	3.32
	工程与技术科学	643	41.09
	人文与社会科学	445	28.43
高校类型	普通高校	388	24.79
	"一流学科"高校	540	34.50
	"双一流"高校	637	40.70
所在地区	上海	1027	65.62
	非上海	538	34.38
职业流动方向	未流动	1225	78.27
	向下流动	43	2.75
	水平流动	152	9.71
	向上流动	80	5.11
	其他	65	4.15
主观流动感知	向下流动	127	8.12
	未流动	384	24.54
	向上流动	1054	67.35
主观流动预期	向下流动	122	7.80
	未流动	561	35.85
	向上流动	882	56.36

	变量定义	频数	占比（%）
代际流动感知	向下流动	177	11.31
	未流动	276	17.64
	向上流动	1112	71.05
与所在学院老师相比	无相对剥夺感	1228	78.47
	有相对剥夺感	337	21.53
与所在学校老师相比	无相对剥夺感	1041	66.52
	有相对剥夺感	524	33.48
与所在地区老师相比	无相对剥夺感	930	59.42
	有相对剥夺感	635	40.58
与本市公务员相比	无相对剥夺感	730	46.65
	有相对剥夺感	835	53.35
与本市国企白领相比	无相对剥夺感	573	36.61
	有相对剥夺感	992	63.39
与本市私企白领相比	无相对剥夺感	440	28.12
	有相对剥夺感	1125	71.88

（四）模型与分析策略

本研究将采用普通最小二乘法回归模型（ordinary least squares regression model）考察客观社会地位、社会流动和社会比较对个体主观地位认同的影响。具体分析策略为：第一步，建立基础模型将控制变量纳入回归模型；第二步，将客观社会地位变量放入回归模型；第三步，将社会流动变量放入回归模型，考察社会流动因素对主观地位认同的影响；第四步，进一步将社会比较因素纳入模型，考察同职业群体内比较和不同职业间比较对主观地位认同的影响。

三　高校教师主观社会地位的研究发现

（一）描述性统计

1. 总体状况

为描述高校教师主观社会地位总体状况，该部分使用的数据未剔除其他变量的缺失值，因此主观社会地位分布状况与表5-1略有差异。高校教师获得感调查设计对主观社会地位的测量采用了阶梯式量表，其中1分代表最下层，10 分代表最上层。高校教师主观地位认同的均值为 5.28 分。图 5－2 具体描绘了高校教师主观社会地位分布，即不同主观社会地位的高校教师在总体中的占比。具体来看，选择 1～4 分的高校教师的占比依次为 2.42%、2.78%、9.11% 和 14.78%，如果将 1～2 分视作下层，3～4 分视作中下层，那么高校教师中认为自己处于社会阶层结构下层和中下层者合计为 29.09%；5～6 分是多数高校教师的选择，在总体中占比分别为 27.39% 和 21.63%，若将其视作中层，那么合计为 49.02%；主观认同 7～10 分者较少，占比分别为 15.04%、5.51%、1.03% 和 0.31%，若将 7～8 分视作中上层，9～10 分视作上层，那么合计为 21.89%。总体而言，高校教师的主观地位认同结构趋近于"橄榄形"，呈趋中认同的特征。

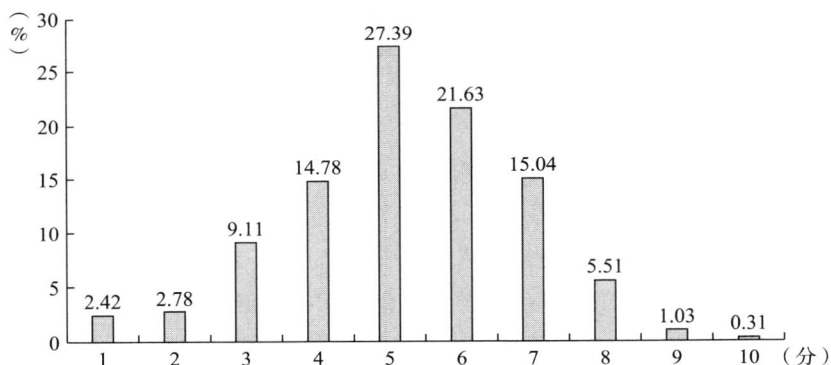

图 5－2　高校教师主观社会地位分布

为了更直观地理解高校教师主观社会地位现状，笔者进一步将高校教师群体分别与全国城市居民和特大城市居民的主观社会地位结构进行比较（见图 5－3）。高校教师群体对自身社会地位评价为下层、中下层、中层、中上层和上层的比例分别为 5.18%、23.26%、48.24%、21.85% 和 1.47%，根据 2019 年"中国社会状况综合调查"（CSS）数据分析发现，全国城市居民的主观社会地位结构分布仍呈现"向下偏移"的特征，主观认同下层和中下层的占比分别为 21.81% 和 31.22%，主观认同中层者占比为 40.43%，认同中上层和上层的比例分别为 5.97% 和 0.58%。笔者同样利用 2019 年度"新时代特大城市居民生活状况"调查数据分析了特大城市居民的主观社会地位结构状况，特大城市居民主观认同下层至上层的比例依次为 10.19%、22.29%、52.44%、13.61% 和 1.47%。通过三者比较可以发现，从整体结构来看，高校教师群体与特大城市居民最为接近，但其主观社会地位水平仍显著高于全国城市居民乃至特大城市居民。换言之，就本次高校教师调查所涉及的大学而言，高校教师群体认为自身在社会阶层结构中主要位于中层和中上层，高于特大城市居民的平均水平。

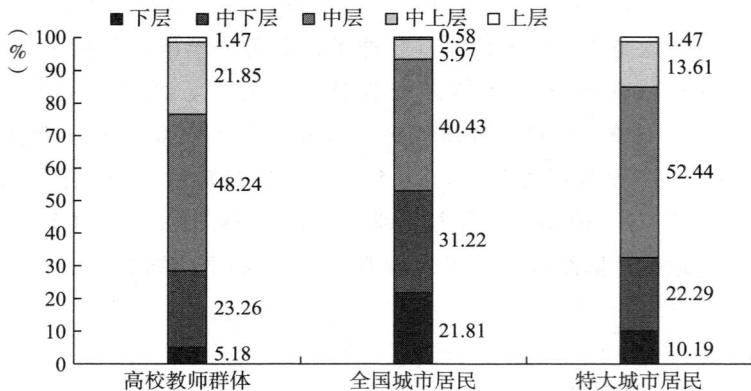

图 5 - 3 主观社会地位的群体比较

2. 高校教师主观社会地位的群体差异

（1）高校教师的社会人口特征与主观社会地位

本章首先描述了主要的社会人口特征与主观社会地位之间的关系，具体包括了高校教师的性别、出生世代、婚姻状况、政治面貌和户籍。

图 5 - 4 报告了高校教师群体中男女两性的主观社会地位分布情况。男性高校教师认同 5 ~ 6 分的比重低于女性，而认同 7 ~ 10 分的比重则高于女性。具体而言，女性高校教师主观认同 1 ~ 10 分各分值的比重分别为 1.90%、2.48%、10.07%、14.89%、28.91%、22.77%、13.87%、4.23%、

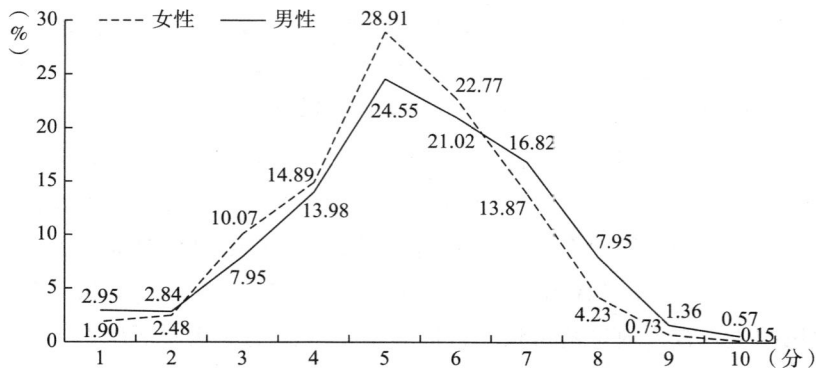

图 5 - 4 主观社会地位的性别差异

0.73%和0.15%，相应分值比重在男性高校教师群体中分别为2.95%、2.84%、7.95%、13.98%、24.55%、21.02%、16.82%、7.95%、1.36%和0.57%。从得分来看，女性和男性高校教师主观社会地位得分分别为5.17分和5.37分，男性略高于女性0.2分。

从不同出生世代的主观社会地位来看（见图5-5），出生世代与主观地位认同呈负向关系，即出生世代越靠后其主观社会地位越低。具体而言，1960年前和在1960至1969年间出生群体的主观社会地位得分分别为6.08分和5.65分，前者略高。有趣的是，70世代、80世代和90世代高校教师的主观社会地位得分分别为5.36分、5.12分和4.91分，三组都显著低于60世代高校教师群体，但三组之间的差异并不显著。考虑到专业技术职称和行政职务级别的晋升通常需要一定的工作年限，60世代高校教师普遍在专业技术职称和行政职务级别上比中青年教师有明显的优势，所以其对自身社会地位的评价较高，也就不难理解。而70世代、80世代和90世代高校教师一般处在职业上升期，还在为了专业技术职称和行政职务级别的晋升而拼搏，除了工作压力较大外，在家庭生活上还承担着赡养父母与养育子女的双重责任，他们的主观社会地位得分相对较低也在情理之中。

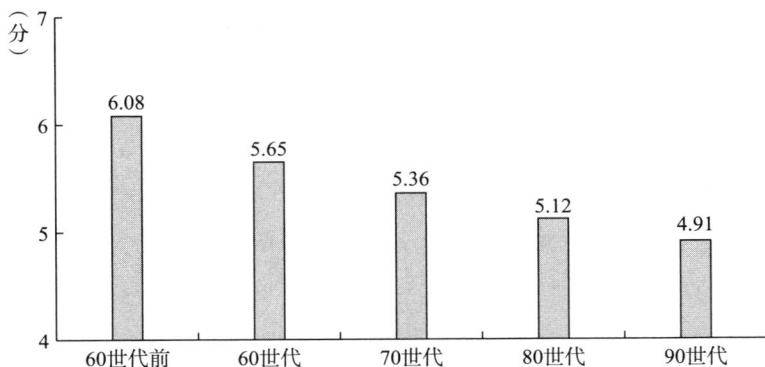

图5-5　主观社会地位的世代差异

从不同婚姻状况的高校教师的主观社会地位得分分布来看（见图5-6），非在婚群体在主观社会地位得分两端的比例均高于在婚群体，而在中部的比例则低于在婚群体。具体而言，非在婚群体对自身社会地位评价为1～3分的比例分别为3.88%、3.88%和11.24%，在婚群体中对应的比例则为2.22%、2.45%和8.42%；非在婚群体对自身社会地位评价为8～10分的比例分别为7.36%、2.33%和0.39%，在婚群体中对应的比例则为

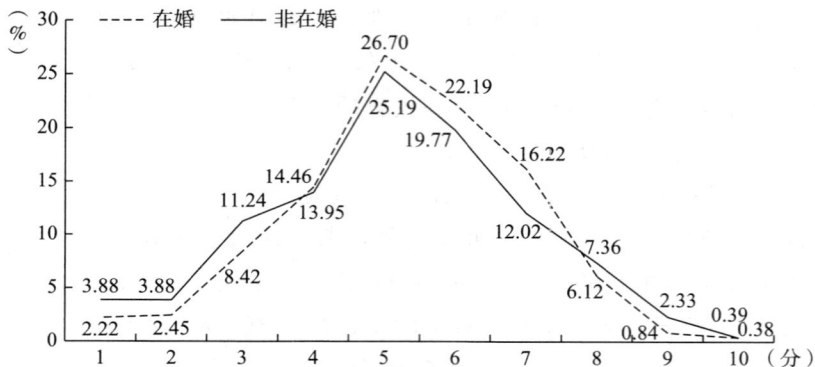

图 5 - 6　主观社会地位的婚姻状况差异

6.12%、0.84% 和 0.38%；与之相应的是，非在婚群体中认同 4 ~ 7 分的比例分别为 13.95%、25.19%、19.77% 和 12.02%，在婚群体认同该分段的比例分别为 14.46%、26.70%、22.19% 和 16.22%。从两个群体的主观社会地位得分来看，非在婚群体和在婚群体的主观社会地位得分分别为 5.14 分、5.31 分。总体而言，在婚群体的主观地位认同水平略高于非在婚群体。

图 5 - 7 显示了高校教师中党员和非党员群体的主观社会地位分布情况。拥有党员身份的高校教师主观认同 1 ~ 10 分各分值的比重分别为 2.19%、2.91%、8.93%、13.57%、26.96%、23.22%、15.30%、5.92%、0.64% 和 0.36%，该比例在非党员高校教师群体中分别为 3.21%、2.14%、8.78%、16.27%、25.27%、18.42%、16.06%、7.28%、2.14% 和 0.43%。如果从平均值来看，党员和非党员高校教师主观社会地位得分分别为 5.30 分和 5.27 分，两个群体在主观社会地位上的差异甚微。

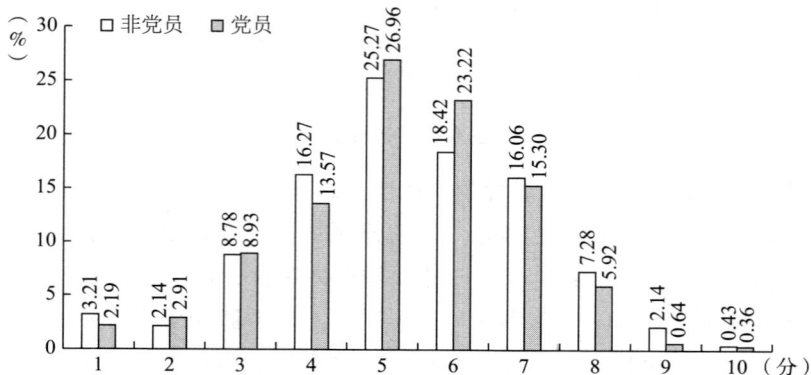

图 5 - 7　主观社会地位的政治面貌差异

　　与不同政治面貌群体间的差异相似，非本地户籍的高校教师和拥有本地户籍的高校教师在主观社会地位上也未呈现明显差异（见图5-8），非本地户籍的高校教师群体的主观社会地位得分为5.24分，拥有本地户籍的高校教师群体的主观社会地位得分为5.28分，后者略高，但这一微弱的差异甚至可以忽略不计。

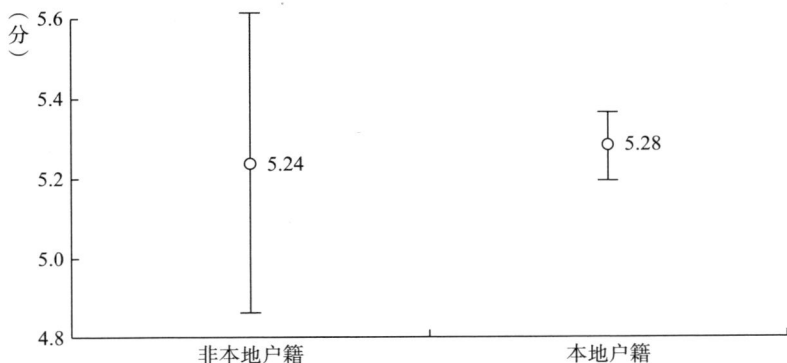

图5-8　主观社会地位的户籍差异

　　（2）高校教师的客观社会地位与主观社会地位

　　由表5-2可知，将主观社会地位定位于下层的教师中，拥有大学专科或本科学历的教师比例最高（12.00%），拥有硕士研究生学历和博士研究生学历者认同下层的比例较低，分别为3.08%和5.23%；认为自身社会经济地位处于中下层的高校教师中，受教育程度的差异较小，其中拥有硕士研究生学历者的比例最高（27.69%），拥有大学专科或本科学历者（24.00%）次之，拥有博士研究生学历的教师比例最低（22.58%）；认为主观社会地位处于中层的高校教师中，比例最高的是拥有硕士研究生学历的教师（51.28%），其次是拥有博士研究生学历者（47.95%），比例最低的是拥有大学专科或本科学历的教师（44.00%）；认为主观社会地位处于中上层的高校教师中，拥有博士研究生学历者（22.95%）比例最高，拥有大学专科或本科学历（16.00%）和硕士研究生学历（15.90%）的教师比例相近；在不同受教育程度的高校教师中都只有极少数人认为自己在社会阶层结构中居于上层。

　　从家庭年收入与主观社会地位的关系来看，在将主观社会地位定位于下层的群体中，家庭年收入低于20万元的比例最高（15.48%），其他几个收入群体的比例较低，20万~30万元、30万~50万元和50万元及以上收入群体的比例分别为4.90%和3.97%和1.46%；在认为主观社会地位处于中下层的群体中，家庭年收入低于 20 万元（34.73%）和 20 万 ~ 30 万元（34.33%）的比例较高，30 万 ~ 50 万元家庭年收入的比例为 22.76%，而超过 50 万元家庭年收入的比例最低（9.58%）；认为主观社会地位处于中层的群体，家庭年收入在 20 万 ~ 30 万元（52.86%）和 30 万 ~ 50 万元（50.10%）的比例都超过半数，超过 50 万元家庭年收入的比例为 45.62%，而不足 20 万元家庭年收入的比例最低，为 42.68%；认为主观社会地位处于中上层的高校教师在收入分布上有清晰的界限，30 万 ~ 50 万元和超过 50 万元家庭年收入的占比分别为 22.34% 和 40.00%，而家庭年收入不足 20 万元（6.28%）和 20 万 ~ 30 万元（7.63%）群体中认同该阶层的比例较低；在不同收入群体中都只有极少数教师认同上层，家庭年收入超过 50 万元的比例最高（3.33%），而在其他收入群体中所占比例均不到 1%。

由此可知，拥有博士研究生学历、硕士研究生学历和大学专科或本科学历的高校教师分别是认同中上层、中层和下层比例最高的，受教育程度较高的高校教师对自身社会经济地位的评价也较高。与之相似，家庭年收入较高的高校教师也更倾向于认同较高的社会地位。

在专业技术职称方面（见表 5 - 3），拥有副高级、正高级职称的教师认同中层及以上主观社会地位的可能性更高。67.35% 的无职称的高校教师的主观社会地位达到中层、中上层和上层的水平；65.51% 的拥有初级专业技术职称的高校教师的主观社会地位达到中层及以上的水平；63.95% 的拥有中级专业技术职称的高校教师的主观社会地位达到中层及以上的水平；70.99% 的拥有副高级专业技术职称的高校教师的主观社会地位达到中层及以上的水平；86.87% 的拥有高级专业技术职称的高校教师的主观社会地位达到中层及以上的水平。

表 5 - 2　高校教师的受教育程度、家庭年收入与主观社会地位

单位：%

	下层	中下层	中层	中上层	上层	合计（N）
受教育程度						
大学专科或本科	12.00	24.00	44.00	16.00	4.00	100（50）
硕士研究生	3.08	27.69	51.28	15.90	2.05	100（195）
博士研究生	5.23	22.58	47.95	22.95	1.29	100（1320）

Pearson χ^2（8）= 16.2782；$p = 0.039$

	下层	中下层	中层	中上层	上层	合计（N）
家庭年收入						
20 万元以下	15.48	34.73	42.68	6.28	0.84	100（239）
20 万～30 万元	4.90	34.33	52.86	7.63	0.27	100（367）
30 万～50 万元	3.97	22.76	50.10	22.34	0.84	100（479）
50 万元及以上	1.46	9.58	45.62	40.00	3.33	100（480）
Pearson χ^2（12）= 288.7431；$p = 0.000$						

　　在行政职务级别方面（见表 5 - 3），担任不同级别行政职务的高校教师之间在主观社会地位上出现了明显的分化。对于从未担任过任何行政职务的高校教师而言，认为自己主观社会地位达到中层、中上层和上层水平的比例为 67.97%；目前担任或曾经担任过科级副职的高校教师的主观社会地位达到中层及以上水平的比例为 86.76%；目前担任或曾经担任过科级正职的高校教师的主观社会地位达到中层及以上水平的比例为 82.17%；目前担任或曾经担任过处级副职的高校教师的主观社会地位达到中层及以上水平的比例为 84.99%；而在目前担任或曾经担任过处级正职及以上行政职务的高校教师中，绝大多数（96.67%）认为自己的社会地位已达到中层及以上水平。

　　由此可见，在未控制其他变量的情况下，拥有副高级、正高级专业技术职称的高校教师认同中层、中上层和上层的比例较高。与之相似，目前担任或曾经担任过行政职务的高校教师对自身社会地位的评价也较高。

表 5 - 3　高校教师的专业技术职称、行政职务级别与主观社会地位

单位：%

	下层	中下层	中层	中上层	上层	合计（N）
专业技术职称						
无职称	7.14	25.51	50.00	13.27	4.08	100（98）
初级	6.90	27.59	31.03	32.76	1.72	100（58）
中级	7.08	28.96	51.04	12.08	0.83	100（480）
副高级	4.70	24.31	50.08	20.26	0.65	100（617）
正高级	2.24	10.90	42.95	40.71	3.21	100（312）
Pearson χ^2（16）= 138.7254；$p = 0.000$						

	下层	中下层	中层	中上层	上层	合计（N）
行政职务级别						
无级别	5.94	26.08	48.15	18.46	1.36	100（1246）
科级副职	1.47	11.76	57.35	27.94	1.47	100（68）
科级正职	2.97	14.85	49.50	30.69	1.98	100（101）
处级副职	1.67	13.33	45.83	38.33	0.83	100（120）
处级正职及以上	3.33	0.00	36.67	53.33	6.67	100（30）

Pearson χ^2（16）= 78.6253；p = 0.000

从专业类别的角度来看（见表5-4），在将主观社会地位定位于下层的高校教师中，理学专业的教师比例最高（6.49%），工程与技术科学专业的教师次之（5.44%），医药科学和农业科学专业的教师几乎没有或仅占极小的比例；认为主观社会地位居于中下层的高校教师中，并没有呈现比较明显的专业区别，各专业教师认同该阶层的比例均在21%~25%，相差不大；就认同中层的教师而言，医药科学的比例最高（57.69%），人文与社会科学次之（51.24%），农业科学最低（41.03%）；由于认同上层的比例较少且专业间差异较小，故而将其与中上层合并来看，认为自身社会地位居于中上层和上层的教师中，仅农业科学的比例超过30%，达到35.04%，理学、医药科学和工程与技术科学的比例分别为23.05%、21.15%和24.57%，人文与社会科学的比例最低（18.87%）。

从教师所在高校类型与主观社会地位的关系来看（见表5-4），随着学校层级的提升，主观认同下层的比例随之减少，在普通高校、"一流学科"高校和"双一流"高校中认同下层的比例分别为7.47%、6.67%和2.51%；认为自己处于中下层的比例呈现相似的变化趋势，比例依次为29.90%、30.19%和13.34%；持中层认同的高校教师中，不同学校类型间的分化并不明显；与前述分析一致，同样将中上层和上层合并来看，主观社会地位定位于中上层和上层水平的教师中，普通高校的比例为13.40%，与之相比，"一流学科"高校的比例略高（13.89%），而"双一流"高校教师的比例约为普通高校教师比例的3倍，达到37.37%。

就所在地区来说（见表5-4），上海高校的教师认为自己处于下层、中下层和中层的比例均高于非上海高校教师，与之相应的是，主观认同中上层和上层的比例则低于非上海高校教师。具体而言，将主观社会地位定位于中下层和中上层的教师中，呈现了最为明显的地区差异，上海的高校教师中认同中下层的比例为 29.60%，而非上海的高校教师比例仅为 11.15%，二者相差 18.45%；上海的高校教师中认同中上层的比例为 13.15%，而非上海的高校教师比例为 38.48%，二者相差 25.33%；在下层、中层和上层中，二者的差异较小。

由此可知，不同专业类别的高校教师的主观社会地位差异不大，身处较高层级学校的教师，其对自身社会地位的评价也相对较高，相比上海的高校教师而言，非上海的高校教师明显具有更高水平的主观社会地位认同。

表 5 - 4　高校教师的专业类别、高校类型、所在地区与主观社会地位

单位：%

	下层	中下层	中层	中上层	上层	合计（N）
专业类别						
理学	6.49	25.00	45.45	21.43	1.62	100（308）
农业科学	1.71	22.22	41.03	34.19	0.85	100（117）
医药科学	0.00	21.15	57.69	19.23	1.92	100（52）
工程与技术科学	5.44	21.93	48.06	23.48	1.09	100（643）
人文与社会科学	5.39	24.49	51.24	16.85	2.02	100（445）
Pearson χ^2 (16) = 27.6499；p = 0.035						
高校类型						
普通高校	7.47	29.90	49.23	11.60	1.80	100（388）
一流学科高校	6.67	30.19	49.29	12.96	0.93	100（540）
"双一流"高校	2.51	13.34	46.78	35.64	1.73	100（637）
Pearson χ^2 (8) = 158.4211；p = 0.000						
所在地区						
上海	6.72	29.60	49.37	13.15	1.17	100（1027）
非上海	2.23	11.15	46.10	38.48	2.04	100（538）
Pearson χ^2 (4) = 171.6914；p = 0.000						

（3）高校教师的职业流动方向、流动感知与主观社会地位

图 5 - 9 报告了处于不同职业流动状况的高校教师的主观社会地位情况。其中，向上流动的高校教师对自身社会地位的评价最高，其主观社会地位得分为 5.54 分，评价最低的群体为未有过职业流动的高校教师，他们的主观社会地位得分仅为 5.22 分，向下流动、水平流动和其他职业流

动情况的高校教师主观社会地位得分都介于二者之间。上述结果似乎预示了有过职业流动经历的高校教师都通过职业流动实现了其目标，无论该目标是为了个人职业发展还是家庭等，因而其主观社会地位都高于未流动群体。

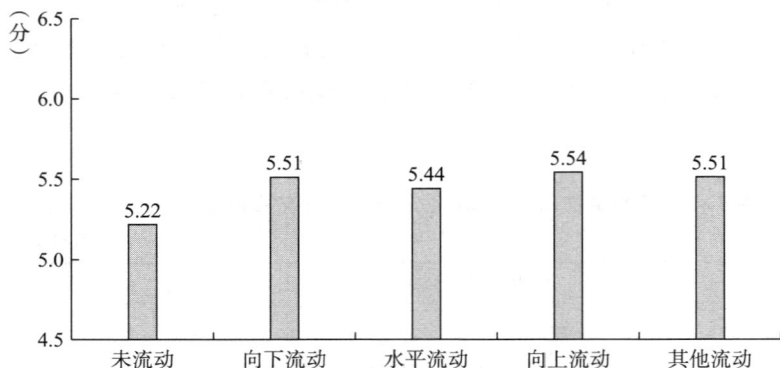

图 5 - 9　高校教师的职业流动方向与主观社会地位

从个体的主观流动感知和主观流动预期来看（见图 5 - 10），当个体认为自己当前与过去的生活水平相比，向下流动、未流动和向上流动时，主观社会地位得分分别为 4.25 分、4.78 分和 5.58 分，三者之间的差异较为明显，高校教师的主观流动感知与当前的主观社会地位呈正向关系。当个体预期自己未来与当前的生活水平相比会变低、差不多和变高时，主观社会地位得分分别为 5.80 分、5.28 分和 5.21 分，高校教师的主观流动预期与当前的主观社会地位呈负向关系。该结果表明，随着高校教师当前生活状况相比过去有明显改善时，其对自身的社会地位评价也会随之提升，有趣的是，当高校教师预期自身未来的社会地位会下降时，其当前的主观社会地位反而较高，这恰恰反映了"天花板"效应，即当前对自身社会地位评价越高者，认为自己未来社会地位出现下降的可能性越高。最后，从个体对当前自身社会地位相对于父代社会地位的评价来看（见图 5 - 10），当个体认为自己当前与父代的生活水平相比，变低、差不多和变高时，主观社会地位得分分别为 3.99 分、4.75 分和 5.62 分，三者之间呈现较为明显的差异，且代际间社会地位的流动能够显著提升高校教师群体对自身社会地位的评价。

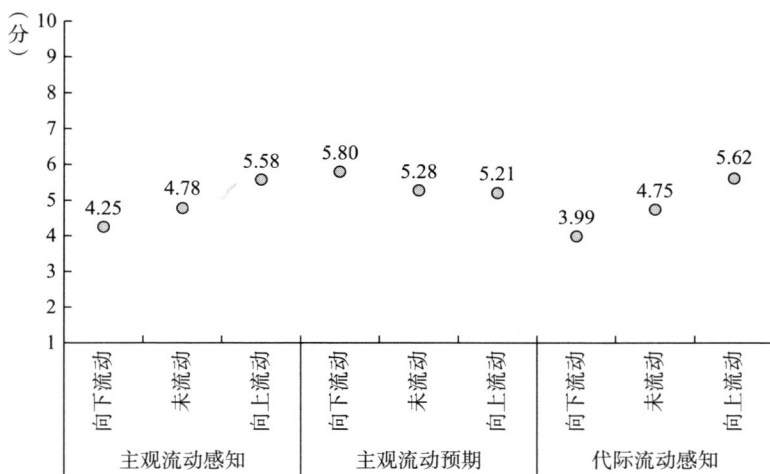

图 5 - 10 流动感知与主观社会地位

（4）高校教师的社会比较与主观社会地位

接下来本章描述了高校教师分别与该群体内、其他职业群体间的横向社会比较与主观社会地位的关系。

根据比较半径，个体与其他高校教师的比较共涉及三类：与所在学院其他教师比较、与所在学校其他学院教师比较、与所在地区其他高校教师比较。如图 5 - 11 所示，当个体认为自己与所在学院其他教师的生活水平相比有相对剥夺感时，其主观社会地位得分为 4.48 分，不具有相对剥夺感群体的主观社会地位得分则为 5.50 分，二者相差 1.02 分；当个体认为自

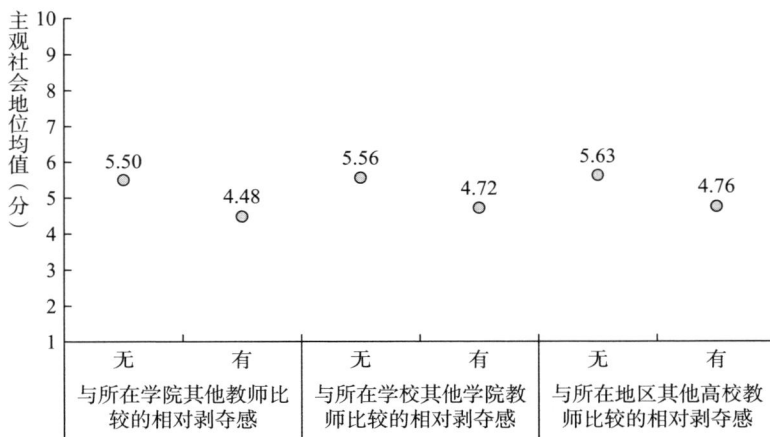

图 5 - 11 高校教师群体内的比较与主观社会地位

己与所在学校其他学院教师的生活水平相比有相对剥夺感时，主观社会地位得分为 4.72 分，反之则为 5.56 分，二者相差 0.84 分；当个体认为自己与所在地区其他高校教师的生活水平相比有相对剥夺感时，主观社会地位得分为 4.76 分，反之则为 5.63 分，二者相差 0.87 分。

考虑工作单位体制和职业，高校教师与本市其他职业群体的社会比较主要涉及三类：与本市公务员比较、与本市国企白领比较、与本市私企白领比较（见图 5-12）。当个体认为自己与本市公务员的生活水平相比有相对剥夺感时，主观社会地位得分为 4.71 分，不具有相对剥夺感的教师主观社会地位得分则为 5.94 分，二者相差 1.23 分；当个体认为自己与本市国企白领的生活水平相比有相对剥夺感时，主观社会地位得分为 4.84 分，反之则为 6.04 分，二者相差 1.20 分；当个体认为自己与本市私企白领的生活水平相比有相对剥夺感时，主观社会地位得分为 5.00 分，反之则为 5.99 分，二者相差 0.99 分。

综上所述，通过分析高校教师群体分别在职业群体内和其他职业群体间的社会比较可以发现：一方面，在高校教师群体内部比较时，与所在学院其他教师比较的相对剥夺感对主观社会地位的影响最强；另一方面，在高校教师与其他职业群体间比较时，与本市公务员比较产生的相对剥夺感对主观社会地位的影响最强，且与同为体制内的本市公务员、本市国企白领比较时，是否具有相对剥夺感对主观社会地位的影响较大，而与体制外的本市私企白领比较时，是否具有相对剥夺感对主观社会地位的影响较小。

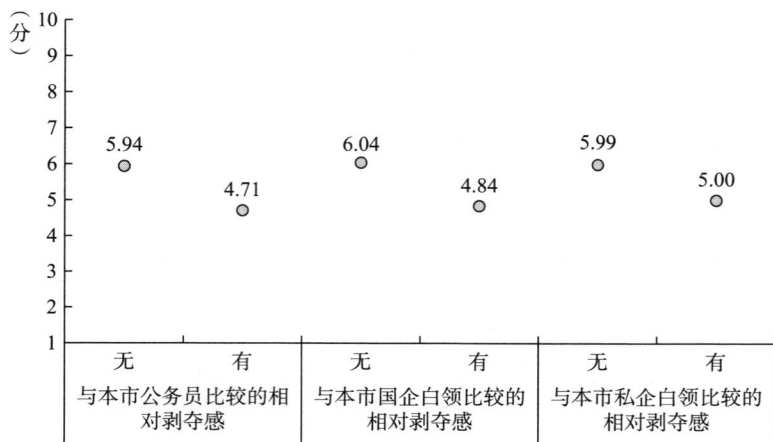

图 5-12　不同职业群体间的比较与主观社会地位

（二）　回归结果

个体的主观社会地位通过客观社会地位、社会流动经历和与其他社会成员进行比较的结果进行评价。表5-5报告了影响主观社会地位的各种影响因素。模型1为仅加入控制变量的社会人口特征因素的基准模型，而模型2则加入了社会经济地位变量，模型3则进一步加入了社会流动因素，最终模型4将与高校教师内部比较、与其他职业群体外部比较的结果纳入模型。

在模型1中，仅出生世代具有统计显著性，与1960年前出生的世代相比，"60世代"和"70世代"群体在主观社会地位上并未呈现显著差异，而"80世代"和"90世代"的青年教师对自身社会地位的评价则显著降低了。考虑到青年教师处于职业发展的初期阶段，无论是专业技术职称、行政职务级别还是收入都还较低，因此主观认同较低的社会地位也属合理。

模型2加入客观社会地位指标后，世代差异变得不再具有统计显著性。在各个客观社会地位指标中，家庭年收入、行政职务级别、高校类型和所在地区能够有效解释高校教师的主观社会地位，而受教育程度、专业技术职称和专业类别都不具有统计显著性。具体而言，在家庭年收入方面，与家庭年收入低于20万元的教师相比，家庭年收入介于20万~30万元的教师的主观社会地位高出0.496，家庭年收入介于30万~50万元的教师的主观社会地位高出0.938，家庭年收入超过50万元的教师的主观社会地位高出1.407，上述结果都在0.001的水平上显著。在行政职务级别方面，与目前或曾经均未担任过行政职务的教师相比，担任科级副职、处级副职的教师主观社会地位分别高出0.293和0.221，不过该结果并不具有统计显著性，科级正职、处级正职及以上者则分别高出0.365和0.621，在0.05的水平上是显著的。在高校类型方面，普通高校与"一流学科"高校的教师在主观社会地位上并未呈现显著差异，"双一流"高校教师比普通高校教师的主观社会地位高0.247，在0.05的水平上是显著的。在高校所在地区方面，非上海高校教师比上海高校教师的主观社会地位高0.671，且通过了0.001水平的显著性检验。

模型3进一步加入了社会流动变量，包括了职业流动方向、主观流动感知、主观流动预期和代际流动感知。在职业流动方向方面，与未发生职业流动的群体相比，水平流动、向上流动和其他职业流动群体在主观社会地位上均不具有显著差异，仅向下流动群体比未流动群体的主观社会地位更高。主观流动预期的结果与之相似，与预期未来向下流动者相比，预期未来未流动或向上流动者对当前自身社会地位的评价更低。上述结果似乎都反映了"天花板"效应，即社会地位越高的人越可能发生向下流动。在主观流动感知方面，将当前社会地位与过去社会地位进行比较，与向下流动者相较而言，未流动者在主观社会地位上并未呈现显著差异，向上流动者会认同更高的社会地位。在代际流动感知方面，与向下流动者相较而言，无论是未流动还是向上流动均能显著提升个体的主观社会地位。

模型4则将社会比较变量纳入模型，包括了职业群体内比较与不同职业群体间比较两大类，其中职业群体内比较又涉及不同比较半径下的参照对象，而不同职业群体外比较则涉及了体制内和体制外的参照对象。具体而言，在职业群体内比较方面，与所在学院其他教师相比较形成的相对剥夺感显著降低了受访者的主观社会地位认同，而与所在学校或所在地区的其他教师相比较形成的相对剥夺感，虽然其系数均为负数，但并不具有统计显著性。在不同职业群体间比较方面，与受访者所在城市的公务员、国企白领相比较形成的相对剥夺感会显著降低高校教师对自身社会地位的评价，有趣的是，与受访者所在城市的私企白领相比较形成的相对剥夺感对其主观社会地位却不具有显著影响。

表 5-5　高校教师的社会经济地位、社会流动、社会比较与主观社会地位

	模型 1	模型 2	模型 3	模型 4
出生世代[a]				
60 世代	− 0.222 (0.488)	0.290 (0.437)	0.543 (0.416)	0.442 (0.402)
70 世代	− 0.695 (0.479)	0.030 (0.434)	0.358 (0.417)	0.324 (0.402)
80 世代	− 0.941 * (0.477)	0.024 (0.437)	0.313 (0.422)	0.258 (0.406)
90 世代	− 1.174 * (0.500)	− 0.099 (0.459)	0.224 (0.443)	0.067 (0.427)
男性[b]	0.118 (0.085)	− 0.050 (0.080)	− 0.132 (0.076)	− 0.103 (0.073)
党员[c]	0.018 (0.091)	0.011 (0.083)	− 0.061 (0.079)	− 0.023 (0.077)
在婚[d]	0.013 (0.120)	− 0.299 ** (0.111)	− 0.314 ** (0.106)	− 0.242 * (0.102)

	模型 1	模型 2	模型 3	模型 4
本地户籍[e]	-0.166 (0.191)	0.013 (0.176)	0.000 (0.167)	0.065 (0.161)
受教育程度[f]				
硕士研究生		0.212 (0.236)	0.123 (0.224)	0.319 (0.216)
博士研究生		0.106 (0.223)	-0.083 (0.213)	0.047 (0.206)
家庭年收入[g]				
20万~30万元		0.496*** (0.126)	0.520*** (0.119)	0.416*** (0.116)
30万~50万元		0.938*** (0.124)	0.849*** (0.117)	0.697*** (0.114)
50万元及以上		1.407*** (0.130)	1.253*** (0.125)	0.982*** (0.123)
专业技术职称[h]				
初级		-0.199 (0.244)	-0.059 (0.232)	0.004 (0.224)
中级		-0.194 (0.171)	-0.085 (0.162)	-0.009 (0.157)
副高级		-0.150 (0.177)	-0.085 (0.169)	-0.011 (0.163)
正高级		0.308 (0.200)	0.265 (0.190)	0.259 (0.184)
行政职务级别[i]				
科级副职		0.293 (0.183)	0.213 (0.174)	0.247 (0.168)
科级正职		0.365* (0.156)	0.363* (0.147)	0.405** (0.142)
处级副职		0.221 (0.151)	0.192 (0.143)	0.224 (0.138)
处级正职及以上		0.621* (0.282)	0.509 (0.267)	0.461 (0.259)
专业类别[j]				
农业科学		-0.098 (0.170)	-0.046 (0.162)	-0.095 (0.156)

续表

	模型 1	模型 2	模型 3	模型 4
医药科学		0.126 (0.228)	0.133 (0.216)	0.181 (0.209)
工程与技术科学		0.122 (0.104)	0.120 (0.098)	0.072 (0.096)
人文与社会科学		0.153 (0.114)	0.143 (0.108)	0.086 (0.104)
高校类型[k]				
"一流学科"高校		−0.092 (0.105)	−0.039 (0.101)	−0.032 (0.098)
"双一流"高校		0.247* (0.121)	0.298* (0.117)	0.175 (0.115)
非上海[l]		0.671*** (0.105)	0.576*** (0.100)	0.354*** (0.099)
职业流动方向[m]				
向下流动			0.523* (0.219)	0.478* (0.212)
水平流动			0.198 (0.122)	0.175 (0.118)
向上流动			0.224 (0.163)	0.284 (0.157)
其他			0.190 (0.176)	0.226 (0.170)
主观流动感知[n]				
未流动			0.176 (0.157)	0.075 (0.152)
向上流动			0.712*** (0.150)	0.583*** (0.146)
主观流动预期[o]				
未流动			−0.396** (0.148)	−0.444** (0.143)
向上流动			−0.630*** (0.147)	−0.692*** (0.143)
代际流动感知[p]				
未流动			0.572*** (0.143)	0.452*** (0.138)

续表

	模型 1	模型 2	模型 3	模型 4
向上流动			0.919*** (0.129)	0.861*** (0.124)
社会比较[q]				
与所在学院教师相比				-0.382*** (0.102)
与所在学校教师相比				-0.099 (0.102)
与所在地区教师相比				-0.019 (0.093)
与本市公务员相比				-0.316** (0.097)
与本市国企白领相比				-0.388*** (0.112)
与本市私企白领相比				-0.045 (0.104)
常量	6.133*** (0.526)	4.147*** (0.528)	3.324*** (0.518)	4.139*** (0.505)
调整后 R^2	0.028	0.251	0.333	0.383
样本量	1565	1565	1565	1565

注：① [a] 参照组为60世代前，[b] 参照组为女性，[c] 参照组为非党员，[d] 参照组为非在婚，[e] 参照组为非本地户籍，[f] 参照组为大学专科或本科，[g] 参照组为20万元及以下，[h] 参照组为无职称，[i] 参照组为从未担任过行政职务，[j] 参照组为理学，[k] 参照组为普通高校，[l] 参照组为上海，[m] 参照组为未流动，[n、o、p] 参照组均为向下流动，[q] 中各变量的参照组均为无相对剥夺感；② * $p<0.05$，** $p<0.01$，*** $p<0.001$；③括号内为标准误。

四　结论与讨论

本研究考察了高校教师群体的主观地位认同现状，着重分析了个体客观社会地位、社会流动和社会比较因素在高校教师主观地位认同形成中的作用。高校教师的主观地位认同结构趋近于“橄榄形”，呈趋中认同的特征，与城市居民、特大城市居民的主观地位认同结构比较来看，高校教师群体与特大城市居民在主观地位认同结构上最为接近，但其主观社会地位水平仍显著高于全国城市居民乃至特大城市居民。就本次高校教师调查所涉及的大学而言，高校教师群体认为自己在社会阶层结构中主要位于中层和中上层，高于特大城市居民的平均水平。

本研究的分析表明，客观社会地位、社会流动和社会比较因素对主观地位认同都有一定影响。首先，高校教师的客观社会地位中仅家庭年收入、行政职务级别、学校类型和所在地区可以显著影响其对自身社会地位的评价，而受教育程度和专业技术职称并不会产生显著影响。这可能是由于高校教师群体在受教育程度上分化较小，而主观社会地位更多是将自身置身于整个社会阶层结构中进行评价，专业技术职称更多反映的是其教学与科研的技术水平，难以作为范围更广的社会地位评价标准。其次，社会流动中涉及的维度均能够有效解释高校教师的主观社会地位形成，由于高校教师群体在社会阶层结构中本就处于相对较高的位置，所以"天花板"效应较为突出。最后，从选择的比较对象来看，高校教师倾向于选择在生活中距离较近、互动更加频繁的同一个学院其他教师进行比较，而距离较远的其他学院或其他高校的教师并不会成为比较对象。而且在与其他职业群体进行比较时，倾向于选择同为体制内的其他社会成员作为比较对象。

在对自身社会地位的评价中，社会流动中的主观流动感知、主观流动预期、代际流动感知与社会比较的相对剥夺感等主观感知因素都能够较好地解释当前的主观地位认同。研究发现，那些认为自己在社会发展进程中获益较少，近年来生活改善程度较低的教师，更有可能将自己归为较低的社会阶层。而那些认为自己在未来的发展中社会地位会下降的高校教师，通常目前正处于较高的社会地位，而认为自身社会地位已经较低的教师很难跌落至更低的阶层。与父代的社会地位相比有显著提升的高校教师，他们是在高等教育大众化阶段受益的群体，高等教育的普及，让他们有了依靠个人努力来跨越父代阶层实现地位向上流动的机会，因而对当下自身的社会地位具有较高的评价。

随着改革开放以来高等教育管理体制改革的不断深入，高校教师的地位认同呈现出了较为复杂的特征。一方面，我国高校教师的工资制度从新中国成立初期高度统一、集中管理的全国统一工资制度逐步向市场导向、绩效导向、能力导向的薪资报酬体系转化。因此，本研究发现在客观社会地位因素中，收入对高校教师的主观地位认同具有极为重要的影响。参照群体（社会比较）理论认为，人们一般是根据某个真实的或想象的社会群体标准来评价自己的社会地位，而这个参照群体最有可能是与自己在身份或地位上相近的群体。在社会比较因素中，与教师群体内部不同比较半径的对象进行比较的结果中，仅与本学院其他教师比较形成的相对剥夺感才有显著影响，这表明高校教师对自身地位的判断是以日常工作生活中频繁互动的社会成员为标准。在与其他职业群体进行比较形成的相对剥夺感中，仅与体制内成员进行比较形成的相对剥夺感具有显著影响，说明高校教师意识到自己未能获得如其他体制内职业群体同等的社会资源。因此，高校教师群体是基于"体制人"和"经济人"的双重角色来评价自身社会地位的。

　　本研究的现实意义在于，在高校薪资制度市场化背景下促进高校教师主观地位认同与客观社会地位的同步改善，不仅要不断提高教师的收入水平，还要高度重视社会流动感知因素的作用。特别是在市场化的浪潮下，大量的青年人才涌向企业或政府行政部门，不愿意进入高校和科研院所从事基础性的研究工作，因此，高校应该继续深化分配制度改革，参照受教育水平和体制身份可比的行业来确定高校教师的工资水平，并建立相应的长期增长机制和激励机制，以吸引更多的优秀人才进入高校从事教学、科研和社会服务工作。

参考文献

陈光金，2013，《不仅有"相对剥夺"，还有"生存焦虑"——中国主观认同阶层分布十年变迁的实证分析（2001—2011）》，《黑龙江社会科学》第 5 期。

陈云松、范晓光，2016，《阶层自我定位、收入不平等和主观流动感知（2003—2013）》，《中国社会科学》第 12 期。

范晓光、陈云松，2015，《中国城乡居民的阶层地位认同偏差》，《社会学研究》第 4 期。

胡荣、沈珊，2018，《客观事实与主观分化：中国中产阶层的主观阶层认同分析》，《东南学术》第 5 期。

胡咏梅、唐一鹏、王维懿，2019，《扩招前后高校教师工资变动：1995 - 2015 年》，《教师教育研究》第 4 期。

黄超，2020，《收入、资产与当代城乡居民的地位认同》，《社会学研究》第 2 期。

李飞，2013，《客观分层与主观建构：城镇居民阶层认同的影响因素分析——对既往相关研究的梳理与验证》，《青年研究》第 4 期。

李培林、张翼，2008，《中国中产阶级的规模、认同和社会态度》，《社会》第 2 期。

李升、倪寒雨，2018，《中国城镇居民的中层意识研究——基于对工作状况、地区差异与生活方式的分析》，《社会学评论》第 4 期。

刘欣，2001，《转型期中国大陆城市居民的阶层意识》，《社会学研究》第 3 期。

刘欣，2002，《相对剥夺地位与阶层认知》，《社会学研究》第 1 期。

马克思、恩格斯，1972，《马克思恩格斯选集》第一卷、第三卷，北京：人民出版社。

秦广强，2016，《社会分层研究：客观与主观的双重维度》，《理论导刊》第 9 期。

张翼，2011，《中国社会阶层结构变动趋势研究——基于全国性 CGSS 调查数据的分析》，《中国特色社会主义研究》第 3 期。

朱光磊，2007，《当代中国社会各阶层分析》（2007 年版）。天津：天津人民出版社。

Adler, N. E., Epel, E., Castellazzo, G., and Ickovics, J. 2000. "Relationship of Subjective and Objective Social Status with Psychological and Physiological Functioning: Preliminary Data in Healthy, White Women." *Health Psychology* 19 (6): 586 – 592.

Baldwin, M. and Mussweiler, T. 2018. "The Culture of Social Comparison." *Proceedings of the National Academy of Sciences* 115 (39): E9067 – E9074.

Bourdieu, P. 1984. *Distinction: A Social Critique of the Judgement of Taste.* Cambridge, MA: Harvard University Press.

Centers, R. 1949. *The Psychology of Social Classes.* Princeton, N. J.: Princeton University Press.

Demakakos, P., Nazroo, J., Breeze, E., and Marmot, M. 2008. "Socioeconomic Status and Health: The Role of Subjective Social Status." *Social Science and Medicine* 67 (2): 330 – 340.

Evans, M. D., Kelley, J., and Kolosi, T. 1992. "Images of Class: Public Perceptions in Hungary and Australia." *American Sociological Review* 57 (4): 461 – 482.

Evans, M. D. R. and Kelley, J. 2004. "Subjective Social Location: Data from 21 Nations." *International Journal of Public Opinion Research* 16 (1): 3 – 38.

Guest, A. M. 1974. "Class Consciousness and American Political Attitude." *Social Forces* 52 (4): 496 – 510.

Hodge, R. W. and Treiman, D. J. 1968. "Class Identification in the United States." *American Journal of Sociology* 73 (5): 535 – 547.

Hout, M. 2008. "How Class Works: Objective and Subjective Aspects of Class since the 1970s." In Lareau, A., and Conley, D., (Eds.), *Social Class: How Does it Work?* New York: Russell Sage Foundation.

Jackman, M. R. and Jackman, R. W. 1973. "An Interpretation of the Relation between Objective and Subjective Social Status." *American Sociological Review* 38 (5): 569 – 582.

Jackman, M. R. and Jackman, R. W. 1983. *Class Awareness in the United States.* Berkeley, CA: University of California Press.

Kelley, J. and Evans, M. D. R. 1995. "Class and Class Conflict in Six Western Nations." *American Sociological Review* 60 (2): 157 – 178.

Lange, J. and Crusius, J. 2015. "The Tango of Two Deadly Sins: The Social-functional Relation of

Envy and Pride." *Journal of Personality and Social Psychology* 109 (3): 453 – 472.

Lindemann, K., and Saar, E. 2014. "Contextual Effects on Subjective Social Position: Evidence from European Countries." *International Journal of Comparative Sociology* 55 (1): 3 – 23.

Murphy, R. J. and Morris, R. T. 1961. "Occupational Situs, Subjective Class Identification, and Political Affiliation." *American Sociological Review* 26 (3): 383 – 392.

Rosenberg, M. 1953. "Perceptual Obstacles to Class Consciousness." *Social Forces* 32 (1): 22 – 27.

Sakurai, K., Kawakami, N., Yamaoka, K., Ishikawa, H., and Hashimoto, H. 2010. "The Impact of Subjective and Objective Social Status on Psychological Distress among Men and Women in Japan." *Social Science and Medicine* 70 (11): 1832 – 1839.

Schneider, S. M. 2019. "Why Income Inequality is Dissatisfying—Perceptions of Social Status and the Inequality-Satisfaction Link in Europe." *European Sociological Review* 35 (3): 409 – 430.

Singh-Manoux, A., Adler, N., and Marmot, M. 2003. "Subjective Social Status: Its Determinants and Its Association with Measures of Ill-health in the Whitehall II Study." *Social Science and Medicine* 56 (6): 1321 – 1333.

Vanneman, R. D. 1980. "U. S. and British Perceptions of Class." *American Journal of Sociology* 85 (4): 769 – 790.

Wright, E. O. and Shin, Kwang-Yeong . 1988. "Temporality and Class Analysis: A Comparative Study of the Effects of Class Trajectory and Class Structure on Class Consciousness in Sweden and the United States." *Sociological Theory* 6 (1): 58 – 84.

第六章 高校教师社会网络构成特征与职业成功的关系

陈晓冰[*]

　　社会性是人的基本属性，每一个社会成员都无法避免和他人进行交往与互动。社会交往指在一定的历史条件下，社会成员在相互往来的过程中，所进行的与物质和精神交流相关的社会活动，是构成社会与促进社会发展的基础。同时，社会交往还是个人社会化的一种方式，自人出生后，便开始参与到与他人的社会交往中，社会交往成为构成个人社会网络的主要形式。社会网络一词最早由英国著名人类学家拉德克里夫－布朗（Radcliffe-Brown）在对结构的关注中提出，他在研究中所探讨的网络概念聚焦于分析文化如何规定有界群体（如部落、村庄）内部成员的行为（约翰·斯科特，2007）。此后，越来越多的学者开始关注社会网络的概念，使之不断形成社会网络理论体系，并被广泛运用。在教育相关领域的研究中，学者们逐渐倾向于使用社会网络分析方法研究教师之间的互动（Baker-Doyle，2010），分析并预测教师如何从其社会网络中获取资源（Daly et al.，2014；Penuel et al.，2009；Woodland and Mazur，2019）。在社会网络理论体系中，最重要的核心理论之一就是社会资本理论。个人的社会网络是其获得社会资本的重要途径，不同的社会网络会带来不同的社会资本。教师在其社会网络中获得的社会资本也被视为其专业资本，并被认为有利于促进教师的专业发展（Baker-Doyle，2010；Coburn and Russell，2008）、改善工作态度和提升工作满意度（李峰，2007；Collinson，2012；Nolan and Molla，2017），并且在教师的招聘和留任（Baker-Doyle，2010）等方面发挥优势。由此可见，社会网络在教师研究领域中有着相当重要的作用。有鉴于此，本章将重点关注高校教师的社会网络情况，首先从日常社

---

　　* 陈晓冰，郑州轻工业大学政法学院讲师，社会学博士。

会网络和科研网络两方面分析高校教师的社会网络构成特征，包括高校教师日常社会网络的规模、种类、异质性和达高性，以及科研网络规模和密度等方面，并对比不同性别、专业技术职称和专业类别的高校教师的社会网络特征。然后，通过建立回归模型分析高校教师的社会网络对其职业成功的影响，并探索其中可能存在的影响路径。

一　高校教师社会网络构成状况

（一）高校教师日常社会网络概貌

1. 高校教师日常社会网络的规模和种类

在本次调查中，使用被调查人在过去半年常联系的亲属、亲密朋友和熟人的调查结果来表示其日常社会网络规模。在本次调查中，有关高校教师日常社会网络的有效信息共计 2440 份，其中男性教师 1335 份，女性教师 1160 份；无职称教师 181 份，初级职称教师 101 份，中级职称教师 799 份，副高级职称教师 948 份，正高级职称教师 467 份；从专业类别来看，自然科学专业教师 441 份，农业科学专业教师 165 份，医药科学专业教师 78 份，工程与技术科学专业教师 987 份，人文与社会科学专业教师 669 份[①]。

图 6-1 显示了不同性别高校教师的日常社会网络规模情况。本次调查

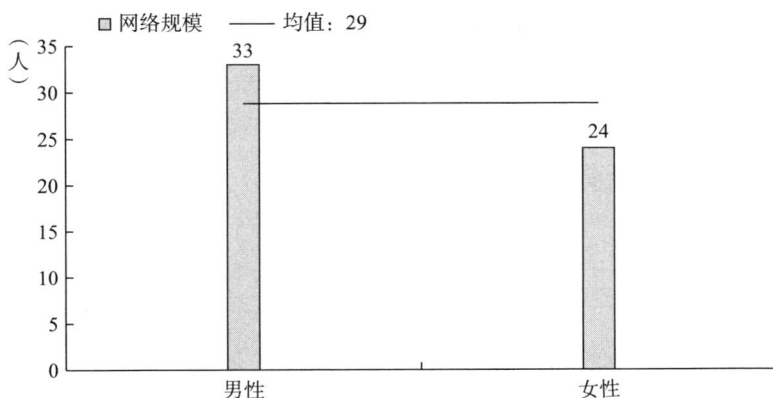

图 6-1　不同性别高校教师的日常社会网络规模

---

① 因为存在缺失值，所以不同性别、专业技术职称和专业类别的教师社会网络的样本总量与总体教师的社会网络样本总量存在略微差异。下文中涉及样本总量不同的原因也是如此，不再进行专门说明。

结果显示，总体高校教师的日常社会网络规模均值为 29。男性教师的日常社会网络规模均值高于总体均值，为 33，女性教师的则低于总体均值。

图 6-2 显示了不同专业技术职称高校教师的日常社会网络规模。只有正高级职称的高校教师的日常社会网络规模均值超过了总体样本均值，为 43，其余职称级别的高校教师日常社会网络规模均值均低于总体日常社会网络规模均值，其社会网络规模均值从高到低依次为副高级职称高校教师（28）、初级职称高校教师（25）、无职称高校教师（24），中级职称高校教师的日常社会网络规模均值最小，仅为 23。

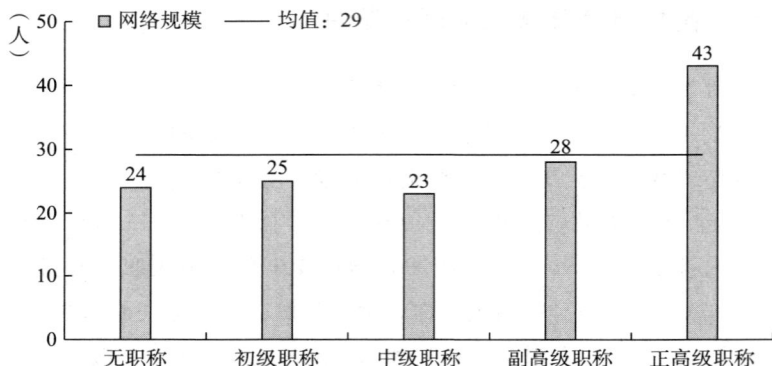

图 6-2 不同专业技术职称高校教师的日常社会网络规模

图 6-3 显示了不同专业类别高校教师的日常社会网络规模。结果显示，只有农业科学专业和工程与技术科学专业的高校教师日常社会网络规模均值超过总体样本均值，分别为 35 和 30，其余专业的高校教师日常社会网络规模均值相对较小，医药科学专业的高校教师日常社会网络规模均

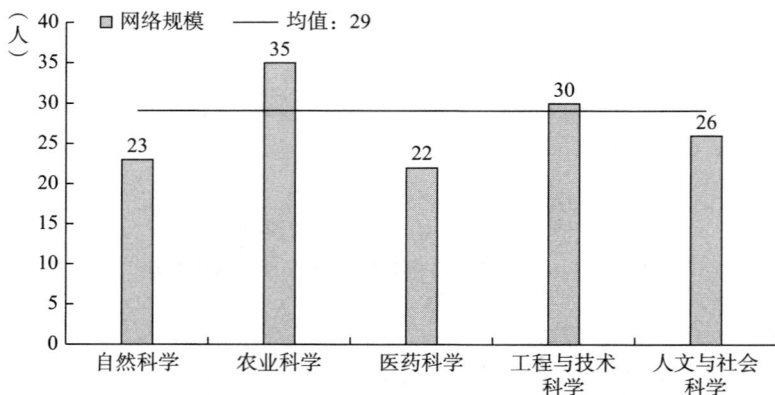

图 6-3 不同专业类别高校教师的日常社会网络规模

值最小，仅为22。

　　总的来说，男性教师的日常社会网络规模大于女性教师；正高级职称教师的日常社会网络规模相对较大；相较于其他专业，农业科学的高校教师日常社会网络规模最大，医药科学的高校日常社会网络规模最小。

　　综观不同性别、专业技术职称和专业类别的高校教师日常社会网络种类构成情况，其与熟人之间的互动是日常社交的主体，其次是亲戚间的交流与互动，与亲密朋友的联系在其日常社会网络中占比最少，当然这不排除，相对于熟人而言，亲密朋友的数量较少的缘故（见图6-4）。

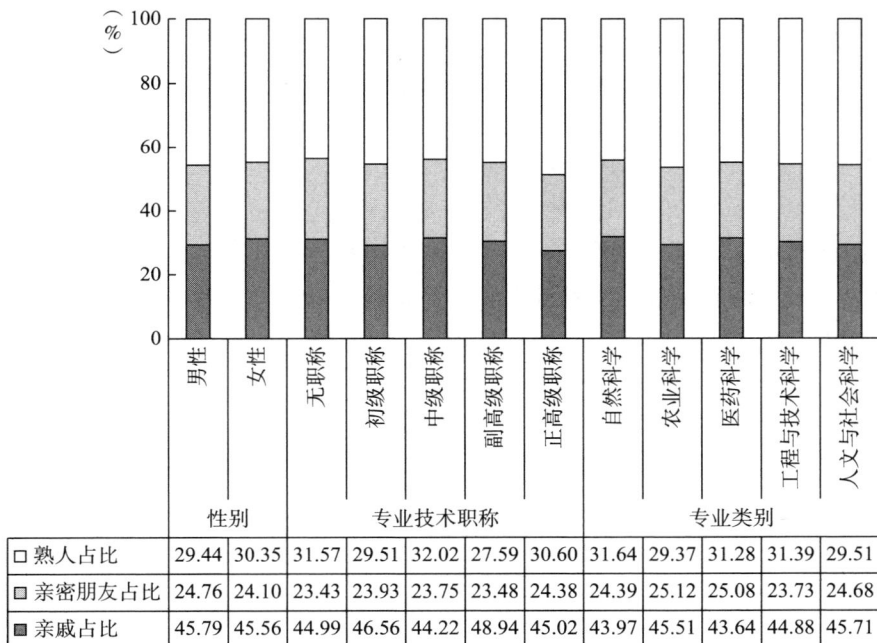

	性别		专业技术职称					专业类别				
	男性	女性	无职称	初级职称	中级职称	副高级职称	正高级职称	自然科学	农业科学	医药科学	工程与技术科学	人文与社会科学
□ 熟人占比	29.44	30.35	31.57	29.51	32.02	27.59	30.60	31.64	29.37	31.28	31.39	29.51
▨ 亲密朋友占比	24.76	24.10	23.43	23.93	23.75	23.48	24.38	24.39	25.12	25.08	23.73	24.68
■ 亲戚占比	45.79	45.56	44.99	46.56	44.22	48.94	45.02	43.97	45.51	43.64	44.88	45.71

图6-4　不同性别、专业技术职称和专业类别的高校教师日常社会网络种类

2. 高校教师日常社会网络的异质性和达高性

　　网络异质性指个人社会网络中交往成员在某些社会特征方面的差异性分布情况。一个人的社会网络异质性越大，表明网络成员从事的职业、所处的职位差异越大，能够获取不同社会资源的概率越高（边燕杰，2004）。本章使用被调查者社会网络成员的职业类型的个数和单位类型的个数表示被调查者的网络异质性值。网络达高性是指个人的社会网络可达性高度，它说明个人社会网络中可能获得的最大的资源量是什么。在社会分层体系中，社会成员所拥有的资源量是不同的，如果个人社会网络中最高地位者的地位较高，表明其网络顶端较高，整个社会网络蕴含的资源总量也就较

大，反之，如果网络成员中最高地位者的地位较低，个人社会网络蕴含的资源总量也相应较小（边燕杰，2004）。本章使用职业声望总分值和单位声望总分值表示个人日常社会网络的达高性。边燕杰、李煜（2000）曾对20种职业和12种单位类型进行了评分，其中职业声望最高的是科学研究人员（95分）、最低的是家庭保姆计时工（6分）；单位声望最高的是党政机关（86分）、最低的是集体企业（24分）①。

本次调查共获得有关高校教师日常社会网络异质性和达高性有效信息2350份，其中男性教师1253份，女性教师1070份；无职称教师161份，初级职称教师92份，中级职称教师740份，副高级职称教师888份，正高级职称教师443份；从专业类别来看，自然科学专业教师421份，农业科学专业教师152份，医药科学专业教师76份，工程与技术科学专业教师909份，人文与社会科学专业教师715份。

图6-5显示了不同性别、专业技术职称和专业类别的高校教师日常社会网络异质性情况。图中横线表示总体高校教师日常社会网络异质性的均值为4.15。具体来看，男性高校教师日常社会网络异质性高于总体样本均值，为4.3；女性则低于总体样本均值，为3.93。副高级职称和正高级职

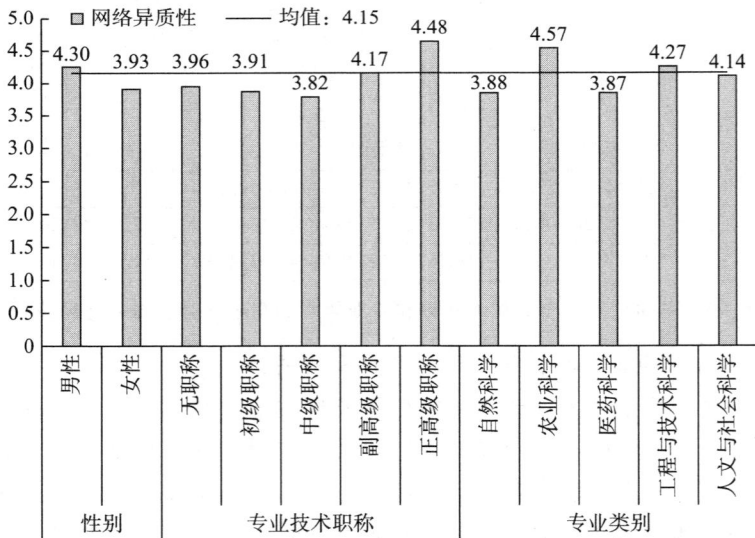

图6-5 不同性别、专业技术职称和专业类别的高校教师日常社会网络异质性

---

① 三资企业的单位声望值采用外资企业和中外合资企业单位声望值总和的一半表示；中小学教师的职业声望值采用中学教师和小学教师职业声望值总和的一半表示。

称的高校教师日常社会网络异质性高于总体样本均值，分别为 4.17 和 4.68；农业科学和工程技术科学专业的高校教师日常社会网络异质性比较高，分别为 4.57 和 4.27；医药科学专业和自然科学专业的高校教师日常社会网络异质性比较低，分别为 3.87 和 3.88，或许是由于这些专业的高校教师需要花更多的时间在实验室，社会交往的时间相对较少。总的来说，男性高校教师、高级职称的高校教师以及农业科学专业的高校教师，其日常交往的成员的职业或职位种类较多，网络异质性也相对较高。

图 6-6 显示了不同性别、专业技术职称和专业类别的高校教师日常社会网络达高性情况。图中横线表示总体高校教师日常社会网络达高性的均值，为 315.74。从性别来看，男性高校教师日常社会网络达高性高于总体样本均值，为 329.54，女性则低于总体样本均值，为 297.42；副高级职称和正高级职称的高校教师日常社会网络达高性高于总体样本均值，分别为 318.27 和 357.29；从专业来看，农业科学专业的高校教师，其日常社会网络达高性最高，为 348.52；医药科学专业和自然科学专业的高校教师日常社会网络达高性较低，分别为 298.08 和 298.65，进一步结合这些专业教师的日常社会网络异质性可知，这些专业的高校教师的日常社会网络成员职业种类相对其他专业较少，且职业分值也相对较低。

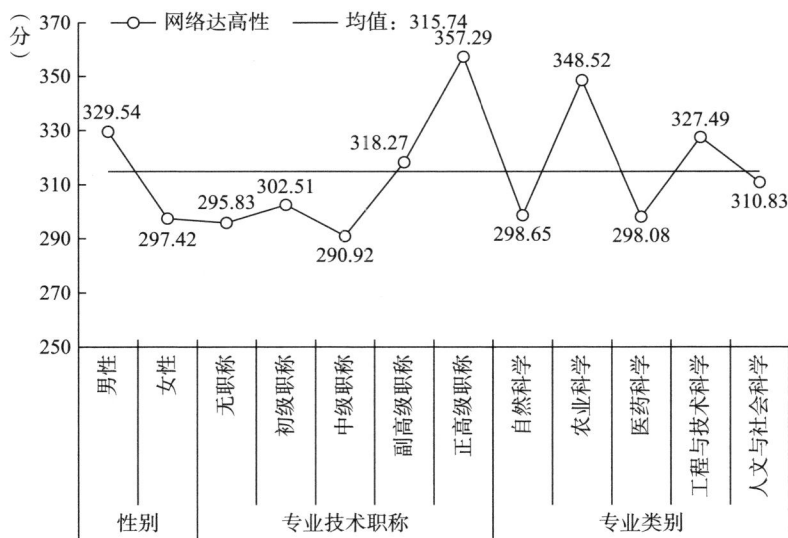

图 6-6　不同性别、专业技术职称和专业类别的高校教师日常社会网络达高性

综合高校教师日常社会网络异质性和达高性可知，男性高校教师、正高级职称的高校教师以及农业科学专业的高校教师，其日常交往的对象不仅职业种类较多，而且职业声望值也较高，因而能够从其日常社会网络中获得更为丰富的资源。

（二） 高校教师科研网络构成情况

1. 高校教师科研网络规模和密度

高校教师科研网络规模，使用过去半年内和高校教师讨论过科研问题的人数表示。

本次调查共获得有关高校教师科研网络规模的有效信息 2265 份。其中男性教师 1220 份，女性教师 1021 份；无职称教师 168 份，初级职称教师 88 份，中级职称教师 723 份，副高级职称教师 847 份，正高级职称教师 413 份；从专业类别来看，自然科学专业教师 396 份，农业科学专业教师 153 份，医药科学专业教师 73 份，工程与技术科学专业教师 896 份，人文与社会科学专业教师 672 份。图 6－7 显示了不同性别、专业技术职称和专业类别的高校教师科研网络规模情况。研究结果显示，男性教师的科研网络规模几乎是女性教师的 2 倍，为 13 人，女校教师仅为 7 人，远低于总体样本均值。正高级职称的高校教师的科研网络规模最大，为 17 人，无职称的高校教师科研网络规模最小，仅为 6 人。从专业类别来看，农业科学专业的高校教师科研网络规模最大，为 18 人，其余依次是工程与技术科学专业、医药科学专业和自然科学专业，人文与社会科学专业教师的科研网络规模最小。

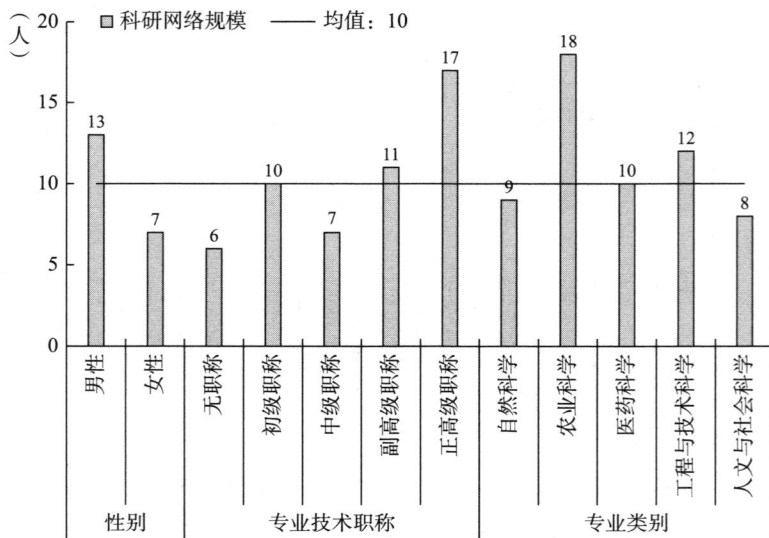

图 6－7　不同性别、专业技术职称和专业类别的高校教师科研网络规模

关于高校教师科研网络的结构方面，本章将从网络连接程度和网络密度两方面进行描述分析。本次调查对高校教师提名的科研网络中最重要的三人之间有无关系以及关系程度进行询问，并对回答结果进行分析。

结果显示，在本次高校教师提名的科研网络中，多数的网络结构为节点完全连接网络。节点完全连接网络表明网络内的成员之间都有直接的连接，即全联网（Clique），其网络结构如图6-8所示。具体到本研究，节点完全连接网络指的就是高校教师所提名的科研讨论网中的讨论对象都是相互认识的。

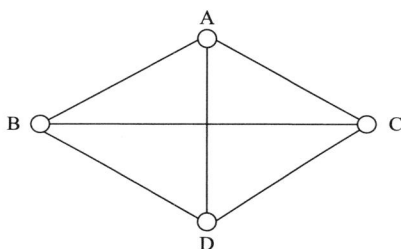

图6-8 4节点完全连接网络（全联网 Clique）

图6-9显示了不同性别、专业技术职称和专业类别的高校教师科研网络结构情况。结果显示，男性教师的科研网络对象之间相互认识的比例仅

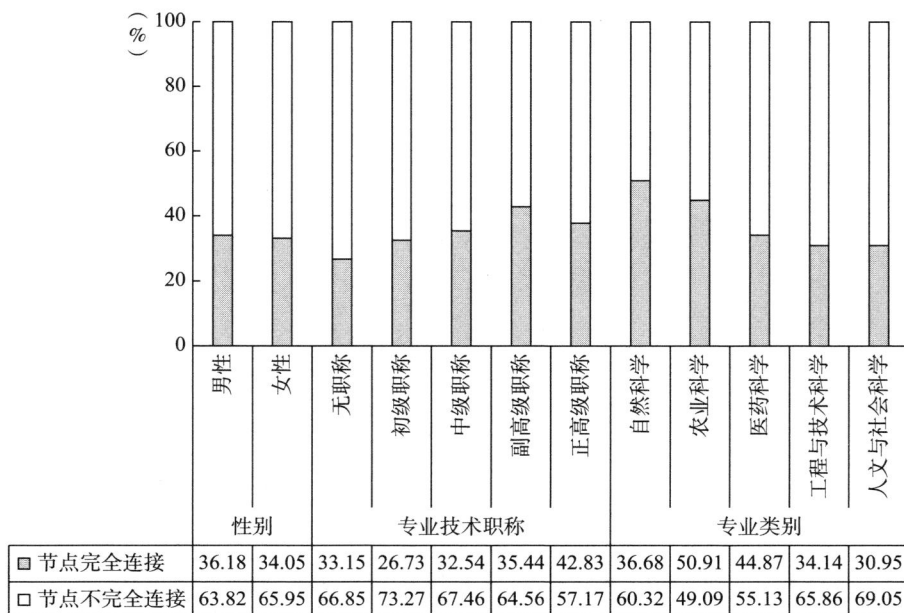

	性别		专业技术职称					专业类别				
	男性	女性	无职称	初级职称	中级职称	副高级职称	正高级职称	自然科学	农业科学	医药科学	工程与技术科学	人文与社会科学
■ 节点完全连接	36.18	34.05	33.15	26.73	32.54	35.44	42.83	36.68	50.91	44.87	34.14	30.95
□ 节点不完全连接	63.82	65.95	66.85	73.27	67.46	64.56	57.17	60.32	49.09	55.13	65.86	69.05

图6-9 不同性别、专业技术职称和专业类别的高校教师科研网络结构

为 36.18%，而女性教师更低，为 34.05%。就职称级别来看，整体而言，职称越高的教师，其科研网络对象之间相互认识的比例越高，正高级职称的高校教师其科研网络对象之间相互认识的比例达到 42.83%。从专业来看，农业科学专业的高校教师的科研网络对象之间相互认识的占比最高，为 50.91%，人文与社会科学专业的最低，为 30.95%。

根据调查可知，高校教师科研网络实际上是一个自我中心网络，网络中节点之间的关系为无向性关系。自我中心网络的密度测量的是网络中 N 个客体之间互相联络的程度（忽略关系主体是因为，在自我中心网络中，关系主体和所有的客体之间都有直接联系）。本次调查考察了高校教师的科研网络对象之间互相联络的程度。在操作化中，根据受访高校教师对科研网络中，第一人、第二人和第三人之间关系的回答，将无关系、不认识和不清楚视为二者之间没有关系，并赋值为 0；将不太熟、比较熟和非常熟视为有关系，并赋值为 1，以此来计算无定向的二进制自我中心网络密度。图 6 - 10 显示了不同性别、专业技术职称和专业类别的高校教师科研网络密度。

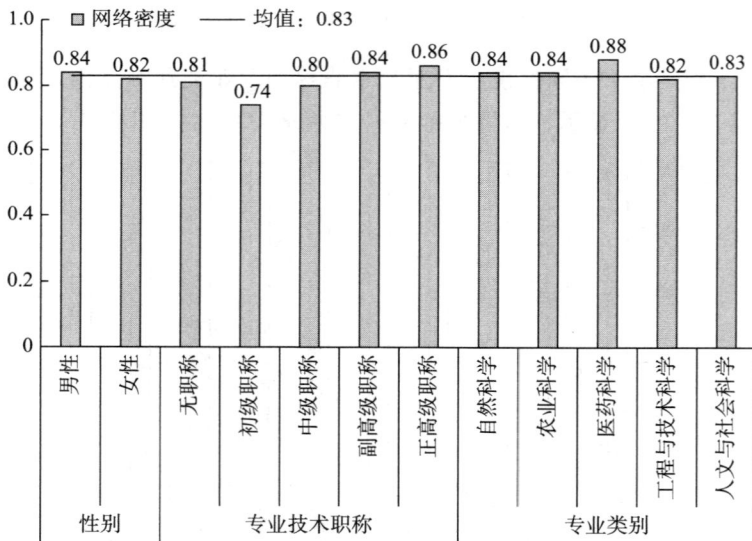

图 6 - 10 不同性别、专业技术职称和专业类别的高校教师科研网络密度

结果显示，总体高校教师科研网络的密度均值为 0.83。其中，男性教师的网络密度（0.84）高于女性教师（0.82）；在职称级别方面，从初级职称到正高级职称，职称级别越高的高校教师，其网络密度越大。正高级职称的高校教师网络密度最大，为 0.86；初级职称的高校教师网络密度最小，仅为 0.74，低于总体样本均值。从专业方面来看，网络密度从高到低依次为医药科学专业（0.88）、自然科学专业（0.84）、农业科学专业（0.84）、人文与社会科学专业（0.83）和工程与技术科学专业（0.82），工程与技术科学专业高校教师的科研网络密度低于总体样本均值。总的来说，高校教师科研网络密度较高，这主要是因为研究对象为高校教师这一特殊群体。对于高校教师而言，其科研网络成员多为研究兴趣和研究方向较为一致、同质性较高的高校教师，因此导致网络对象之间相互认识的可能性较大，网络密度也会随之增加。

2. 高校教师科研讨论对象特征

本次调查中询问被调查的高校教师在过去半年内一共和多少人讨论过科研问题，并按照重要程度列出前三人的相关信息①。本次调查共获得有关科研讨论对象的有效信息 2228 份。表 6-1 为高校教师科研讨论对象的特征刻画。

表 6-1　高校教师科研讨论对象特征

单位：％，岁

特征		占比/均值	特征		占比/均值
性别	男性	69.29	年龄		43
	女性	30.71	专业技术职称	无职称	9.13
身份	曾工作学校的同事	8.27		初级	4.02
	博硕士导师或同门师兄弟	25.72		中级	16.20
	曾求学单位的非同门教师或师兄弟	4.88		副高级	28.03
	现工作学校的同事	34.50		正高级	42.62
	同专业其他学校的教师	4.65	人才称号	无称号	54.03
	家人	21.99		校级	8.13
工作单位	普通高校	20.78		市级	8.31
	"211 工程"高校	27.26		省级	13.21
	"985 工程"高校	33.07		国家级	16.32
	科研院所	7.99	联系频率	经常	56.25
	校外企业	7.60		有时	33.53
	党政机关	1.79		很少	8.73
	从未工作	1.51		没有	1.49

① 因第二重要和第三重要讨论对象的特征和第一重要对象的基本一致，故本章不再赘述第二、第三重要对象的相关信息；不同性别、专业技术职称和专业类别之间的差距不明显，因此本章讨论高校教师的社会网络，不再进行详细对比，而以第一重要的人为例，对高校教师科研讨论对象进行刻画。

从表6-1可知，高校教师在选择科研讨论对象时，以男性为第一选择（69.29%），年龄集中在43岁左右；科研讨论对象基本上为其现工作学校的同事（34.50%），博硕士导师或同门师兄弟（25.72%）以及家人（21.99%）；高校教师在选择科研讨论对象时更倾向于同为高校教师身份的人，且更倾向于选择级别较高的高校中的教师；在专业技术职称方面，高校教师科研讨论对象整体上呈现级别越高，占比越大的趋势，但在人才称号方面，超过一半的科研讨论对象均无人才称号，在有人才称号的科研讨论对象中，有国家级称号的占比最多；高校教师与科研讨论对象的联系较为频繁，超过50%的高校教师每周都会与科研讨论对象联系。

二　高校教师社会网络对其职业成功的影响

（一）文献回顾与研究假设

1. 社会网络与职业成功关系研究回顾

职业成功指的是个体在其职业生涯中获得的主观的心理成就和客观的成就（Seibert et al.，1999），最早由London和Stumpf（1982）提出，而后被广泛运用（Seibert et al.，1999）。后来随着研究的深入，学者们进一步将职业成功分为主观职业成功和客观职业成功（Gattiker and Larwood，1988；Judge and Bretz，1994；Kuijpers et al.，2006），其中主观成功多指个体在工作中长期积累获得的积极的主观评价或心理感受，如工作满意度（Eby et al.，2003；Greenhaus et al.，1990），而客观成功则被认为是个体在实际工作中取得的可以观察并且能客观衡量、与工作本身相关的一些指标，如物质成功（工作薪酬、财富）、工作晋升次数、地位和头衔（工作职位）等（Dries et al.，2009）。学者们发现，个体职业生涯的成功不仅能够在个体层面提高其生活满意度和心理健康水平（Hall，2002），激发其潜能、满足其成长需求、实现其人生价值（王忠军、龙立荣，2007），而且还能够在组织层面为其所在的组织机构提供人力资源（周文霞等，2015）并促进组织发展和绩效提升（Judge and Bretz，1994），最终实现个体和组织的双赢。因此，学术界越来越重视职业成功问题（王鉴忠等，2015），研究者们试图探索影响职业成功的因素。

关于职业成功的影响因素方面，以往的研究者们大多关注人口统计学变量、人力资本特征变量、人格特征变量、组织变量和相关社会层面的变量等，并在研究中证实了这些变量对职业成功有着显著的预测作用（Boudreau et al.，2001；Ng et al.，2005；Abele and Spurk，2009；王双龙、周海华，2016；王忠军、贾文文，2016；周爱钦等，2017；高雪原等，2017；Chen et al.，2017；Blickle et al.，2018）。20世纪七十年代以来，社会网络理论，特别是社会资本对职业成功的影响开始引起人们的关注。学者们发现个体能够通过社会网络获得促进其职业发展的实质性帮助和利益（刘宁，2007），从而促进其职业成功。美国学者韦恩·贝克（2002）也曾指出，职业成功不单单依靠员工个体的努力和能力，个体与他人之间的关系同样会影响其职业成功，因为员工的社会资本很大程度上影响了他们的收入、晋升和绩效等。个体的社会资本越多，其可获得的社会资源也相对越多，因此就更容易更高效地获得有利于其职业发展的相关信息和机会（王忠军、龙立荣，2009）。

此外，有研究发现，个体的职业晋升次数受其社会网络的影响，参与网络互动能够有效地提升其职业晋升的次数（Luthans et al.，1988）。个体所在组织内部的社会网络规模越大，越容易从网络中获得有价值的信息和资源，从而增加其职业晋升的可能性（Podolny and Baron，1997）。Seibert等（2001）的研究进一步发现社会网络结构能够通过影响个体的社会资源获得量促进个体的职业成功。英国学者Bozionelos（2003）的研究更是发现，相较于人口学变量和人力资本变量而言，社会网络对个体职业成功的影响更大。还有学者从性别的角度分析社会资本对职业成功的影响，结果发现，相对于女性管理者，社会资本更容易影响男性管理者的晋升（Sagas and Cunningham，2004）。相对于组织内部的社会网络，组织外部的社会网络同样也会影响个体的职业成功（刘宁，2007；周文霞等，2015；王忠军、龙立荣，2009；刘芳、吴欢伟，2010）。

有鉴于此，本章将重点探讨高校教师的社会网络是否会影响其职业成功，如果会，那么可能存在的影响渠道是什么，是否会因其所在高校等级的不同而存在差异。

2. 研究假设

从前文的分析中可知，既往研究已经证实个体社会网络能够显著地影响其职业的成功。那么作为高校教师，其职业的成功是否会受到社会网络的影响呢？事实上，近年来已有诸多研究发现，社会网络理论为教师的专业发展提供了有力的分析框架（Moolenaar，2012），高校教师从其社会网络中获取的社会资本能够促进其专业的发展（Baker-Doyle and Yoon，2011；Coburn and Russell，2008；Fox and Wilson，2015；Johnson，2012；Johnson et al.，2011；Minckler，2014）。也有学者分析社会网络对高校教师职业成功的影响，例如有学者发现高校青年教师的社会资本能够显著地影响其客观职业成功（郭名等，2019）。还有学者基于高职院校教师群体的研究发现，包括组织内关系和组织外关系的社会网络对高职院校教师的职业成功有着显著的正向作用，并且组织外关系的解释力大于组织内关系（戚正楠，2021）。此外，还有学者针对高校女教师的研究发现，社会网络能够显著地正向影响高校女教师的主观职业成功，即工作满意度（洪源渤、常琳，2017）。综观既往研究可以发现，对于社会网络和职业成功二者之间的关系研究，多以企业员工为主，相关研究成果也可谓比比皆是，而对于高校教师这一群体的研究成果则有待丰富。基于此，本章聚焦高校教师群体，分析社会网络是否会对其职业成功产生影响。

首先，对于高校教师职业成功的衡量，本章将重点关注其客观的职业成功。根据既往研究对于个体客观职业成功的衡量，结合高校教师的群体特征和数据的可获得性，本章将使用高校教师的专业技术职称来衡量其职业成功。其次，对于高校教师的社会网络衡量，根据前文可知，本次调查分别对高校教师的日常社会网络和科研网络信息进行了收集和分析，在本章中，针对高校教师的群体特征，将重点放在可能直接影响高校教师职业成功的科研网络方面。本次问卷对高校教师的科研网络测量，包含其科研网络规模、科研网络密度以及科研讨论对象的相关信息，为避免可能出现的共线性问题，同时结合问卷数据，本章将使用更能够体现高校教师科研网络信息的科研网络规模进行测量。基于此，提出关于高校教师社会网络和其职业成功关系的研究假设：

假设1：高校教师的社会网络能够正向显著地影响其职业成功。

假设1.1：高校教师的科研网络规模越大，其专业技术职称越高。

那么，高校教师的科研网络规模是通过何种渠道影响其专业技术职称的呢？对此既往研究中鲜有提及。高校教师的专业技术职称等级关系着教师的切身利益，很大程度上代表着教师的教学能力、科研水平、工作业绩和社会贡献（方晓延，2021）。现有的高校教师专业技术职称评定政策大多侧重于科学研究成果，诸如项目课题数量和论文发表数量等（裴文杰，2022），高校教师的项目课题数量和论文发表数量越多，越有利于其专业技术职称的评定。一般而言，相对于论文发表数量，项目课题数量在专业技术职称评定过程中的占比相对更大。此外，既有研究也证实高校教师的社会资本能够正向地作用于其项目课题的申报（郭名等，2019）。换言之，高校教师从其科研网络中获得社会资本有利于其项目课题的申报和完成，同时，高校教师承担的项目课题数量越多越有利于其专业技术职称的评定。基于此，本章推测项目课题数量很可能是高校教师科研网络规模影响其专业技术职称评定的中介变量。为此，本章提出第二个研究假设，包括两个子假设：

　　假设 2：高校教师的科研网络规模通过项目课题数量影响其专业技术职称。
　　假设 2.1：高校教师的科研网络规模越大，其项目课题数量越多；
　　假设 2.2：高校教师的项目课题数量越多，其专业技术职称越高。

　　在研究高校教师群体相关问题时，不可忽视的就是教师所在高校的等级，不同等级的高校在资源和师资力量等方面都存在着巨大的差异，等级越高的学校，相应的资源越多，在吸引和培养高校教师方面也更有优势。从这个角度出发，不同等级的高校差异是否会影响高校教师的科研网络规模对其专业技术职称的影响呢？在前文对高校教师的科研讨论对象的刻画中可以发现，高校教师在选择讨论重要科研问题的对象时，占比最多的是其现工作学校的同事（34.50%）。且已有研究发现，高校教师所在的组织结构能够增加其社会资本（Scanlan et al.，2019），且相对于个人而言，组织机构对个体社会资本具有更大的影响（Spillane et al.，2012）。此外，学校的领导和政策制定者能够影响高校教师的社会网络结构（Coburn and Russell，2008；Minckler，2014），进而影响其专业发展。综上可知，高校等级会影响高校教师科研网络的建立和社会资本的有效获得，而科研网络又会影响高校教师的项目课题数量及其专业技术职称的晋升，那么在这个意义上，我们推测，高校等级在影响高校教师科研网络和社会资本的同时，又会反过来促进其科研网络的相关成果，即高校教师的科研网络规模对其项目课题数量和专业技术职称的影响会因其所在高校等级的不同而存在差异，并认为高校等级越低的高校教师，其科研网络的影响效果越大。

因为相对于身处资源丰富的高等级高校中的教师，身处资源相对匮乏的低等级高校中的教师，因缺少其他类型的资源来促进其项目课题的申报和职业成功，因而会更依赖有限的科研网络资源，因此科研网络对其项目课题的申报和职业成功的促进作用更加显著。同样地，正如前文所述不同类型的院校所拥有的资源不同，本章节假设高校等级也会影响高校教师项目课题的申报和获取，并反过来对其成果产生影响，即高校教师项目课题数量对其专业技术职称的影响因其所在高校等级不同而存在差异，且这一差异同样在低等级的高校中更显著。据此，提出关于高校等级调节作用的假设：

假设3：高校等级在高校教师科研网络规模对其专业技术职称的影响路径中存在负向调节作用。

假设3.1：高校等级负向调节高校教师科研网络规模对其专业技术职称的影响；

假设3.2：高校等级负向调节高校教师科研网络规模对其项目课题数量的影响；

假设3.3：高校等级负向调节高校教师项目课题数量对其专业技术职称的影响。

综合以上研究假设，结合本章研究目的，构建本章的研究假设框架，即高校教师的科研网络规模对其专业技术职称的影响路径（见图6-11）。

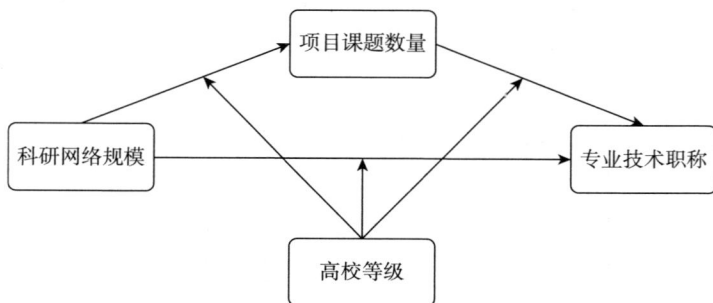

图6-11　高校教师的科研网络规模对其专业技术职称的影响路径

（二）变量操作化

1. 数据清理

本章在数据清理的过程中，根据模型变量的选择，从总样本中删去关键变量严重缺失的样本，最终进入本研究分析框架的有效样本为1853个。

2. 变量操作化

本章的因变量为高校教师的职业成功，具体操作化为高校教师目前的专业技术职称，根据问卷中高校教师对专业技术职称的回答，将"无职称"编码为1，"初级职称"编码为2，"中级职称"编码为3，"副高级职称"编码为4，"正高级职称"编码为5，从1到5，分值越高，表明其专业技术职称越高[①]。

本章核心自变量为高校教师的科研网络规模。具体操作化为高校教师过去半年内讨论过重要科研问题的人数，人数越多，代表其科研讨论网络规模越大。根据研究假设框架分析可知，本章的中介变量为高校教师的项目课题数量，调节变量为高校等级。其中，对中介变量项目课题数量的操作化，采用问卷中高校教师近五年以来主持过的项目数量进行测量，对于调节变量高校等级，具体操作化时，对受访的高校教师目前所在高校的等级进行测量，将普通高校编码为0，"211工程"高校编码为1，"985工程"高校编码为2。

此外，在模型中，本章还将控制高校教师的基本人口学变量和其他相关变量，主要包括高校教师的性别（男性编码为1，女性编码为0）、年龄（操作化为被调查时的年龄）、婚姻状况（在婚编码为1，非在婚编码为0）、政治面貌（党员编码为1，非党员编码为0）、受教育程度（将受教育程度编码为相应的受教育年限）、户籍（本地户籍编码为1，非本地户籍编码为0）以及论文发表数量（近五年来所发表的论文数量）。关键变量描述性统计分析详见表6-2。

[①]　因变量为等级变量时，通常采用 Logistic 回归进行分析，但已有研究表明，当因变量类别较多（5级以上）时，线性回归和 Logistic 回归的差别较小，可以使用线性回归进行中介效应的检验（刘红云等，2013），且已有研究采用这一做法。

表 6 – 2 （a） 类别变量描述性统计分析 （N = 1853）

	变量定义	频数	占比（%）
性别	男性	1023	55.21
	女性	830	44.79
户籍	本地户籍	1742	94.01
	非本地户籍	111	5.99
政治面貌	党员	1289	69.55
	非党员	564	30.44
婚姻状况	在婚	1543	83.27
	非在婚	310	16.73
高校等级	普通高校	574	31.00
	"211 工程" 高校	563	30.40
	"958 工程" 高校	716	38.60

表 6 – 2 （b） 连续变量描述性统计分析 （N = 1853）

	均值	标准差
专业技术职称	3.61	1.04
科研网络规模	10.70	18.76
年龄	40.35	8.11
项目课题数量	3.92	5.30
论文发表数量	13.14	21.97
受教育程度	21.47	1.31

（三） 研究发现

1. 同源性方差分析结果

由于本研究的所有变量均采用问卷分析，因此根据 Harman 单因子检验法对共同方法偏差问题进行了检验。结果表明，特征根大于 1 的因子共有 5 个，第一个因子的解释方差百分比为 23.45%，这一比例远低于 Podsakoff 等人推荐的 40% 的比例，表明本研究不存在严重的共同方法偏差。

2. 相关性统计分析结果

表 6 – 3 是各变量相关性统计分析结果。从结果中可知，高校教师的专业技术职称分别与其科研网络规模 （$r = 0.170$，$p < 0.01$）、项目课题数量（$r = 0.333$，$p < 0.01$）以及高校等级 （$r = 0.263$，$p < 0.01$）呈显著的正相关

关系；高校教师的科研网络规模分别和其项目课题数量（r = 0.313，p < 0.01）、高校等级（r = 0.259，p < 0.01）呈显著正相关关系；此外，高校教师所主持的项目课题数量也与其目前所在的高校等级呈显著的正相关关系（r = 0.214，p < 0.01）。但这并不意味着存在确定的函数关系，还需要进一步地回归检验。

表 6 – 3　变量相关性统计分析（N = 1853）

	1	2	3	4	5	6	7	8	9	10	11
专业技术职称	1										
科研网络规模	0.170**	1									
项目课题数量	0.333**	0.313**	1								
高校等级	0.263**	0.259**	0.214**	1							

** p < 0.01。

3. 高校教师科研网络规模对其专业技术职称影响的条件过程模型分析

根据本章的研究框架和研究假设分析，基于百分位数偏差校正的 bootstrap 方法，使用 Hayes（2013）开发的 PROCESS macro（Model 59）来检验调节中介模型[①]，检验结果见表 6 – 4。在表 6 – 4 中，模型 4.1 在不加入中介变量和调节变量的前提下，检验高校教师科研网络规模对其专业技术职称的影响；模型 4.2 和模型 4.3 检验的是高校教师的项目课题数量和高校等级在其科研网络规模影响其专业技术职称过程中的调节与中介效应。

首先，无论是在模型 4.1（b = 0.003，p < 0.01）还是模型 4.3（b = 0.010，p < 0.05）中，高校教师的科研网络规模都显著地正向影响着其专业技术职称，由此，假设 1.1 得到验证，高校教师的科研网络规模正向影响其专业技术职称，科研网络规模越大，其专业技术职称越高，换言之，高校教师的社会网络能够正向显著地影响其职业成功，假设 1 成立。

在模型 4.2 中，因变量为高校教师的项目课题数量，结果显示高校教师的科研网络规模（b = 0.058，p < 0.001）显著地正向影响着其项目课题数量，这一结果有力地支持了子假设 2.1，即高校教师的科研网络规模越大，其项目课题数量越多；在因变量为高校教师专业技术职称的模型 4.3 中，研究结果显示，高校教师的科研网络规模（b = 0.010，p < 0.05）与

---

① 当调节变量为分类变量时，PROCESS macro 运行时自动将第一类别视为基准组，因此本章对于高校等级调节效应的分析将以普通高校为参考类别展开。

项目课题数量（b = 0.048，p < 0.001）均对其专业技术职称有着显著的正向影响，表明高校教师主持的项目课题数量越多，其专业技术职称越高，即假设 2.2 成立。根据 Baron 和 Kenny（Baron and Kenny，1986）提出的逐步系数检验法，结合回归结果可知，项目课题数量在高校教师的科研网络规模对其专业技术职称的影响过程中起到了中介作用，以此来看，假设 2 成立。

表 6 - 4   高校教师科研网络规模对其专业技术职称影响的条件过程模型

	模型 4.1	模型 4.2	模型 4.3
性别[a]	0.175 *** （0.038）	0.174 （0.231）	0.127 *** （0.038）
年龄	0.055 *** （0.003）	0.079 *** （0.015）	0.052 *** （0.003）
婚姻状况[b]	0.253 *** （0.052）	0.410 （0.313）	0.244 *** （0.051）
政治面貌[c]	0.017 （0.041）	0.677 ** （0.242）	0.007 （0.040）
受教育程度	0.172 *** （0.015）	0.476 *** （0.088）	0.147 *** （0.014）
户籍[d]	0.554 （0.081）	1.465 ** （0.488）	0.613 *** （0.080）
论文发表数量	0.008 *** （0.001）	0.048 *** （0.006）	0.006 *** （0.001）
科研网络规模	0.003 ** （0.001）	0.058 *** （0.027）	0.010 * （0.005）
高校等级[e]			
"211 工程" 高校		0.313 （0.361）	0.391 *** （0.065）
"985 工程" 高校		0.668 （0.340）	0.445 *** （0.063）
项目课题数量			0.048 *** （0.001）
科研网络规模 × "211 工程" 高校		0.002 （0.031）	0.001 （0.005）
科研网络规模 × "985 工程" 高校		0.006 （0.028）	− 0.011 * （0.005）
项目课题数量 × "211 工程" 高校			− 0.033 *** （0.011）
项目课题数量 × "985 工程" 高校			− 0.024 * （0.011）
N	1853	1853	1853
R^2	0.414	0.205	0.455

注：①[a]参照组为女性，[b]参照组为非在婚，[c]参照组为非党员，[d]参照组为非本地户籍，[e]参照组为普通高校；② * $p < 0.05$， ** $p < 0.01$， *** $p < 0.001$；③括号内为标准误。

对教师所在高校等级的调节效应检验的结果呈现在模型 4.2 和模型 4.3 中。首先在模型 4.2 中，结果显示，高校教师的科研网络规模和其项目课题数量之间存在主效应，但在高校等级中，"211 工程" 高校（b = 0.313，p > 0.05）和 "985 工程" 高校（b = 0.668，p > 0.05）均对项目课题数量无显著作用，同时科研网络规模与 "211 工程" 高校（b =

0.002，$p > 0.05$）和"985 工程"高校（b = 0.006，$p > 0.05$）的交互项结果也都不显著。这表明高校教师的科研网络规模对其项目课题数量的影响并不受目前所在高校的等级调节，假设 3.2 没有得到数据的支持；在模型 4.3 中，高校教师的科研网络规模（b = 0.010，$p < 0.05$）以及高校等级中的"211 工程"高校（b = 0.391，$p < 0.001$）和"985 工程"高校（b = 0.445，$p < 0.001$）均显著地正向影响着其专业技术职称的等级。从交互项的结果来看，首先，高校教师的科研网络规模和"211 工程"高校的交互项结果（b = 0.001，$p > 0.05$）并不显著，但和"985 工程"高校的交互项结果（b = − 0.011，$p < 0.05$）却显著地负向影响着其专业技术职称，这表明，相对于普通高校来说，"985 工程"高校的教师，科研网络规模对其专业技术职称的正向影响显著变弱，而高校等级为"211 工程"高校时，并无显著差异。这一结果部分地支持了假设 3.1。其次，项目课题数量与高校等级的交互项中，无论是"211 工程"高校（b = − 0.033，$p < 0.01$）还是"985 工程"高校（b = − 0.024，$p < 0.05$）均显著地负向影响着高校教师的专业技术职称，这表明对于普通高校的教师来说，"211 工程"高校和"985 工程"高校的教师，项目课题数量对其专业技术职称的正向影响会显著地变弱，假设 3.3 得到数据支撑。至此，假设 3 成立，即高校等级在高校教师科研网络规模对其专业技术职称的影响路径中存在负向调节作用。

为了更直观地呈现高校等级的调节作用，本章对高校等级在高校教师的科研网络规模和项目课题数量对其专业技术职称的影响路径中的负向调节作用进行描绘（见图 6 - 12）。

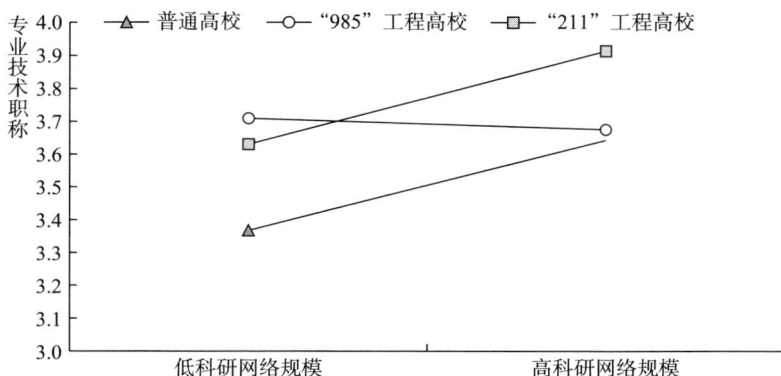

145

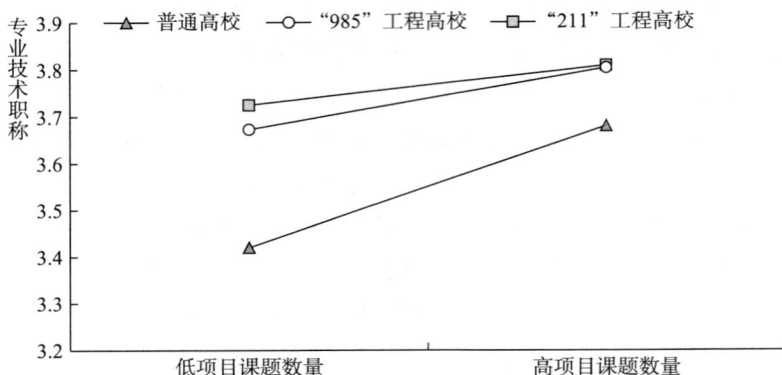

图 6 - 12　高校等级调节效应

图 6 - 12 的简单斜率检验结果再次证明，高校等级的负向调节效应确实存在。相对于普通高校，"985 工程"高校的教师，其项目课题数量和科研网络规模对其专业技术职称的正向影响显著变弱；而"211 工程"高校的教师，只有项目课题数量的正向影响显著变弱。

最后本章还检验了高校等级调节作用下的高校教师项目课题数量中介效应，见表 6 - 5。可以发现，无论是在何种高校等级的调节下，科研网络规模 – 项目课题数量 – 专业技术职称的中介路径的 bootstrap 置信区间均不包含 0，分别为（0.001，0.007）（0.001，0.004）和（0.001，0.002），即项目课题数量在高校教师科研网络规模对其专业技术职称的影响中起到显著的中介作用。

表 6 - 5　高校等级对高校教师项目课题数量中介效应的调节作用

路径	高校等级	Effect	Boot SE	LLCI	ULCI
科研网络规模 – 项目课题数量 – 专业技术职称	普通高校	0.003	0.002	0.001	0.007
	"211 工程"高校	0.001	0.001	0.001	0.004
	"985 工程"高校	0.002	0.001	0.001	0.002

综上，在回归模型结果的基础上，我们将高校教师的科研网络规模对其专业技术职称的影响路径进行修正，结果见图 6 - 13。

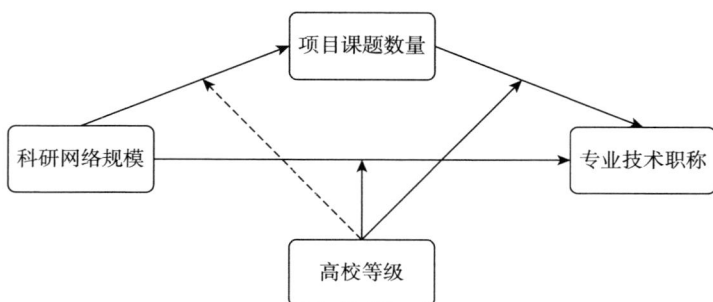

图 6－13　高校教师的科研网络规模对其专业技术职称的影响路径

三　结论与讨论

本章使用"高校教师的获得感与社会流动"项目调查数据，围绕高校教师的社会网络构成情况，就日常社会网络和科研网络两方面展开描述和分析，然后建立回归模型，分析高校教师的社会网络对其职业成功的影响，并探索其中可能存在的影响途径，具体得出的主要结论如下。

首先，我们从高校教师的日常社会网络的规模、种类、达高性和异质性，以及科研网络的规模和密度等方面进行分析，发现高校教师社会网络构成存在如下特征。

在高校教师的日常社会网络方面，男性教师相对于女性教师，职称较高的教师，特别是正高级职称和副高级职称的高校教师相对于职称较低的高校教师，其日常社会网络规模更大。在高校教师的日常社交活动中，以和熟人的互动为主，其次是与亲戚间的交往，与亲密朋友的联系在其日常社交活动中占比最少，但这并不排除亲密朋友数量相对于熟人和亲戚较少的缘故。其次，男性教师以及专业技术职称较高的教师日常社会网络成员的职位种类较多，且职业地位相对更高，因此网络资源更为丰富。而在专业方面，农业科学专业的教师相对于其他专业教师来说，网络资源最丰富；医药科学和自然科学专业的教师则可能由于日常更多时间进行实验，因此其日常社会网络相对较窄，网络资源也相对匮乏。

在高校教师的科研网络方面，相对于女性教师和职称较低的教师而言，男性教师和职称较高的教师，其科研讨论网络规模相对更大，蕴含的资源更丰富，且网络成员间的关系强度更大，网络密度也更高。而在专业方面，农业科学专业的高校教师科研网络规模最大，网络密度也相对较大；医药科学专业的高校教师科研网络规模虽然相对较小，但由于其全联网的占比较大，因此其网络密度是所有专业中最大的，其他专业则各不相同。

高校教师的科研讨论对象同质性较高，不排除是由于科研网络的自身特征导致的。我们发现，高校教师的科研讨论对象以青年男性高校教师为主；在科研讨论对象的高校等级和专业技术职称方面，级别越高被选择的可能性越大；男性和专业技术职称较高、高校等级较高的教师与科研讨论对象的联系更为频繁。

综观高校教师的社会网络特征可以发现，男性教师的社会网络资源更为丰富，日常维系也相对频繁；相对于职称较高的教师而言，职称较低和高校等级较低的教师的网络资源蕴含量相对匮乏；在学科方面，农业科学专业的高校教师网络资源比其他专业的教师更为丰富。

其次，为探讨高校教师的社会网络对其职业成功的影响，本章以高校教师的科研网络规模代表其社会网络，以专业技术职称衡量其职业成功，并通过建立一个带有调节作用的中介模型加以检验和分析。结果发现，高校教师的科研网络规模越大，其专业技术职称越高。高校教师职业成功受其社会网络的影响，网络资源越丰富越有利于其职业成功。在高校教师科研网络规模影响其专业技术职称的过程中，项目课题数量起到了中介作用。高校教师的科研网络规模越大，其所能获得的科研资源越丰富，也就越有利于其项目课题的申报和获取，促进其专业技术职称的评定。此外，高校教师目前所在的高校等级负向地调节了科研网络规模影响其专业技术职称的过程，高校等级越低的教师，其科研网络规模对其专业技术职称的影响越显著，因为相对于身处资源丰富的高等级高校中的教师，身处资源相对匮乏的低等级高校中的教师更加需要从其科研网络中获得科研资源，以促进其专业的发展和职业的成功。

总的来说，高校教师的社会网络，包括日常社会网络和科研网络，是各种潜在社会资源的一个集合体，也是其获得社会资本，特别是专业资本的重要途径，是其实现专业发展和职业成功的必要条件。随着社会的发展，高校教师的社会网络所发挥的作用或将越来越大，因此，无论是在实践研究领域还是在理论研究领域，都应该重视高校教师的社会网络，拓宽研究的深度和广度，使其发挥更大的作用。

参考文献

边燕杰，2004，《城市居民社会资本的来源及作用：网络观点与调查发现》，《中国社会科学》第 3 期。

边燕杰、李煜，2000，《中国城市家庭的社会网络资本》，《清华社会学评论》（特辑 2），厦门：鹭江出版社。

方晓延，2021，《“破五唯”背景下职称评审制度改革的思考与建议——以应用型本科高校为例》，《办公室业务》第 14 期。

高雪原、周文霞、谢宝国，2017，《职业转换：概念、测量、成因与影响》，《中国人力资源开发》第 2 期。

郭名、王文姣、强光昊，2019，《社会资本和心理资本对高校青年教师职业成功的影响效应》，《山西师大学报》（社会科学版）第 3 期。

洪源渤、常琳，2017，《社会网络对高校女教师工作满意度分析》，《长沙理工大学学报》（社会科学版）第 2 期。

李峰，2007，《社会资本视觉下高校教师心理压力分析》，《咸阳师范学院学报》第 3 期。

刘芳、吴欢伟，2010，《个人人力资本、社会资本对职业成功的作用研究》，《中国科技论坛》第 10 期。

刘红云、骆方、张玉、张丹慧，2013，《因变量为等级变量的中介效应分析》，《心理学报》第 12 期。

刘宁，2007，《社会网络对企业管理人员职业生涯成功影响的实证研究》，《南开管理评论》第 6 期。

裴文杰，2022，《多元学术观下应用型高校教师职称评聘政策建设路径与策略——基于 Nvivo 的政策文本分析》，《天津中德应用技术大学学报》第 3 期。

戚正楠，2021，《社会网络对高职院校教师职业生涯成功的影响》，《重庆电子工程职业学院学报》第 5 期。

斯科特，约翰，2007，《社会网络分析法》，刘军译，重庆：重庆大学出版社。

王鉴忠、宋君卿、曹振杰、齐善鸿，2015，《企业管理人员成长型心智模式对职业生涯成功影响的研究》，《管理学报》第 9 期。

王双龙、周海华，2016，《农村教师知觉的社会支持对主观职业成功的影响研究》，《教育科学研究》第 11 期。

王忠军、贾文文，2016，《科研人员职业成功影响因素：基于学术大家的回溯性案例研究》，《科技进步与对策》第 6 期。

王忠军、龙立荣，2007，《西方职业生涯成功研究现状及展望》，《经济管理》第 13 期。

王忠军、龙立荣，2009，《员工的职业成功：社会资本的影响机制与解释效力》，《管理评论》第 8 期。

韦恩·贝克,2002,《社会资本制胜:如何挖掘个人与企业网络中的隐性资源》,王晓冬译,上海交通大学出版社。

周爱钦、刘军、孔茗,2017,《职业成功能给员工带来幸福吗——基于自我评价的视角》,《学术研究》第 9 期。

周文霞、谢宝国、辛迅、白光林、苗仁涛,2015,《人力资本、社会资本和心理资本影响中国员工职业成功的元分析》,《心理学报》第 2 期。

周文霞、辛迅、潘静洲、谢宝国,2015,《职业成功的资本论:构建个体层面职业成功影响因素的综合模型》,《中国人力资源开发》第 17 期。

Abele, A. E. and Spurk, D. 2009. "The longitudinal impact of self-efficacy and career goals on objective and subjective career success." *Journal of Vocational Behavior* 74 (1): 53 – 62.

Baker-Doyle, K. 2010. "Beyond the Labor Market Paradigm: A Social Network Perspective on Teacher Recruitment and Retention." *Education Policy Analysis Archives* 18 (26): 17.

Baker-Doyle, K. and Yoon, S. A. 2011. "In search of practitioner-based social capital: A social network analysis tool for understanding and facilitating teacher collaboration in a US-based STEM professional development program." *Professional Development in Education* 37 (1): 75 – 93.

Blickle, G., Schuette, N., and Wihler, A. 2018. "Political will, work values, and objective career success: A novel approach-The Trait-Reputation-Identity Model." *Journal of Vocational Behavior* 107 (AUG.): 42 – 56.

Baron, R. M. and Kenny, D. A. 1986. "The moderator-mediator variable distinction in social psychological research: Conceptual, strategic, and statistical considerations." *Journal of Personality and Social Psychology* 51 (6): 1173 – 1182.

Boudreau, J. W., Boswell, W. R., and Judge, T. A. 2001. "Effects of Personality on Executive Career Success in the United States and Europe." *Journal of Vocational Behavior* 58 (1): 53 – 81.

Bozionelos, N. 2003. "Intra-organizational Network Resources: Relation to Career Success and Personality." *International Journal of Organizational Analysis* 11 (1): 41 – 66

Chen, Ming-Huei, Chang, Yu-Yu, and Chiang, Meng-Ta. 2017. "Human capital and career success of creative entrepreneurs: is guanxi network a missing link?" *Journal of Small Business and Entrepreneurship* 29: 313 – 331.

Coburn, C. E. and Russell, J. L. 2008. "District policy and teachers' social networks." *Educational Evaluation and Policy Analysis* 30 (3): 203 – 235.

Collinson, V. 2012. "Sources of teachers' values and attitudes." *Teacher Development* 16 (3): 321 – 344.

Daly, A. J., Moolenaar, N. M., Der-Martirosian, C., and Liou, Yi-Hwa. 2014. "Accessing

Capital Resources: Investigating the Effects of Teacher Human and Social Capital on Student Achievement. " *Teachers College Record* 116 (7): 1 – 42.

Dries, N. , Pepermans, R. , Hofmans, J. , and Rypens, L. 2009. "Development and validation of an objective intra-organizational career success measure for managers. " *Journal of Organizational Behavior* 30 (4): 543 – 560.

Eby, L. T. , Butts, M. , and Lockwood, A. 2003. "Predictors of success in the era of the boundaryless career. " *Journal of Organizational Behavior* 24 (6): 689 – 708.

Fox, A. R. C. and Wilson, E. G. 2015. "Networking and the development of professionals: Beginning teachers building social capital. " *Teaching and Teacher Education* 47: 93 – 107.

Gattiker, U. E. and Larwood, L. 1988. "Predictors for managers' career mobility, success and satisfaction. " *Human Relations* 41 (8): 569 – 591.

Greenhaus, J. H. , Parasuraman, S. , and Wormley, W. 1990. "Effects of race on organizational experiences, job performance evaluations and career outcomes. " *Academy of Management Journal* 33 (1): 64 – 86.

Hall, D. T. 2002. *Careers in and out of organizations.* Thousand Oaks, CA: Sage.

Hayes, A. F. 2013. *Introduction to mediation, moderation, and conditional process analysis: A regression-based approach.* New York: Guilford Press.

Johnson, W. 2012. "Never Underestimate the value of connections: Social capital's strength lies in expertise, reciprocity, and relevance. " *Journal of Staff Development* 33 (1): 38 – 41.

Johnson, W. , Lustick, D. , and Kim, M. 2011. "Teacher professional learning as the growth of social capital. " *Current Issues in Education* 14 (3): 15.

Judge, T. A. and Bretz, R. D. 1994, "Political influence behavior and career success. " *Journal of Management* 20 (1): 43 – 65.

Kuijpers, M. , Schyns, B. , and Scheerens, J. 2006. "Career competencies for career success. " *The Career Development Quarterly* 55 (2): 168 – 178.

London, M. and Stumpf, S. A. 1982. *Managing Careers.* MA: Addison-Wesley.

Luthans, F. , Hodgetts, R. M. , and Rosenkrantz, S. A. 1988. *Real managers.* Cambridge: Ballinger Publishing Company.

Minckler, C. H. 2014. "School leadership that builds teacher social capital. " *Educational Management Administration and Leadership* 42 (5): 657 – 679

Moolenaar, N. M. 2012. "A Social Network Perspective on Teacher Collaboration in Schools: Theory, Methodology, and Applications. " *American Journal of Education* 119 (1): 7 – 39.

Ng, T. W. H. , Eby, L. T. , Sorensen, K. L. , and Feldman, D. C. 2005. "Predictors of Objective and Subjective Career Success: A Meta-Analysis. " *Personnel Psychology* 58 (2): 367 – 408.

Nolan, A. and Molla, T. 2017. "Teacher confidence and professional capital." *Teaching and Teacher Education* 62: 10 – 18.

Penuel, W., Riel, M., Krause, A., and Frank, K. 2009. "Analyzing teachers' professional interactions in a school as social capital: A social network approach." *Teachers College Record* 111 (1): 124 – 163.

Podolny, J. M. and Baron, J. N. 1997. "Resources and Relationships: Social Networks and Mobility in the Workplace." *American Sociological Review* 62 (5): 673 – 693.

Sagas. M. and Cunningham, G. B. 2004. "Does having 'the right stuff' matter? Gender differences in the determinants of career success among intercollegiate athletic administrators." *Academic Research Library* 50 (5): 411 – 421.

Scanlan, M., Kim, M., and Ludlow, L. 2019. "Affordances and constraints of communities of practice to promote bilingual schooling." *Journal of Professional Capital and Community* 4 (2): 82 – 106.

Seibert, S. E., Crant, J. M., and Krainer, M. L. 1999. "Proactive personality and career success." *Journal of Applied Psychology* 84 (3): 416 – 427.

Seibert, S. E., Kraimer, M. L., and Linden, R. C. 2001. "A social capital theory of career success." *Academy of Management Journal* 44 (2): 219 – 237.

Spillane, J. P., Kim, C. M., and Frank, K. A. 2012. "Instructional advice and information providing and receiving behavior in elementary schools: Exploring Tie Formation as a building block in social capital development." *American Educational Research Journal* 49 (6): 1112 – 1145.

Woodland, R. H. and Mazur, R. 2019. "Of teams and ties: Examining the relationship between formal and informal instructional support networks." *Educational Administration Quarterly* 55 (1): 42 – 72.

第七章　高校教师的科研压力与科研产出

李桂兴[*]

近年来，随着绩效管理制度改革的深化和"双一流"建设的加强，高校普遍加大了对教师科研成果的考核力度。为了提升科研绩效，高校人事制度改革的推进促使相当一部分高校将论文发表量、申请课题数等量化指标与教师职称、职务晋升直接挂钩。当前诸多高校推行的"预聘与长聘""非升即走"等约束机制无疑使高校教师陷入巨大的科研压力之中。面对前所未有的科研压力，部分高校教师能够迎难而上，深耕学术沃土，产出高质量研究成果；然而，也有部分教师在高压之下降低了职业和学术认同感，表现出学术懈怠、学术造假等应对科研考核的行为，反而影响科研绩效；更有部分教师身心俱疲，出现身体透支状况。因此，应直面高校教师科研压力现状，探索构建完善科学的职称、职务晋升考核体系，激发教师从事科研工作的热情。如何在高校人事制度改革中实现效率与学术的平衡，是需要引起关注的重要课题。因此，本章的研究议题是当前我国高校教师的科研压力与科研产出的现状如何、影响科研压力与科研产出的因素是什么、科研压力与科研产出之间的关系是怎样的。本章将根据高校教师获得感调查的13所高校的数据，采用多种分析方法系统地对高校教师的科研压力、科研产出二者之间的关系进行深入分析。

一　文献综述

（一）职业压力及其相关影响机制

职业压力是指个体在特定工作条件下，长期持续地受到环境刺激而形

＊　李桂兴，上海大学社会学院博士研究生。

成的生理、心理和行为等综合状态，是个体特征与环境要求相互作用的反应。国内外大量研究表明，高校教师早已成为公认的处于超负荷工作中的高压群体。20 世纪 90 年代，一项针对英国高校教师的调查发现，有近85% 的教师承受着中等及以上程度的压力（Abouserie，1996）。一项专门针对美国研究型大学教师的调查同样发现，各职称级别的高校教师每周的工作时间均超过 60 小时，周末平均工作 12 小时。斯劳特和莱斯利（Slaughter and Leslie，2001）在研究发达国家学术工作性质的变化时指出，时间压力和缺少个人时间已成为学术职业最常见的压力源。当然，不同类型教师承受的职业压力也有所不同。任君庆、张菊霞（2017）将高校教师的职业压力划分为科研压力、工作负荷与自我发展压力、学生行为压力、人际关系压力及管理环境压力，并指出科研压力较大是高职院校教师职业压力的显著特征。万利、杨河清（2018）借鉴徐成东开发的量表将科研压力细分为科研时间压力、科研竞争压力及科研产出压力三个压力维度。多项研究揭示了学术职业压力在性别、年龄、教龄、学历、职称等人口统计学方面的差异，认为男性、青年教师、讲师的压力最大；但也有些研究发现，学术职业压力在性别方面并不存在显著差异（Lease，1999），也并非所有的压力都随着年龄的增长而减轻，只有时间限制和专业认同造成的压力以青年教师最甚（Gmelch et al.，1986）。

关于职业压力的形成，主要有以下两种观点：一是"情绪体验说"，二是"反应过程说"。"情绪体验说"认为，教师职业压力主要是教师因工作威胁到自尊和健康生活、工作负荷及其他工作因素等而产生的生理、心理上的不愉快或消极情感体验（刘晓明，2004；刘荣，2004）。"反应过程说"认为，教师职业压力是因教师对工作环境或工作状态无法有效应对或不能满足预期而造成的一系列心理、生理和行为的反应过程。目前最具有影响力的解释是互动理论，该理论以刺激－反应学说为基础，强调压力是个体能力特征、可利用资源等与外在环境要求或供给失衡的结果。在以绩效为导向的聘任制下，原属于精神生活的学术被量化为一个个晋升考评指标。而当外在的晋升考评指标超出教师个体所能或与学术本身追求的内在价值相悖时，建立在学术价值之上的学术自觉性与学术激情便逐渐消退，教师将由主动地进行学术创作变为被动地完成量化考核指标任务，久而久之便会产生精神紧张与心理压力。

职业压力的表现虽然是个体的主观反映，但影响职业压力的因素是客观的组织制度与外部环境。随着高等教育改革的不断推进，全球范围内出现的管理控制、公共财政拨款状况恶化、研究经费不足等变化无疑会对学术职业产生不利影响，使高校教师面临越来越大的职业压力。现有研究表明，在组织环境中，高校的管理模式、制度安排及工作环境会对教师的科研压力产生一定程度的影响。比如，在官僚式管理的高校中，行政管理对学术的干预限制了教师的学术自主权，从而增加了教师的职业压力（科塞，2003）；在现行的"准聘与长聘"制度下，发表论文量和申请课题数与教师晋升直接挂钩，因此，获得的资助越多、申请的项目越多、发表的论文越多，也就意味着晋升越快、学术声誉越高。这种规则不仅极大地消解了年轻学者的学术热情，还直接导致高校教师的职业倦怠，甚至学术失范。部分学者还发现了学校类型和系科学术声誉对科研压力的影响，研究型院校比教学型院校的教师承担着更为沉重的科研负担，资源和晋升的竞争更为强烈、面临的科研压力也更大（Barnes et al.，1998）。任君庆、张菊霞（2017）从教师职业环境、职业内容、工作负荷、人际关系及自我发展五个维度构建了高职院校教师职业压力的理论模型，并分析了性别、教龄、学历、职称对科研压力影响的差异。

（二）科研产出的影响机制

现有研究主要将科研产出的影响分为内部机制和外部机制，两种机制相互作用、相互影响。内部机制主要强调个人的性别、能力大小和努力程度对科研产出的影响，如学术研究中的性别不平等，男性教师的学术地位高于女性，科研成果多于女性。有学者通过对50所高校的调查研究发现，教师的个人信心和时间投入是影响其科研产出的关键因素。而外部机制强调教师所在的学术系统对科研产出的影响，包括学校的类型、学科、学校环境及学术网等（阎光才、牛梦虎，2014）。韦伯曾指出，学者的学术成就在很大程度上有赖于学术机构。默顿等在研究中也指出，学术系统存在累积优势效应，如优秀的科研机构更容易获得充足而珍贵的研究资源，更容易吸引优秀的研究成员，这些成员也更有机会获得较高的学术成就，这些学术成就又使他们毕业后更容易受到更高水平的学术机构的青睐，而这些机构将为他们提供更多的资源，使他们更有机会在学术界崭露头角（朱克曼，1979）。无独有偶，夏纪军（2014）通过研究我国经济学领域的学术发表情况发现，机构声誉、学缘关系等对科研产出具有显著的正向影响。

（三）职业压力与科研产出之间的关系

20 世纪 50 年代以来，工作压力与工作绩效之间的关系一直是管理学研究的热点议题，诸多学者对其开展了大量研究，但是对二者的关系众说纷纭，尚未达成共识。主要有以下三种不同的观点：①职业压力与科研产出没有相关关系，如 Affleck（1998）对国防工作人员的研究发现，工作压力与工作绩效并没有直接关系；②职业压力与科研产出是正相关关系（Sullivan and Bhagat，1992），压力会激励教师进行学术创作，产出更多的学术成果；③职业压力与科研产出是负相关关系（Jamal，1984），压力会使原属于精神生活的学术创作转变为以绩效为核心的被迫产出，长此以往，易导致职业倦怠，降低学术热情。之所以存在上述分歧，一是因为没有厘清二者之间的作用机制，二者之间的作用机制很可能不是单向的；二是因为研究情境的不同导致结果的不同。还有学者将压力类型划分为内源性压力、外源性压力、挑战性压力和阻碍性压力（刘睿等，2016）。内源性压力包括胜任力、成就感、职业发展和期望压力，外源性压力包括角色压力（角色冲突和角色模糊）、工作本身的压力、人际关系、管理事务、工作条件和要求，挑战性压力包括时间紧迫性、工作复杂性、工作范围与职责，阻碍性压力包括官僚程序、角色模糊与冲突、工作不安全感。其中，内源性压力正向影响科研绩效，而外源性压力对科研绩效产生负向影响；挑战性压力与科研绩效之间存在倒 U 形关系，而阻碍性压力对科研绩效与职业发展具有阻碍作用。除此之外，还有学者探讨了科研压力与科研绩效之间的中介和调节效应，如张珣等（2014）把科研投入和薪资满意度分别作为科研压力和绩效之间的中介变量。一方面，科研压力正向影响科研投入，科研投入会正向影响科研绩效；另一方面，科研压力负向影响薪资满意度，薪资满意度负向影响科研绩效。林培锦、李建辉（2018）把工作满意度作为科研压力和科研绩效之间的中介变量，科研压力负向影响工作满意度，而工作满意度又会正向影响科研绩效。雷利利等（2013）把组织承诺作为科研压力与科研绩效之间的中介变量，而胡青等（2009）把组织承诺作为二者之间的调节变量。还有学者将情绪智力作为科研压力与科研产出之间的调节变量进行分析（王仙雅等，2013）。

二　概念测量与操作化

（一）因变量

科研产出变量主要指论文发表量，来源于问卷"近五年来出版或发表过的论文（仅限本人为第一作者或通讯作者的论文）"，在回归分析过程中对该变量进行了对数处理。

（二）自变量

本章将自变量分为个人、家庭、院校组织与学科三个层面。个人层面的变量包括性别、出生世代、受教育程度、政治面貌、户籍、个人年收入、专业技术职称、行政职务级别和研究兴趣，家庭层面的变量包括婚姻状况和是否有 3 岁及以下孩子，院校组织与学科层面的变量包括高校类型、专业类别、研究经费满意度、研究资料满意度和合同类型。

科研压力：指科研论文发表的压力，原始问卷中从没有压力到非常有压力分别赋值 1~5。由于压力小的个案人数较少，本章将变量重新赋值，1 和 2 合并，赋值为 1，表示论文发表压力小；3 赋值为 2，表示论文发表压力一般；4 和 5 合并，赋值为 3，表示论文发表压力大。该变量在 ologit 模型中作类别变量处理，在 OLS 模型中作连续变量处理。

性别：类别变量，女性赋值为 0，男性赋值为 1。

出生世代：类别变量，根据被访者的出生年份题项转换而来。出生年份为 1924~1969 年的赋值为 1，表示教师的出生世代为"60 世代及以前"；出生年份为 1970~1979 年的赋值为 2，表示教师的出生世代为"70 世代"；出生年份为 1980~1989 年的赋值为 3，表示教师的出生世代为"80 世代"；出生年份为 1990~2002 年的赋值为 4，表示教师的出生世代为"90 世代"。

受教育程度：类别变量，根据被访者的受教育程度题项转换而来。由于样本中的专科生和本科生教师数量较少，本章将受教育程度为大学专科、大学本科和硕士研究生的进行合并，赋值为 1，表示教师为硕士研究生及以下群体；将博士研究生赋值为 2。

政治面貌：类别变量，将政治面貌为群众、共青团员和民主党派的赋值为 0，表示教师为非党员；将党员赋值为 1。

户籍：类别变量，根据题项"您的本地户口（本市/直辖市）是哪一年获得的？[①]"转换而来。将选择"自最初实行现户籍制度/出生就是"和"现在为本地户口"的赋值为1，表示"本地户籍"；将"非本地户籍"的赋值为0。

个人年收入：连续变量，该变量根据被调查教师个人年总收入（税后）取对数后转换而来。

专业技术职称：类别变量，该变量将教师专业技术职称为"无职称"的赋值为1，"初级"职称的赋值为2，"中级"职称的赋值为3，"副高级"职称的赋值为4，"正高级"职称的赋值为5。

行政职务级别：类别变量，该变量将教师行政职务级别为"无级别"的赋值为1；"科级副职"和"科级正职"的赋值为2，表示科级职务；"处级副职""处级正职""厅局级副职""厅局级正职及以上"的赋值为3，表示处级及以上职务。

研究兴趣：连续变量，该变量根据以下5个题项进行主成分分析提取公因子得来，主要包括"我会提出新的方法来达成目标""我经常改进同事或合作者的方案和建议""我有很多创新的想法和新点子，并能运用到教学科研工作上""我经常把自己的工作经验和知识分享给同事或合作者""我愿意付出超常的努力，以帮助本专业的科研教学工作获得成功"。各题项对应5个选项，从1~5分别为"完全不符合""不符合""不确定""比较符合""完全符合"。

婚姻状况：类别变量，该变量根据高校教师目前的婚姻状况转换而来。将婚姻状况为"未婚""同居""离婚""丧偶"的赋值为0，表示教师非在婚；将"初婚有配偶""再婚有配偶""分居未离婚"的赋值为1，表示教师在婚。

是否有3岁及以下孩子：类别变量，"否"赋值为0，"是"赋值为1。

研究经费满意度：连续变量，该变量根据问卷中的题项"对当前所在高校提供的研究经费情况进行打分"得来，从1分到5分，表示研究经费从非常差到非常好。

研究资料满意度：连续变量，该变量根据问卷中的题项"对当前所在高校提供的研究资料情况进行打分"得来，从1分到5分，表示研究资料从非常差到非常好。

---

① 读书时转移的学校集体户口不算。

高校类型：类别变量，该变量将调查样本中的"上海商学院""上海应用技术大学""上海工程技术大学""华东政法大学"赋值为 0，表示"普通高校"；将"上海大学""上海海洋大学""华东理工大学""华中农业大学"赋值为 1，表示"一流学科"高校；将"复旦大学""华东师范大学""清华大学""西安交通大学""中国农业大学"赋值为 3，表示"双一流"高校。

专业类别：类别变量，该变量根据题项"您目前所在学院的学科类别"转换而来，将"理学"赋值为 0；将"农学"赋值为 1，表示"农业科学"；将"医学"赋值为 2，表示"医药科学"；将"工学""管理学"赋值为 3，表示"工程与技术科学"；将"哲学""经济学""法学""教育学""文学""历史学""军事学"赋值为 4，表示"人文与社会科学"。

合同类型：类别变量，该变量依据题项"您与当前所在高校签订的是哪种类型的合同"转换而来，将签订"长期合同（终身制）"的赋值为 0，将签订"短期固定期限合同"的赋值为 1。

（三）变量的描述性统计

表 7-1 为变量的描述性统计结果，结果显示，科研压力变量的均值为 2.42（总分为 3 分），表明样本中的高校教师普遍面临中等偏上程度的科研压力。样本中论文发表量的均值为 9.13，表明样本中的高校教师近五年来出版或发表过的论文（仅限本人为第一作者或通讯作者的论文）人均为 9 篇。

表 7-1（a）　类别变量的描述性统计结果

变量定义		频数	占比（%）
性别	女性	1118	47.11
	男性	1255	52.89
出生世代	60 世代及以前	301	12.57
	70 世代	825	34.46
	80 世代	1081	45.15
	90 世代	187	7.81
受教育程度	硕士研究生及以下	459	19.71
	博士研究生	1870	80.29

变量定义		频数	占比（%）
政治面貌	非党员	713	29.81
	党员	1679	70.19
户籍类型	非本地户籍	125	5.57
	本地户籍	2120	94.43
专术技术职称	无职称	166	7.02
	初级	95	4.02
	中级	765	32.35
	副高级	909	38.44
	正高级	430	18.18
行政职务级别	无级别	1815	80.38
	科级	231	10.23
	处级及以上	212	9.39
婚姻状况	非在婚	402	17.35
	在婚	1915	82.65
是否有3岁及以下孩子	否	2118	88.40
	是	278	11.60
高校类型	普通高校	697	29.09
	"一流学科"高校	814	33.97
	"双一流"高校	835	36.94
学科类别	理学	411	17.74
	农业科学	151	6.95
	医药科学	72	3.11
	工程与技术科学	944	40.74
	人文与社会科学	729	31.46
合同类型	长期合同（终身制）	933	39.28
	短期固定期限合同	1442	60.72

表 7-1（b）　连续变量的描述性统计结果

	均值	标准差
科研压力	2.42	0.75
论文发表量	9.13	9.36
论文发表量（对数）	1.92	0.97

	均值	标准差
个人年收入（对数）	2.94	0.75
研究兴趣（因子）	0.00	1.00
研究经费满意度	3.12	1.13
研究资料满意度	3.68	1.06

三　高校教师科研产出的方差分析

为了探究高校教师科研产出的影响因素，本章分别将个人、家庭、院校组织与学科三个层面的因素与高校教师的科研产出进行方差分析。

从表7-2个人层面的因素与科研产出的方差分析结果可以看出，科研压力、性别、出生世代、户籍、受教育程度、专业技术职称和行政职务级别变量与科研产出存在显著的相关关系，党员的科研产出高于非党员，但是不显著。具体来说，从科研压力差异上看，高校教师的科研产出存在显著的科研压力差异，高校教师的科研产出随着科研压力的增加而显著减少。科研压力小的高校教师的平均论文发表量约为12篇，科研压力一般的高校教师的平均论文发表量约为9篇，而科研压力大的高校教师的平均论文发表量约为8篇，科研产出的科研压力差异在0.0000水平上显著。从性别差异上看，高校教师的科研产出存在显著的性别差异，男性高校教师的科研产出显著高于女性。男性高校教师的平均论文发表量约为11篇，而女性高校教师的平均论文发表量约为7篇，科研产出的性别差异在0.0000水平上显著。从出生世代差异上看，高校教师的科研产出存在显著的出生世代差异，高校教师的科研产出随着出生世代的推移而显著减少。60世代及以前出生的高校教师的平均论文发表量约为12篇，70世代出生的高校教师的平均论文发表量约为10篇，80世代出生的高校教师的平均论文发表量约为9篇，而90世代出生的高校教师的平均论文发表量仅约为5篇，科研产出的出生世代差异在0.0000水平上显著。从户籍差异上看，高校教师的科研产出存在显著的户籍差异，拥有本地户籍的高校教师的科研产出显著高于拥有外地户籍的高校教师。拥有本地户籍的高校教师的平均论文发表量约为9篇，而拥有外地户籍的高校教师的平均论文发表量约为8篇，科研产出的户籍差异在0.0410水平上显著。从受教育程度差异上看，高校教师的科研产出存在显著的受教育程度差异，受教育程度为博士研究生的高校教师的科研产出显著高于受教育程度为硕士研究生及以下的。受教育程度为博士研究生的高校教师的平均论文发表量约为11篇，而受教育程度为硕士研究生及以下的高校教师的平均论文发表量仅约为3篇，科研产出的受教育程度差异在0.0000水平上显著。从专业技术职称差异上看，高校教师的科研产出存在显著的专业技术职称差异，高校教师的科研产出整体上随着专业技术职称等级的提升而显著增加。拥有中级及以下专业技术职称的高校教师的平均论文发表量在5~6篇，而拥有副高级专业技术职称的高校教师的平均论文发表量约为11篇，拥有正高级专业技术职称的高校教师的平均论文发表量高达约17篇，科研产出的专业技术职称差异在0.0000水平上显著。从行政职务级别差异上看，高校教师的科研产出存在显著的行政职务级别差异，高校教师的科研产出随着行政职务级别的提升而显著增加。无级别高校教师的平均论文发表量约为9篇，科级高校教师的平均论文发表量约为9篇，处级及以上高校教师的平均论文发表量约为13篇，科研产出的行政职务级别差异在0.0000水平上显著。从政治面貌差异上看，党员的科研产出高于非党员，但是差异不显著。党员高校教师的平均论文发表量为9.3篇，非党员高校教师的平均论文发表量为8.8篇。

表7-2 个人层面的因素与科研产出的方差分析

变量	类别	N	均值	标准差	F 值
科研压力	压力小	257	11.79	10.04	17.81 ***
	压力一般	444	9.45	9.16	
	压力大	997	8.10	8.66	
	总体	1698	9.01	9.10	
性别	女性	993	7.12	8.20	88.32 ***
	男性	1116	10.87	9.91	
	总体	2109	9.10	9.33	
出生世代	60 世代及以前	230	11.55	10.78	19.63 ***
	70 世代	731	10.05	10.22	
	80 世代	998	8.60	8.49	
	90 世代	170	5.09	6.23	
	总体	2129	9.13	9.36	

续表

变量	类别	N	均值	标准差	F 值
户籍	非本地户籍	118	7.55	8.27	4.18*
	本地户籍	1875	9.38	9.47	
	总体	1993	9.27	9.41	
政治面貌	非党员	626	8.83	8.87	0.94
	党员	1502	9.26	9.55	
	总体	2128	9.13	9.36	
受教育程度	硕士研究生及以下	380	3.15	5.55	213.73***
	博士研究生	1692	10.60	9.58	
	总体	2072	9.23	9.43	
专业技术职称	无职称	154	4.88	6.23	145.58***
	初级	83	5.69	6.99	
	中级	701	4.61	5.53	
	副高级	830	11.12	9.56	
	正高级	339	16.58	10.58	
	总体	2107	9.16	9.37	
行政职务级别	无级别	1635	8.74	8.97	17.93***
	科级	203	9.13	10.26	
	处级及以上	175	13.16	10.85	
	总体	2013	9.16	9.36	

　* $p < 0.05$，　*** $p < 0.001$。

从表 7-3 家庭层面的因素与科研产出的方差分析结果可以看出，家庭层面的婚姻状况与科研产出存在显著的相关关系，相比于没有 3 岁及以下孩子的高校教师，有 3 岁及以下孩子的高校教师的科研产出更高，但是差异不显著。具体来说，从婚姻状况差异上看，高校教师的科研产出存在显著的婚姻状况差异，在婚高校教师的科研产出显著高于非在婚高校教师。在婚高校教师的平均论文发表量约为 10 篇，而非在婚高校教师的平均论文发表量约为 6 篇，科研产出的婚姻状况差异在 0.0000 水平上显著。从是否有 3 岁及以下孩子差异上看，有 3 岁及以下孩子的高校教师的科研产出高于没有 3 岁及以下孩子的高校教师，但是差异不显著。没有 3 岁及以下孩子的高校教师的平均论文发表量约为 9 篇，而有 3 岁及以下孩子的高校教师的平均论文发表量约为 10 篇。

表 7 – 3　家庭层面的因素与科研产出的方差分析

变量	类别	N	均值	标准差	F 值
婚姻状况	非在婚	368	6.48	7.38	
	在婚	1701	9.77	9.70	37.42 ***
	总体	2069	9.18	9.42	
是否有 3 岁及以下孩子	否	1880	9.03	9.38	
	是	251	9.89	9.18	1.87
	总体	2131	9.13	9.36	

*** $p < 0.001$。

从表 7 – 4 院校组织与学科层面的因素与科研产出的方差分析结果可以看出，院校组织与学科层面的高校类型、专业类别、研究资料满意度、合同类型与科研产出均存在显著的相关关系。具体来说，从高校类型差异上看，高校教师的科研产出存在显著的高校类型差异，高校教师的科研产出随高校等级的提升而显著增加。普通高校教师的平均论文发表量约为 6 篇，"一流学科"高校教师的平均论文发表量约为 9 篇，"双一流"高校教师的平均论文发表量约为 12 篇，科研产出的高校类型差异在 0.0000 水平上显著。从专业类别差异上看，高校教师的科研产出存在显著的专业类别差异，整体上看，理、工、农、医四类学科的高校教师的科研产出显著高于人文与社会科学。理学、工程与技术科学、农业科学、医药科学学科的平均论文发表量在 10 ~ 12 篇，而人文与社会科学学科的平均论文发表量仅为 6 篇，科研产出的专业类别差异在 0.0000 水平上显著。从研究资料满意度差异上看，高校教师的科研产出存在显著的研究资料满意度差异。从整体上看，高校教师的科研产出随研究资料满意度的提升而显著增加。研究资料满意度为非常差、差和一般的高校教师的平均论文发表量在 6 ~ 7 篇，而研究资料满意度为好和非常好的高校教师的平均论文发表量分别为 10 篇和 12 篇，科研产出的研究资料满意度差异在 0.0000 水平上显著。从合同类型差异上看，高校教师的科研产出存在显著的合同类型差异，签订长期合同（终身制）的高校教师的科研产出显著高于签订短期固定期限合同的高校教师。签订短期固定期限合同的高校教师的平均论文发表量约为 8 篇，而签订长期合同（终身制）的高校教师的平均论文发表量约为 10 篇，科研产出的合同类型差异在 0.0000 水平上显著。

表 7 - 4 院校组织与学科层面的因素与科研产出的方差分析

变量	类别	N	均值	标准差	F 值
高校类型	普通高校	655	5.78	7.01	90.15 ***
	"一流学科"高校	713	8.92	8.91	
	"双一流"高校	763	12.20	10.45	
	总体	2131	9.13	9.36	
专业类别	理学	365	10.80	9.46	24.07 ***
	农业科学	142	11.76	9.92	
	医药科学	60	11.90	11.42	
	工程与技术科学	835	10.26	9.92	
	人文与社会科学	658	6.45	7.66	
	总体	2060	9.29	9.43	
研究资料满意度	非常差	66	7.02	8.27	27.59 ***
	差	241	6.34	8.24	
	一般	560	7.04	7.67	
	好	720	10.02	9.68	
	非常好	519	11.92	10.23	
	总体	2106	9.18	9.36	
合同类型	长期合同（终身制）	796	10.03	10.56	52.17 ***
	短期固定期限合同	1316	8.03	8.37	
	总体	2112	9.16	9.37	

*** $p < 0.001$。

四 统计结果与研究发现

（一）影响科研压力的研究发现

本章对科研压力的影响因素进行探讨。表 7 - 5 和表 7 - 6 呈现的分别是科研压力的回归分析结果和模型 2 各解释变量的平均边际效应。因为本章的因变量科研压力是一个序次变量，因此采用 ologit 模型进行回归分析。表 7 - 5 中所列回归系数均为几率比（odds ratio），模型 1 为分模型，模型 2 为总模型。

模型 1 中，只加入了个人层面的变量。可以看到，控制了其他个人层面变量，高校教师的受教育程度、个人年收入、专业技术职称、研究兴趣与科研压力呈显著的相关关系。模型 2 中，加入院校组织与学科层面的变量，受教育程度、个人年收入、专业技术职称与科研压力的相关关系仍然显著。具体来说，高校教师的受教育程度与科研压力呈显著的正相关关系。平均来讲，受教育程度为博士研究生的教师群体面临科研压力大的概率比硕士研究生及以下群体高 8.7%。个人年收入与科研压力呈显著的负相关关系。平均来讲，个人年收入（对数）每提升一个单位，高校教师面临科研压力大的概率降低 4.9%。在模型 1 中，中级职称高校教师比无职称高校教师面临更大的科研压力，但在模型 2 中不显著。在模型 2 中，平均来讲，正高级职称高校教师面临科研压力大的概率比无职称教师群体低 11.1%，正高级职称高校教师可能没有"非升即走"的压力，因而科研压力较小。在模型 1 中，高校教师的研究兴趣与科研压力呈显著的负相关关系，但是在模型 2 中，研究兴趣变量不显著。其他个人层面的变量，如性别、出生世代、政治面貌、婚姻状况、户籍、行政职务级别等均不显著。

在模型 2 中，同时加入个人、院校组织与学科层面的变量，可以发现，高校类型与科研压力呈显著的正相关关系。平均来讲，"双一流"高校的教师面临科研压力大的概率比普通高校教师高 8.5%，"一流学科"高校的教师面临的科研压力同样大于普通高校，但是回归结果不显著。专业类别与科研压力的相关性十分显著。平均来讲，医药科学和人文与社会科学的高校教师面临科研压力大的概率分别比理学高 14.9% 和 13.1%。研究经费满意度与科研压力呈显著的负相关关系。平均来讲，研究经费满意度每提升一个等级，高校教师面临科研压力大的概率降低 6.5%。研究资料满意度与科研压力呈显著的负相关关系。平均来讲，研究资料满意度每提升一个等级，高校教师面临科研压力大的概率降低 3.0%。合同类型与科研压力呈显著的正相关关系。平均来讲，签订短期固定期限合同的高校教师面临科研压力大的概率比签订长期合同（终身制）的高校教师高 4.7%。

表 7-5   科研压力的回归分析结果

变量	模型 1 科研压力		模型 2 科研压力	
	B	Exp（B）	B	Exp（B）
性别[a]	-0.085	0.918	-0.094	0.910
出生世代[b]				
70 世代	0.204	1.226	0.037	1.037
80 世代	-0.073	0.929	-0.207	0.813

续表

变量	模型 1 科研压力		模型 2 科研压力	
	B	Exp（B）	B	Exp（B）
90 世代	− 0.173	0.841	− 0.329	0.720
受教育程度[c]				
博士研究生	0.373[*]	1.452[*]	0.395[*]	1.485[*]
党员[d]	0.135	1.145	0.120	1.128
在婚[e]	− 0.048	0.953	0.025	1.026
本地户籍[f]	− 0.195	0.823	− 0.281	0.755
个人年收入（对数）	− 0.286[**]	0.752[**]	− 0.225[*]	0.799[*]
专业技术职称[g]				
初级	0.237	1.268	0.048	1.049
中级	0.636[**]	1.889[**]	0.356	1.428
副高级	0.320	1.378	0.028	1.028
正高级	− 0.211	0.810	− 0.486[+]	0.615[+]
行政职务级别[h]				
科级	− 0.074	0.928	− 0.071	0.932
处级及以上	− 0.139	0.870	− 0.207	0.813
研究兴趣	− 0.182[**]	0.834[**]	− 0.037	0.963
高校类型[i]				
"一流学科"高校			0.073	1.075
"双一流"高校			0.398[*]	1.489[*]
专业类别[j]				
理学			− 0.589[***]	0.555[***]
农业科学			− 0.696[**]	0.499[**]
医药科学			0.084	1.088
工程与技术科学			− 0.332[*]	0.718[*]
研究经费满意度			− 0.296[***]	0.744[***]
研究资料满意度			− 0.137[*]	0.872[*]
合同类型[k]			0.213[+]	1.238[+]
cut 1	− 1.679[***]	0.187[***]	− 3.347[***]	0.035[***]
cut 2	− 0.324	0.723	− 1.927[***]	0.146[**]
N	1433		1354	
伪 R^2	0.033		0.062	

注：①[a] 参照组为女性；[b] 参照组为 60 世代及以前；[c] 参照组为硕士研究生及以下；[d] 参照组为非党员；[e] 参照组为非在婚；[f] 参照组为非本地户籍；[g] 参照组为无职称；[h] 参照组为无级别；[i] 参照组为普通高校；[j] 参照组为人文与社会科学；[k] 参照组为长期合同（终身制）。② [+] $p <$ 0.10， [*] $p <$ 0.05， [**] $p <$ 0.01， [***] $p <$ 0.001。

表 7 - 6　模型 2 各解释变量的平均边际效应

变量	类别比较	压力小	压力一般	压力大
性别	男性 vs 女性	0.012	0.008	- 0.021
出生世代	70 世代 vs 60 世代及以前	- 0.004	0.008	- 0.021
	80 世代 vs 60 世代及以前	0.027	0.018	- 0.045
	90 世代 vs 60 世代及以前	0.044	0.028	- 0.072
受教育程度	博士研究生 vs 硕士研究生及以下	- 0.052 *	- 0.035 *	0.087 *
政治面貌	党员 vs 非党员	- 0.016	- 0.011	0.026
婚姻状况	在婚 vs 非在婚	- 0.003	- 0.002	0.006
户籍	本地户籍 vs 非本地户籍	0.037	0.025	- 0.062
个人年收入（对数）	提升一个对数单位	0.029 *	0.020 *	- 0.049 *
专业技术职称	初级 vs 无职称	- 0.006	- 0.004	0.011
	中级 vs 无职称	- 0.043	- 0.036	0.078
	副高级 vs 无职称	- 0.004	- 0.003	0.006
	正高级 vs 无职称	0.070 +	0.037	- 0.111 +
行政职务级别	科级 vs 无级别	0.009	0.006	- 0.016
	处级及以上 vs 无级别	0.028	0.018	- 0.046
研究兴趣	提升一个标准差	0.005	0.003	- 0.008
高校类型	"一流学科" 高校 vs 普通高校	- 0.010	- 0.006	0.016
	"双一流" 高校 vs 普通高校	- 0.051 *	- 0.035 *	0.085 *
专业类别	农业科学 vs 理学	0.017	0.008	- 0.024
	医药科学 vs 理学	- 0.086 *	- 0.063 +	0.149 +
	工程与技术科学 vs 理学	- 0.037	- 0.022 +	0.058
	人文与社会科学 vs 理学	- 0.077 **	- 0.054 **	0.131 **
研究经费满意度	提升一个等级	0.039 ***	0.026 ***	- 0.065 ***
研究资料满意度	提升一个等级	0.018 *	0.012 *	- 0.030 *
合同类型	短期固定合同 vs 长期合同（终身制）	- 0.082 +	- 0.019 +	0.047 +

$^+ p < 0.10$，$^* p < 0.05$，$^{**} p < 0.01$，$^{***} p < 0.001$。

（二）科研压力与科研产出的研究发现

本章的回归分析主要探讨科研压力与科研产出之间的关系。表 7 - 7 呈现的是科研压力与科研产出的线性回归结果。因为本章的因变量——科研产出是一个连续变量，所以采用 OLS 模型进行回归分析。模型 3 和模型 4 为分模型，模型 5 为总模型。

在模型 3 中，仅加入了个人层面的变量。可以看到，控制了个人层面的变量，高校教师的科研压力与科研产出呈显著的负相关关系。在模型 5 中，加入了个人、家庭和组织院校与学科层面的变量，高校教师的科研压力与科研产出仍呈现显著的负相关关系。具体来说，控制了其他变量，高校教师的科研压力每提升一个等级，科研产出下降 11%（$1 - e^{-0.117}$）。从其他变量看，在模型 3 中，性别、受教育程度、专业技术职称、研究兴趣变量均与科研产出呈显著的相关关系，而且上述变量在总模型 5 中仍然显著。政治面貌变量在模型 3 中不显著，但在总模型 5 中显著。个人年收入变量在模型 3 中显著，但在总模型 5 中不显著。具体来看，高校教师的性别与科研产出呈现显著的正相关关系。具体来说，控制了其他变量，男性教师群体的科研产出是女性教师群体的 1.2（$e^{0.155}$）倍。高校教师的受教育程度与科研产出呈显著的正相关关系。具体来说，控制了其他变量，受教育程度为博士研究生的高校教师的科研产出是硕士及以下的高校教师的 1.8（$e^{0.591}$）倍。高校教师的政治面貌与科研产出呈显著的正相关关系。具体来说，控制了其他变量，拥有党员身份的高校教师的科研产出是非党员的 1.1（$e^{0.092}$）倍。在模型 3 中，个人年收入与科研产出呈显著的正相关关系。具体来说，控制了其他变量，高校教师的个人年收入（对数）每提升一个单位，其科研产出提升 9.1%（$e^{0.087} - 1$），但是在模型 5 中不显著。高校教师的职称等级与科研产出呈显著的正相关关系。具体来说，控制了其他变量，职称等级为副高级和正高级高校教师的科研产出分别是无职称高校教师的 1.51（$e^{0.412}$）倍和 2.18（$e^{0.779}$）倍。高校教师的研究兴趣与科研产出呈显著的正相关关系，具体来说，控制了其他变量，高校教师的研究兴趣每提升一个标准差，科研产出提升 5.4%（$e^{0.053} - 1$）。

模型 4 在模型 3 的基础上加入家庭层面的变量，可以看到，科研压力与科研产出仍呈显著的负相关关系。婚姻状况变量与科研产出呈显著的相关关系，而是否有 3 岁及以下孩子变量与科研产出的相关性不显著。婚姻状况与科研产出呈显著的正相关关系，而且在模型 5 中仍然显著。具体来说，控制了其他变量，在婚高校教师群体的科研产出是未在婚群体的 1.2（$e^{0.166}$）倍。有 3 岁及以下孩子的高校教师的科研产出比没有 3 岁及以下孩子的高校教师低，但是结果不显著。

模型 5 为加入了个人、家庭、组织院校与学科的总模型，可以看到，组织院校与学科层面的高校类型、专业类别、研究资料满意度和合同类型变量均与高校教师的科研产出呈显著的相关关系。高校类型与科研产出呈现显著的正相关关系。具体来说，控制了其他变量，"一流学科"高校和"双一流"高校的高校教师的科研产出分别是普通高校教师的 1.2（$e^{0.221}$）倍和 1.4（$e^{0.359}$）倍。专业类别与科研产出呈现显著的正相关关系。控制了其他变量，理学、医药科学和工程与技术科学高校教师的科研产出分别是人文与社会科学高校教师的 1.3（$e^{0.255}$）倍、1.5（$e^{0.373}$）倍和 1.4（$e^{0.355}$）倍。高校教师的研究资料满意度与科研产出呈显著的正相关关系。控制了其他变量，高校教师的研究资料满意度每提升一个等级，科研产出提升 5.7%（$e^{0.055}-1$）。高校教师的合同类型与科研产出呈显著的负相关关系。具体来说，控制了其他变量，签订短期固定期限合同的高校教师的科研产出比签订长期合同（终身制）的高校教师低 9.2%（$1-e^{-0.096}$）。

表 7-7　科研压力与科研产出的线性回归结果

变量	模型 3 科研产出	模型 4 科研产出	模型 5 科研产出
科研压力	-0.126 *** （0.032）	-0.133 *** （0.032）	-0.117 *** （0.032）
性别[a]	0.195 *** （0.048）	0.202 ** （0.049）	0.155 ** （0.048）
出生世代[b]			
70 世代	0.021 （0.091）	0.009 （0.092）	0.046 （0.093）
80 世代	0.112 （0.095）	0.123 （0.097）	0.148 （0.098）
90 世代	0.108 （0.136）	0.171 （0.139）	0.108 （0.138）
受教育程度[c]			
博士研究生	0.562 *** （0.078）	0.554 *** （0.080）	0.591 *** （0.082）
党员[d]	0.076 （0.053）	0.073 （0.053）	0.092 + （0.052）
本地户籍[e]	0.024 （0.110）	-0.003 （0.111）	0.126 （0.111）
个人年收入（对数）	0.087 * （0.040）	0.091 * （0.040）	0.041 （0.042）
专业技术职称[f]			
初级	0.278 + （0.167）	0.260 （0.168）	0.143 （0.165）
中级	-0.015 （0.113）	-0.042 （0.116）	-0.094 （0.114）
副高级	0.610 *** （0.113）	0.576 *** （0.115）	0.412 *** （0.115）
正高级	1.001 *** （0.126）	0.975 *** （0.128）	0.779 *** （0.128）
行政职务级别[g]			
科级	-0.029 （0.081）	-0.023 （0.082）	-0.001 （0.081）
处级及以上	-0.113 （0.095）	-0.103 （0.097）	0.039 （0.096）

续表

变量	模型 3 科研产出	模型 4 科研产出	模型 5 科研产出
研究兴趣	0.087 ** （0.025）	0.084 ** （0.025）	0.053 * （0.026）
在婚[h]		0.132 + （0.068）	0.166 * （0.067）
是否有 3 岁及以下孩子[i]		-0.024 （0.074）	-0.100 （0.074）
高校类型[j]			
"一流学科" 高校			0.221 *** （0.064）
"双一流" 高校			0.359 *** （0.071）
专业类别[k]			
理学			0.255 *** （0.071）
农业科学			0.122 （0.096）
医药科学			0.373 ** （0.140）
工程与技术科学			0.355 *** （0.058）
研究资料满意度			0.055 * （0.025）
合同类型[l]			-0.096 + （0.052）
_cons	0.253 （0.253）	0.213 （0.264）	-0.338 （0.286）
N	1210	1187	1143
adj. R^2	0.279	0.283	0.337

注：①[a] 参照组为女性；[b] 参照组为 60 世代及以前；[c] 参照组为硕士研究生及以下；[d] 参照组为非党员；[e] 参照组为非本地户籍；[f] 参照组为无职称；[g] 参照组为无级别；[h] 参照组为非在婚；[i] 参照组为没有 3 岁及以下孩子；[j] 参照组为普通高校；[k] 参照组为人文与社会科学类；[l] 参照组为长期合同（终身制）。②[+] $p < 0.10$，[*] $p < 0.05$，[**] $p < 0.01$，[***] $p < 0.001$。③括号内为标准误。

为了进一步考察高校教师的科研压力与科研产出的关系，本章进行了稳健性检验（见表 7 - 8），将高校教师所在的高校类型进行分样本回归，结果显示，无论是在普通院校、"一流学科" 高校还是 "双一流" 高校，高校教师的科研压力与科研产出均呈现显著的负相关关系，即高校教师的科研压力越大，科研产出越低。

表 7 - 8　分样本的稳健性检验

变量	模型 6 科研产出	模型 7 科研产出	模型 8 科研产出
科研压力	-0.161 * （0.069）	-0.101 * （0.048）	-0.115 * （0.057）

变量	模型 6 科研产出	模型 7 科研产出	模型 8 科研产出
性别[a]	0.205 * （0.098）	0.144 + （0.077）	0.071 （0.083）
出生世代[b]			
70 世代	0.262 （0.196）	− 0.073 （0.140）	− 0.001 （0.162）
80 世代	0.495 * （0.214）	0.022 （0.147）	0.065 （0.169）
90 世代	0.572 + （0.334）	− 0.197 （0.205）	0.163 （0.226）
受教育程度[c]			
博士研究生	0.502 *** （0.144）	0.671 *** （0.134）	0.559 *** （0.161）
政治面貌[d]	0.122 （0.116）	0.151 + （0.082）	0.019 （0.084）
本地户籍[e]	− 0.226 （0.616）	0.384 + （0.190）	0.083 （0.143）
个人年收入（对数）	0.139 （0.085）	− 0.130 （0.088）	0.134 * （0.062）
专业技术职称[f]			
初级	0.208 （0.324）	− 0.879 * （0.394）	0.429 + （0.239）
中级	0.209 （0.200）	− 0.745 * （0.293）	0.158 （0.187）
副高级	0.778 *** （0.210）	− 0.013 （0.291）	0.371 * （0.184）
正高级	1.230 *** （0.276）	0.410 （0.297）	0.721 *** （0.201）
行政职务级别[g]			
科级	− 0.002 （0.157）	− 0.208 （0.142）	− 0.036 （0.132）
处级及以上	− 0.027 （0.191）	0.089 （0.169）	0.050 （0.158）
研究兴趣	0.117 * （0.050）	0.057 （0.043）	0.016 （0.044）
婚姻状况[h]	0.149 （0.145）	− 0.072 （0.115）	0.423 *** （0.105）
是否有 3 岁及以下孩子[i]	0.160 （0.299）	0.018 （0.100）	− 0.196 + （0.114）
专业类别[j]			
理学	0.107 （0.179）	0.438 *** （0.113）	0.176 （0.116）
农业科学	− 0.124 （0.437）	0.235 + （0.136）	0.284 + （0.151）
医药科学			0.300 * （0.147）
工程与技术科学	0.247 * （0.107）	0.529 *** （0.098）	0.356 *** （0.107）
研究资料满意度	0.093 * （0.045）	− 0.048 （0.045）	0.079 （0.048）
合同类型[k]	− 0.360 *** （0.107）	− 0.009 （0.080）	0.064 （0.090）
_cons	− 0.428 （0.881）	0.732 （0.496）	− 0.430 （0.474）
N	329	425	389
adj. R^2	0.263	0.360	0.231

注：①[a] 参照组为女性；[b] 参照组为 60 世代及以前；[c] 参照组为硕士研究生及以下；[d] 参照组为非党员；[e] 参照组为非本地户籍；[f] 参照组为无等级；[g] 参照组为无级别；[h] 参照组为未婚；[i] 参照组为没有 3 岁及以下孩子；[j] 参照组为人文与社会科学；[k] 参照组为长期合同（终身制）。② + $p < 0.10$，* $p < 0.05$，*** $p < 0.001$。③括号为标准误。

五　结论与讨论

本章首先回顾了职业压力与科研产出的相关理论及影响机制，梳理了现有研究中科研压力与科研产出的关系，对高校教师的科研压力与科研产出情况进行了基本的描述性分析，并将影响科研产出的一些关键性变量与科研压力进行了方差分析，最后探讨了科研压力与科研产出的影响因素及二者之间的关系。

实证研究结果表明，高校教师普遍面临中等偏上程度的科研压力，科研压力变量的均值为2.42（总分为3分）。高校教师近五年来出版或发表过的论文（仅限本人为第一作者或通讯作者的论文）人均为9篇。

科研产出的方差分析结果显示，在个人层面上，高校教师的科研产出随科研压力的增加而显著减少；男性高校教师的科研产出显著高于女性高校教师；高校教师的科研产出随出生世代的推移而显著减少；拥有本地户籍的高校教师的科研产出显著高于拥有外地户籍的高校教师；受教育程度为博士研究生的高校教师的科研产出显著高于受教育程度为硕士研究生及以下的高校教师；高校教师的科研产出整体上随专业技术职称和行政职务级别的提升而显著增加；党员高校教师的科研产出高于非党员，但是差异不显著。在家庭层面上，在婚高校教师的科研产出显著高于非在婚高校教师。有3岁及以下孩子的高校教师的科研产出高于没有3岁及以下孩子的高校教师，但是差异不显著。在院校组织与学科层面上，高校教师的科研产出随高校等级的提升而显著增加。理、工、农、医类学科的高校教师的科研产出显著高于人文与社会科学学科。高校教师的科研产出随研究资料满意度的提升而显著增加。签订长期合同（终身制）的高校教师的科研产出显著高于签订短期固定期限合同。

进一步对影响科研压力的因素进行回归分析，结果显示，在个人层面的变量中，受教育程度为博士研究生的高校教师的科研压力显著大于受教育程度为硕士研究生及以下的高校教师。个人年收入越高，高校教师群体的科研压力越小。中级职称高校教师的科研压力显著大于无职称高校教师。其他个人层面的变量，如性别、出生世代、政治面貌、婚姻状况、户籍、行政职务级别及研究兴趣变量均不显著。在学校层面的变量中，"一流学科"高校教师和"双一流"高校教师的科研压力大于普通高校教师。研究经费满意度和研究资料满意度越高，高校教师的科研压力越小。签订短期固定期限合同的高校教师的科研压力普遍大于签订长期合同（终身制）的高校教师。有鉴于此，学校应为高校教师提供充足的研究经费和研究资料，以减轻高校教师的科研压力。

进一步对影响科研产出的因素进行回归分析，结果显示，在个人层面的变量中，高校教师的科研压力越大，其科研产出越低；男性高校教师的科研压力显著大于女性高校教师。受教育程度为博士研究生的高校教师的科研产出显著高于受教育程度为硕士研究生及以下的高校教师。拥有党员身份的高校教师的科研产出显著高于非党员高校教师。专业技术职称为副高级和正高级的高校教师的科研产出显著高于无职称高校教师。高校教师的研究兴趣越大，其科研产出越高。在家庭层面的变量中，在婚高校教师的科研产出显著高于非在婚高校教师。在组织院校与学科层面的变量中，"一流学科"高校和"双一流"高校教师群体的科研产出显著高于普通高校教师。理学、医药科学和工程与技术科学高校教师的科研产出显著高于人文与社会科学高校教师。高校教师的研究资料满意度越高，科研产出越高。签订短期固定期限合同的高校教师的科研产出高于签订长期合同（终身制）的高校教师。为了进一步考察高校教师的科研压力与科研产出之间的关系，本章对高校教师进行分样本的稳健性检验，结果发现，无论是在普通院校、"一流学科"高校还是"双一流"高校，高校教师的科研压力与科研产出均呈现显著的负相关关系，即高校教师的科研压力越大，科研产出越低。

高校教师普遍面临较大的科研压力已成事实，我们通过探究发现，无论就职于何种层次的高校，科研压力越大，科研产出越低。因此，高校应着力激发高校教师的研究兴趣，为高校教师提供充足的研究资料，以提升其科研绩效。

参考文献

哈里特·朱克曼，1979，《科学界的精英——美国的诺贝尔奖金获得者》，周叶谦、冯世则译，商务印书馆。

胡青、李笃武、孙宏伟、张彧，2009，《高校教师工作压力与工作绩效的关系：组织承诺的调节作用》，《中国健康心理学杂志》第12期。

雷利利、龚杰昌、周密、吴宏春，2013，《基于组织承诺的工作压力与高校教师工作绩效的实证研究》，《中国高校师资研究》第6期。

林培锦、李建辉，2018，《大学教师科研压力对科研绩效的影响——工作满意度、情绪智力的中介和调节作用》，《福建师范大学学报》（哲学社会科学版）第 6 期。

刘荣，2004，《教师职业压力与健康状况研究述评》，《首都师范大学学报》（社会科学版）第 4 期。

刘睿、郭云贵、张丽华，2016，《创新自我效能感对科研绩效的影响：科研投入与挑战性科研压力的作用》，《北京邮电大学学报》（社会科学版）第 2 期。

刘晓明，2004，《职业压力、教学效能感与中小学教师职业倦怠的关系》，《心理发展与教育》第 2 期。

刘易斯·科塞，2003，《理念人：一项社会学的考察》，郭方等译，中央编译出版社。

任君庆、张菊霞，2017，《高职院校教师职业压力：模型检验与实证分析》，《中国高教研究》第 9 期。

万利、杨河清，2018，《高校青年教师科研绩效压力对过度劳动的影响——职业紧张与焦虑的中介作用》，《中国劳动关系学院学报》第 6 期。

王仙雅、林盛、陈立芸，2013，《科研压力对科研绩效的影响机制研究——学术氛围与情绪智力的调节作用》，《科学学研究》第 10 期。

夏纪军，2014，《学缘关系、性别与学术声誉——基于经济学领域 h 指数的实证研究》，《浙江社会科学》第 6 期。

阎光才、牛梦虎，2014，《学术活力与高校教师职业生涯发展的阶段性特征》，《高等教育研究》第 10 期。

张珣、徐彪、彭纪生、翟纯，2014，《高校教师科研压力对科研绩效的作用机理研究》，《科学学研究》第 4 期。

Abouserie, R. 1996. "Stress, Coping Strategies and Job Satisfaction in University Academic Staff." *Educational Psychology* 16 (1): 49 – 56.

Affleck, M. A. 1998. "Stress and Job Performance: Theory, Research, and Implications for Managerial Practice." *The Journal of Academic Librarianship* 25 (6): 494 – 495.

Barnes, L. L., Agago, M. O., and Coombs, W. T. 1998. "Effects of Job-Related Stress on Faculty Intention to Leave Academia." *Research in Higher Education* 39 (4): 457 – 469.

Gmelch, W. H., Wilke, P. K., and Lovrich, N. P. 1986. "Dimensions of Stress among University Faculty: Factor-Analytic Results from a National Study." *Research in Higher Education* 24 (3): 266 – 286.

Jamal, M. 1984. "Job Stress and Job Performance Controversy: An Empirical Assessment." *Organizational Behavior and Human Performance* 33 (1): 1 – 21.

Lease, S. H. 1999. "Occupational Role Stressors, Coping, Support and Hardiness as Predictors of Strain in Academic Faculty: An Emphasis on New and Female Faculty." *Research in Higher Education* 40 (3): 285 – 307.

Lyne, K. D., Barrett, P. T., Williams, C., and Coaley, K. 2011. "A Psychometric Evaluation of the Occupational Stress Indicator. " *Journal of Occupational and Organizational Psychology* 73 （2）: 195 – 220.

Misra, J. , Lundquist, J. H. , and Templer, A. 2012. "Gender, Work Time, and Care Responsibilities Among Faculty. " *Sociological Forum* 27 （2）: 300 – 323.

Slaughter, S. and Leslie, L. 2001. "Academic Capitalism: Politics, Policies, and the Entrepreneurial University. " *Academic Freedom* 23 （100）: 221 – 228.

Sullivan, S. E. and Bhagat, R. S. 1992. "Organizational Stress, Job Satisfaction and Job Performance: Where Do We Go From Here?" *Journal of Management Official Journal of the Southern Management Association* 18 （2）: 353 – 374.

第八章 高校教师的工作满意度

袁 媛[*]

随着高校教师科研和工作压力的不断加大，高校教师心理健康问题逐渐受到关注，《国家中长期教育改革和发展规划纲要（2010—2020 年）》指出，要"提高教师地位，维护教师权益，改善教师待遇，使教师成为受人尊重的职业"。因此，关心高校教师的工作状况，了解高校教师的心理需求，对加强高校教师队伍建设、提高高校教师素质水平有着重要的价值。那么，我国高校教师工作满意度现状如何，什么因素会影响高校教师的工作满意度？本章试图在全面回顾工作满意度的内涵、相关理论和影响因素的基础上，对高校教师工作满意度现状进行全方位揭示，对工作满意度的影响因素进行深入探究。

一 研究综述

（一）工作满意度的内涵与维度

国外学术界对工作满意度的研究开始于 20 世纪 30 年代，工作满意度是员工对其工作所持的愉悦或积极的情感状态（Locke，1976），是由工作带来的员工在生理和心理两方面的满足感（Hoppock，1935），对激励员工和提高组织绩效具有重要的意义（Diener et al.，2020）。对工作满意度的研究主要集中在组织行为学和人力资源管理学领域，20 世纪 90 年代，随着教育学对工作满意度的研究逐渐增多，教师的工作满意度才引起学界更广泛的关注。

教师是教育事业的主体，提高教师工作获得感、满意度、幸福感是提

---

* 袁媛，上海大学社会学院博士研究生。

升教学质量、促进教育事业发展的重中之重。教师工作满意度是教师的一种主观价值判断，既包含教师对自我期望、自我实现的内在满意度，也包含教师对工作条件、工作环境、薪资报酬等各方面的外在满意度（武向荣，2019）。（教师）工作满意度维度划分如表 8 – 1 所示。

表 8 – 1　（教师）工作满意度维度划分

工作满意度	刘昕等，2016	工作本身、工作汇报、同事关系、工作环境
	许琪、戚晶晶，2016	工作条件、劳动强度、工作稳定性、收入水平和发展前途
教师工作满意度	梁文艳，2020	职业满意度、学校环境满意度以及薪酬满意度
	武向荣，2019	职业满意度感受、与个人教育期望的差距、对学校的信心
	周海涛、朱桂兰，2009	薪酬与福利待遇、学院政策制度、学术工作的自主性与激励性、学生素质与教师考核、管理者的重视、学院管理者素质与行为

关于工作满意度测量主要有两种倾向：一种是单一测量法，整体上考量员工的工作满意度；另一种是综合评分法，认为工作满意度是由不同方面组成的。国内近年对工作满意度的研究大多运用第二种方法测量，但也有研究者认为工作满意度测量较为复杂，两种测量方法各有好处，可以将二者结合起来探究（冯缙、秦启文，2009）。本章采用二者相结合的方式，不仅运用单一测量法测量高校教师整体工作满意度，也运用综合评分法，从不同方面对高校教师工作满意度进行测量，以求更加全面、完整地揭示高校教师工作满意度的现状。

（二）工作满意度的相关理论和机制研究

双因素理论和需求理论是学者在研究工作满意度影响因素时最常用的理论。双因素理论又称"激励保健理论"。赫茨伯格在双因素理论中认为，员工的工作积极性受到很多因素的影响，这些因素可分为两类：一类被称为保健因素，另一类被称为激励因素。保健因素即工作环境因素，包括组织的政策、工资水平、工作条件、工作保障、福利与安全、人际关系等。它能满足人的物质需要，消除员工的不满，预防不满或消极情绪的产生，但它不直接产生激励作用，只是维持当前的工作状态、保持员工当前的积极性，因此也叫"维持因素"。比如，管理者提高员工的工资待遇，员工的工作积极性不一定会提高，但降低员工的工资待遇，员工的工作积极性必然会下降。所谓激励因素，即与工作本身相关的因素，是影响人们工作状态的内在因素，包括工作带来的乐趣、社会认可、成就感、发展机会、进步与责任等。激励因素是积极的，它通过满足人的自我实现需要来发挥作用，借此可提高工作效率，增加人们的进取心，使员工产生满足感。有此激励能带来工作的积极情绪，而缺少此激励也不会导致工作的消极情绪。

　　还有一些学者主要从心理学角度出发探究工作满意度的影响机制，如公平理论、期望理论或归因理论。公平理论指出，人的工作积极性不仅与实际报酬有关，而且与人们是否对报酬的分配感到公平有关，公平感来源于对自己和参照对象的投入和报酬的主观比较。由此可知，形成工作满意度的过程，也是对投入和报酬进行主观比较的过程。期望理论是由著名心理学家 Vroom（1964）提出的，该理论认为，当人们对某种目标抱有很大的决心想实现时，就会激发出强烈的动机、焕发出强大的能量，提供前进的动力。而员工的工作满意度也取决于他们对绩效的期望以及期望与实际获得之间的关系。归因是人们对自己或他人行为进行分析，剖析本质或原因的过程，是把他人或自己的行为原因进行推测和解释的过程。归因理论是研究者探究工作满意度的重要机制之一，最早由 Heider（1958）提出，他认为事件的原因主要分为内因和外因两种。内因指人主观的情绪、态度、能力等，外因指客观的天气、外界压力等。人们在解释他人行为时，倾向于内部归因；在解释自己的行为时，倾向于外部归因。因此，不同的归因方式可能导致不同的工作满意度。

　　本章想要探究的是高校教师工作满意度的影响因素，不仅限于心理维度，因此将在分析中主要借鉴双因素理论，这样可以更加全面、直观地展现高校教师的相关特质与其工作满意度的关系，在将工作满意度多个指标划分为保健性工作满意度和激励性工作满意度两个维度后，寻找二者在影响因素上的异同，以求深刻地揭示高校教师的真实需求。

（三）教师工作满意度及其影响因素实证研究

　　有研究通过横断历史的元分析方法，发现近年来教师主观幸福感总体上呈现下降趋势（辛素飞等，2021），学术职业满意度在整体上为"不满意"（周海涛、朱桂兰，2009）。国内外研究者基于不同的理论基础和视角，多从内在因素（如受教育水平、个人期望、成就感）及外在因素（如工作条件、收入地位、管理制度）两个方面分析影响工作满意度的因素，职称评定、荣誉制度和薪资水平共同构成教师激励政策的关键杠杆。已有研究采用的研究方法多为相关分析、多元回归分析、多层线性模型和结构方程模型，但研究结论差异较大。

性别、年龄等人口学因素在研究中被证明对工作满意度有一定影响。运用性别角色理论，有学者通过全国性的实证调查数据得出，与男性员工相比，工作压力和家庭压力会使女性员工陷入更为严重的工作和家庭的冲突之中，而且女性员工也更可能因工作影响家庭而降低对工作的满意度，因此员工扮演的家庭角色同样会对工作满意度产生影响（许琪、戚晶晶，2016）。青年教师相对于其他年龄段的教师工作压力更大，他们既要满足业绩考核和职业晋升要求，又要承担婚姻与家庭的责任，因此会通过延长工作时间等"自我剥削"方式来应对时间压力。他们牺牲休闲和家庭生活，身心健康受损，越来越像"知识工人"（付梦芸、李欣，2022；任美娜、刘林平，2021）。除此之外，过多的工作负担和不平衡的时间支出，导致高校教师存在健康风险。许多研究集中在高校教师的心理健康，如焦虑、抑郁等；也有研究认为，高校教师的身体生理健康问题较为突出，如高血压、糖脂代谢紊乱等。身心问题可能相互影响，产生恶性循环。

国内外研究很早就证实了经济性市场地位因素与教师工作满意度之间的密切关系（Okpara and Wynn，2008；Card et al.，2012）。单位成员在单位中所处的客观地位，将影响到人们在单位中的资源占有状况、满意度和相对剥夺感（李汉林、李路路，2000）。首先是与工作满意度密切相关的工资收入。高校的工资制度经历了五个阶段的改革，国家不断将工资管理权限下放，提高教师工资待遇，激励教师，提升其工作满意度。但工资制度仍存在一些不完善之处，如高校内部工资差别大。相比于高层次人才，青年教师收入过低，收入与科研挂钩多，与教学挂钩少，可能会造成青年教师的工作满意度低。基于付出－回报失衡理论的研究指出，教师低经济报酬容易产生心理健康问题，加剧抑郁与焦虑（杨睿娟、游旭群，2017）。为了提高教师的获得感，近年来国家出台了一系列提高教师待遇的政策，根据罗尔斯（2011）关于分配正义的原则，应努力做到"机会均等和差异补偿"，提供"发展性激励"政策，为乡村教师提供更多发展机会，提供"补偿性激励"，给予偏远地区教师一定的物质薪资补偿。然而，这种增进教师工作热情的长线激励政策，实际上与青年教师的关键需求错位，无法给予青年教师真正的帮助（白亮，2021）。教师的工作满意度与流动和离职意愿紧密相关，过低的工作满意度将增强教师的离职意愿。有学者认为，提高工资收入水平将减少教师的离职行为，增加任职时间（Falch，2011；Murnane and Olsen，1989）。其次，行业间的工资差距可能会影响教师的流动。与其他行业工资差距越大，教师离开教育行业的可能性越大（Rickman and Parker，1990）。住房作为重要的经济指标之一，对工作满意度也有显著影响。多套住房者的工作满意度更高；仅拥有一套住房者表现出比其他群体更低的工作满意度，偿还房贷的压力和房价上涨导致工作机会成本增加，使一套住房者产生了相对剥夺感，进而降低了其工作满意度。一套住房者较低的工作满意度在更大程度上表现为其对工作收入的不满情绪，而这种不满情绪可能来源于其对工作收入更高的心理期望（刘斌、张安全，2021）。

目前，经济性因素对工作满意度的影响在学界仍存在争论。许多研究赋予非经济因素重要的地位，认为教师群体可能更加重视一定制度背景下精神与专业发展等非经济因素的提升而非物质因素。国外有研究者指出，人们会对工作获得有自己的控制加工，形成工作价值观，而工作价值观对工作满意度有独立和显著的影响（Kalleberg，1977）。对于乡村教师来说，工作满意度低主要是受照顾家庭、孩子教育和个人专业发展的影响，而非工资（赵新亮，2019）；对于大学教师来说，薪酬福利同样对工作满意度没有显著影响，而"学术工作的自主性与激励性""学生素质和教师考核"则会显著影响其工作满意度。由于教师职业的特殊性，除了体力劳动和脑力劳动外，教师还从事情感劳动，并且这种情感劳动会影响工作满意度、工作倦怠、组织的绩效和活力（高晓文、于伟，2018）。刘昕等（2016）对公务员群体工作满意度的研究也证实了精神因素对工作满意度的显著影响，认为公务员的整体工作满意度不高，工作价值观和公共服务动机显著影响其工作满意度，这说明在经济型市场地位和绝对的工作满意度间精神或心理因素可能发挥着更大的作用。教师是受教育程度较高的职业群体，尤其是在高校中，人力资本对教师的职业发展和满意度会产生不可替代的作用。已有研究认为，教育对工作或生活满意度的影响是负向的。随着教师受教育程度的提高，教师学术职业满意度呈下降趋势（周海涛、朱桂兰，2009）。因为教育会使人们的期望提高，从而对工作或生活满意度产生负向影响（Clark and Oswald，1996）。此外，有关家庭背景对工作满意度的研究也比较多，且目前结论较为一致，但研究对象主要集中在刚就业或即将毕业的大学生群体。研究认为，家庭背景，包括家庭年收入、父母的受教育年限、家庭所拥有的社会关系等，会对高校毕业生的就业机会及就业起薪产生显著的正向影响，家庭背景作为社会资本对工作满意度具有正向作用（杜桂英、岳昌君，2010；岳昌君、杨中超，2012）。

总的来说，市场身份因素是在讨论普通员工工作满意度时被普遍关注的因素。收入和稳定性、教育及住房状况与职业密切相关，是工作满意度的主要来源之一。已有研究关于高校教师市场身份因素对工作满意度的影响争议较大，尤其是收入的影响。那么，将工作满意度进行分类之后，对于高校教师这份特殊的职业来讲，其市场身份因素对工作满意度的影响如何，对不同类型的工作满意度的影响是否会存在差异，这些问题值得探究。从劳动关系中的工作地位角度来说，制度环境压力和教师工作角色的不断重塑与扩张在一定程度上会给高校教师带来负面影响，这种负面影响往往为学术职业追求的内驱力中的积极感受所掩盖，过度工作的意识逐渐被内化，这并不利于学术劳动力的再生产和学术劳动力市场的可持续发展。近年来，过度劳动问题逐渐得到研究者的广泛重视，尤其是对于高校教师来说，繁重的科研、教学、行政任务并存，导致其超负荷工作。国外学者发现，工作负担过重将导致员工对组织的承诺和工作满意度水平都降低（Ogbonnaya et al.，2017）。国内研究者对 TALIS 2018 中国上海教师调查数据的分析也提出，过高的工作要求会通过工作压力的中介作用，降低工作满意度，而增加工作资源将减少这种负面影响，教师在"高要求－高资源"的组合状况下感受到高水平的工作满意度（梁文艳，2020），工作负担、工作压力成为影响教师工作满意度的重要因素（赵新亮，2019）。然而，多数情况下工作与工作满意度的关系不是绝对的，有研究指出，被领导给予过多的重视可能会导致工作负担加重，进而造成情感枯竭，降低工作满意度，但也可能会激发自我效能，提高工作满意度，因此，外界的工作压力需要通过自我加工形成或高或低的工作满意度（彭坚、王震，2018）。同时，成败归因对工作满意度有显著影响，越倾向于外部归因的人，工作满意度越低（才国伟、刘剑雄，2013）。

总结起来，近年来工作满意度的研究已经成为组织行为学、经济学、心理学、社会学等学科关注的热点领域，国内外学者从多个角度、运用多种理论对其进行探讨，但无论是对高校教师这一群体的研究还是对不同类型的高校中教师工作满意度的差异问题的研究都还不够深入，并且对高校教师工作特征相关因素未给予充分重视，不同因素对工作满意度影响的强弱仍没有定论。

二　研究设计

（一）　研究内容与研究方法

本章首先运用描述性统计方法对高校教师的工作满意度现状进行概括，其次将影响因素分为个人特征、市场身份地位特征和工作特征三类，最后探究三类因素对高校教师保健性工作满意度、激励性工作满意度以及整体工作满意度的影响。本章的因变量——工作满意度为连续变量，因此采用线性回归模型的统计方法。

（二）　概念的操作化

1. 因变量

本章的因变量为工作满意度，包括对工作收入、工作稳定性、工作环境、工作时间、工作晋升机会、工作绩效考核机制、工作中能充分展现自己的能力与技能、他人对高校教师职业的尊重、校院行政人员的工作态度与效率、整体工作满意度的评价，均为李克特5级量表（①非常不满意；②不太满意；③一般；④满意；⑤非常满意）。

首先，将整体工作满意度指标作为工作满意度的综合指标。其次，根据双因素理论，将工作满意度分为保健性工作满意度和激励性工作满意度。保健性工作满意度包括工作收入、工作稳定性、工作环境、工作时间、校院行政人员的工作态度与效率，将5个指标相加除以5取均值，得到保健性工作满意度得分；激励性工作满意度包括工作晋升机会、工作绩效考核机制、工作中能充分展现自己的能力与技能、他人对高校教师职业的尊重，将4个指标相加除以4取均值，得到激励性工作满意度得分。

2. 自变量

（1）个人特征

个人特征主要包括性别、出生世代、户籍、所在地区、婚姻状况、政治面貌、健康状况。

（2）市场身份地位特征

个人年收入：受访者去年个人税后总收入，为连续变量，为避免极端值的影响，将收入取对数值后加入模型。

住房产权：受访者当前住房产权。原始分类为自购商品房（含经济适用房）、租住公房（公租房、廉租房）、租住私房、借住他人住房（不支付房租等费用）和租住单位型住房、其他6个类型，在回归分析中将自购商品房类型归为"有产权"，将其他5个类型归为"无产权"。

合同类型：受访者当前与所在高校签订的合同类型，分为短期固定期限合同和长期合同（终身制）。

受教育程度：受访者的最高学历，分为大学专科或本科、硕士研究生和博士研究生。

（3）工作特征

高校类型：受访者当前工作高校类型，分为普通高校、"一流学科"高校和"双一流"高校。

专业类别：受访者当前工作学院专业类别，分为理学、农业科学、医药科学、工程与技术科学和人文与社会科学5大类。

科研情况：受访者近五年出版或发表过的论文数，为连续变量。

专业技术职称：受访者专业技术职称的级别，分为无职称、初级、中级、副高级和正高级5类。

行政职务级别：受访者担任过行政或管理最高的职务级别，原始问卷分为无级别、科级副职、科级正职、处级副职、处级正职、厅局级副职、厅局级正职及以上7类，分析中将处级正职、厅局级副职、厅局级正职及以上合并为处级正职及以上。

人际关系：分为三个维度，具体指受访者与上级、同事、学生的关系，1~5分表示关系由差到好，将这三个变量看作连续变量。

职业流动方向：根据受访者初教职及现教职的高校级别生成，分为未流动、向下流动、水平流动、向上流动、其他（包括国际流动、机构高校间流动等）5类。

变量的描述性统计结果如表8-2所示。

表 8 - 2（a）　类别变量的描述性统计结果

	变量定义	频数	占比（%）		变量定义	频数	占比（%）
性别	女性	1160	46.49	专业类别	理学	441	18.07
	男性	1335	53.51		农业科学	165	6.76
出生世代	60 世代前	27	1.08		医药科学	78	3.20
	60 世代	320	12.83		工程与技术科学	987	40.45
	70 世代	835	33.47		人文与社会科学	769	31.52
	80 世代	1106	44.33	专业技术职称	无职称	178	7.14
	90 世代	207	8.30		初级	101	4.05
户籍	非本地户籍	131	5.58		中级	799	32.05
	本地户籍	2218	94.42		副高级	948	38.03
所在地区	上海	1771	70.08		正高级	467	18.73
	非上海	756	29.92	行政职务级别	无级别	1907	80.13
婚姻状况	非在婚	427	17.54		科级副职	100	4.20
	在婚	2008	82.46		科级正职	147	6.18
政治面貌	非党员	764	30.39		处级副职	171	7.18
	党员	1750	69.61		处级正职及以上	55	2.31
住房产权	无产权	755	30.57	职业流动方向	未流动	1632	76.30
	有产权	1715	69.43		向下流动	65	3.04
合同类型	短期固定期限合同	1509	60.36		水平流动	236	11.03
	长期合同（终身制）	991	39.64		向上流动	125	5.84
受教育程度	大学专科或本科	87	3.56		其他	81	3.79
	硕士研究生	391	15.99	高校类型	普通高校	726	28.73
	博士研究生	1967	80.45		"一流学科"高校	843	33.36
					"双一流"高校	958	37.91

表 8 - 2（b）　连续性变量的描述性统计结果

	样本量	均值	标准差
健康状况	2514	3.46	0.81
ln 个人年收入	2324	2.96	0.78
科研情况	2363	12.59	20.78
与上级关系	2507	3.92	0.72
与同事关系	2507	4.20	0.63
与学生关系	2495	4.28	0.64

三　工作满意度的统计结果

表 8－3 显示了在分析中应用的与工作满意度相关的变量。对工作满意度各个维度和整体状况进行概括描述，可以更细致地了解高校教师与工作相关的各个方面的心理感受。

表 8－3　工作满意度描述性分析

变量	均值	标准差	样本量
工作收入	2.87	1.04	2507
工作稳定性	3.67	0.81	2506
工作环境	3.53	0.85	2505
工作时间	3.44	0.87	2505
校院行政人员的工作态度与效率	3.33	1.01	2505
保健性工作满意度	3.37	0.69	2493
工作晋升机会	3.11	0.95	2506
工作绩效考核机制	3.09	0.93	2505
工作中能充分展现自己的能力与技能	3.42	0.86	2507
他人对高校教师职业的尊重	3.59	0.90	2508
激励性工作满意度	3.30	0.76	2499
整体工作满意度	3.47	0.79	2507

保健性工作满意度主要有工作收入、工作稳定性、工作环境、工作时间和校院行政人员的工作态度与效率 5 个指标，保健性工作满意度平均得分为 3.37 分，处于中上水平。其中，得分最高的指标是工作稳定性（3.67 分），其次依次为工作环境（3.53 分）、工作时间（3.44 分）、校院行政人员的工作态度与效率（3.33 分），得分最低的指标是工作收入（2.87 分），也是所有满意度指标中最低的。由此可见，高校教师职业的稳定性、高校的工作环境以及相对自由的工作时间是受到一致认可的，但缺乏对校院行政人员的工作态度与效率的认可，并认为收入和付出并不匹配。

激励性工作满意度包括工作晋升机会、工作绩效考核机制、工作中能充分展现自己的能力与技能、他人对高校教师职业的尊重 4 个指标，激励性工作满意度平均得分（3.30 分）略低于保健性工作满意度。其中，得分最高的是他人对高校教师职业的尊重（3.59 分），其次依次为工作中能充分展现自己的能力与技能（3.42 分）、工作晋升机会（3.11 分），得分最低的指标是工作绩效考核机制（3.09 分）。可见，高校教师自身的职业荣誉感和自豪感较强，高校教师是被社会普遍认为的身份地位较高、受人尊敬的职业，并且这份职业可以将自己的才能较好地发挥出来，但高校教师对高校的工作晋升机制和工作绩效考核机制并不认可，可能是由于职业体制内晋升较难、考核制度不完善。

整体工作满意度并非所有指标的加总，而是作为单独的综合指标让受访者自身对工作的整体满意度进行衡量，从表 8-3 中可以看到，整体工作满意度的均值为 3.47，高于保健性工作满意度和激励性工作满意度。这说明，可能是不同指标在高校教师心中衡量整体工作满意度时的权重不同，在评价整体工作满意度时，更加侧重于他人对高校教师职业的尊重或工作稳定性、工作环境维度，也可能是基于与其他职业的对比，认为在社会上高校教师属于中上层职业类型，由此导致整体工作满意度略高的情况。

四　工作满意度的研究发现

（一）保健性工作满意度影响因素

表 8-4 是保健性工作满意度的线性回归分析结果，模型 1 是只有控制变量的基准模型，模型 2 加入了高校教师市场身份地位特征指标，模型 3 又加入了高校教师工作特征指标。模型拟合度有显著提升，模型 3 中所有自变量已经可以解释因变量的 35.2%。

模型 1 显示，在个人特征中，出生世代、所在地区、健康状况对保健性工作满意度的影响显著，而性别、户籍、婚姻状况和政治面貌对保健性工作满意度无显著影响。具体来说，相比于 60 世代前高校教师，70 世代、80 世代和 90 世代高校教师的保健性工作满意度明显降低，其中以 70 世代最甚；相比于非上海地区，上海地区高校教师的保健性工作满意度要高1.969 个单位；健康状况对保健性工作满意度呈现显著正向影响，健康状况每提升 1 个单位，保健性工作满意度提升 1.156 个单位。

模型 2 加入了高校教师市场身份地位特征指标，所在地区和健康状况的效应没有发生明显变化，但出生世代的影响效应消失了，本地户籍效应变得显著，拥有本地户籍的高校教师的保健性工作满意度更低。市场身份地位指标中个人年收入、住房产权、合同类型对保健性工作满意度均有显著正向影响，受教育程度对保健性工作满意度有负向影响，但并不显著。

具体来说，个人年收入对数每提高 1 个单位，保健性工作满意度提高 0.678 个单位；有当前住房产权的高校教师比没有当前住房产权的高校教师的保健性工作满意度提高 0.599 个单位；与高校签订长期合同（终身制）的教师比与高校签订短期固定期限合同的教师的保健性工作满意度提高 0.795 个单位。

模型 3 加入了高校教师工作特征指标，相较于模型 2，户籍及住房产权的影响效应消失，其他因素并无显著变化。在工作特征中，高校类型、专业类别、行政职务级别、与上级和同事关系、职业流动方向对保健性工作满意度有显著影响，而科研情况、专业技术职称、与学生关系对保健性工作满意无显著影响。具体来说，高校教师所在的高校层级越高，其保健性工作满意度越高。与普通高校相比，"一流学科"高校教师的保健性工作满意度提高 0.597 个单位，"双一流"高校教师的保健性工作满意度提高 1.076 个单位。相较于理学专业的高校教师，农业科学专业高校教师的保健性工作满意度提高了 0.780 个单位，而医药科学专业高校教师的保健性工作满意度降低了 1.250 个单位。相较于无职称，科级正职高校教师的保健性工作满意度反而显著降低了 0.991 个单位。与上级关系每提升 1 个单位，保健性工作满意度提高 1.374 个单位；与同事关系每提升 1 个单位，保健性工作满意度提高 0.455 个单位。相比于没有流动经历的高校教师，有国际流动或企校流动经历高校教师的保健性工作满意度降低了 0.752 个单位。

表 8 - 4 保健性工作满意度的线性回归分析结果

	模型 1 （基准模型）	模型 2 （市场身份地位特征模型）	模型 3 （工作特征模型）
性别[a]	0.094 （0.139）	- 0.039 （0.148）	- 0.258 （0.165）
出生世代[b]			
60 世代	- 0.925 （0.719）	- 0.480 （0.771）	0.795 （0.972）
70 世代	- 1.841 ** （0.704）	- 0.948 （0.756）	0.346 （0.960）
80 世代	- 1.748 * （0.702）	- 0.574 （0.757）	0.375 （0.968）
90 世代	- 1.708 * （0.742）	- 0.136 （0.807）	0.370 （1.015）
本地户籍[c]	- 0.602 （0.309）	- 0.859 * （0.339）	- 0.498 （0.373）
上海[d]	1.969 *** （0.151）	1.430 *** （0.19）	0.542 * （0.243）
婚姻状况[e]	- 0.244 （0.193）	- 0.324 （0.207）	- 0.177 （0.227）
政治面貌[f]	0.047 （0.147）	0.093 （0.154）	0.104 （0.172）

	模型1 （基准模型）	模型2 （市场身份地位特征 模型）	模型3 （工作特征模型）
健康状况	1.156 *** （0.084）	1.088 *** （0.088）	0.857 *** （0.096）
ln 个人年收入		0.678 *** （0.108）	0.396 ** （0.126）
住房产权[g]		0.599 *** （0.173）	0.265 （0.187）
合同类型[h]		0.795 *** （0.162）	0.677 *** （0.179）
受教育程度[i]			
硕士研究生		−0.016 （0.423）	−0.798 （0.532）
博士研究生		−0.223 （0.397）	−0.885 （0.507）
高校类型[j]			
"一流学科"高校			0.597 ** （0.226）
"双一流"高校			1.076 *** （0.258）
专业类别[k]			
农业科学			0.780 * （0.351）
医药科学			−1.250 ** （0.472）
工程与技术科学			0.138 （0.214）
人文与社会科学			−0.133 （0.235）
科研情况			0.002 （0.004）
专业技术职称[l]			
初级			−0.126 （0.531）
中级			0.001 （0.375）
副高级			−0.384 （0.387）
正高级			0.387 （0.436）
行政职务级别[m]			
科级副职			−0.622 （0.383）
科级正职			−0.991 ** （0.326）
处级副职			−0.383 （0.315）
处级正职及以上			−0.522 （0.586）
与上级关系			1.374 *** （0.143）
与同事关系			0.455 * （0.179）
与学生关系			0.119 （0.163）
职业流动方向[n]			
向下流动			0.144 （0.480）

续表

	模型 1 （基准模型）	模型 2 （市场身份地位特征 模型）	模型 3 （工作特征模型）
水平流动			0.005 （0.268）
向上流动			0.320 （0.353）
其他			−0.752* （0.381）
截距	14.564*** （0.847）	11.673*** （1.006）	4.912*** （1.371）
N	2203	1991	1480
R^2	0.178	0.211	0.352

注：①[a] 参照组为女性；[b] 参照组为 60 世代前；[c] 参照组为非本地户籍；[d] 参照组为非上海；[e] 参照组为非在婚；[f] 参照组为非党员；[g] 参照组为无产权；[h] 参照组为短期固定期限合同；[i] 参照组为大学专科或本科；[j] 参照组为普通高校；[k] 参照组为理学；[l] 参照组为无职称；[m] 参照组为无级别；[n] 参照组为未流动。② $* p < 0.05, ** p < 0.01, *** p < 0.001$。③括号内为标准误。

（二） 激励性工作满意度影响因素

表 8−5 是激励性工作满意度的线性回归分析结果，模型 4、模型 5、模型 6 分别是加入了控制变量、市场身份地位特征指标和工作特征指标的回归嵌套模型。模型拟合度显著提高，模型 6 的拟合度达到 38.5%。

模型 4 显示，在个人特征指标中，出生世代、户籍、所在地区和健康状况对激励性工作满意度的影响显著，性别、婚姻状况和政治面貌对激励性工作满意度的影响不显著。具体来说，相较于 60 世代前高校教师，70 世代高校教师的激励性工作满意显著降低 1.651 个单位；上海地区的高校教师相比于非上海地区的高校教师，激励性工作满意度提高 1.591 个单位；健康状况每提高 1 个单位，激励性工作满意度显著提高 0.880 个单位。

模型 5 加入了市场身份地位特征指标，出生世代的影响效应消失了，其他因素效应并无显著改变。在市场身份地位指标中，个人年收入、住房产权、合同类型对激励性工作满意度均有显著正向影响，而受教育程度对激励性工作满意度的影响并不显著。具体来说，个人年收入对数每提高 1 个单位，激励性工作满意度提高 0.655 个单位；有当前住房产权比没有当前住房产权的高校教师的激励性工作满意度高 0.308 个单位；与高校签订长期合同（终身制）的高校教师比与高校签订短期固定期限合同的高校教师的激励性工作满意度提高 0.622 个单位。

模型 6 加入了工作特征指标后，出生世代的影响效应显现出来，所在地区和住房产权的影响效应消失，与 60 世代前高校教师相比，90 世代高校教师的激励性工作满意度高 2.169 个单位，其他因素效应无显著改变。在工作特征指标中，高校类型、专业技术职称、行政职务级别、与上级关系对激励性工作满意度有显著影响，而专业类别、科研情况、职业流动方向对激励性工作满意度无显著影响。具体来说，高校教师所在的高校层级越高，其激励性工作满意度越高。与普通高校相比，"双一流"高校教师的激励性工作满意度提高 0.867 个单位；相较于无职称的高校教师，有正高级职称的高校教师的激励性工作满意度显著提高 0.895 个单位；相较于无级别的高校教师，科级正职高校教师的激励性工作满意度降低 1.078 个单位；与上级关系每提升 1 个单位，激励性工作满意度提高 1.585 个单位。

表 8-5　激励性工作满意度的线性回归分析结果

	模型 4 （基准模型）	模型 5 （市场身份地位特征模型）	模型 6 （工作特征模型）
性别[a]	0.209（0.122）	0.035（0.130）	-0.269（0.138）
出生世代[b]			
60 世代	-1.191（0.629）	-0.697（0.673）	1.060（0.812）
70 世代	-1.651 ** （0.616）	-1.010（0.660）	0.834（0.802）
80 世代	-1.038（0.614）	-0.212（0.661）	1.519（0.809）
90 世代	-0.629（0.649）	0.625（0.705）	2.169 * （0.848）
本地户籍[c]	-0.672 * （0.27）	-0.931 ** （0.296）	-0.653 * （0.312）
上海[d]	1.591 *** （0.133）	0.991 *** （0.166）	0.385（0.203）
在婚[e]	-0.175（0.169）	-0.244（0.182）	-0.115（0.191）
党员[f]	-0.091（0.129）	-0.061（0.135）	-0.019（0.144）
健康状况	0.880 *** （0.074）	0.801 *** （0.077）	0.581 *** （0.080）
ln 个人年收入		0.655 *** （0.095）	0.318 ** （0.106）
住房产权[g]		0.308 * （0.151）	0.084（0.156）
合同类型[h]		0.622 *** （0.142）	0.429 ** （0.150）
受教育程度[i]			
硕士研究生		0.348（0.372）	-0.724（0.449）
博士研究生		0.614（0.349）	-0.432（0.428）
高校类型[j]			
"一流学科"高校			0.303（0.188）

续表

	模型 4 (基准模型)	模型 5 (市场身份地位特征 模型)	模型 6 (工作特征模型)
"双一流"高校			0.867 *** (0.216)
专业类别^k			
农业科学			0.230 (0.294)
医药科学			− 0.387 (0.394)
工程与技术科学			0.098 (0.179)
人文与社会科学			− 0.111 (0.196)
科研情况			0.001 (0.003)
专业技术职称^l			
初级			− 0.049 (0.445)
中级			0.034 (0.316)
副高级			− 0.078 (0.326)
正高级			0.895 * (0.366)
行政职务级别^m			
科级副职			− 0.294 (0.323)
科级正职			− 1.078 *** (0.271)
处级副职			0.084 (0.262)
处级正职及以上			0.083 (0.489)
与上级关系			1.585 *** (0.120)
与同事关系			0.205 (0.150)
与学生关系			− 0.060 (0.136)
职业流动方向ⁿ			
向下流动			0.336 (0.401)
水平流动			− 0.090 (0.223)
向上流动			0.402 (0.295)
其他			− 0.242 (0.318)
截距	11.632 *** (0.742)	8.688 *** (0.879)	2.576 * (1.147)
N	2209	1990	1478
R^2	0.163	0.198	0.385

注：① ^a 参照组为女性；^b 参照组为 60 世代前；^c 参照组为非本地户籍；^d 参照组为非上海；^e 参照组为非在婚；^f 参照组为非党员；^g 参照组为无产权；^h 参照组为短期固定期限合同；ⁱ 参照组为大学专科或本科；^j 参照组为普通高校；^k 参照组为理学；^l 参照组为无职称；^m 参照组为无级别；ⁿ 参照组为未流动。② [*] $p < 0.05$，^{**} $p < 0.01$，^{***} $p < 0.001$。③括号内为标准误。

（三）整体工作满意度影响因素

表 8-6 是整体工作满意度的线性回归分析结果，模型 7、模型 8、模型 9 分别是加入了控制变量、市场身份地位指标和工作特征指标的回归嵌套模型。模型拟合度显著提高，模型 9 的拟合度达到 32.6%。

模型 7 显示，个人特征中性别、出生世代、婚姻状况和政治面貌对整体工作满意度的影响并不显著，户籍、所在地区和健康状况对整体工作满意度的影响显著。具体来说，拥有本地户籍的高校教师比没有本地户籍的高校教师的整体工作满意度反而低了 0.175 个单位；上海地区的高校教师比非上海地区的整体工作满意度要高 0.407 个单位；健康状况每提升 1 个单位，整体工作满意度提升 0.228 个单位。

模型 8 加入了市场身份地位指标，户籍、所在地区和健康状况的影响效应没有发生明显变化。在市场身份地位指标中，个人年收入、住房产权、合同类型对整体工作满意度均有显著正向影响，受教育程度对整体工作满意度的影响不大。具体来说，个人年收入对数每提高 1 个单位，整体工作满意度提高 0.154 个单位；有当前住房产权的比没有当前住房产权的高校教师的整体工作满意度提高 0.100 个单位；与高校签订长期合同（终身制）的高校教师比与高校签订短期固定期限合同的高校教师的整体工作满意度提高 0.148 个单位。

模型 9 加入了工作特征指标后，出生世代的影响效应变得显著。相比于 60 世代前高校教师，90 世代高校教师的整体工作满意度提高 0.512 个单位，而住房产权的显著效应消失。在工作特征模型中，高校类型、与上级关系和与同事关系对整体工作满意度有显著影响，专业类别、科研情况、专业技术职称、行政职务级别、与学生关系、职业流动方向对整体工作满意度无显著影响。具体来说，高校教师所在的高校层级越高，其整体工作满意度越高。与普通高校相比，"一流学科"高校教师的整体工作满意度提高 0.151 个单位，"双一流"高校教师整体工作满意度提高 0.232 个单位；与上级和同事关系每提高 1 个单位，整体工作满意度分别提高 0.337 个和 0.096 个单位。

表 8 - 6 整体工作满意度的线性回归分析结果

	模型 7（基准模型）	模型 8（市场身份地位特征模型）	模型 9（工作特征模型）
性别[a]	0.038（0.032）	0.012（0.034）	-0.051（0.037）
出生世代[b]			
60 世代	-0.110（0.166）	-0.049（0.177）	0.255（0.220）
70 世代	-0.219（0.162）	-0.073（0.174）	0.250（0.217）
80 世代	-0.136（0.162）	0.059（0.174）	0.319（0.219）
90 世代	-0.020（0.171）	0.277（0.186）	0.512 *（0.230）
本地户籍[c]	-0.175 *（0.071）	-0.228 **（0.078）	-0.171 *（0.084）
上海[d]	0.407 ***（0.035）	0.284 ***（0.044）	0.124 *（0.055）
在婚[e]	-0.025（0.044）	-0.026（0.048）	0.012（0.051）
党员[f]	0.016（0.034）	0.022（0.035）	-0.002（0.039）
健康状况	0.228 ***（0.019）	0.211 ***（0.02）	0.155 ***（0.022）
ln 个人年收入		0.154 ***（0.025）	0.095 ***（0.029）
住房产权[g]		0.100 *（0.040）	0.056（0.042）
合同类型[h]		0.148 ***（0.037）	0.120 **（0.040）
受教育程度[i]			
硕士研究生		0.052（0.097）	-0.217（0.120）
博士研究生		0.005（0.091）	-0.219（0.115）
学校类型[j]			
"一流学科"高校			0.151 **（0.051）
"双一流"高校			0.232 ***（0.058）
专业类别[k]			
农业科学			0.101（0.079）
医药科学			-0.076（0.107）
工程与技术科学			0.056（0.048）
人文与社会科学			0.022（0.053）
科研情况			0.000（0.001）
专业技术职称[l]			
初级			-0.093（0.120）
中级			0.017（0.085）
副高级			-0.045（0.087）
正高级			0.112（0.098）

续表

	模型 7 （基准模型）	模型 8 （市场身份地位特征 模型）	模型 9 （工作特征模型）
行政职务级别[m]			
科级副职			−0.029（0.087）
科级正职			−0.122（0.073）
处级副职			−0.047（0.071）
处级正职及以上			−0.151（0.132）
与上级关系			0.337 *** （0.032）
与同事关系			0.096 * （0.040）
与学生关系			0.009（0.037）
职业流动方向[n]			
向下流动			0.084（0.108）
水平流动			0.003（0.060）
向上流动			0.088（0.080）
其他			−0.082（0.086）
截距	2.855 *** （0.195）	2.232 *** （0.231）	0.668 * （0.310）
N	2216	1996	1483
R^2	0.147	0.176	0.326

注：① [a] 参照组为女性；[b] 参照组为 60 世代前；[c] 参照组为非本地户籍；[d] 参照组为非上海；[e] 参照组为非在婚；[f] 参照组为非党员；[g] 参照组为无产权；[h] 参照组为短期固定期限合同；[i] 参照组为大学专科或本科；[j] 参照组为普通高校；[k] 参照组为理学；[l] 参照组为无职称；[m] 参照组为无级别；[n] 参照组为未流动。② * $p < 0.05$，** $p < 0.01$，*** $p < 0.001$。③括号内为标准误。

五　结论与讨论

本章首先回顾了工作满意度的内涵、相关理论和影响因素，其次对高校教师各个维度的工作满意度进行了基本的描述性分析，最后研究了高校教师保健性工作满意度、激励性工作满意度和整体工作满意度与个人特征因素、市场身份地位特征因素以及工作特征之间的关系。

描述性分析显示，高校教师整体工作满意度得分为 3.47 分。总体而言，高校教师工作满意度处于中上水平，工作收入、工作晋升机会、工作绩效考核机制是高校教师产生不满意感的主要因素，而工作稳定性、工作环境以及他人对高校教师职业的尊重是高校教师满意度得分较高的三个方面。由此，我们可以窥探高校教师职业的主要特征。

回归分析进一步从不同方面更加细致地探究了高校教师不同维度工作满意度的差异性。从三个模型的拟合度对比可以看到，激励性工作满意度模型的拟合度最高，说明指标对激励性工作满意度的解释力更好一些，而整体工作满意度模型的拟合度比问题更加细致的保健性工作满意度和激励性工作满意度要低一些。

对保健性工作满意度有显著影响的因素有所在地区、健康状况、个人年收入、合同类型、高校类型、专业类别、行政职务级别、与上级和同事关系、职业流动方向。具体来说，非上海地区、健康状况差、收入低、签订短期固定期限合同而非长期合同（终身制）、学校层次低、医药科学专业以及科级正职级别、与上级和同事关系差、有国际流动或企校流动经历特征的高校教师，在生活保障性方面可能有更大改善空间，或者因生活压力更大而无法达到预期水平，导致保健性工作满意度低；对激励性工作满意度有显著影响的因素有出生世代、户籍、健康状况、个人年收入、合同类型、高校类型、专业技术职称、行政职务级别、与上级关系。具体来说，年纪大、有本地户籍、健康状况差、收入低、签订短期固定期限合同而非长期合同（终身制）、学校层次低、无专业技术职称、行政职务级别为正科级、与上级关系差的高校教师，在职业晋升和发展过程上可能遇到的阻力更大，或现实达不到预期，因此造成了激励性工作满意度低的情况。对整体工作满意度有显著影响的因素有出生世代、户籍、所在地区、健康状况、个人年收入、合同类型、高校类型、与上级和同事关系。具体来说，年纪大、有本地户籍、非上海地区、健康状况差、收入低、签订短期固定期限合同而非长期合同（终身制）、学校层次低、与上级和同事关系差的高校教师的整体工作满意度更低。

影响保健性工作满意度与激励性工作满意度的因素在诸多方面存在较大差异。一方面，不同的地区、专业类别、与同事关系状况以及流动经历的高校教师在保健性工作满意度方面有着独特且显著的差异，这在一定程度上可以看出何种条件的高校教师对工作带来的经济状况更容易满足。具体来说，在上海高校就职的教师获得的待遇略好于其他地区；专业为农业科学的高校教师对待遇的满意度更高，而专业为医药科学的高校教师对待遇的满意度有待提高；与同事的关系较差代表不能很好地融入当前的工作环境，进而影响其对工作环境和同事工作效率的评价；选择从国外到国内或者从企业到高校流动的群体，其收入水平等可能会有一定程度的下降，由此带来的被剥夺感，也可能会造成其保健性工作满意度的降低。此外，个体特征中的户籍和出生世代，以及工作特征中的专业技术职称仅对激励性工作满意度有显著影响，有本地户籍、年纪较长的高校教师在经济等基本生活需求维度与其他群体无异，但在工作晋升、自我实现上往往有更高的追求。相比于同辈从事的其他职业，高校教师职业晋升要求和速度受到更大的限制与阻碍。相反，没有本地户籍的 90 世代高校教师正处于事业上升的黄金时期，相比于基础待遇的提升，这个群体的职业晋升和发展更容易实现，因此更容易感受到更高的激励性工作满意度。除此之外，专业技术职称对保健性工作满意度提升的影响并不大，但对激励性工作满意度的影响是显著的，且限于正高级职称的高校教师。这说明，除了正高级职称，任何一个职称的高校教师都有较大的晋升压力，不能忽视正高级职称高校教师与其他职称高校教师之间显著的差异性。值得注意的是，在保健性工作满意度和激励性工作满意度中影响都显著的行政职务级别，在整体工作满意度中的效应反而消失了；在对整体工作满意度评价中，行政职务级别可能不是一个需要受到格外重视的因素，但其作用不能忽视。行政职务级别对保健性工作满意度和激励性工作满意度的影响都呈"U"形分布，这说明，中间级别高校教师的生活压力更大、预期更高，但晋升比低级别的高校教师难度大，导致其激励性工作满意度低。

与此同时，健康状况、个人年收入、合同类型、高校类型、与上级的关系在任何一个模型中都呈现稳健的、显著的、正向的影响。这说明要提升高校教师任何维度的工作满意度，都需要从这五个方面入手。首先，关注其身体健康，定期安排体检，保障其医疗权益；满足其基本经济和生活需求，良好的工资待遇以及在制度协议等方面给予其安全感，将会有效激发高校教师的工作热情，提高其工作满意度。高校类型代表了不同的工作环境和工作氛围，高校教师在不同的场域中会形成不同的文化。其次，层级越高的高校，越可能有完备的科研设施和更多的科研资金支持。从模型结果来看，高校层级越高，教师待遇、晋升、能力展现等方面越好。最后，在人际关系中，与上级关系的增进会稳定提高各个维度的工作满意度，可能是因为与上级关系好的高校教师，在生活和晋升方面会受到更多重视，进而促进其工作满意度的整体提升。因此，重视与上级和同事的关系，在工作中形成和谐的人际关系氛围，是提升高校教师工作满意度的途径之一。

参考文献

白亮，2021，《乡村教师激励政策优化》，《教育研究》第 12 期。

才国伟、刘剑雄，2013，《归因、自主权与工作满意度》，《管理世界》第 1 期。

杜桂英、岳昌君，2010，《高校毕业生就业机会的影响因素研究》，《中国高教研究》第 11 期。

冯缙、秦启文，2009，《工作满意度研究述评》，《心理科学》第 4 期。

付梦芸、李欣，2022，《我国学术职业压力与科研产出的实证研究》，《科学学研究》第 3 期。

高晓文、于伟，2018，《教师情感劳动初探》，《教育研究》第 3 期。

李汉林、李路路，2000，《单位成员的满意度和相对剥夺感——单位组织中依赖结构的主观层面》，《社会学研究》第 2 期。

梁文艳，2020，《工作要求、工作资源与教师的工作满意度——基于上海教师教学国际调查数据的实证研究》，《教育研究》第 10 期。

刘斌、张安全，2021，《有产者的就业焦虑：安居真的可以乐业吗——基于城市住房分层与工作满意度的观察》，《财经研究》第 1 期。

刘昕、王许阳、姜炜，2016，《我国公务员的工作价值观对工作满意度的影响——以公共服务动机为中介变量》，《中国行政管理》第 12 期。

彭坚、王震，2018，《做上司的"意中人"：负担还是赋能？追随原型 - 特质匹配的双刃剑效应》，《心理学报》第 2 期。

任美娜、刘林平，2021，《"在学术界失眠"：行政逻辑和高校青年教师的时间压力》，《中国青年研究》第 8 期。

武向荣，2019，《义务教育教师工作满意度影响因素的实证研究》，《教育研究》第 1 期。

辛素飞、梁鑫、盛靓、赵智睿，2021，《我国内地教师主观幸福感的变迁（2002 ~ 2019）：横断历史研究的视角》，《心理学报》第 8 期。

许琪、戚晶晶，2016，《工作 - 家庭冲突、性别角色与工作满意度——基于第三期中国妇女社会地位调查的实证研究》，《社会》第 3 期。

杨睿娟、游旭群，2017，《对付出 - 回报失衡理论的推进——基于经济报酬对教师心理健康的影响》，《心理学报》第 9 期。

岳昌君、杨中超，2012，《我国高校毕业生的就业结果及其影响因素研究——基于 2011 年全国高校抽样调查数据的实证分析》，《高等教育研究》第 4 期。

约翰·罗尔斯，2011，《作为公平的正义》，姚大志译，中国社会科学出版社。

赵新亮，2019，《提高工资收入能否留住乡村教师——基于五省乡村教师流动意愿的调查》，《教育研究》第 10 期。

周海涛、朱桂兰，2009，《薪酬福利对学术职业满意水平的影响有多大？——来自大学教师的调查分析》，《管理世界》第 3 期。

Clark, A. E. and Oswald, A. J. 1996. "Satisfaction and Comparison Income." *Journal of Public Economics* 61 (3): 359 – 381.

Card, D. , Mas, A. , Moretti, E. , and Saez, E. 2012. "Inequality at Work: The Effect of Peer Salaries on Job Satisfaction." *American Economic Review* 102 (6): 2981 – 3003.

Diener, E. , Thapa, S. , and Tay, L. 2020. "Positive Emotions at Work." *Annual Review of Organizational Psychology and Organizational Behavior* 7 (1): 451 – 477.

Falch, T. 2011. "Teacher Mobility Responses to Wage Changes: Evidence from a Quasi-Natural Experiment." *American Economic Review* 101 (3): 460 – 465.

Heider, F. 1958. *The Psychology of Interpersonal Relations.* New York: Wiley.

Hoppock, Robert. 1935. *Job Satisfaction.* Oxford England: Harper.

Kalleberg, A. L. 1977. "Work Values, Job Rewards and Job Satisfaction: A Theory of the Quality of Work Experience." *American Sociological Review* 42 (1): 124 – 143.

Locke, E. A. 1976. "The Nature and Causes of Job Satisfaction." In *Handbook of Industrial & Organizational Psychology*, edited by Marvin D. Dunnette, pp. 1297 – 1349. Chicago: Rand McNally College Publishing Company Press.

Murnane, R. J. and Olsen, R. J. 1989. "The Effects of Salaries and Opportunity Costs on Length of Stay in Teaching: Evidence from North Carolina." *The Review of Economics and Statistics* 71 (2): 347 – 352.

Ogbonnaya, C. , Daniels, K. , and Nielsen, K. 2017. "Does Contingent Pay Encourage Positive Employee Attitudes and Intensify Work?" *Human Resource Management Journal* 27 (1): 94 – 112.

Okpara, J. and Wynn, P. 2008. "The Impact of Ethical Climate on Job Satisfaction, and Commitment in Nigeria." *Journal of Management Development* 27 (9): 935 – 950.

Rickman, B. D. and Parker, C. D. 1990. "Alternative Wages and Teacher Mobility: A Human Capital Approach." *Economics of Education Review* 9 (1): 73 – 79.

Vroom, Victor H. 1964. *Work and Motivation.* London: Macmillan.

第九章　高校教师的生活方式与健康

刘　飞[*]

高校教师的身心健康状况无疑是非常重要的，因为这是高校高质量完成教学任务的前提，是高效率完成科研任务的保障，是实现高校服务社会的关键条件。正因为高校教师担负着育人和研究的重任，是我国高等教育事业的栋梁，是进一步提高高等教育质量的中坚力量，高校教师面临的健康风险将直接影响到我国教育事业的发展质量。因此，及时了解我国高校教师的健康状况及其影响因素，对提高高校教师的健康水平具有重要作用。有鉴于此，本章将分析高校教师健康现状及其影响因素。

一　文献综述

（一）国内高校教师健康状况

中国社会经济的高速发展为高校发展建设带来了机遇和挑战，特别是20世纪90年代末高校扩招之后，高校肩负着培养各类人才的使命，而教师群体作为高等教育发展的中坚力量，他们的身心健康状况会直接对学生产生示范和影响。因此，部分学者开始将研究聚焦于高校教师的身心健康，多项在不同省市进行的关于高校教师身心健康的调查结果都显示，高校教师的健康状况不容乐观。

吴家琳和刘强（2012）对173位广州大学在职教师的调查发现，从总体来看，当前广州大学教师的健康状况良好，但高职称、高学历的中青年教师体质不佳。具体而言，体重呈现随年龄的增长而逐渐增加的趋势，肺活量总体水平较差，肺通气功能较弱，力量素质、柔韧素质、反应能力随

---

* 刘飞，南开大学社会学院助理研究员，社会学博士。

年龄增长而逐渐下降。刘建和张余（2012）对辽宁省 32 所本科院校的 425 名教师进行了体质亚健康状况和影响因素分析。他们发现，辽宁省高校教师亚健康发生率较高，且女性略高于男性，理科专业高于文科专业，高校教师亚健康在年龄上和职称上呈现倒 U 形分布，高校教师亚健康形成的主要影响因子依次为：生活习惯因子、饮食习惯因子、体育锻炼情况因子和工作环境因子。一项运用分层抽样方法对天津部分高校 340 名教师的问卷调查发现，天津市高校教师健康状况不佳，59% 的教师已处于躯体及心理亚健康状态，73% 的人感受到较大的工作压力，压力主要来自科研任务和要求、职称评定条件及工资福利待遇等方面（于涛，2016）。上述研究样本量普遍较小。而另一项针对武汉市某高校 4174 名教师的调查也获得了相同的结论，高校教师普遍处于亚健康状态（陈嘉利，2014）。

以上研究为高校教师健康状况分析奠定了重要而扎实的基础，形成了一系列的学术洞见与共识。例如，高校教师健康状况普遍较差，生活习惯、体育锻炼和工作压力是影响其健康的主要因素。不过，该领域研究仍有提升的空间：在数据方面，结论多来自一个城市的高校教师样本，缺乏横向覆盖多地区、多城市的大样本研究；在分析方法方面，绝大多数研究采用单期横截面的简单描述统计分析，缺乏统计模型的分析。

更重要的是，既有国内研究对高校教师社会经济地位变量之于健康状况的重要影响缺乏足够的关注。事实上，在中国的市场化转型过程中，高校教师的社会经济地位获得了极大提升，生活方式也发生了巨大变化，这些都影响着他们的健康状况。我们可以预判，社会经济地位、生活方式因素将会是高校教师健康影响因素中的重要组成部分。

（二）社会经济地位、生活方式与健康

1. 社会经济地位与健康

社会经济地位指的是个体在社会阶层结构中所占据的位置，是社会科学研究中最常使用的概念之一，但由于它的内涵较为复杂，迄今为止学界仍没有一个比较统一的定义。伴随着我国经济体制由计划经济向社会主义市场经济的转型，工业化、市场化和城市化的力量不断推动着产业、职业、教育和收入分配结构的转变；在社会领域则体现为社会阶层结构朝向更加复杂多元的模式发展，除政治身份外，职业、教育、收入、文化资本和社会资本等要素在划分社会成员阶层地位时发挥的作用愈加凸显（张文宏，2018）。

社会经济地位的测量一般有单指标法和多指标法。有的学者直接利用

职业声望、职业社会经济地位指数来表示个体的社会经济地位。例如，蔡禾和赵钊卿（1995）将 102 种职业以 20 种职业为一个层级分为五层：上层、中上层、中层、中下层和下层，以此来测量个体的社会经济地位。还有学者计算出 161 种职业群体的社会经济地位指数得分，并以此指标划分出上层（80～100 分）、中上层（60～79 分）、中层（40～59 分）、中下层（20～39 分）和下层（0～19 分）（李春玲，2005）。

多数社会分层学者主张采用职业、教育和收入的多元分层标准来划分中国社会的阶层结构。例如，李培林和张翼（2008）将职业、教育和收入三个维度的分层结果叠加后，按照在三个维度中符合"中层"标准的数量，即三个维度、两个维度或仅在单一维度上符合"中层"标准，将中间阶层更细致地划分为核心、半核心和边缘中间阶层。李强和王昊（2017）分别测量了职业、教育和收入三个维度上的中间阶层规模，他们将国际社会经济地位指数的 40 分和 67 分作为"职业下层"、"职业中层"和"职业上层"的分界线，以城市户籍人口平均收入作为基准线，基准线到基准线 3 倍以下的区间为"收入中产"，并以拥有大专及以上受教育程度作为附加标准。Braveman 等（2005）认为，在大多数社会经济地位与健康的关系研究中使用单个社会经济地位变量可能掩盖了其他维度导致的健康分化，对社会经济地位的测量应采用尽可能多的指标，并分别检验这些指标与健康之间的关系。还有学者提倡采用主观方面的社会经济地位，Singh-Manoux 等（2005）的研究结果显示，主观社会经济地位能够比客观社会经济地位更好地预测中年人的健康状况。

学者们普遍认为社会经济地位是影响健康不平等的重要因素，其中职业、教育和收入是研究的重点。黄洁萍和尹秋菊（2013）利用"中国健康与营养调查"（CHNS）数据分析了中国居民的社会经济地位对健康的影响，他们选取自评健康和体态作为健康指标，使用职业、受教育程度和家庭收入三个指标来测量社会经济地位，结果表明，社会经济地位对健康有直接影响，社会经济地位越高，自评健康与体态越好。徐淑一和王宁宁（2015）利用 2012 年"中国劳动力动态调查"（CLDS）数据考察了客观与主观双重维度的社会经济地位对健康的影响，指出社会经济地位因素对居民健康具有正向影响，主观社会地位对各年龄段的居民自评健康也具有显著的独立作用。李建新和夏翠翠（2014）利用 2012 年"中国家庭追踪调查"（CFPS）数据研究发现，社会经济地位对居民健康的影响具有持久性，贯穿于个体的整个生命周期。

有学者单独分析了社会经济地位中的单一指标对健康的影响。Lowry 和 Xie（2009）研究发现，中国城乡居民的收入与健康水平呈正相关关系。陈安平（2011）基于"中国健康与营养调查"数据发现，中国居民的绝对收入与健康之间的关系存在显著的城乡差异，农村居民的绝对收入对健康状况具有显著影响，健康状况随绝对收入的增加而逐渐改善，但是在城镇居民中两者之间并未呈现显著相关。也有学者分析了教育与健康的关系。毛毅和冯根福（2011）利用 2000 年、2004 年和 2006 年的三期"中国健康与营养调查"数据研究发现，受教育程度对健康具有正向影响。

与研究对象为全国居民不同，由于本章的研究对象为高校教师群体，考察的是群体内部地位分化对其健康的影响，所以在测量高校教师的社会经济地位时，在传统的职业、教育和收入三大客观社会经济地位指标中仅选取了教育和收入这两项，同时将专业技术职称、行政职务级别、专业类别和高校类型指标作为衡量其社会经济地位的指标，并且将主观社会经济地位作为个体社会经济地位的重要指标之一。

2. 生活方式与健康

生活方式通常被认为是影响健康的首要因素。健康生活方式是一个多维度的概念，它是指可以降低患病率和死亡率的生活方式。关于健康生活方式的指标，有多种测量方式。Soowon 等（2004）构建的"生活方式指数"是整合了饮食、体育锻炼、吸烟和饮酒的综合指标。另有研究基于吸烟、饮酒、体检、口腔检查、运动和饮食习惯指标来衡量青少年的健康行为模式（Skalamera and Hummer, 2016）。国内研究中，王甫勤（2017）以五个指标来测量城乡居民的健康生活方式，即吸烟、饮酒、体育锻炼、休息放松和常规身体检查。也有研究仅采用更为简单的吸烟、饮酒和体育锻炼三个指标来分析生活方式与健康的关系（黄洁萍、尹秋菊，2013）。

在健康的影响因素中，生活方式对健康影响的贡献率远远超过社会经济地位等其他因素。Engel（1977）通过研究疾病的影响因素得出结论：50% 的疾病与生活方式和行为有关；20% 与环境因素有关，包括社会环境和自然环境；20% 与遗传等生物学因素有关；10% 与卫生服务有关。据世界卫生组织估计，全球约有 13 亿烟草使用者，烟草每年在全球导致 800 多万人死亡。[①] 与不饮酒的人相较而言，适度饮酒能够减少冠心病、糖尿病、

高血压等疾病的发病风险，例如，红酒中富含抗氧化物，可以防止人体内的胆固醇氧化，但过度饮酒就会增加这些疾病的发病风险（Adler et al.，1994）。还有研究表明，吸烟、饮酒和久坐不动的生活方式与高死亡率高度相关，这些不健康行为能够增加人们患心血管疾病、癌症等疾病的风险（Heidemann et al.，2008）。

除了个体的日常行为外，经济社会的快速发展也给人们带来了时间资源稀缺的压力，人们每天的日常活动都会受到时间资源的约束。有研究发现，时间管理倾向对生活质量、幸福感、精神健康等方面具有显著影响（李儒林等，2006）。工作时间的增加压缩了人们用于生活的时间，就会增加工作与生活的冲突，从而增加人们的健康风险（Berniell and Bietenbeck，2020）。相比于工作时间较短的群体，工作时间较长的群体更有可能面临睡眠时间过少、运动锻炼缺乏、社会交往不足、焦虑等问题（Au et al.，2013）。最近一项利用"中国劳动力动态调查"数据的实证研究发现，超时劳动会导致受雇者的健康风险显著升高（李韵秋、张顺，2020）。有的研究将研究对象限定于某一群体，例如，Sisson 等（2010）指出，运动时间、娱乐时间的增加能够显著提升青年群体的健康水平。

综上所述，仅关注个体吸烟、饮酒与健康关系的研究机械地聚焦于个体日常生活行为，从而消解了日常生活的整体性，个体日常生活中的多样化的活动是密切相关的，是需要通过理性计算将每天有限的 24 小时进行分配的。因此，本章在既有研究的基础上，除了关注吸烟和饮酒外，还关注在高校教师中更频繁发生的熬夜行为，并且引入时间分配来避免单纯从行为频率考察生活方式的不足。

二　研究设计

（一）因变量

本研究的因变量是自评健康。调查问卷询问了受访者"您觉得您目前的身体健康状况如何"，根据李克特 5 级量表将自评健康的五类答案赋值为 1~5。"很不健康=1"、"比较不健康=2"、"一般=3"、"比较健康=4"和"非常健康=5"。数值越大，受访者认为自身健康状况越好。

描述统计部分还涉及高校教师患慢性病和心理健康的情况，调查时询问了受访者"过去六个月内，您是否患过下列疾病"，受访者可在下列选项中进行多选：糖尿病、高血压、心脏病、哮喘/肺部疾病、颈椎/腰椎疼痛等、肝病、失眠、心理健康问题、其他和以上都没有。调查采用凯斯勒心理疾患量表（Kessler 6 Rating Scale，K6）测量受访者的心理健康，该量表具有较高的建构效度和内部一致性，包含以下 6 种心理症状："情绪沮丧、郁闷、做什么事情都不能振奋"、"紧张"、"不安或烦躁"、"没有希望"、"做任何事情都感到困难"及"生活没有意义"。本章根据李克特 5 级量表将表示频率程度的五类答案重新赋值为 0~4。"从不 = 0"、"有一些时候 = 1"、"一半时间 = 2"、"经常 = 3"、"几乎每天 = 4"。通过简单加总得到心理健康风险得分（0~24 分），分值越高，患心理疾患的风险越高。

（二）自变量

本研究包括三类自变量，即社会经济地位、职业流动和生活方式。其中，社会经济地位包含客观社会经济地位和主观社会经济地位，生活方式包括生活习惯和时间分配。

1. 社会经济地位

客观社会经济地位。自评健康研究通常考察个体的职业、受教育程度和收入的影响。由于本章的研究对象为高校教师群体，所以仅考察受教育程度（大学专科或本科 = 0；硕士研究生 = 1；博士研究生 = 2）和家庭年收入（20 万元以下 = 0；20 万~30 万元 = 1；30 万~50 万元 = 2，50 万元及以上 = 3）的影响。同时将可能表征高校教师群体内部地位分化的指标一并纳入分析，如专业技术职称（无职称 = 0；初级 = 1；中级 = 2；副高级 = 3；正高级 = 4）、行政职务级别（无级别 = 0；科级副职 = 1；科级正职 = 2；处级副职 = 3；处级正职及以上 = 4）、所在学院专业类别（理学 = 0；农业科学 = 1；医药科学 = 2；工程与技术科学 = 3；人文与社会科学 = 4）、高校类型（普通高校 = 0；"一流学科"高校 = 1；"双一流"高校 = 2）。

主观社会经济地位。调查问卷采用 10 级阶梯量表测量主观地位认同，其中 1 分表示最下层，10 分表示最上层。

2. 职业流动

根据高校教师的职业流动经历，将职业流动编码为"未流动 = 0"、"向下流动 = 1"、"水平流动 = 2"、"向上流动 = 3"和"其他 = 4"。

3. 生活方式

生活习惯。指受访者吸烟、喝酒、熬夜的频率，问卷中分别询问了受访者过去一个月抽烟、喝酒和熬夜的频率，根据李克特5级量表将五类答案赋值为1~5。"从不=1"、"很少=2"、"有时=3"、"经常=4"和"总是=5"。数值越大，在近一个月内上述生活习惯发生的频率越高。

时间分配。指受访者每周用于工作、家庭和休闲娱乐活动的时间情况。调查问卷询问了受访者"您平均每周花在下列活动上的时间大约多少小时"，涉及家务劳动、个人工作、学习培训、娱乐休闲和社会交往、子女教育、锻炼身体6个方面。本章将"个人工作"和"学习培训"合并为"工作与培训"，将"家务劳动"与"子女教育"合并为"家庭劳动"，将"娱乐休闲和社会交往"与"锻炼身体"合并为"休闲娱乐"。

（三）控制变量

本研究的控制变量主要包括社会人口学变量，即出生世代（60世代前=0；60世代=1；70世代=2；80世代=3；90世代=4）、性别（女性=0；男性=1）、政治面貌（非党员=0；党员=1）、婚姻状况（非在婚=0；在婚=1）、户籍状况（非本地户籍=0；本地户籍=1）和所在地区（上海=0；非上海=1）。自变量与控制变量描述如表9－1所示。

表9－1（a）　　类别变量的描述性统计结果（$N=1229$）

	变量定义	频数	占比（%）
	60世代前	11	0.90
	60世代	156	12.69
出生世代	70世代	378	30.76
	80世代	580	47.19
	90世代	104	8.46
性别	女性	543	44.18
	男性	686	55.82
政治面貌	非党员	369	30.02
	党员	860	69.98
婚姻状况	非在婚	194	15.79
	在婚	1035	84.21
户籍状况	非本地户籍	61	4.96
	本地户籍	1168	95.04

	变量定义	频数	占比（%）
家庭年收入	20 万元以下	188	15.30
	20 万～30 万元	287	23.35
	30 万～50 万元	375	30.51
	50 万元及以上	379	30.84
受教育程度	大学专科或本科	40	3.25
	硕士研究生	154	12.53
	博士研究生	1035	84.21
专业技术职称	无职称	79	6.43
	初级	46	3.74
	中级	387	31.49
	副高级	470	38.24
	正高级	247	20.10
行政职务级别	无级别	980	79.74
	科级副职	46	3.74
	科级正职	82	6.67
	处级副职	99	8.06
	处级正职及以上	22	1.79
专业类别	理学	258	20.99
	农业科学	66	5.37
	医药科学	45	3.66
	工程与技术科学	513	41.74
	人文与社会科学	347	28.23
高校类型	普通高校	300	24.41
	"一流学科"高校	425	24.58
	"双一流"高校	504	41.01
所在地区	上海	853	69.41
	非上海	376	30.59
职业流动	未流动	949	77.22
	向下流动	31	2.52
	水平流动	130	10.58
	向上流动	67	5.45
	其他	52	4.23

表 9 - 1（b）　　连续变量的描述性统计结果

	均值	标准差
主观社会地位	5.33	1.63
吸烟	1.30	0.81
喝酒	1.75	0.86
熬夜	2.97	1.08
工作与培训	48.00	21.70
家庭劳动	15.27	15.08
休闲娱乐	10.91	8.56

（四）模型与分析策略

由于高校教师患慢性病与心理健康的情况较好，故本章仅对高校教师患慢性病和心理健康风险的总体状况进行简单描述性分析，而选择能够反映高校教师整体健康状况的自评健康作为研究主要维度，除描述统计外，还利用回归模型进行分析。本章将采用普通最小二乘法回归模型（ordinary least squares regression model）考察社会经济地位、职业流动和生活方式对个体自评健康的影响。具体分析策略为：第一步，建立基础模型，将社会人口学变量和客观与主观社会经济地位变量纳入回归模型，考察双重维度的社会经济地位对自评健康的影响；第二步，在基础模型上将职业流动变量纳入回归模型，考察职业流动对自评健康的影响；第三步，将生活方式因素纳入回归模型，考察生活习惯和时间分配对自评健康的影响。

三　生活方式、健康的统计结果与研究发现

（一）高校教师的生活习惯

图 9 - 1 显示了高校教师抽烟、喝酒和熬夜行为的频率分布情况，由图可知，有 84.46% 的高校教师报告自己过去一个月从不吸烟，报告很少吸烟的比例为 6.75%，报告有时、经常和总是吸烟的比例分别为 3.74%、4.07% 和 0.98%。过去一个月喝酒的频率分布情况显示，接近半数（47.11%）的高校教师报告自己从不喝酒，报告很少喝酒和有时喝酒的比例分别为 35.56% 和 13.26%，报告经常喝酒和总是喝酒的比例分别为

3.50% 和 0.75%。简言之，高校教师群体吸烟和喝酒行为频率较低。与吸烟、喝酒行为有明显区别的是熬夜，在受访者中，仅有 10.82% 的高校教师报告从不熬夜，很少熬夜的比例为 21.81%，两者之和仅为 32.63%，表示在过去一个月内有时熬夜的比例为 31.98%，经常熬夜和总是熬夜的比例分别为 29.86% 和 5.53%，两者合计高达 35.39%。与抽烟、喝酒行为相比，熬夜已然成为高校教师群体最主要的不良生活习惯。

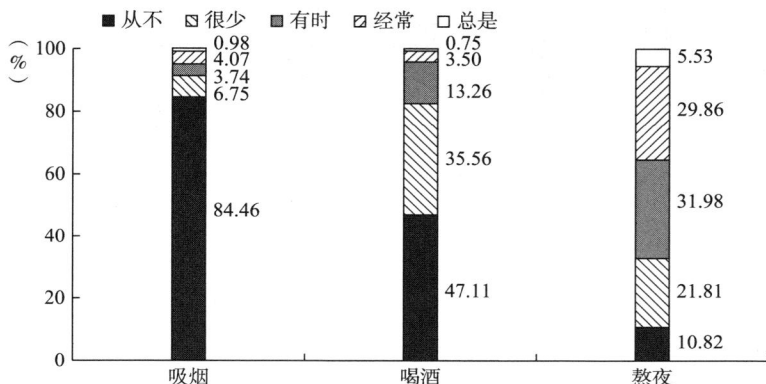

图 9 - 1　高校教师的生活习惯

图 9 - 2（a）报告了男性、女性高校教师在吸烟、喝酒和熬夜方面的生活习惯差异。女性从不吸烟的比例为 97.79%，而男性为 73.91%，整体而言，只有极少数的女性高校教师有吸烟的习惯，而大约四分之一的男性高校教师有吸烟习惯。吸烟习惯上的性别差异同样体现在喝酒方面，女性教师报告从不喝酒的比例为 69.43%，男性教师报告从不喝酒的比例仅为 29.45%，不过，喝酒习惯上的性别差异远大于吸烟的性别差异。与之相比，熬夜习惯上的性别差异则小得多，如果将从不熬夜和很少熬夜视为熬夜频率低，有时熬夜视为熬夜频率一般，将经常熬夜和总是熬夜视为熬夜频率高，在男性、女性高校教师中，熬夜频率低的比例分别为 28.43% 和 37.94%，熬夜频率高的比例为 37.18% 和 33.15%。图 9 - 2（b）报告了不同出生世代的高校教师在生活习惯上的差异。可以看出，在吸烟和喝酒方面，出生世代越靠后，发生的频率越低；在熬夜方面，世代间呈现的规律与前两方面不同，出生世代越靠后，熬夜发生频率越高。

图 9 - 3（a）报告了不同受教育程度的高校教师在吸烟、喝酒和熬夜方面的生活习惯差异。拥有大学专科或本科、硕士研究生和博士研究生学历的高校教师吸烟的频率逐渐降低，其中，拥有大学专科或本科学历的高

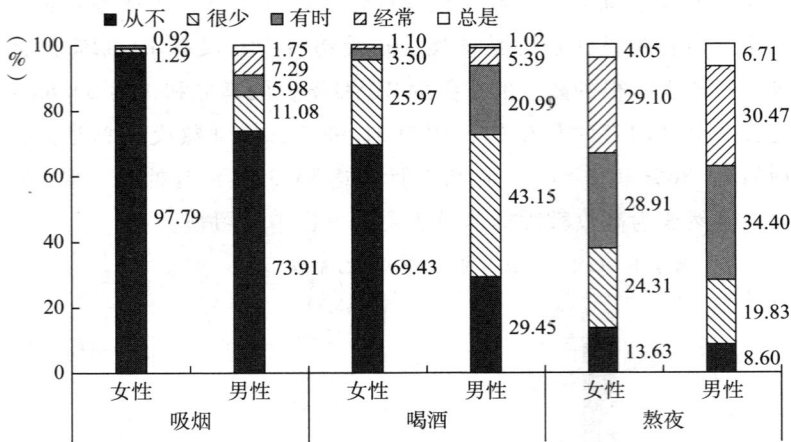

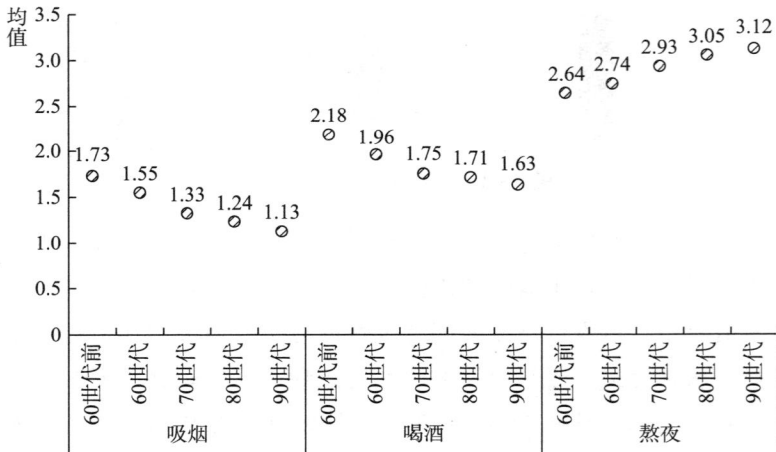

图 9 - 2　高校教师生活习惯的性别、出生世代差异

校教师是吸烟频率最高的，且与其他两个群体差异较大，拥有硕士研究生和博士研究生学历的高校教师之间的差异较小。在喝酒的频率上则呈现了随着学历升高而逐渐上升的情况，这可能反映的是高学历与专业技术职称、行政职务密切相关，应酬也会随之增多，不过各学历群体之间的差异较小。各学历群体在熬夜行为上的差异更为明显，平均而言，与大学专科或本科学历的高校教师相比，硕士研究生学历的高校教师熬夜发生频率均值高出 0.31，博士研究生学历的高校教师熬夜发生频率均值高出 0.52。图 9 - 3（b）报告了处于不同收入群体的高校教师的生活习惯差异。可以看出，随着家庭年收入水平的提升，不同收入群体在吸烟习惯上并没有较为

明显的变化规律，但喝酒行为发生的频率逐渐上升。在熬夜方面，相较于其他收入群体，家庭年收入在 20 万元以下者熬夜频率更高，其他收入群体间的差异并不明显。

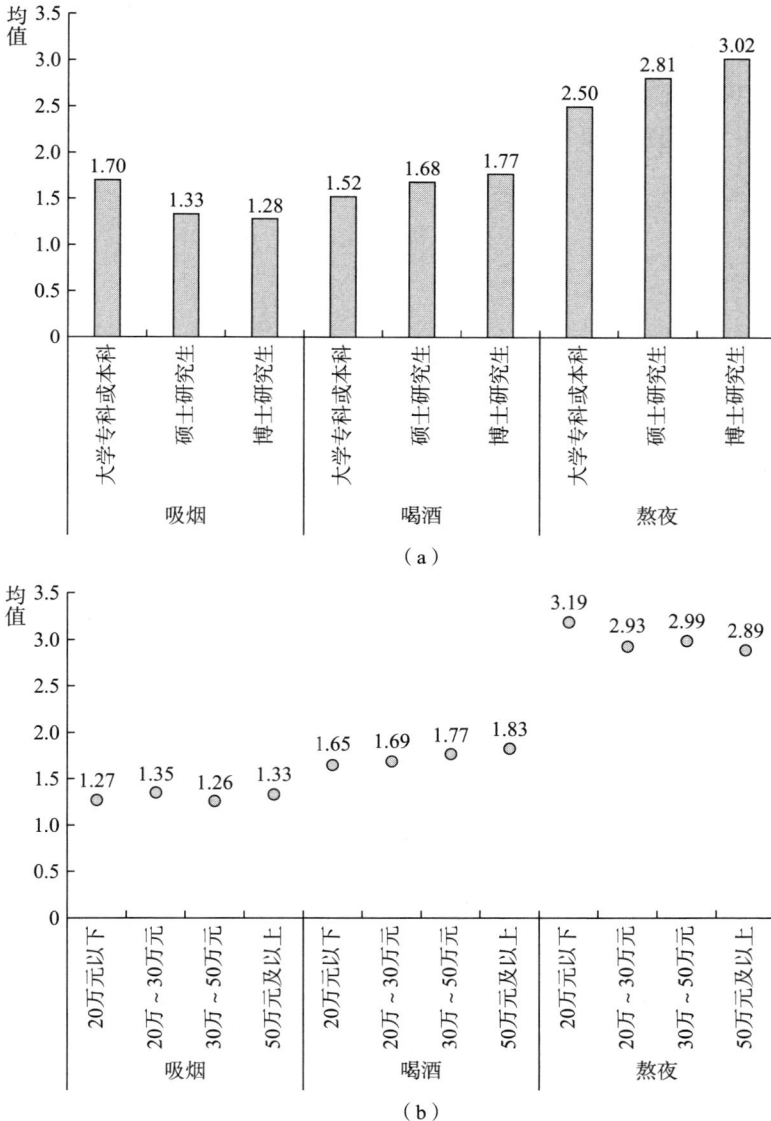

（a）

（b）

图 9 - 3　高校教师的受教育程度、家庭年收入与生活习惯

图 9 - 4（a）报告了不同专业技术职称的高校教师在吸烟、喝酒和熬夜方面的生活差异。各专业技术职称的高校教师在吸烟习惯上并无明显差

异，具有副高级和正高级职称的高校教师喝酒频率高于其他职称的高校教师，而不同专业技术职称的高校教师在熬夜频率上没有呈现规律性变化。图9-4（b）报告了曾经或目前担任不同级别行政职务的高校教师的生活习惯差异。可以看出，担任处级正职及以上行政职务的高校教师吸烟频率最高；随着行政职务级别的提升，喝酒的频率升高，这既可能是因为行政职务级别与年龄高度相关，也可能是由于担任较高行政职务的教师有更多的社会交往。此外，不同行政务级别的高校教师在熬夜频率上未呈现规律性变化。

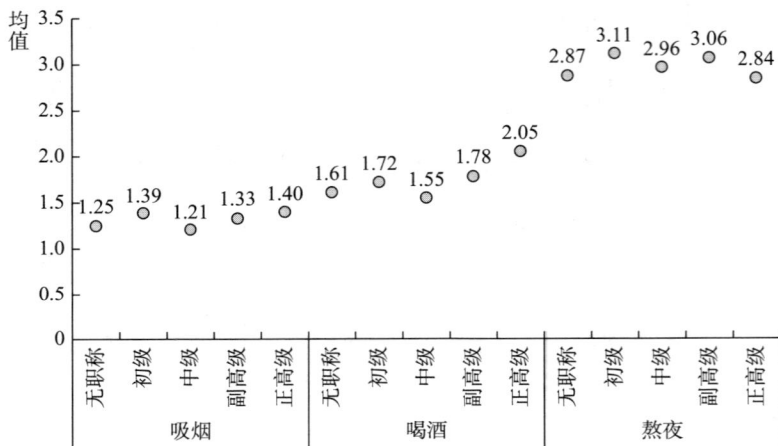

（a）

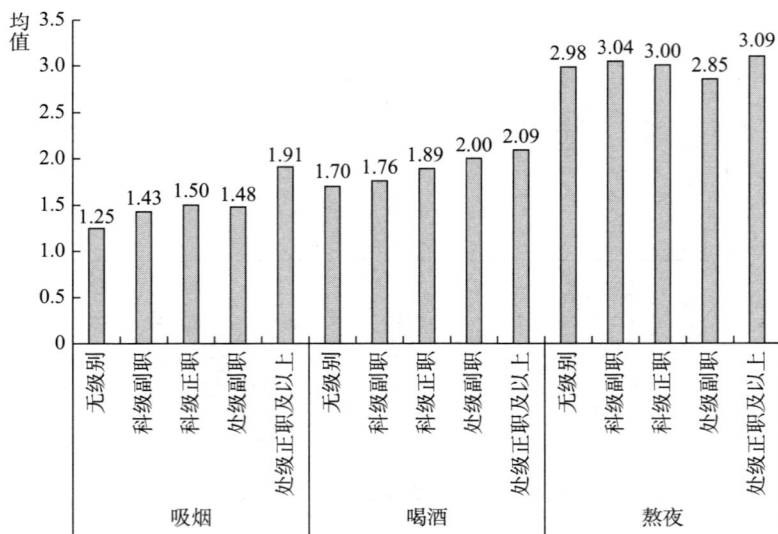

（b）

图9-4 高校教师的专业技术职称、行政职务级别与生活习惯

最后，我们来看高校教师的专业类别、高校类型与生活习惯的关系（见图 9 - 5）。如图 9 - 5（a）所示，在所有高校教师中吸烟行为发生频率最高的是农业科学专业的教师，而最低的是医药科学专业的教师；在所有

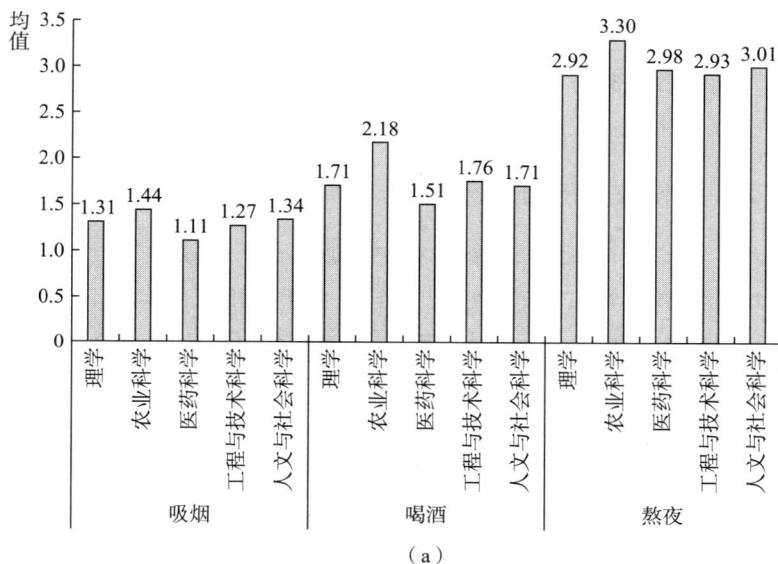

（a）

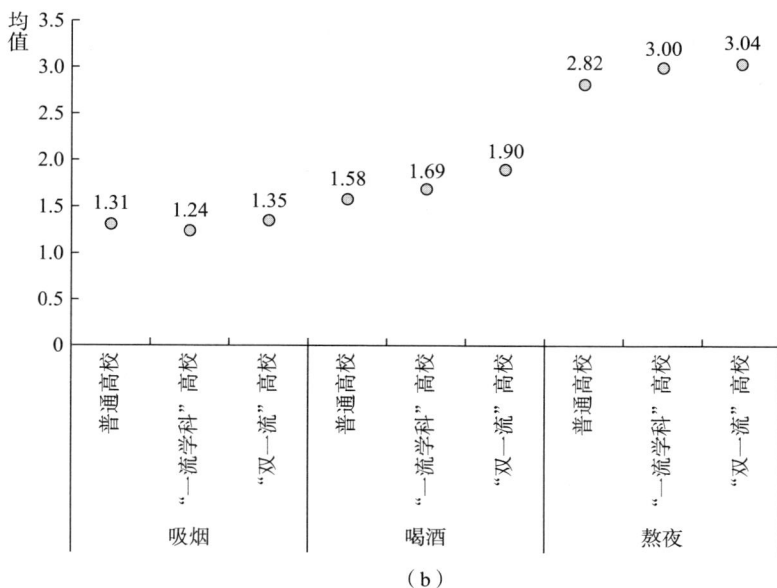

（b）

图 9 - 5　高校教师的专业类别、高校类型与生活习惯

高校教师中喝酒行为发生频率最高与最低的专业与吸烟相同；在所有高校教师中熬夜行为发生频率最高的同样是农业科学专业的教师，而最低的是理学专业的教师，不过和医药科学专业的教师以及工程与技术科学专业的教师差异不大。图 9 - 5（b）报告了教师所在高校类型与吸烟、喝酒和熬夜行为发生频率的关系。"双一流"高校教师吸烟、喝酒的频率高于"一流学科"高校教师和普通高校教师；而在熬夜的频率方面，"一流学科"高校与"双一流"高校教师接近，两者都高于普通高校教师。

（二）高校教师的时间分配

本章还分析了高校教师的时间分配。如表 9 - 2 所示，首先，女性高校教师平均每周用于工作与培训、家庭劳动和休闲娱乐的时间分别为 45.24 小时、18.16 小时和 10.62 小时，而男性高校教师在上述三个方面平均每周花费的时间分别为 50.18 小时、12.98 小时和 11.14 小时。男教师比女教师每周工作与培训时间多 4.94 小时，而家庭劳动时间则少 5.18 小时，两性的休闲娱乐时间并无明显差异。其次，从出生世代与时间分配的关系来看，70 世代、80 世代和 90 世代的高校教师每周用于工作与培训的时间较为接近，与之相比，60 世代和 60 世代前的高校教师花在工作与培训上的时间更少；70 世代和 80 世代的高校教师花在家庭劳动上的时间高于其他群体，可能是由于其正处在抚育子女的生命阶段。用于休闲娱乐时间最多的群体是 90 世代，60 世代次之。非在婚和在婚的高校教师在时间分配上呈现明显的差异，与非在婚教师相比，在婚教师减少了自己工作与培训和休闲娱乐时间，而将这些时间用于家庭劳动。

表 9 - 2　高校教师的社会人口学特征与时间分配

单位：小时

变量		工作与培训	家庭劳动	休闲娱乐
性别	女性	45.24	18.16	10.62
	男性	50.18	12.98	11.14
出生世代	60 世代前	46.55	7.64	9.73
	60 世代	44.35	11.97	12.04
	70 世代	48.89	18.65	9.89
	80 世代	48.28	15.14	10.76
	90 世代	48.84	9.41	14.05

变量		工作与培训	家庭劳动	休闲娱乐
婚姻状况	非在婚	50.16	8.80	13.53
	在婚	47.59	16.48	10.42

　　本章接下来分析了高校教师的社会经济地位特征与时间分配的关系。表9-3报告了高校教师的受教育程度、家庭年收入与时间分配情况。从受教育程度来看，大学专科或本科、硕士研究生和博士研究生学历的高校教师每周工作与培训的时间分别为36.70小时、40.88小时和49.49小时，每周家庭劳动时间分别为23.90小时、15.38小时和15.31小时，休闲娱乐时间分别为12.60小时、11.09小时和10.82小时。由此可见，随着受教育程度的提高，高校教师的工作与培训时间有所增加，而家庭劳动和休闲娱乐时间有所减少。家庭年收入在50万元及以上的教师在工作与培训、休闲娱乐时间上都超过其他收入群体的教师，而家庭年收入在20万元以下的教师在家庭劳动时间上明显少于其他收入群体的教师。

表9-3　高校教师的受教育程度、家庭年收入与时间分配

单位：小时

变量		工作与培训	家庭劳动	休闲娱乐
受教育程度	大学专科或本科	36.70	23.90	12.60
	硕士研究生	40.88	15.38	11.09
	博士研究生	49.49	15.31	10.82
家庭年收入	20万元以下	46.68	12.92	10.21
	20万～30万元	47.58	16.37	10.50
	30万～50万元	45.56	15.37	10.41
	50万元及以上	51.38	15.50	12.08

　　表9-4报告了高校教师的专业技术职称、行政职务级别与时间分配情况。从专业技术职称来看，随着专业技术职称的提高，高校教师用于工作与培训的时间也会增加，尤其是中级职称到副高级职称的增加幅度较大。拥有中级职称和副高级职称的高校教师花费在家庭劳动上的时间较多，而他们也是休闲娱乐时间较少的群体，这可能与这两个群体所处的生命历程阶段有关。从行政职务级别来看，无级别者是各群体中工作与培训时间最少的，家庭劳动和休闲娱乐时间在各群体中居第二位。在目前或曾经担任

过行政职务的高校教师中，处级正职及以上者工作与培训、家庭劳动和休闲娱乐时间都是最少的，特别是随着行政职务级别的提高，用于家庭劳动和休闲娱乐的时间都会减少。

表 9 – 4　高校教师的专业技术职称、行政职务级别与时间分配

单位：小时

变量		工作与培训	家庭劳动	休闲娱乐
专业技术职称	无职称	44.75	13.77	12.43
	初级	43.33	9.99	13.52
	中级	45.80	15.65	10.80
	副高级	49.39	17.05	10.52
	正高级	50.88	12.74	10.87
行政职务级别	无级别	46.36	15.15	10.98
	科级副职	50.47	19.87	13.33
	科级正职	50.94	15.10	10.52
	处级副职	51.01	14.86	9.84
	处级正职及以上	46.80	13.27	9.25

最后，本章分析了高校教师的时间分配在不同专业类别、高校类型间的差异（见表 9 – 5）。每周用于工作与培训时间最多的是医药科学专业的教师（59.64 小时），其次是农业科学专业的教师（52.73 小时），用于工作与培训时间最少的是人文与社会科学专业的教师（43.88 小时），理学、工程与技术科学专业的教师平均每周的工作与培训时间都大约为 48 小时。与之相应的是，医药科学专业的教师用于家庭劳动和休闲娱乐的时间在各专业教师群体中都是最少的。除医药科学专业的教师外，其他专业教师群体在家庭劳动和休闲娱乐上的用时并无太大差异。从高校类型来看，工作与培训、休闲娱乐时间随高校层级的提高而增加，家庭劳动时间则与之相反。这表明，相比于普通高校和"一流学科"高校的教师，"双一流"高校教师更加重视工作与培训和休闲娱乐，家庭劳动时间较少可能与其在收入更高的情况下可以通过购买家政服务等途径来减少自身家庭劳动参与有关。

表 9 - 5　高校教师的专业类别、学校类型与时间分配

单位：小时

变量		工作与培训	家庭劳动	休闲娱乐
专业类别	理学	48.62	15.49	10.96
	农业科学	52.73	16.20	11.35
	医药科学	59.64	11.51	9.57
	工程与技术科学	48.84	14.90	10.70
	人文与社会科学	43.88	15.95	11.29
高校类型	普通高校	39.55	16.69	9.94
	"一流学科"高校	48.24	16.44	11.05
	"双一流"高校	52.82	13.44	11.38

（三）高校教师的健康状况

1. 患慢性疾病

图 9 - 6 显示了受访高校教师报告患慢性疾病的情况。由图可以看出，高校教师报告患病率较高的三类慢性疾病分别为颈椎和腰椎疼痛（36.62%）、失眠（18.23%）和高血压（10.33%），而报告患病率较低的三类慢性疾病分别为心理健康问题（0.33%）、糖尿病（2.03%）和肝病（2.52%），此外，心脏病（2.77%）与哮喘/肺部疾病（2.85%）的患病率也较低。

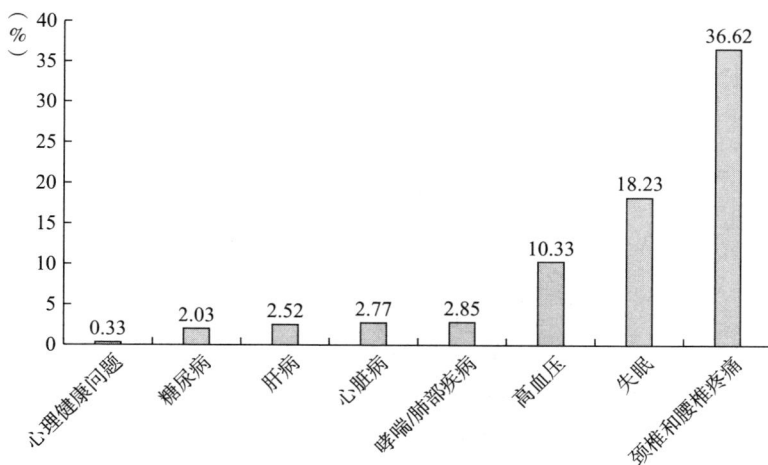

图 9 - 6　高校教师的慢性病患病率

2. 心理健康风险

图 9-7 展示了高校教师的心理健康风险得分的分布情况。以 0~24 分的心理健康风险得分来看，其平均得分为 3.18 分。如果依据 "0~12 分" 划分为患心理疾患风险低，"13 分及以上" 属于患心理疾患风险高，那么，患心理疾患风险高的比例仅为 1.3%。这表明，患心理疾患风险高的高校教师极少。换言之，高校教师心理健康状况整体较好。

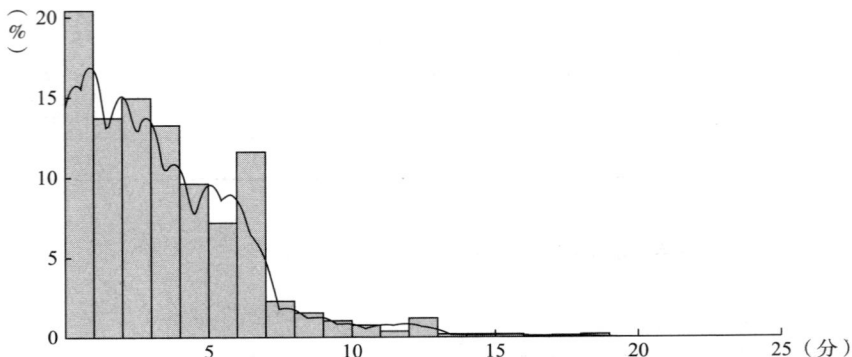

图 9-7 高校教师的心理健康风险

3. 自评健康

图 9-8 显示了高校教师的自评健康状况。有 48.90% 的高校教师认为自身处于比较健康的状况，还有 7.57% 的高校教师认为自身很健康，两者合计为 56.47%，表示自身健康状况一般者的比例为 33.28%，另有 10.25% 的高校教师认为自身不健康，其中，认为自身比较不健康和很不健

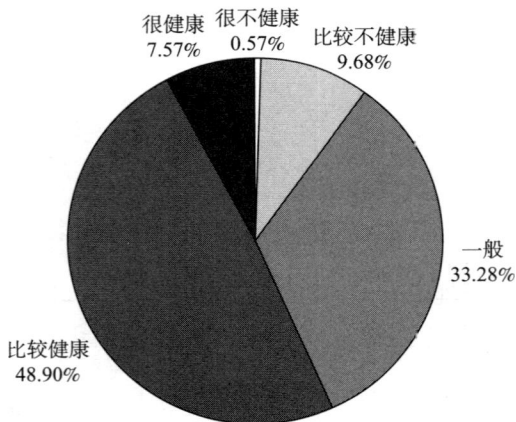

图 9-8 高校教师的自评健康状况

康的比例分别为 9.68% 和 0.57%。整体来看，多数高校教师对自身健康状况的评价较高。

本章分析了高校教师的社会人口学特征与自评健康的关系（见图 9-9）。由于高校教师中极少数人认为自身处于很不健康的状况，为了表述简洁，本研究将"很不健康"与"比较不健康"合并为"不健康"，将"比较健康"和"很健康"合并为"健康"。首先，从性别角度来看，女性高校教师认为自身健康状况处于不健康、一般和健康的比例分别为 10.12%、35.73% 和 54.15%，在男性教师群体中上述比例则分别为 10.35%、31.34% 和 58.31%。通过比较可以发现，两性认为自身不健康的比例较为接近，男性比女性认为健康的比例高出大约 4 个百分点。女性自评健康平均得分为 3.49 分，男性自评健康平均得分为 3.57 分。结果表明，男性高校教师比女性高校教师的自评健康水平更高。其次，从出生世代来看，60世代前的高校教师认为自身健康状况处于不健康、一般和健康的比例分别为 9.09%、27.27% 和 63.64%，60 世代群体中上述比例分别为 7.70%、32.69% 和 59.61%，70 世代群体中上述比例分别为 12.17%、33.33% 和 54.50%，80 世代群体中上述比例分别为 11.21%、33.28% 和 55.51%，90世代群体中上述比例分别为 1.92%、34.62% 和 63.46%。60 世代前至 90世代各群体自评健康平均得分依次为 3.64 分、3.60 分、3.49 分、3.51 分

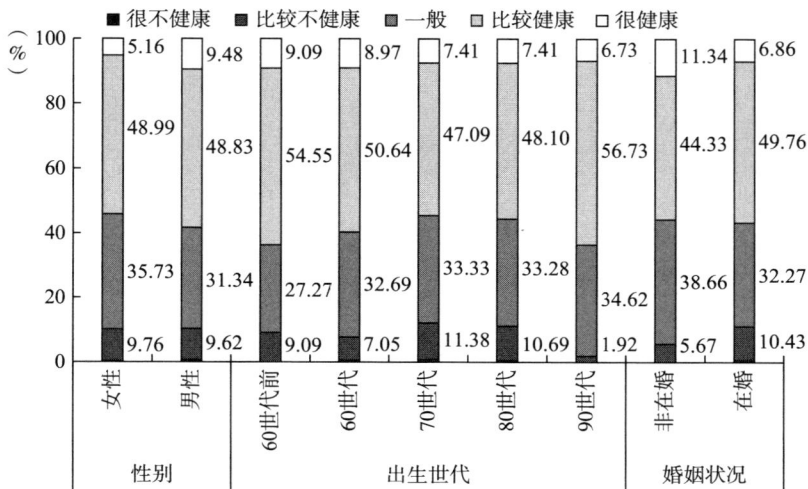

图 9-9　高校教师的性别、出生世代、婚姻状况与自评健康

注：图中未报告各群体中占极小比例的"很不健康"状况者的具体数据，可通过其他四类所占比例计算得出。

和 3.68 分。结果并没有表明随着年龄的增大而自评健康下降的线性趋势，而是处于中年期的 70 世代的自评健康水平最低。最后，从处于不同婚姻状况的高校教师的自评健康差异来看，非在婚高校教师认为自身健康状况处于不健康、一般和健康的比例分别为 5.67%、38.66% 和 55.67%，在婚群体中上述比例则分别为 11.11%、32.27% 和 56.62%。比较后可知，非在婚高校教师与在婚高校教师认为自身健康的比例较为接近，在婚高校教师比非在婚高校教师认为健康状况一般的比例大约低 6 个百分点，认为不健康的比例则高出约 5 个百分点。非在婚高校教师自评健康平均得分为 3.61 分，而在婚高校教师的自评健康平均得分为 3.52 分。结果表明，非在婚高校教师比在婚高校教师的自评健康水平更高。综上所述，女性、处于中年期的 70 世代以及在婚高校教师对自身的健康评价较低。

图 9-10 报告了受教育程度、家庭年收入、专业技术职称、行政职务级别与自评健康的关系。如图 9-10（a）所示，大学专科或本科学历的高校教师的自评健康平均得分为 3.25 分，硕士研究生、博士研究生学历的高校教师的自评健康平均得分差异不大，分别为 3.53 分和 3.54 分，但都高于大学专科或本科学历的高校教师。在图 9-10（b）中，由低至高的四个家庭年收入组的自评健康平均得分依次为 3.43 分、3.47 分、3.57 分和

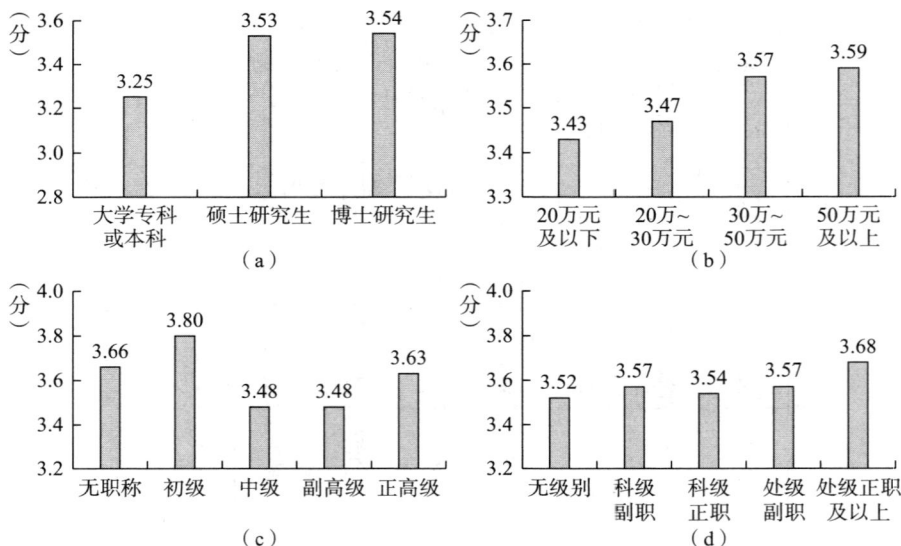

图 9-10　高校教师的受教育程度、家庭年收入、专业技术职称、行政职务级别
与自评健康

3.59 分，从相邻组别间的差异来看，家庭年收入为 20 万～30 万元和 30 万～
50 万元两组间的自评健康差异最大。总体而言，随着受教育程度和家庭年收
入水平的提升，高校教师自评健康平均得分均有所提升。图 9 - 10（c）呈现
了不同专业技术职称的高校教师的自评健康平均得分，其中，自评健康平
均得分较低的两组是拥有中级和副高级职称的教师，都为 3.48 分，自评健
康平均得分最高的是初级职称的教师（3.80 分），其次是无职称者（3.66
分），再次是正高级职称的教师（3.63 分）。如图 9 - 10（d）所示，自评
健康平均得分最低的是无级别的教师（3.52 分），在目前或曾经担任过行
政职务的教师中，担任处级正职及以上职务者的自评健康平均得分（3.68
分）明显高于其他群体。因此，从专业技术职称、行政职务级别来看，高
校教师总体上自评健康状况都较为良好，专业技术职称与自评健康之间未
呈现明显的变化规律，担任过行政职务的高校教师自评健康状况好于无级
别的高校教师。

　　最后，本章分析了高校教师的专业类别、高校类型与自评健康的关系
（见图 9 - 11）。从高校教师的专业类别来看，农业科学专业的教师的自评
健康平均得分是最高的（3.83 分），理学专业的教师次之（3.60 分）；医
药科学专业的教师的自评健康平均得分是最低的（3.40 分），人文与社会
科学专业的教师次之（3.48 分）；工程与技术科学专业的高校教师居中
（3.50 分）。从高校类型来看，普通高校、"一流学科"高校和"双一流"

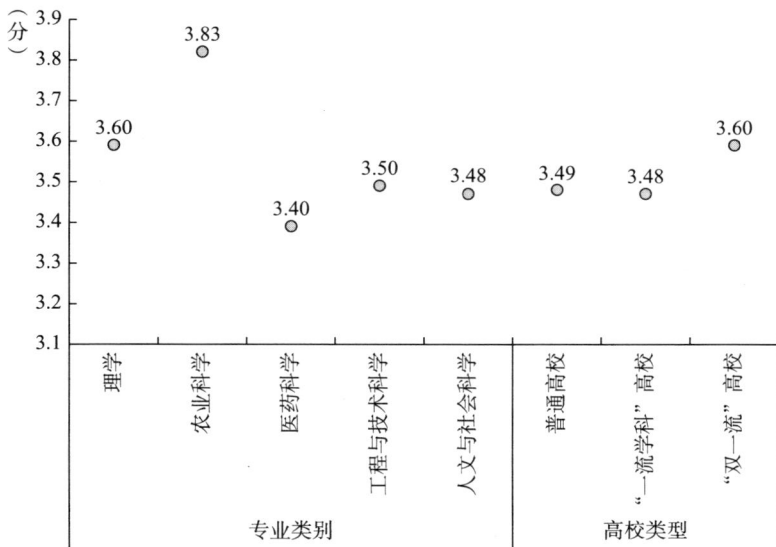

图 9 - 11　高校教师的专业类别、高校类型与自评健康

高校的教师自评健康平均得分分别为 3.49 分、3.48 分和 3.60 分,普通高校教师和"一流学科"高校教师的自评健康平均得分相当,"双一流"高校教师自评健康平均得分最高。

(四) 社会经济地位、生活方式与自评健康

模型 1 除出生世代、性别、婚姻状况、户籍状况,只纳入了表征高校教师客观社会经济地位和主观社会经济地位的相关变量,呈现客观与主观的双重社会经济地位对于自评健康的影响。由模型 1 可以发现,在客观经济地位变量中仅有受教育程度和专业类别具有统计显著意义。从受教育程度来看,与拥有大学专科或本科学历的高校教师相比,拥有硕士研究生学历的高校教师的自评健康平均得分高出 0.291 分,拥有博士研究生学历的高校教师的自评健康平均得分高出 0.316 分。从专业类别来看,农业科学和医药科学专业的教师相比于理学专业的教师在自评健康上并无显著优势,而工程与技术科学专业教师 ($b = -0.128$,$p < 0.05$) 和人文与社会科学专业教师 ($b = -0.146$,$p < 0.05$) 的自评健康水平则显著低于理学专业的教师。主观社会经济地位对自评健康的作用在 0.001 的水平上显著且方向为正,高校教师的主观社会经济地位每提升 1 个单位,其自评健康平均得分将会上升 0.074 分。与诸多客观社会经济地位指标相比,主观社会经济地位对高校教师的自评健康状况更具解释力。

模型 2 在模型 1 的基础上纳入了职业流动变量。观察客观与主观社会经济地位变量发现,受教育程度、专业类别和主观社会经济地位的统计显著性并未发生变化。从教师职业流动的作用来看,向下流动的教师比未流动的教师的自评健康平均得分低 0.134 分,水平流动的教师比未流动的教师的自评健康平均得分低 0.035 分,向上流动的教师比未流动的教师的自评健康平均得分高 0.066 分,发生其他流动的教师比未流动的教师的自评健康平均得分高 0.063 分,不过均未通过 0.05 水平上的显著性检验。

模型 3 在模型 2 的基础上纳入了生活习惯和时间分配的相关变量。观察客观与主观社会经济地位变量的变化发现,受教育程度和主观社会经济地位的统计显著性并未发生变化,而专业类别则不再具有统计显著意义。从高校教师的生活习惯的作用来看,吸烟频率对自评健康的作用是负向的且具有统计显著意义 ($b = -0.063$,$p < 0.05$),说明随着吸烟频率的提高,其自评健康平均得分会逐渐降低;熬夜频率对自评健康的作用也是负向的且具有统计显著意义 ($b = -0.097$,$p < 0.001$),说明随着熬夜频率

的提高，其自评健康平均得分也会逐渐降低；喝酒频率对自评健康的作用同样是负向的，但未能通过 0.05 水平上的显著性检验，说明喝酒频率的提高并不会影响教师对自身健康的评价。从时间分配的作用来看，工作与培训时间对自评健康的作用是负向的且具有统计显著意义（b = -0.003，$p < 0.05$），说明随着用于工作与培训时间的增加，其自评健康平均得分会逐渐降低；家庭劳动时间对自评健康的作用同样是负向的，但未能通过 0.05 水平上的显著性检验，说明家庭劳动时间的增加并不会影响其自评健康平均得分；而休闲娱乐时间对自评健康的作用是正向的且具有统计显著意义（b = 0.012，$p < 0.001$），说明随着用于休闲娱乐时间的增加，其自评健康平均得分会逐渐提高。

表 9 - 6　高校教师的社会经济地位、生活方式与自评健康 （N = 1229）

	模型 1	模型 2	模型 3
出生世代[a]			
60 世代	- 0.060 （0.248）	- 0.053 （0.249）	- 0.091 （0.244）
70 世代	- 0.180 （0.246）	- 0.170 （0.247）	- 0.169 （0.242）
80 世代	- 0.145 （0.248）	- 0.136 （0.250）	- 0.139 （0.245）
90 世代	- 0.072 （0.262）	- 0.059 （0.263）	- 0.104 （0.259）
男性[b]	0.051 （0.048）	0.053 （0.048）	0.123 * （0.052）
党员[c]	0.063 （0.050）	0.058 （0.051）	0.069 （0.050）
在婚[d]	- 0.075 （0.069）	- 0.071 （0.069）	- 0.048 （0.069）
本地户籍[e]	- 0.125 （0.111）	- 0.122 （0.111）	- 0.165 （0.109）
非上海[f]	0.105 （0.065）	0.104 （0.066）	0.094 （0.065）
受教育程度[g]			
硕士研究生	0.291 * （0.143）	0.290 * （0.143）	0.331 * （0.141）
博士研究生	0.316 * （0.135）	0.319 * （0.135）	0.383 ** （0.134）
家庭年收入[h]			
20 万 ~ 30 万元	0.094 （0.076）	0.098 （0.076）	0.073 （0.075）
30 万 ~ 50 万元	0.130 （0.076）	0.129 （0.076）	0.099 （0.074）
50 万元及以上	0.045 （0.081）	0.048 （0.081）	0.005 （0.080）
专业技术职称[i]			
初级	0.076 （0.147）	0.077 （0.148）	0.086 （0.145）
中级	- 0.142 （0.102）	- 0.144 （0.102）	- 0.129 （0.100）

续表

	模型 1	模型 2	模型 3
副高级	− 0.201 （0.106）	− 0.200 （0.106）	− 0.164 （0.104）
正高级	− 0.136 （0.120）	− 0.133 （0.121）	− 0.119 （0.118）
行政职务级别[j]			
科级副职	− 0.034 （0.119）	− 0.017 （0.120）	0.001 （0.118）
科级正职	− 0.009 （0.093）	− 0.003 （0.093）	0.039 （0.092）
处级副职	− 0.032 （0.090）	− 0.031 （0.090）	0.002 （0.088）
处级正职及以上	− 0.027 （0.177）	− 0.019 （0.177）	0.058 （0.175）
专业类别[k]			
农业科学	0.134 （0.114）	0.133 （0.114）	0.212 （0.112）
医药科学	− 0.201 （0.132）	− 0.202 （0.132）	− 0.184 （0.130）
工程与技术科学	− 0.128 * （0.061）	− 0.123 * （0.062）	− 0.108 （0.060）
人文与社会科学	− 0.146 * （0.068）	− 0.142 * （0.068）	− 0.131 （0.067）
高校类型[l]			
"一流学科"高校	− 0.077 （0.063）	− 0.088 （0.064）	− 0.079 （0.063）
"双一流"高校	− 0.071 （0.073）	− 0.087 （0.074）	− 0.050 （0.073）
主观社会经济地位	0.074 *** （0.016）	0.074 *** （0.016）	0.063 *** （0.015）
职业流动[m]			
向下流动		− 0.134 （0.147）	− 0.153 （0.144）
水平流动		− 0.035 （0.075）	− 0.082 （0.074）
向上流动		0.066 （0.102）	0.098 （0.100）
其他		0.063 （0.112）	0.059 （0.110）
生活习惯			
吸烟			− 0.063 * （0.030）
喝酒			− 0.037 （0.030）
熬夜			− 0.097 *** （0.021）
时间分配			
工作与培训			− 0.003 * （0.001）
家庭劳动			− 0.002 （0.002）
休闲娱乐			0.012 *** （0.003）
常量	3.277 *** （0.314）	3.267 *** （0.315）	3.674 *** （0.319）
调整后 R^2	0.067	0.068	0.111

注：① [a] 参照组为 60 世代前，[b] 参照组为女性，[c] 参照组为非党员，[d] 参照组为非在婚，[e] 参照组为非本地户籍，[f] 参照组为上海，[g] 参照组为大学专科或本科，[h] 参照组为 20 万元以下，[i] 参照组为无职称，[j] 参照组为无级别，[k] 参照组为理学，[l] 参照组为普通院校，[m] 参照组为未流动；② * $p < 0.05$，** $p < 0.01$，*** $p < 0.001$；③括号内为标准误。

四　结论与讨论

本章考察了高校教师群体的健康现状，并分析了个体的客观与主观社会地位、职业流动和生活方式因素对其健康的影响。高校教师群体吸烟和喝酒行为发生频率较低，与吸烟、喝酒行为相比，熬夜已然成为高校教师群体最主要的不良生活习惯。在时间分配方面，高校教师平均每周用于工作的时间超过 40 小时，如果以每周工作 5 天，每天工作 8 小时计算，那么高校教师普遍存在超时工作的情况，而相应的，其家庭劳动、休闲娱乐时间受到挤压。不过，高校教师群体在生活方式上存在较为明显的性别、婚姻状况以及社会经济地位的差异。高校教师群体中慢性病患病率较高的是颈椎和腰椎疼痛、失眠和高血压，这与高校教师作为脑力工作者久坐不动、熬夜且缺乏体育锻炼紧密相关。不过高校教师的心理健康和自评健康状况较好。总体来看，高校教师健康状况较好。

回归分析部分的结果表明，在传统的表征个体客观社会地位的受教育程度和收入指标中，仅受教育程度对高校教师的自评健康具有显著影响，收入对高校教师的自评健康则失去了解释力。一般而言，收入通过配套的物质条件来促进健康提升，包括充足的营养食品、高品质住房及社区环境、多种医疗保险和强大的医疗费用支付能力，同时收入还能减少个人和家庭承受的经济压力，但是当家庭收入达到一定水平，即家庭在上述物质条件方面都达到较高的程度后，收入的进一步增加对健康的提升效用则会降低。因此，在高校教师群体中，收入对自评健康不具有显著影响也是可以理解的。而在反映高校教师群体内部地位分化的几个指标中，仅有专业类别具有统计显著意义，不过在后续模型纳入生活方式变量后，专业类别则失去了统计显著性，本章认为，这反映了不同专业教师在生活方式上的差异导致了自评健康的分化，即生活方式可能是专业类别与自评健康的中介机制之一。与高校教师的客观社会经济地位相比，主观社会地位能够更好地预测其自评健康水平。此外，高校教师的职业流动并不会影响其自评健康水平。

从高校教师生活习惯的影响来看，吸烟、喝酒和熬夜中仅喝酒对自评健康没有显著影响。高校教师普遍具有高学历，在社会阶层结构中也处于较高的位置，因而更可能是适度饮酒而非酗酒。从高校教师的时间分配来看，工作与培训时间的增加会显著降低其自评健康水平，而休闲娱乐的作用方向则相反。有趣的是，家庭劳动时间的增加并不会显著降低高校教师的自评健康水平，这可能是因为，相较于繁重的工作与培训，偶尔的家庭劳动反而是一种放松解压的方式。同时，家庭劳动也是对家人情感劳动的一部分，体现了对家人的关爱，特别是子女教育时间的增加、家庭关系的和谐能够缓解其在教学科研工作中面临的压力。

　　研究结果的政策意涵如下。首先，高校在教师管理上应高度重视他们的身心健康问题，高校教师的身心健康状态会直接影响中国高等教育事业的高质量发展，各部门应协调建立教职工健康管理系统，努力为他们提供优质的生活和工作条件，加大对教师的身心健康及体育锻炼的资金投入，组织多种多样的教师文艺和体育活动，让教师在轻松的环境中投入教学科研工作。其次，应积极开展教师心理咨询服务，在移动互联网时代，充分利用网络普及健康知识和疾病预防知识，培养教师自我保健的自觉性，及时疏导和化解其心理问题。最后，高校教师应养成健康的生活方式，合理管理和分配时间，坚持体育锻炼，戒烟限酒，健康饮食，确保营养的均衡，保持乐观向上的健康心态，努力做到劳逸结合。患有高血压、颈椎和腰椎疼痛等慢性疾病的教师要注意定时监测自身健康数据，早发现，早治疗。

参考文献

蔡禾、赵钊卿，1995，《社会分层研究：职业声望评价与职业价值》，《管理世界》第 4 期。

陈安平，2011，《收入高会更健康吗？——来自中国的新证据》，《财贸经济》第 1 期。

陈嘉利，2014，《我国高校教师健康状况调查及相关对策研究》，《武汉理工大学学报》（社会科学版）第 5 期。

黄洁萍、尹秋菊，2013，《社会经济地位对人口健康的影响——以生活方式为中介机制》，《人口与经济》第 3 期。

李春玲，2005，《当代中国社会的声望分层——职业声望与社会经济地位指数测量》，《社会学研究》第 2 期。

李建新、夏翠翠，2014，《社会经济地位对健康的影响："收敛"还是"发散"——基于 CFPS2012 年调查数据》，《人口与经济》第 5 期。

李培林、张翼，2008，《中国中产阶级的规模、认同和社会态度》，《社会》第 2 期。

李强、王昊，2017，《我国中产阶层的规模、结构问题与发展对策》，《社会》第 3 期。

李儒林等，2006，《大学生时间管理倾向与主观幸福感的相关性》，《中国临床康复》

第 46 期。

李韵秋、张顺，2020，《"职场紧箍咒"——超时劳动对受雇者健康的影响及其性别差异》，《人口与经济》第 1 期。

刘建、张余，2012，《辽宁省高校教师体质亚健康状况检测及致因分析》，《沈阳体育学院学报》第 2 期。

毛毅、冯根福，2011，《教育对健康的影响效应及传导机制研究》，《人口与经济》第 3 期。

王甫勤，2017，《地位束缚与生活方式转型——中国各社会阶层健康生活方式潜在类别研究》，《社会学研究》第 6 期。

吴家琳、刘强，2012，《高校教师体质健康评析——基于广州大学教师体质健康水平的实证分析》，《广州大学学报》（社会科学版）第 12 期。

徐淑一、王宁宁，2015，《经济地位、主观社会地位与居民自感健康》，《统计研究》第 3 期。

于涛，2016，《天津市部分高校教师身心健康状况与工作压力的相关研究》，《体育文化导刊》第 6 期。

张文宏，2018，《改革开放以来中国社会流动模式与机制的变迁》，《社会》第 6 期。

Adler, N. E., Boyce, T., Chesney, M. A., Cohen, S., Folkman, S., Kahn, R. L., and Syme, S. L. 1994. "Socioeconomic Status and Health: The Challenge of the Gradient." *American Psychologist* 49 (1): 15 – 24.

Au, N., Hauck, K., and Hollingsworth, B. 2013. "Employment, Work Hours and Weight Gain among Middle-Aged Women." *International Journal of Obesity* 37 (5): 718 – 724.

Berniell, I. and Bietenbeck, J. 2020. "The Effect of Working Hours on Health." *Economics & Human Biology* 39: 1 – 12.

Braveman, P., Cubbin, C., Egerter, S., Chideya, S., Marchi, K. S., Metzler, M. M., and Posner, S. F. 2005. "Socioeconomic Status in Health Research: One Size Does Not Fit All." *Journal of American Medical Association* 294 (22): 2879 – 2888.

Heidemann, C., Schulze, M. B., Franco, O. H., van Dam, R. M., Mantzoros, C. S., and Hu, F. B. 2008. "Dietary Patterns and Risk of Mortality from Cardiovascular Disease, Cancer, and All Causes in a Prospective Cohort of Women." *Circulation* 118 (3): 230 – 237.

Engel, G. L. 1977. "The Need for a New Medical Model: A Challenge for Biomedicine." *Science* 196 (4286): 129 – 136.

Lowry, D. and Xie., Y. 2009. "Socioeconomic Status and Health Differentials in China: Convergence or Divergence at Older Ages?" *Population Studies Center Research Report* 09 – 690.

Singh-Manoux, A., Marmot, M., and Adler, N. E. 2005. "Does Subjective Social Status Predict Health and Change in Health Status Better Than Objective Status?" *Psychosomatic Medicine* 67 (6): 855 – 861.

Sisson, S. B. , Broyles, S. T. , Baker, B. L. , and Katzmarzyk, P. T. 2010. "Screen Time, Physical Activity, and Overweight in US Youth: National Survey of Children's Health 2003. " *Journal of Adolescent Health* 47 (3): 309 – 311.

Skalamera, J. and Hummer, R. A. 2016. "Educational Attainment and the Clustering of Health-Related Behavior among U. S. Young Adults. " *Preventive Medicine* 84: 83 – 89 .

Soowon, K. , Popkin, B. M. , Siega-Riz, A. M. , Haines, P. S. , and Arab, L. 2004. "A Cross-National Comparison of Lifestyle between China and the United States, Using A Comprehensive Cross-National Measurement Tool of the Healthfulness of Lifestyles: The Lifestyle Index. " *Preventive Medicine* 38 (2): 160 – 171.

第十章　高校教师的家庭状况及工作与家庭冲突的影响因素

胡摇宇[*]

家庭和工作是人生的两大重要领域，工作成就可以满足个人及家庭的需求，家庭关系和睦反过来又能促进个体努力工作。工作和家庭是密切相关、相互联系的（赵灵萍，2016）。工作时间过长、任务繁多有可能会导致家庭关系紧张，影响人们的生活满意度。同时，家庭也需要每一个成员个体承担相应的家庭角色和家庭任务，而过多的家庭需求则会妨碍个体履行工作职责，影响个体的职业生涯发展（Diener and Suh，1997）。高校教师作为特定职业群体，承担着教书育人、为国家培养人才的重要职能，教师在体验工作带来的使命感及成就感的同时，也会面对其带来的压力。工作压力和家庭矛盾给许多教师造成了长期的困扰。近几十年，越来越多的学者开始关注教师的工作与家庭之间的关系。随着全面二孩政策的实施，不少中青年教师生育了二孩，这使得他们需要在家庭中投入更多的时间、精力和情感，从而在一定程度上加剧了高校教师工作与家庭之间的冲突。本章将对高校教师群体的家庭状况和工作与家庭冲突进行分析。

家庭是个人生活的最小单位，也是大部分人日常所处最多的场域，因此家庭的重要性不言而喻。在家庭之外，工作也是人们生活的主要组成部分。随着现代社会的高速发展，工作和家庭结构发生变化，越来越多的人被家庭与工作的相互关系所影响，有许多研究表明工作与家庭之间的冲突会产生很多负面影响。如 Allen 等（2000）、汪逸帆（2018）指出工作满意度会受到工作与家庭冲突的影响，二者之间呈现负相关。Burke（1988）发现工作家庭冲突与婚姻满意度存在显著负相关关系。Kossek 和 Ozeki，（1999）指出，工作与家庭冲突会对员工的生活满意度产生负面影响。国

＊　胡摇宇，上海大学社会学院硕士研究生。

内也有学者指出高校教师群体的工作与家庭冲突会影响其主观幸福感（王笑莲，2022）；高校教师的工作与家庭冲突会使教师出现严重的情绪耗竭，进而导致职业倦怠（周雅婷，2010）。工作与家庭冲突产生的负面作用涉及多方面，各个职业群体都会不同程度地受到工作和家庭双重压力的影响，但是目前对高校教师群体的关注还不够，因此对高校教师群体工作与家庭冲突的产生因素进行研究非常有必要。

本章将首先分析高校教师群体的家庭状况，以期找到和工作与家庭冲突相关的影响因素。对高校教师家庭状况的分析描述包括家庭关系、婚姻状况和子女教育等方面。许多学者已经关注到这些家庭状况并且进行了研究，大卫·切尔按照整体家庭观将家庭状况划分为亲密关系、亲子关系、家庭经济和社会支持三个部分（转引自李菲，2007）。从亲密关系来看，配偶的状况会影响高校教师的家庭关系。而亲子关系就是父母和子女的关系。家庭的一个重要功能就是生育新成员以及儿童的社会化。袁勇贵（2004）认为，母亲几乎将80%的时间用在孩子的家庭照顾上，因此亲子关系对高校女教师的家庭关系影响非常显著。从家庭经济和社会支持方面来看，李菲（2007）认为对于高校教师而言，他们具有相对丰厚和稳定的收入，但同时也处在住房和孩子教育支出花费最高的时期，家庭经济状况也会影响高校教师的家庭关系。另外，也有许多研究表明家庭关系、婚姻状况和子女会影响工作与家庭的关系，因此本章在第二部分将研究高校教师群体工作与家庭冲突的影响因素。

一 高校教师的家庭状况

（一）高校教师的家庭关系

本研究对高校教师的家庭关系进行了调查，主要有四个方面的关系，分别是与父母的关系、与配偶的关系、与子女的关系和与配偶父母的关系。如表10-1所示，在高校教师的家庭关系中，最为亲密的是与子女的关系，认为关系非常好的比例达到74.12%，其次是与配偶的关系和与父母的关系，都较为良好，认为关系"比较好"和"非常好"的比例合起来均在90%以上。与前三者比较而言，高校教师与配偶父母的关系略显淡漠，认为关系"非常好"的只占53.11%，认为"比较好"的占32.95%，认为"一般"的比例则较前三者明显上升，达到12.13%。

表 10 - 1　高校教师的家庭关系

单位：%

	很不好	不太好	一般	比较好	非常好
与父母	0.65	0.43	3.98	25.00	69.95
与配偶	0.60	0.65	5.34	24.51	68.90
与子女	0.49	0.27	2.91	22.20	74.12
与配偶父母	0.60	1.20	12.13	32.95	53.11

（二）高校教师的婚姻匹配度

高校教师的配偶状况不仅会影响高校教师的婚姻质量，也会间接对高校教师的工作和家庭满意度产生影响，从而影响高校教师的工作与家庭冲突感知。因此，本部分从婚姻匹配度上来对高校教师群体配偶的状况进行描述，主要关注高校教师配偶的受教育水平和职业阶层这两方面的统计结果。

1. 高校教师配偶的受教育水平

高校教师作为高知群体，其受教育水平大多为硕士及以上。如果高校教师配偶的学历水平与其不匹配会产生沟通困难等问题，严重影响高校教师的生活和工作满意度，引起工作与家庭的冲突。从表 10 - 2 中可见，高校教师配偶的受教育水平在大学专科、本科及以上的比例在 95% 以上。从受教育水平来看，高校教师群体的婚姻匹配度较高。这也符合目前婚姻匹配上，个体都希望与学历类似的人结婚的趋势（Qian，2017）。

表 10 - 2　高校教师配偶的受教育水平

单位：%

高校教师性别	初中及以下	高中/中专/技校	大学专科、本科及以上
女性教师配偶	0.55	0.33	99.11
男性教师配偶	0.65	3.27	96.07
总体	0.61	1.93	97.46

Pearson χ^2 （2）= 22.4423；$p = 0.000$

2. 高校教师配偶的职业阶层

如表 10 - 3 所示，若以无工作、工农阶层、专业技术人员、管理者阶层来对高校教师配偶进行分类的话，其中专业技术人员的比例超过了65%，管理者阶层的比例超过了10%。配偶职业类别为无工作和工农阶层的占比较低，工农阶层占比不到10%。这说明高校教师配偶的社会阶层相对较高，与高校教师的职业匹配度较高。高校教师属于专业技术人员群体，其配偶也大部分属于专业技术人员，这说明高校教师的婚姻匹配度较高。

表 10 - 3   高校教师配偶的职业阶层 （$N = 2082$）

单位：%

职业阶层	无工作	工农阶层	专业技术人员	管理者阶层
占比	11.53	9.85	66.33	12.30

（三）高校教师的子女教育

1. 子女数量

工作与家庭冲突涉及家庭领域，子女数量是高校教师家庭领域中的重要要素。许多研究者发现，孩子个数与工作和家庭之间的关系存在显著相关（Frone，2000；Kinnunen and Mauno，1998）。如表 10 - 4 所示，高校教师只养育了 1 个孩子的比例接近 80%，产生这种状况的一个合理解释可能是高校教师属于高知人群，而在当代社会中，教育成就越高，越关注个体的成长和生活，在养育后代时更加考虑优生优育。而且样本中教师的年龄分布更多地集中在 70 后群体，他们属于高校教师中的中坚力量，在 70 后适育年龄的时间段内，我国一直实行计划生育政策，因此高校教师只养育 1 个孩子很大程度上是受人口政策的影响。

表 10 - 4   高校教师养育的子女数量 （$N = 1788$）

单位：%

子女数量	0 个	1 个	2 个	3 个及以上
占比	0.11	77.01	22.48	0.39

2. 教育意向

在对高校教师养育孩子的数量进行分析之后，本研究还考察了高校教师的教育意向。受数据限制，此处的教育意向主要指高校教师是否已经或有意愿送孩子出国读书。是否送孩子出国读书涉及的因素很多，包括家长的教育理念、孩子个人的兴趣、家庭的经济条件、客观环境的限制等，这也可以在一定程度上反映高校教师的家庭状况。比如，王莲（2018）在研究高校英语教师对子女英语学习的投资行为时就发现，高校教师在教育子女时经常会提到"出国"这一发展方向，有此意愿的教师对子女的教育投资更多。如表10-5所示，已经送孩子出国读书或者有意愿送孩子出国读书的高校教师人数是最少的，占比不到25%；不愿意送孩子出国读书的高校教师人数最多，占比达到了40%；选择视情况而定的高校教师占比也在35%以上。

表 10-5　高校教师送孩子出国读书的意愿 （*N* = 1558）

单位：%

是否已经或有意愿送孩子出国读书	是	否	视情况而定
占比	24.01	40.37	35.62

3. 教育期望

教育期望指父母对子女未来受教育程度、学业成就的一种理想的愿望和期盼，它是子女对自身需要获得的教育成就目标产生和维持的重要机制（Sewell and Shah，1968）。如表10-6所示，高校教师对子女的教育期望集中在硕士研究生和博士研究生两个选项上。希望子女最高学历达到硕士研究生和希望子女最高学历达到博士研究生的高校教师群体占比均超过25%。靳振忠等（2019）在对中国家庭教育追踪调查数据进行分析时提到，父母的受教育程度与对子女的教育期望有较为明显的关系。张莉萍等（2015）在调查四川高校教师群体的子女家庭教育时也指出，教师家庭对子女的教育认知度较高。从统计结果来看，高校教师身为高知群体，希望文化资源能够实现代际传递，对子女的教育期望也较高，希望子女也能成为高知群体。而比较值得关注的是，在教育期望方面选择无所谓的高校教师比例也超过了15%，成为占比第三的选择。这说明有相当比例的高校教师对子女的教育持较为开放的观念，选择视孩子的情况而定。

表 10-6　高校教师对子女的教育期望 （*N* = 2134）

单位：%

教育期望	占比
未考虑过	8.06
普通高中及以下	0.18

教育期望	占比
大学专科	0.37
普通大学本科	4.55
211/重点本科	5.53
985/名牌大学本科	12.42
硕士研究生	26.05
博士研究生	26.62
无所谓	16.21

二 工作与家庭冲突感知

(一) 文献回顾

工作与家庭冲突并非新兴的研究课题,已有许多学者关注了不同职业群体的工作与家庭冲突,也有很多学者考察了高校教师群体的工作与家庭冲突。经总结,学者们对工作与家庭冲突的关注主要集中在以下几个方面:定义、测量方法、影响因素。

1. 工作与家庭冲突的定义与内涵

国外关于工作和家庭问题的研究从 20 世纪 70 年代就开始了,截至目前已经形成了许多成果。Kahn 等 (1964) 把关注重点放在了压力的不可调和方面,认为工作与家庭冲突是指来自工作和家庭两方面的压力,在某些方面不可调和时产生的一种角色冲突。Greenhaus 和 Beutell (1985) 认为工作与家庭冲突是"一种特殊形式的角色间冲突,该冲突产生于工作和家庭领域内的压力之间,在某些方面是不可调和的",并进一步指出,工作与家庭冲突具有双向性的特征。Netemeyer 等 (1996) 进一步丰富了冲突的内涵,将关注点不仅放在压力的冲突上,同时还将工作与家庭冲突定义为一种角色冲突的形式,这种角色冲突是由于工作的要求、时间投入与引发的压力阻碍了家庭相关责任表现而产生的,参与工作 (家庭) 角色就会使得参与家庭 (工作) 角色变得更加困难。在这些定义中,Greenhaus 和 Beutell 的观点最为客观、全面,因此被广泛引用。

2. 工作与家庭冲突的测量方法

测量工作与家庭冲突的方法主要包括定量测量法 (问卷调查) 和定性

测量法（深度访谈方法）。大多数学者沿用工作满意度的研究方法，采用定量研究，通过问卷调查和量表对工作与家庭冲突进行不同维度的测量。Netemeyer 等（1996）创立了工作冲突测量量表，测量分为工作对家庭干扰和家庭对工作干扰两个方面。Carlson 等（2000）编制了基于时间、压力及行为的工作与家庭冲突量表。此量表被国内外众多学者使用，学界公认其对工作与家庭冲突的测量是有效的。除了国外的测量问卷和量表，国内也有很多学者编制了自己的量表。比如廖赣丽（2017）编制的工作与家庭冲突问卷，包含工作干扰家庭和家庭干扰工作两个方向，每个方向又包含基于时间的冲突、基于压力的冲突和基于行为的冲突三种形式。该量表涵盖面广，具有良好的信度和效度。也有学者对浙江省的高校女教师进行了深度访谈，得到了工作与家庭冲突的相关资料（王晓梅、苗丽，2014）。

3. 工作与家庭冲突的影响因素

工作与家庭冲突的影响因素较为多样，不同的学者关注了不同的领域，国外和国内学者都进行了自己的研究，涵盖多方面的内容。

1980 年以来，国外学者的研究聚焦于工作与家庭冲突的各种影响因素。Kossek 和 Ozeki（1999）指出，工作与家庭冲突水平受到工作绩效、离职率、缺勤率等因素的影响。Byron（2005）提出工作与家庭冲突水平可以通过员工的工作投入、工作压力等因素来进行预测。Carlson 和 Perrewé（1999）认为，对工作要求过高的员工会存在较高水平的工作与家庭冲突。

国内学者对不同职业群体的工作与家庭冲突的影响因素进行了研究。李森等（2003）对工作与家庭冲突的中介变量和干预策略进行了研究，提出社会支持、自我效能感、性别等因素对工作与家庭冲突的影响起中介或调节作用。吴谅谅等（2003）研究发现，职业女性的工作与家庭冲突来自工作领域的压力和家庭领域的投入。也有学者对高校教师群体进行了分析，李晨（2013）从多种角色的角度，分析了角色对工作与家庭冲突的影响，发现教师拥有的角色数量越多，工作与家庭冲突越严重，有灵活工作时间的教师表示家庭对工作的干扰更强烈。

国内还有很多学者关注性别视角下的工作与家庭冲突研究。林丹瑚等（2008）探讨了高校教师工作与家庭关系的特点及其与工作特征、性别等变量之间的关系，发现性别可以调节工作要求和工作与家庭冲突之间的关系，工作与家庭冲突对男老师的影响比女教师小。还有许多学者专门对高校女教师进行了分析。如林健（2012）的研究认为，高校女教师工作与家庭冲突的影响因素主要为组织上的和家庭中的。王晓梅和苗丽（2014）主要关注高校女教师工作与家庭冲突中的时间冲突与压力冲突，认为高校女教师最小孩子年龄越小，面临的冲突越严重。

（二）研究假设

社会支持通常被认为是一种解压器而且可以减轻工作与家庭冲突（Greenhaus and Beutell，1985），虽然在定义方面还存在一些不一致的意见，但大多数研究者都认为支持的来源（工作领域或家庭领域）和类型是很重要的（Parasuraman et al.，1996）。Adams 等（1996）将支持分为两种，分别是情绪性支持（共情）和工具性支持（提供物质支援）。Carlson和 Perrewé（1999）在文章中指出，在工作领域内，上司和同事可以提供支持以减轻职员承受的工作压力。在家庭领域内，支持可以减轻个体感受到的家庭压力。因此，在支持性环境中感受到的冲突和紧张会比在非支持性环境中更少。Frone 等（1997）将工作和家庭领域的工具性支持作为预测工作与家庭冲突的变量，如工作与家庭时间承诺、工作与家庭危难等。在工作领域，管理者支持与压力源变量存在负相关关系，压力和工作与家庭冲突存在正相关关系。在家庭领域，家庭社会支持与家庭危难相关，并且配偶支持对减轻时间成本和家庭危难有显著效应。Bernas 和 Major（2000）还发现家庭领域的情绪性支持与家庭压力负相关，而家庭压力与家庭工作冲突正相关。结合文献，基于本章的研究问题，笔者提出两个假设。

假设 1：高校教师获得的工作支持越多，其工作与家庭冲突感知越弱。

假设 2：高校教师获得的家庭支持越多，其工作与家庭冲突感知越弱。

此外，工作与家庭冲突和角色理论密切相关，该理论指出，个体在社会中扮演社会角色（Oeser and Harary，1964），而这些角色与作为职员的行为和绩效相关。Kahn 等（1964）提出，工作与家庭冲突是由于员工没有将工作和家庭职责都完成从而产生了角色冲突。Kahn 等提出的角色冲突理论指出，人们扮演的每种角色都有相对应的行为期望，而这些期望一定程度上给扮演多个角色的个体带来了生理及精神上的压力，并且他还指出角色之间的不协调是由时间、压力和行为三方面压力造成的。还有其他学者提出了工作与家庭冲突的三种类型：以时间为基础的冲突（时间限制了角色参与）、以紧张为基础的冲突（角色成员关系之间的紧张），以及以行为为基础的冲突（一个角色的行为期望与另一个角色的行为期望相矛盾）（Greenhaus and Beutell，1985；Stephens and Sommer，1996）。当一个角色的时间要求限制或抑制另一个角色的时间要求时，就会发生以时间为基础的冲突，例如当个体因为接听家庭成员的电话而不能完成他的工作职责时，他就会体验到时间冲突。Carlson 等（2000）认为基于时间、基于压力和基于行为的工作与家庭冲突之间存在区别，时间变量对高校教师工作与家庭冲突具有负向影响。由此，本章提出第三个假设。

> 假设3：高校教师每周平均工作时间越长，其工作与家庭冲突感知越强烈。

在压力研究领域，许多学者关注压力与工作的关系，Hobfoll（1989）提出的资源保存理论认为，个体拥有的满足不同角色需求的资源是有限的，个体总是倾向于获得和保存时间、精力等资源，一旦资源过度消耗，个体就会产生压力。然而关于压力和工作之间的具体关系并不清晰，很多研究没有发现两者之间存在预期的显著关系，为了更好地解释这一现象，Cavanaugh 等（2000）提出了压力性质分类这一方法，认为工作压力可以依据其性质划分为挑战性压力和阻碍性压力两类。挑战性压力指"对个体职业生涯发展和自我成长有利的工作压力"；阻碍性压力指"阻碍个体职业生涯发展和自我成长的工作压力"，具体包括工作不安全感、职业发展受阻等。挑战性压力对员工的工作态度和行为有积极作用，阻碍性压力对员工的工作态度和行为有消极作用。张永军（2015）的研究发现，挑战性压力与员工个体创造力显著正相关，阻碍性压力与员工个体创造力显著负相关。由此，本章提出假设如下。

> 假设4：高校教师的挑战性压力越大，其工作与家庭冲突感知越不强烈。
> 假设5：高校教师的阻碍性压力越大，其工作与家庭冲突感知越强烈。

因为不同角色之间的行为方式不同，所以高校教师在工作和家庭中不同的行为会对其工作与家庭冲突感知产生影响。Panatika 等（2011）在分析马来西亚高校教师的工作与家庭冲突时将性别作为关键变量，认为不同性别会对高校教师的工作与家庭冲突产生不同的影响。因此，本章提出最后一个假设。

假设 6：女性高校教师的工作时长对其工作与家庭冲突感知影响更显著。

（三）概念的测量和操作化

虽然没有研究发现婚姻状况和工作与家庭冲突有直接联系，但是婚姻状况应该与家庭要求有关（Frone，2000；Kinnunen and Mauno，1998），已婚的个体应该比那些未婚的个体有更多的家庭要求。同样，有子女的家庭需要父母付出更多的关注，有无子女是影响家庭要求的一个重要影响因素。因此，本研究将样本界定在已婚有孩子的高校教师群体中，对变量进行测量和操作化，最终纳入分析的样本为 1160 份。

1. 因变量

根据研究问题，本章的因变量主要是工作与家庭冲突感知变量，直接采用问卷中"在过去一年内，您感到工作与家庭有冲突的频率如何"这一问题作为数据来源，采用李克特 5 级量表，从"总是"到"从不"赋值为 1 ~ 5。

2. 自变量

（1）社会支持变量

本章将社会支持作为自变量的一部分，从来源上分为工作支持和家庭支持。工作支持变量包括与上级关系、经费支持满意度；家庭支持包括与配偶关系、与配偶父母关系。变量均采用李克特 5 级量表。关系变量赋值为 1 ~ 5，数值越大，表示高校教师与其关系越好；满意度变量赋值为 1 ~ 5，数值越大，表示高校教师越满意。

（2）时间、压力、行为变量

本章的核心自变量分为时间、压力和行为三个方面，采用的是 Greenhaus 和 Beutell（1985）及 Stephens 和 Sommer（1996）对工作与家庭冲突的三方面划分。时间方面包括每周平均工作时间；压力方面包括工作时长满意度、绩效考核制满意度、精神紧张度、最小孩子年龄；行为方面包括性别。

首先，Voydannoff（1989）发现，工作小时数和工作与家庭冲突存在明显的正相关关系，工作时间会影响个体的工作与家庭冲突，因此基于Carlson等（2000）编制的工作与家庭冲突量表中列出的问题，本章采用问卷中的每周平均工作时间这一连续变量作为时间变量。

其次，压力变量分为挑战性压力和阻碍性压力。基于Cavanaugh等（2000）编制的挑战-阻碍性压力量表中的问题，结合本问卷指标，以工作时长满意度和绩效考核制满意度作为挑战性压力变量。而Grzywacz和Marks（2000）及Kinnunen和Mauno（1998）在研究高校教师的时间和压力冲突时都关注其最小孩子年龄，他们发现最小孩子年龄越小，高校教师面临的冲突越严重，因此本章将最小孩子年龄作为阻碍性压力变量，分为成年和未成年，成年赋值为1，未成年赋值为0。此外，王晓梅、苗丽（2014）在研究高校女教师工作与家庭冲突时也曾提到高校女教师因工作产生的紧张焦虑等精神状态会影响家庭关系，因此本章基于Stephens和Sommer（1996）编制的工作与家庭冲突量表中对压力变量的界定，将精神紧张度也作为阻碍性压力变量，赋值为1~5，数值越大，表示高校教师精神紧张度越高。

最后，行为变量的指标是高校教师的性别。在Carlson等（2000）编制的工作与家庭冲突量表及Stephens和Sommer（1996）编制的工作与家庭冲突量表中，针对行为变量的问题为"工作领域和家庭领域的技能与知识是否能够共通"。此外，许多学者如李明勇（2009）、周新霞（2007）都专门研究了高校女教师的工作与家庭冲突特征，并且认为受生理、性别等因素的影响，高校女教师承担着更重的家庭和事业双重压力。基于上述两种量表和既有研究，结合本问卷问题，本章采用性别作为行为变量（男性编码为1，女性编码为0），分性别对高校教师的工作与家庭冲突进行比较研究。

本章的控制变量主要包括高校教师的民族（汉族赋值为0，其他民族赋值为1）、政治面貌（中共党员赋值为1，非中共党员赋值为0）、受教育程度、年龄（操作化为被调查时的年龄）、户籍（本地户籍为1，非本地户籍为0）。

表 10 - 7（a）　　类别变量描述性统计结果（N = 1160）

	变量定义	频数	占比（%）
民族	汉族	1137	98.02
	其他民族	23	1.98
政治面貌	党员	844	72.76
	非党员	316	27.24
户籍	本地户籍	1124	3.10
	非本地户籍	36	96.9
性别	男性	619	53.36
	女性	541	46.64
最小孩子年龄	未成年	1028	88.62
	成年	132	11.38

表 10 - 7（b）　　连续变量描述性统计结果（N = 1160）

	均值	标准差
年龄	43.00	6.45
受教育程度	1.82	0.44
与上级关系	3.88	0.73
经费支持满意度	3.04	1.14
与配偶关系	4.63	0.63
与配偶父母关系	4.36	0.77
每周平均工作时间	45.70	19.57
工作时长满意度	3.39	0.89
精神紧张度	0.12	0.33
绩效考核制满意度	3.02	0.93
工作与家庭冲突感知度	3.27	0.91

（四）工作与家庭冲突回归结果

本章使用统计软件 Stata，采用多元线性回归模型对工作与家庭冲突的影响因素进行回归分析，得到结果如表 10 - 8 所示。模型 1 为只有个人特征变量的基准模型，模型 2 为引入社会支持变量后的模型，模型 3 为继续加入时间、压力、行为变量后的模型。本部分对前文所提到的研究问题以及研究假设进行验证，对影响高校教师工作与家庭冲突感知的因素进行讨论。重点关注社会支持和工作与家庭冲突感知之间的关系以及时间、压力、行为三个核心因素的影响。

表 10 - 8　工作与家庭冲突感知的影响因素

变量	模型 1	模型 2	模型 3
其他民族[a]	- 0.316 (0.190)	- 0.216 (0.181)	- 0.208 (0.174)
党员[b]	- 0.102 (0.060)	- 0.119 * (0.057)	- 0.111 * (0.055)
本地户籍[c]	- 0.332 * (0.152)	- 0.244 (0.145)	- 0.179 (0.139)
受教育程度	- 0.016 (0.061)	- 0.048 (0.058)	- 0.017 (0.057)
年龄	0.018 *** (0.004)	0.017 *** (0.004)	0.004 (0.005)
男性[d]	0.203 *** (0.054)	0.129 * (0.052)	0.139 ** (0.051)
经费支持满意度		0.090 *** (0.023)	0.016 (0.025)
与上级关系		0.146 *** (0.038)	0.078 * (0.038)
与配偶关系		0.095 (0.052)	0.066 (0.050)
与配偶父母关系		0.192 *** (0.044)	0.164 *** (0.042)
每周平均工作时间			- 0.005 *** (0.001)
工作时长满意度			0.170 *** (0.033)
绩效考核制满意度			0.075 * (0.035)
精神紧张度			- 0.323 *** (0.075)
最小孩子年龄			0.306 ** (0.096)
常数项	2.837 *** (0.262)	0.768 * (0.322)	1.352 *** (0.341)
样本量	1160	1160	1160
R^2	0.04	0.14	0.21

注：①[a] 参照组为汉族；[b] 参照组为非党员；[c] 参照组为非本地户籍；[d] 参照组为女性；② * $p < 0.05$，** $p < 0.01$，*** $p < 0.001$；③括号中为标准误。

1. 社会支持的影响

社会支持分为工作支持和家庭支持两种。在工作支持方面，作为物质支持的经费支持满意度变量和作为情感支持的与上级关系变量都能够缓解工作与家庭冲突感知。高校教师对经费支持的满意度越高、与上级关系越好，其对工作与家庭冲突的感知越弱，且这种影响非常显著，这证实了假设1。但值得注意的是，在引入时间、压力、行为三分变量之后，经费支持满意度的作用变得不显著了，可能是因为经费支持其实是通过其他变量表现出来并产生作用的。

从家庭支持来看，与配偶关系及与配偶父母关系都和工作与家庭冲突感知相关。高校教师与配偶关系越好，其工作与家庭冲突感知越弱，但这种影响不显著；高校教师与配偶父母关系越好，对工作与家庭冲突的感知越弱，且影响十分显著，并且加入时间、压力、行为三分变量后依然十分显著，这可以在一定程度上说明情感支持的重要性。从分析结果来看，假设2得到了证实。

2. 时间、压力、行为的影响

第一是时间对工作与家庭冲突感知的影响。从表10-8中可以看到，每周平均工作时间越长，花费在工作上的时间越多，高校教师对工作与家庭冲突的感知越强烈，且影响十分显著。每周平均工作时间每增加1个单位，高校教师的工作与家庭冲突感知就显著提升0.005个单位。因为时间分配对工作与家庭冲突感知有最为直接的影响，时间分配的不均会直接导致工作与家庭冲突。上述分析符合前文提出的假设3。

第二是压力对工作与家庭冲突感知的影响。以挑战性压力和阻碍性压力来区分不同压力的影响：作为挑战性压力的工作时长满意度和绩效考核制满意度越高，高校教师的工作与家庭冲突感知越不强烈，工作时长满意度每提高1个单位，冲突感知就在0.1%的水平上降低0.170个单位，而绩效考核制满意度每提高1个单位，冲突感知就在5%的水平上降低0.075个单位。因为挑战性压力会对员工的工作态度等起到正面作用，有利于高校教师在工作中产生正面情绪从而缓解工作与家庭冲突，这证实了本章的假设4。而作为阻碍性压力的精神紧张度对高校教师工作与家庭冲突起到了负面作用，精神紧张度越高，高校教师的工作与家庭冲突感知越强烈，且作用十分显著。此外，最小孩子年龄属于阻碍性压力，可以看到，最小孩子年龄越大，高校教师的工作与家庭冲突感知越弱，和孩子未成年的高校教师相比，孩子成年的高校教师工作与家庭冲突感知在1%的水平上降低0.306个单位。这可能是因为当孩子年龄比较小的时候，高校教师需要花更多的时间养育孩子，高校教师的家庭压力增大，必然会与工作产生冲突。由分析可知，阻碍性压力越大，高校教师对工作与家庭冲突的感知越强烈，证实了假设5。

第三是行为对工作与家庭冲突感知的影响。行为指的是教师的性别差异，从表10-8中可知，女性高校教师比男性高校教师遇到工作与家庭冲突的概率更高，且这种显著性在引入社会支持变量以及时间、压力、行为三分变量后一直存在，因此，本章又分性别研究了不同变量对男女高校教师的不同影响。

因为女性在家庭中扮演角色和承担养育子女责任的特殊性，许多学者专门对女性高校教师群体的工作与家庭冲突进行了研究。如下纪兰和钱阳阳（2016）对黑龙江高校女教师群体的工作与家庭冲突的影响因素进行了考察分析；邓子鹃（2013）对苏北高校女教师的工作与家庭冲突进行了调查。因此，本章关注高校教师群体工作与家庭冲突的性别差异，分性别研究不同变量对高校教师工作与家庭冲突感知的影响，结果如表10-9所示。

表 10 - 9　工作与家庭冲突感知的影响因素（分性别）

变量	女性	男性
其他民族[a]	- 0. 274	- 0. 127
	(0. 256)	(0. 242)
党员[b]	0. 039	- 0. 216 **
	(0. 091)	(0. 069)
本地户籍[c]	- 0. 197	- 0. 124
	(0. 197)	(0. 202)
受教育程度	- 0. 040	0. 028
	(0. 079)	(0. 086)
年龄	0. 006	0. 004
	(0. 008)	(0. 006)
经费支持满意度	0. 047	- 0. 007
	(0. 039)	(0. 032)
与上级关系	0. 057	0. 108 *
	(0. 060)	(0. 051)
与配偶关系	0. 040	0. 102
	(0. 069)	(0. 073)
与配偶父母关系	0. 162 **	0. 157 *
	(0. 060)	(0. 061)
每周平均工作时间	- 0. 008 ***	- 0. 002
	(0. 002)	(0. 002)
工作时长满意度	- 0. 345 **	- 0. 322 ***
	(0. 118)	(0. 097)
绩效考核制满意度	0. 136 **	0. 190 ***
	(0. 052)	(0. 043)

变量	女性	男性
精神紧张度	0.078 (0.055)	0.079 (0.045)
最小孩子年龄	0.378 * (0.157)	0.248 * (0.121)
常数项	1.557 ** (0.523)	1.034 * (0.479)
样本量	541	619
R^2	0.19	0.23

注：① [a] 参照组为汉族；[b] 参照组为非党员；[c] 参照组为非本地户籍；② * $p < 0.05$，** $p < 0.01$，*** $p < 0.001$ ；③括号中为标准误。

　　首先，在社会支持方面，男性高校教师和女性高校教师的工作与家庭冲突感知呈现了一些不同之处。其中，女性高校教师和男性高校教师与上级关系越好，工作与家庭冲突感知越弱，但是与上级关系对男性高校教师工作与家庭冲突感知的缓解作用比对女性高校教师更显著，男性高校教师与上级关系每亲近 1 个单位，其冲突感知就显著降低 0.108 个单位，而女性高校教师降低 0.057 个单位。这与目前男女两性在工作中的职业生涯发展相关。其次，在时间变量上，男女两性高校教师也呈现差异。女性高校教师每周平均工作时间每增加 1 个单位，其工作与家庭冲突感知在 0.1%的水平上增强 0.008 个单位；而男性高校教师每周工作时间对其工作与家庭冲突感知的影响并不显著，这可能和不同性别的家庭角色定位相关。吴贵明（2004）指出，女性在职业生涯中扮演多重角色，这些角色概括起来可分为两类：一类是基本的传统角色，即家庭角色；另一类是重要的现代角色，即社会角色。这二重角色表现出事业与家庭之间的矛盾冲突，使女性长时间地陷入角色的困惑之中。每周平均工作时间的不同影响证实了假设 6。最后，不同政治面貌对男性和女性的作用方式不同。作为党员的女性高校教师工作与家庭冲突感知更弱，而作为党员的男性教师对工作与家庭冲突的感知更强，这可能和中国目前党政领导干部中男性党政领导干部更多相关，男性高校教师在学校可能承担更多的行政职务，导致角色多重化，进一步造成了工作与家庭冲突。张小莉（2014）在分析中国女性党政领导干部职业现状时就指出，现在中国女性党政领导干部数量较少且升职空间更小，男性党政领导干部相对数量更多，承担的任务也更多。

　　此外，根据表 10 - 8，以加入时间、压力、行为三分变量的整体模型 3

为例，简要分析控制变量的影响。可以看到，和非本地户籍的高校教师相比，本地户籍的高校教师工作与家庭冲突感知更强烈，但户籍的影响并不显著。从民族来看，汉族教师比其他民族教师的工作与家庭冲突感知更弱，但差异并不显著。从政治面貌来看，党员身份的高校教师对工作与家庭冲突感知更强烈。从高校教师的受教育程度来看，受教育程度越高，对工作与家庭冲突感知越强烈，但这种关系并不显著。从高校教师的年龄来看，整体呈现高校教师年龄越大，工作与家庭冲突感知越弱的状态，这表明生命历程对高校教师工作与家庭冲突感知有影响。

三 结论与讨论

本章围绕高校教师家庭状况和工作与家庭冲突感知展开，首先对高校教师群体的家庭状况统计结果进行描述和分析，然后由家庭状况引出对高校教师工作与家庭冲突感知的影响因素的研究。在研究工作与家庭冲突感知的影响因素时，将社会支持以及时间、压力和行为变量作为核心自变量，讨论其对高校教师工作与家庭冲突感知的作用方式。通过前文的描述分析和回归模型的建构，得到以下两方面的结论。

（一）家庭状况

通过对高校教师群体的家庭状况进行统计分析可知，首先，从家庭关系来看，整体上高校教师群体与子女的关系最好，这也符合之前学者关于家庭关系中亲密关系的研究结论（李菲，2007；袁勇贵，2004）。其次，高校教师群体的婚姻匹配度较高，无论是配偶的受教育水平还是职业阶层都与高校教师高度一致，这说明高校教师群体对婚姻的要求比较高。喻轲、胡薇（2016）认为，婚姻匹配度是婚姻质量的重要因素，较高的婚姻匹配度证明高校教师群体的婚姻质量较高，从而影响其工作与家庭的关系。最后，大部分高校教师子女数量不多，但是高校教师对子女的教育期望较高，这在一定程度上会使高校教师子女取得较好的教育成就，因为子女的教育期望与其之后的教育获得之间存在着十分密切的关系，即具有较高教育期望的个体，在未来也往往拥有较高的受教育水平（Erikson，1964）。

（二）工作与家庭冲突感知的影响因素

首先，在社会支持变量的影响方面，经费支持满意度能够明显缓和高校教师的工作与家庭冲突感知，并且高校教师与上级关系越好，其工作与家庭冲突感知越弱。而在家庭支持变量方面，高校教师与配偶以及配偶父母关系越好，其工作与家庭冲突感知越弱。由此可见，社会支持对工作与家庭冲突的缓和作用较为明显，社会支持发挥的作用符合之前学者们的研究结果：张虎祥等（2009）、方阳春（2013）、吕莉（2008）、杨鹏程（2006）对工作压力、工作倦怠与社会支持之间的相互关联和相互影响进行了实证研究，发现高校教师普遍压力较大，工作压力源、社会支持对压力症状具有一定的预测作用。

其次是时间、行为、压力三种变量的作用方式。工作时间对工作与家庭冲突感知的影响最为直观。高校教师每周工作时间越长，其工作与家庭冲突感知越强烈。而压力对工作与家庭冲突感知的作用方式有两种。作为挑战性压力的绩效考核制满意度和工作时长满意度会在一定程度上缓解高校教师的工作与家庭冲突感知。作为阻碍性压力的精神紧张度和最小孩子年龄会使高校教师工作与家庭冲突感知更为强烈。本章的研究结论符合张永军（2015）等学者的研究结果。因此，就高校教师自身而言，要降低工作与家庭冲突水平，就应正确地看待压力源并积极进行压力调适；对高校而言，增加员工的工作资源是帮助员工提升抗压能力、缓解工作与家庭冲突的关键途径（陈礼花，2018）。

最后，根据角色冲突理论，行为因素的影响途径是多样的。从性别特征来看，高校男教师工作与家庭冲突感知总体比高校女教师弱，这与其他学者的研究结果一致。由于中国传统观念的影响，基于家庭角色的要求，高校女教师需要承担更多家庭事务，因此会将精力更多地花在家庭上，与同事共事的时间会远远少于高校男教师。在面临工作与家庭双重压力时，虽然高校女教师也热爱教书育人的本职工作，但有时心有余而力不足，这种双重压力导致其工作与家庭冲突感知强烈。

参考文献

卞纪兰、钱阳阳，2016，《黑龙江省高校已婚女教师的工作－家庭冲突问题研究》，《劳动保障世界》第 12 期。

陈礼花，2018，《二孩时代下双元压力对高校女教师工作家庭冲突的影响研究：多重身份的视角》，《教育观察》第 7 期。

陈兴华、凌文辁、方俐，2004，《工作—家庭冲突及其平衡策略》，《外国经济与管理》第 4 期。

邓子鹃，2013，《工作家庭冲突、工作效能感与工作生活质量——基于苏北 268 名高校女教师的实证研究》，《教育学术月刊》第 3 期。

方阳春，2013，《工作压力和社会支持对高校教师绩效的影响》，《教育科学文摘》第 4 期。

靳振忠、严斌剑、王亮，2019，《家庭背景、学校质量与子女教育期望——基于中国教育追踪调查的分析》《教育研究》第 12 期。

李晨，2013，《多重角色对高校教师工作—家庭冲突的影响》，《西南农业大学学报》（社会科学版）第 1 期。

李菲，2007，《高校中年女教师家庭关系与抑郁状态的相关性研究》，硕士学位论文，吉林大学。

李森、陆佳芳、时勘，2003，《工作—家庭冲突中介变量与干预策略的研究》，《中国科技产业》第 7 期。

李明勇，2009，《高校女教师工作家庭冲突研究》，硕士学位论文，华东师范大学。

廖赣丽，2017，《高校高绩效工作系统构成及其对青年教师工作家庭冲突的影响研究》，博士学位论文，北京交通大学。

林丹瑚、王芳、郑日昌等，2008，《高校教师工作家庭关系的日记式追踪研究》，《心理科学》第 3 期。

林健，2012，《高校女教师工作、家庭的冲突与平衡》，《宁德师范学院学报》（哲学社会科学版）第 4 期。

刘玲，2013，《高校女教师的工作家庭冲突和社会支持——一项高校女教师利用社会支持缓解工作家庭冲突的定性研究》，《四川理工学院学报》（社会科学版）第 4 期。

吕莉，2008，《心理契约与高校管理》，《科技信息》第 3 期。

汤舒俊，2010，《高校教师工作家庭冲突与职业倦怠：社会支持的中介作用》，《教育学术月刊》第 9 期。

汪逸帆，2018，《高校教师工作家庭冲突对工作满意度的影响研究》，硕士学位论文，首都经济贸易大学。

王莲，2018，《高校英语教师对子女英语学习投资行为的研究》，《语言政策与语言教育》第 1 期。

王晓梅、苗丽，2014，《高校女教师工作家庭冲突及平衡策略》，《科技创业月刊》第 2 期。

王笑莲，2022，《高校教师工作家庭冲突状况研究》，《山西高等学校社会科学学报》第 7 期。

吴贵明，2004，《女性职业生涯发展研究综述》，《福建商业高等专科学校学报》第 1 期。

吴谅谅、冯颖、范巍，2003，《职业女性工作家庭冲突的压力源研究》，《应用心理学》第 1 期。

杨鹏程，2006，《论高校教师焦虑的成因与化解》，《黑龙江教育》第 Z1 期。

喻轲、胡薇，2016，《民办高校青年教师的婚姻质量研究》，《中国性科学》第 4 期。

袁勇贵，2004，《抑郁症的生物学研究进展》，《中国行为医学科学》第 4 期。

张何苗，2007，《高中教师工作家庭冲突的影响因素研究》，硕士学位论文，首都师范大学。

张虎祥、张胜林、杨建文，2009，《高校教师心理健康与职业压力的相关研究》，《现代预防医学》第 21 期。

张莉萍、周冰雪、刘琪，2015，《四川省教师子女家庭教育调查报告》，《乐山师范学院学报》第 10 期。

张小莉，2014，《社会性别视角下当代中国女性党政领导人才职业发展研究》，博士学位论文，辽宁师范大学。

张永军，2015，《挑战性－阻断性压力对员工创造力的影响：主管支持感的调节效应》，《科技管理研究》第 10 期。

赵灵萍，2016，《教师工作－家庭互相冲突：影响因素及结果》，《北京教育学院学报》（自然科学版）第 1 期。

周新霞，2007，《高校女教师工作家庭冲突类型及影响因素研究》，硕士学位论文，陕西师范大学。

周雅婷，2010，《高校教师工作—家庭关系与职业倦怠关系的研究》，《中国商界》第 8 期。

Adams, G. A., King, L. A., and King, D. W. 1996. "Relationships of Job and Family Involvement, Family Social Support, and Work-family Conflict with Job and Life Satisfaction." *Journal of Applied Psychology* 81 (4): 411 – 420. .

Allen, T. D., Herst, D. E., Brock, C. S., and Sutton, M. J. 2000. "Consequences Associated with Work-to-family Conflict: A Review and Agenda for Future Research." *Journal of Occupational Health Psychology* 5 (2): 278 – 308.

Bernas, K. H. and Major, D. A. 2000. "Contributors to Stress Resistance: Testing a Model of Women's Work-familyconflict." *Psychology of Women Quarterly* 24 (2): 170 – 178.

Burke, R. J. 1988. "Some Antecedents and Consequences of Work-family Conflict." *Journal of Social Behaviour and Personality* 3: 287 – 302.

Byron, K. 2005. "A Meta-analytic Review of Work-family Conflict and Its Antecedents." *Journal of Vocational Behavior* 67 (2): 169 – 198.

Carlson, D. S., Kacmar, K. M., and Williams, L. J. 2000. "Construction and Initial Validation of a Multidimensional Measure of Work-family Conflict. " *Journal of Vocational Behavior* 56 （2）：249 – 276.

Carlson, D. S. and Perrewé, P. L. 1999. "The Role of Social Support in the Stressor-strain Relationship: An Examination of Work-family Conflict. " *Journal of Management* 25 （4）：513 – 540.

Cavanaugh, M. A. , Boswell, W. R. , Roehling, M. V. , and Boudreau, J. W. 2000. "An Empirical Examination of Self-reported Work Stress among U. S. Managers. " *Journal of Applied Psychology* 85 （1）：65 – 74.

Cinamon, R. G. and Rich, Y. 2005. "Work-family Conflict among Female Teachers. " *Teaching and Teacher Education* 21 （4）：365 – 378.

Clark, S. C. 2000. "Work/Tamily Border Theory: A New Theory of Work/Tamily Balance. " *Human Relations* 53 （6）：747 – 770.

Diener, E. and Suh, E. M. 1997. "Measuring Quality of Life: Economic, Social and Subjective Indicators. " *Social Indicators Research* 40 （1）：189 – 216.

Erikson, E. 1964. "Memorandum on Identity and Negro Youth. " *Journal of Social Issues* 4：20.

Frone, M. R. , Russell, M. , and Cooper, M. L. 1997. "Relation of Work-family Conflict Outcomes: A Tour-year Longitudinal Study of Employed Parents. " *Journal of Occupational and Organizational Psychology* 70 （4）：325 – 335.

Frone, M. R. 2000. "Work-family Conflict and Employee Psychiatric Disorders: The National Comorbidity Survey. " *Journal of Applied Psychology* 85 （6）：888 – 895.

Frone, M. R. 2003. "Work-family Balance. " In Quick, J. C, and Tetrick, L. E. （eds. ）. , *Handbook of Occupational Health Psychology*. Washington DC: American Psychological Association.

Greenhaus, J. and Beutell, N. J. 1985. "Sources of Conflict between Work and Family Roles. " *Academy of Management Review* 10 （1）：76 – 88.

Grzywacz, J. G. and Marks, N. F. 2000. "Family, Work, Work-family Spillover, and Problem Drinking during Midlife. " *Journal of Marriage and the Family* 62, 336 – 348.

Gutek, B. A. , Searle, S. H. , and Klepa, L. 1991. "Rational Versus Gender Role Explanations for Work-family Conflict. " *Journal of Applied Psychology* 76 （4）：560 – 568.

Hobfoll, S. E. 1989. "Conservation of Resources: A New Attempt at Conceptualizing Stress. " *American Psychologist* 44 （3）：513 – 524.

Kahn, R. L. , Wolfe, D. M. , Quinn, R. P. , Snoek, J. D. , and Rosenthal, R. A. 1964. *Organizational Stress: Studies in Role Conflict and Ambiguity*. New York: John Wiley & Sons.

Kinnunen, U. and Mauno, S. 1998. "Antecedents and Outcomes of Work-family Conflict among Employed Women and Men in Finland. " *Human Relations* 51 (2): 157 – 177.

Kossek, E. E. and Ozeki, C. 1999. "Bridging the Work-family Policy and Productivity Gap: A Literature Review. " *Community*, *Work & Family* 2 (1): 7 – 32.

Netemeyer, R. G. , Boles, J. S. , and McMurrian, R. 1996. "Development and Validation of Work-family Conflict and Family-work Conflict Scales. " *Journal of Applied Psychology* 81 (4): 400 – 410.

Oeser, O. A. and Harary, F. 1964. "A Mathematical Model for Structural Role Theory, II . " *Human Relations* 17 (1): 3 – 17.

Panatika, S. , Badri, S. , Rajab, A. , Rahman, H. A. , and Shah, I. M. . 2011. "The Impact of Work Family Conflict on Psychological Well-Being among School Teachers in Malaysia. " *Procedia-Social and Behavioral Sciences* 29 (5): 1500 – 1507.

Parasuraman, S. , Purohit, Y. S. , Godshalk, V. M. , and Beutell, N. J. 1996. "Work and Family Variables, Entrepreneurial Career Success, and Psychological Well-being. " *Journal of Vocational Behavior* 48 (3): 275 – 300.

Qian, Y. 2017. "Gender Asymmetry in Educational and Income Assortative Marriage. " *Journal of Marriage and Family* 79 (2): 318 – 336.

Rotondo, D. M. , Carlson, D. S. , and Kincaid, J. F. 2003. "Coping with Multiple Dimensions of Work-family Conflict. " *Personnel Review* 32 (3): 275 – 296.

Sewell, W. H. and Shah, V. P. 1968. "Parents' Education and Children's Educational Aspirations and Achievements. " *American Sociological Review* 33 (2): 191 – 209.

Staines, G. L. 1980. "Spillover Versus Compensation: A Review of the Literature of the Relationship between Work and Nonwork. " *Human Relations* 33 (2): 111 – 129.

Stephens, G. K. and Sommer, S. M. 1996. "The Measurement of Work to Family Conflict. " *Educational and Psychological Measurement* 56 (3): 475 – 486.

Voydannoff, P. 1989. "Work role Characteristics, Family Structure Demands, and Work/Family Conflict. " *Journal of Marriage and the Family* 50: 749 – 761.

第十一章 高校教师的生活满意度 与生活信心

袁佳黎*

习近平总书记在党的十九大报告中提出要"加快一流大学和一流学科建设，实现高等教育内涵式发展"。[1] 2021 年 4 月，习近平在清华大学考察时强调，教师要成为大先生，做学生为学、为事、为人的示范，促进学生成长为全面发展的人。[2] 这充分表达了对教师的尊重，也是对建设一支规模宏大的高素质专业化教师队伍寄予的殷切希望，更是对加强教师队伍建设提出的新的更高的要求。早在 2016 年，习近平在北京市八一学校考察时就强调，"各级党委和政府要满腔热情关心教师，让广大教师安心从教、热心从教、舒心从教、精心从教，让广大教师在岗位上有幸福感、事业上有成就感、社会上有荣誉感，让教师成为让人羡慕的职业"。[3] 2018 年，习近平在全国教育大会上再次强调，"全党全社会要弘扬尊师重教的社会风尚，努力提高教师政治地位、社会地位、职业地位，让广大教师享有应有的社会声望，在教书育人岗位上为党和人民事业作出新的更大的贡献"。[4] 因此，本章将从高校教师的生活满意度与生活信心出发，探究不同

* 袁佳黎，上海大学社会学院博士研究生。

[1] 习近平：《决胜全面建成小康社会 夺取新时代中国特色社会主义伟大胜利——在中国共产党第十九次全国代表大会上的报告》，新华网 http://www.xinhuanet.com//politics/19cpcnc/2017-10/27/c_1121867529.htm，2017 年 10 月 27 日。

[2] 《习近平在清华大学考察》，新华网 http://www.xinhuanet.com/2021-04/19/c_1127348921.htm，2021 年 4 月 19 日。

[3] 《习近平在北京市八一学校考察时强调 全面贯彻落实党的教育方针 努力把我国基础教育越办越好》，中央政府门户网站 http://www.gov.cn/xinwen/2016-09/09/content_5107047.htm，2016 年 9 月 9 日。

[4] 《习近平出席全国教育大会并发表重要讲话》，新华社 http://www.gov.cn/xinwen/2018-09/10/content_5320835.htm? tdsourcetag = s_pcqq_aiomsg，2018 年 9 月 10 日。

类型高校教师的生活满意度与生活信心差异，进而找寻其中的影响因素，为满足高校教师的现实需求、提升其心态感受奠定基础。

一 文献综述

（一）概念界定及来源

1976 年，社会学家坎贝尔首次提出了生活满意度的概念，意指人们根据自己的价值标准和主观偏好对自身各方面生活状况的满意程度评价，具有明显的认知属性（Campbell，1976）。随后，有学者将生活满意度与情绪体验相结合，即在生活满意度、积极情绪、消极情绪三个基本成分的基础上形成了主观幸福感的概念（Andrews and Withey，1974），这也是目前学界最常用的幸福感的概念结构。在国外的既往研究中，主观福利通常也是与生活满意度高度相关的概念。具体来看，主观福利表示人们对自己的生活、经历、身心以及生活环境的各种评估（Diener，2006），这是一个集合的概念，可以被分解为三个重要组成部分，即生活满意度、情绪以及价值判断，其中生活满意度既包括对生活总体也包括对其中各个具体方面如职业、收入、住房、家庭、婚姻等的评价。从概念上看，生活满意度既是主观福利的重要组成部分，也是主观幸福感概念中强调对生活评估的部分。然而，生活满意度作为衡量个体和社会发展的重要指标，是个体通过考量自己的职业、收入、住房、家庭、婚姻、健康等各方面的生活而做出的满意度评估，既能够相对稳定地反映人们对自身生活状况的认知与评价，又能够更直接地反映经济和社会的发展水平以及社会政策的实施效果（朱迪，2016；马丹，2015），因此逐渐得到经济学、社会学和心理学等诸多学科的重视，与此相关的研究著述颇丰。

（二）研究综述

从既有关于生活满意度及生活信心的研究文献来看，研究内容主要围绕两个方面：现状描述以及影响因素探究。通过梳理既往研究，可以总结出两个研究方向。

一是将自变量即影响因素作为研究关注的主要内容，其中涉及微观和宏观之分，部分研究围绕个人特征变量展开，个人特征变量既包括年龄、婚姻状况、性别、户籍、所在地区等人口学变量，也包括教育、收入、职业等社会经济变量（Haug，2008）；部分研究从宏观社会变量出发，认为经济发展、生态环境、公共政策、公共服务、社会公平、收入差距等是影响个体生活满意度及生活信心的主要因素（Diener et al.，2011；Tang，2012）。国内研究方面，有学者使用 2013 年中国社会状况综合调查数据进行实证分析，结果既揭示了个人特征层面的性别、年龄、婚姻状况、收入、教育等对生活满意度具有显著影响，又印证了宏观层面的经济发展水平同样能够积极提升民众的生活满意度（朱迪，2016）。另有研究基于山东省 17 地市城市居民的公共服务满意度数据，探究城市居民生活满意度情况，结果表明，公共服务供给质量和供给方式的主观感知与评价是影响城市居民生活满意度的重要因素（刘华兴、曹现强，2019）。

二是聚焦于研究对象，如老年人、儿童、青少年、流动人口等。此类研究较为常见，并且综合不同研究可以发现，基于不同群体的特征，生活满意度及生活信心的影响因素将具有符合群体特征的独特之处。

对于老年群体而言，有研究利用北京大学老龄健康与家庭研究中心 2002 年"中国老年人健康长寿调查数据库"的调查数据研究我国老年人生活满意度的影响因素，结果发现，老年人的生活满意度不仅受到人口学变量的影响，还受到健康状况、养老方式、社会支持的显著影响（李德明等，2008）。身体健康状况的重要性在国外的相关研究中同样有所发现（Gilman and Handwerk，2001）。此外，有研究对长沙市 1000 例 60 岁以上老年人展开调查，结果发现，影响老年人生活满意度的主要因素有职业、婚姻状况、经济状况、居住条件、生活来源、家庭关系、健康状况自评、日常生活能力，以及自卑感、忧郁感、孤独感等心理因素，对老年人而言，心理健康状况是影响其生活满意度的重要因素（徐慧兰，1994）。同样的，有研究通过对上海市区养老院老人的社会支持网络与生活满意度的关系的研究发现，对老人的生活满意度而言，精神支持的作用比物质支持和认知支持更为重要（崔丽娟、秦茵，2001）。在大部分情况下，作用于老年人生活满意度的支持通常来源于子女。有研究利用西安交通大学人口研究所 2001 年进行的"安徽省老年人生活福利状况"抽样调查数据展开分析，研究结果表明，对于中国农村老年人而言，子女的代际支持将对老年人的生活满意度产生影响（张文娟、李树茁，2005）。另有研究通过分析区县老年人数据发现，老年人的生活质量对其生活信心具有显著的正向影响（王凤姿，2016）。

对于儿童或青少年群体而言，国外部分学者的研究表明，同伴取向和亲子关系是青少年生活满意度的重要预测指标（Man，1991）。和国外一样，国内在青少年生活满意度影响因素方面的研究认为，影响其生活满意度的因素不仅包含通常的人口学变量，亲子和同伴关系、生活经历也是重要因素。此外，部分学者还论证了对于青少年学生而言，学校和家庭相关因素同样具有重要作用。有研究通过对学习障碍和正常学习儿童的主观生活质量进行比较发现，学习障碍儿童对家庭、学校和同伴关系的主观满意度相对较低（邵韵萍，1998）；还有学者研究了儿童家庭环境、学习成绩、父母教养方式对其主观生活满意度的影响，发现儿童的生长环境特别是父母的教养方式对儿童生活满意度具有明显的影响（郑立新、陶广放，2001）。此外，有研究对 7 省市 958 名中学生进行调查，结果表明，学生的生活满意度具有显著的年级差异，如高一学生的物质生活满意度显著高于其他年级，在社会适应与社会支持方面的满意度显著高于高二高三学生，在学习状况方面的满意度显著高于初三学生，在社会发展与国际政治领域的满意度显著高于高三学生（金盛华、田丽丽，2003）。

对于流动人口而言，年龄、婚姻状况、受教育程度、收入水平等个人基本特征也是可能的影响因素，如年龄的增长、已婚、婚后生活和谐、更高的受教育程度和收入水平等对流动人口的生活满意度具有正向影响。然而，对于流动人口而言，影响其生活满意度的因素同样具有群体属性，如参照群体比较、对流入城市的印象与流入城市的包容度。有研究利用 2006 年广州市农民工调查数据发现，与参照群体的比较成为生活满意度的重要影响因素：以城市居民为参照群体的主观社会经济地位和以老家村民为参照群体的主观社会经济地位与生活满意度之间均存在显著的正相关关系（袁玥等，2021）。另有研究基于珠三角地区流动人口的问卷调查数据发现，住房面积、社会保险、个人收入、对所在城市的印象以及城市医疗均会影响流动人口的生活满意度，其中符合其群体特征的独特的影响因素为对所在城市的印象，流入城市提供的良好的城市环境能够显著提升流动人口的生活满意度（李智等，2021）。基于 2015 年 CSS 调查数据，有学者从六个维度检验了社会包容对流动人口生活满意度的影响，结果发现，流动人口对社会信任、社会宽容和社会公平的评价越高，其越有可能获得比较高的生活满意度；而其遭受生活歧视的经历越多，对于社会边缘群体的接纳程度越高，生活满意度越低（易龙飞，2020）。

综上所述，对于生活满意度的影响因素研究，不同群体都具有符合其群体特征的独特影响因素，因此，需要结合群体的多样化差异，更为细致地讨论其中的不同。纵观既往研究，直至目前还鲜有关于高校教师群体生活满意度的实证研究，然而不可否认的是，通过分析高校教师的生活满意度状况，促进相关制度与政策的落地，进而推动新时代高校教师队伍的建设与打造，在现阶段及未来具有重要意义。此外，以往对于生活信心的研究相对较少，本章还将进一步展示高校教师对各方面生活或经历的未来信心评价情况，通过这一分析，既能根据高校教师向往的内容再次回应该群体对现实生活的主要诉求，又能展示高校教师对未来发展的信心与斗志，即他们是否可以成为"情绪的主人"，对美好生活充满向往，为培养"德智体美劳"全面发展的社会主义建设者和接班人、全面建设社会主义现代化国家不断做出新贡献。

二 数据选取与测量方法

（一）数据与样本

本章使用的数据来源于上海大学 2019～2021 年开展的高校教师获得感调查数据，在本章中，由于所使用的变量有一定的缺失值，经过相应的处理，最终被选择并进行分析的样本量为 1520。变量选取及其具体情况见表 11－1。

表 11－1 样本在各统计变量上的分布情况（$N = 1520$）

类别变量	变量定义	频数	占比（%）	类别变量	变量定义	频数	占比（%）
出生世代	60 世代前	12	0.79	行政职务级别	无级别	1208	79.47
	60 世代	189	12.43		科级副职	66	4.34
	70 世代	485	31.91		科级正职	99	6.51
	80 世代	718	47.24		处级副职	117	7.70
	90 世代	116	7.63		处级正职及以上	30	1.97

续表

类别变量	变量定义	频数	占比（%）	类别变量	变量定义	频数	占比（%）
性别	男性	856	56.32	主观社会经济地位	上层	23	1.51
	女性	664	43.68		中上层	337	22.17
政治面貌	党员	1060	69.74		中层	735	48.36
	非党员	460	30.26		中下层	350	23.03
婚姻状况	在婚	1286	84.61		下层	75	4.93
	非在婚	234	15.39	专业类别	理学	294	19.34
户籍	本地	1439	94.67		农业科学	117	7.70
	非本地	81	5.33		医药科学	51	3.36
家庭年收入	20万元及以下	223	14.67		工程与技术科学	628	41.32
	20万~30万元	355	23.36		人文与社会科学	430	28.29
	30万~50万元	468	30.79	高校类型	"双一流"高校	633	41.64
	50万元及以上	474	31.18		"一流学科"高校	518	34.08
受教育程度	大学专科或本科	48	3.16		普通高校	369	24.28
	硕士研究生	192	12.63	所在地区	上海	985	64.80
	博士研究生	1280	84.21		非上海	535	35.20
专业技术职称	无职称	95	6.25	职业流动方向	未流动	1189	78.22
	初级	55	3.62		向下流动	41	2.70
	中级	457	30.07		水平流动	150	9.87
	副高级	606	39.87		向上流动	75	4.93
	正高级	307	20.20		其他	65	4.28

（二）变量与测量

本章的因变量为生活满意度与生活信心。生活满意度使用的指标测量方法是在调查中直接询问被调查者对生活总体及各个方面的满意程度，包括职业发展、子女教育、赡养老人、身体健康、家庭关系、生活成本、居住条件、社交生活、家庭收入以及对上述各项的整体评价。受访者将从"非常不满意"、"不满意"、"一般"、"满意"和"非常满意"五个选项中进行选择，其中，1代表"非常不满意"，5代表"非常满意"，数值越高，满意程度就越高。需要指出的是，在下文的描述统计部分，本章将具体展示整体及各项的满意度情况，而在模型分析部分仅对整体满意度的影响因素进行探究。

生活信心的测量方法是询问受访者对自己未来 5 年生活各方面的信心程度，包括家庭收入水平、身体健康、职业发展、子女发展、赡养老人、家庭美满和睦六项内容，答案选项依次为"很没信心""比较没信心""一般""比较有信心""很有信心"，其中 1 代表"很没信心"，5 代表"很有信心"，数值越高表示信心越强。同样的，在描述统计部分，本章将分别展示每一项的信心程度，但在模型分析部分仅对整体信心进行分析。鉴于对生活信心的问询并未包含对生活整体的信心情况，本章选取六项信心程度的均值作为整体信心值纳入模型。

三　高校教师生活满意度与生活信心现状

（一）高校教师生活满意度与生活信心总体情况

从高校教师生活满意度得分的总体状况来看，不同项的得分处于 3.1~3.9 的得分区间，其中整体评价均值为 3.42 分（见图 11-1）。具体到不同维度，得分最高的是家庭关系，为 3.84 分；接下来分别是赡养老人、子女教育、社交生活、身体健康、职业发展、居住条件，这六个维度的得分差异较小，分别为 3.53 分、3.53 分、3.45 分、3.42 分、3.35 分和 3.31 分；得分较低的是生活成本和家庭收入，分别为 3.18 分、3.14 分，最高得分（家庭关系）与最低得分（家庭收入）之间的差距达 0.7 分。由此表明，高校教师的整体生活满意度具有明显的上升空间，并且高校教师对其家庭关系拥有较高满意度，对其家庭收入、生活成本拥有较低满意度。

从高校教师生活信心的总体得分来看，不同项的得分处于 3.3~4.0 的得分区间，整体信心均值为 3.56 分（见图 11-2）。从具体各项的得分来看，高校教师对家庭美满和睦的信心最高，得分为 3.91 分，接着分别为子女发展（3.65 分）、赡养老人（3.62 分），信心较低的有身体健康（3.44 分）、职业发展（3.39 分），对家庭收入水平的信心最低，仅有 3.34 分，与得分最高的家庭美满和睦之间的差距达 0.57 分。

总之，高校教师的生活信心得分略高于生活满意度得分，表明他们对未来发展具有积极的期盼。但需要注意的是，无论是对目前生活的满意情况还是对未来的信心状况，家庭收入的得分均为最低，因此，提高高校教师的收入成为亟待解决的问题之一。

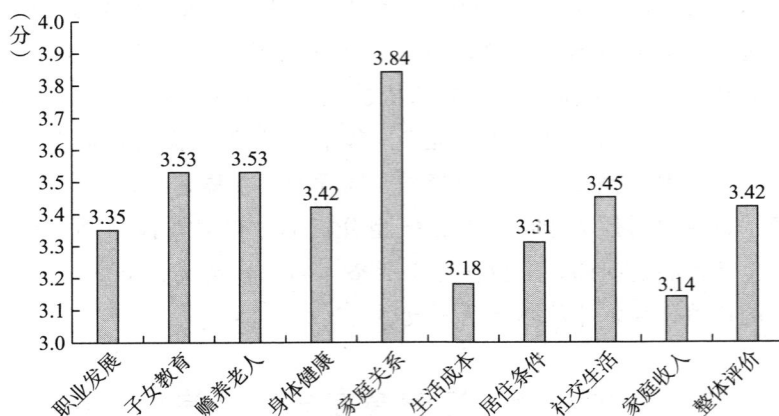

图 11-1　高校教师生活满意度得分

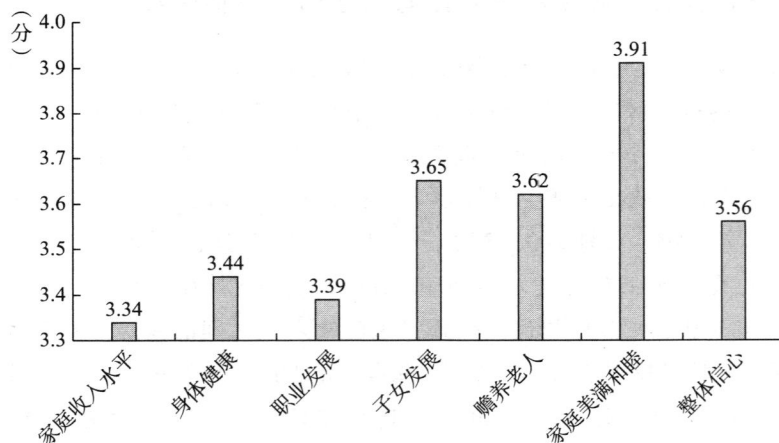

图 11-2　高校教师生活信心得分

（二）生活满意度与生活信心的群体差异

1. 社会人口特征差异

本小节主要描述社会人口特征与生活满意度、生活信心的关系，具体包括高校教师的出生世代、性别、政治面貌、婚姻状况和户籍。

（1）出生世代与生活满意度、生活信心

从表 11-2 可以看出不同出生世代高校教师的生活满意度差异。按照出生年份将调查对象划分为五个世代，分别为出生于 1959 年前的"60 世代前"、出生于 1960～1969 年的"60 世代"、出生于 1970～1979 年的"70

世代"、出生于 1980～1989 年的"80 世代"以及出生于 1990～1999 年的"90 世代"。从整体评价来看，"60 世代"出生的高校教师得分最高（3.70 分），"80 世代"得分最低（3.34 分）。从不同维度的评价来看，同样的，"60 世代"在除职业发展以外的所有维度中均得分最高（家庭关系 4.06 分、赡养老人 3.84 分、子女教育 3.79 分、居住条件 3.69 分、社交生活 3.69 分、身体健康 3.65 分、家庭收入 3.52 分、生活成本 3.51 分）。在职业发展维度中，"60 世代前"出生的高校教师得分最高，为 3.83 分。而不同维度得分最低的情况更多出现在"70 世代"以及"80 世代"群体中。总的来看，出生世代越早，也就是年纪相对较大的教师群体，其无论在整体评价还是在多个维度上均拥有相对较高的生活满意度得分，而"70 世代""80 世代"得分较低，"90 世代"的得分相对有所上升。这一得分差距较好地反映了社会中的现实情况：出生较早的高校教师通常在职业发展、生活水平上达到了较为平衡的稳定状态；而"70 世代""80 世代"这部分中坚力量，一方面处于职业上升期，工作压力较大，另一方面承担着"上有老、下有小"的压力，生活满意度较低；"90 世代"则是"初生牛犊不怕虎"，无论在职场还是家庭方面都处于起步阶段，自然信心满满，满意度得分反而有所提升。

表 11 - 2　不同出生世代高校教师的生活满意度

单位：分

	60 世代前	60 世代	70 世代	80 世代	90 世代	F 值
职业发展	3.83	3.49	3.22	3.34	3.60	7.77***
子女教育	3.50	3.79	3.54	3.44	3.65	8.05***
赡养老人	3.67	3.84	3.55	3.42	3.56	10.94***
身体健康	3.33	3.65	3.40	3.36	3.59	5.84***
家庭关系	3.75	4.06	3.86	3.78	3.85	5.87***
生活成本	3.50	3.51	3.15	3.08	3.35	9.77***
居住条件	3.50	3.69	3.35	3.18	3.36	12.32***
社交生活	3.25	3.69	3.41	3.40	3.53	5.52***
家庭收入	3.50	3.52	3.13	3.01	3.35	13.23***
整体评价	3.42	3.70	3.39	3.34	3.60	10.29***

*** $p < 0.001$。

表 11 - 3 为不同出生世代高校教师的生活信心得分。总体来看，"60

世代"整体信心得分最高，为 3.72 分，"70 世代"的得分最低，为 3.52 分。从具体各项来看，最高得分更多出现在"60 世代"和"60 世代前"群体中，家庭美满和睦、子女发展、赡养老人、家庭收入水平的最高分分别为 4.06 分（"60 世代"）、3.90 分（"60 世代"）、3.84 分（"60 世代"）、3.67 分（"60 世代前"），仅有身体健康、职业发展的最高分出现在"90 世代"群体中，分别为 3.61 分、3.58 分。生活信心的最低得分分布，除"60 世代前"对家庭美满和睦、子女发展的信心得分最低外，其他各项的最低得分大多分布在"70 世代""80 世代"群体中。与生活满意度的状况相似，"60 世代"的职业发展、家庭关系相对稳定，对未来抱有积极且平稳的心态感受，而"70 世代""80 世代"正处于职业发展上升期，同时家庭负担较重、压力较大，对未来生活难免存在一定的消极心态。

表 11 - 3　不同出生世代高校教师的生活信心

单位：分

	60 世代前	60 世代	70 世代	80 世代	90 世代	F 值
家庭收入水平	3.67	3.54	3.30	3.29	3.43	3.98**
身体健康	3.42	3.58	3.38	3.42	3.61	3.38**
职业发展	3.50	3.39	3.28	3.43	3.58	3.86**
子女发展	3.50	3.90	3.67	3.58	3.58	6.76***
赡养老人	3.67	3.84	3.61	3.57	3.61	4.23**
家庭美满和睦	3.83	4.06	3.90	3.87	3.95	2.63**
整体信心	3.60	3.72	3.52	3.53	3.63	4.01**

** $p < 0.01$，*** $p < 0.001$。

（2）性别与生活满意度、生活信心

图 11 - 3 报告了不同性别高校教师的生活满意度得分情况。首先，无论是男性高校教师还是女性高校教师的生活满意度得分均与高校教师生活满意度得分的总体状况呈现相似的特征：家庭关系满意度得分最高，家庭收入满意度得分最低。其次，从不同性别群体来看，男性高校教师生活满意度的整体评价得分略高于女性高校教师，但两者仅相差 0.05 分（3.44 分与 3.39 分）。从具体维度来看，男性高校教师在更多维度上的生活满意度得分高于女性高校教师，包括职业发展、子女教育、赡养老人、身体健康、家庭关系、生活成本、居住条件以及社交生活，仅在家庭收入维度展

现了女性略高于男性的情况，但得分差异仅有 0.02 分（女性 3.15 分、男性 3.13 分）。

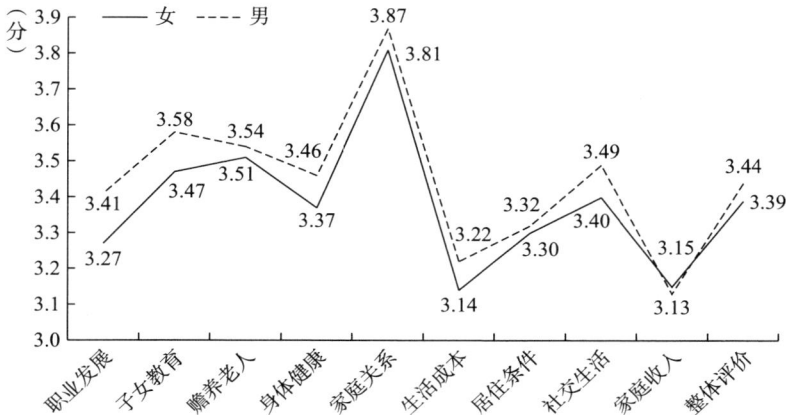

图 11-3 不同性别高校教师的生活满意度

不同性别高校教师的生活信心得分同样与总体状况相似，家庭美满和睦得分最高，家庭收入水平得分最低（见图 11-4）。从男女得分差异来看，与上述生活满意度得分相似，生活信心得分同样呈现男性高于女性的特征，并且这一情况既体现在整体信心的得分上，也体现在具体各项的得分上。

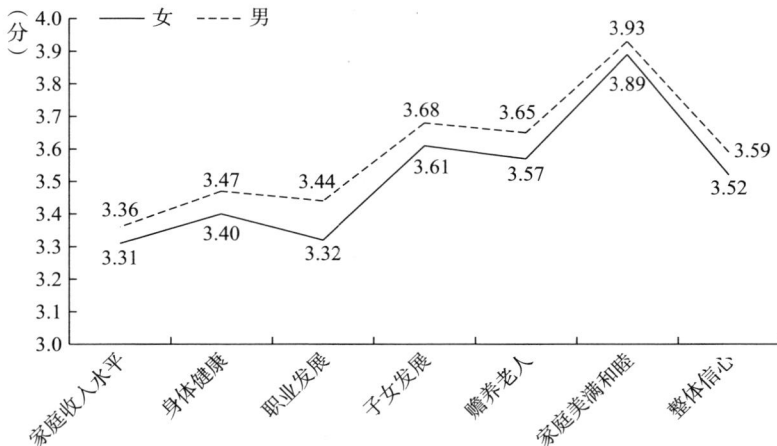

图 11-4 不同性别高校教师的生活信心

总而言之，无论是在生活满意度还是在生活信心上，男性高校教师均给出了更为积极的打分。我们认为可能的原因在于：基于传统的性别分工，在面临同样工作压力的情况下，女性教师相较于男性教师需要承担更多的家庭责任，积极心态由此下降，需对这一现象给予重视，进一步为女性教师赋能。

（3）政治面貌与生活满意度、生活信心

图 11-5 报告了不同政治面貌高校教师的生活满意度得分。首先，不同政治面貌高校教师的生活满意度得分分布符合总体的特征趋势，即家庭关系得分最高（分别为 3.85 分、3.84 分），家庭收入得分最低（分别为 3.17 分、3.13 分）。其次，从不同政治面貌群体的得分差异来看，无论是整体评价得分还是具体维度的满意度得分，党员与非党员的得分均接近，最大的得分差距在社交生活维度，分差为 0.06 分。

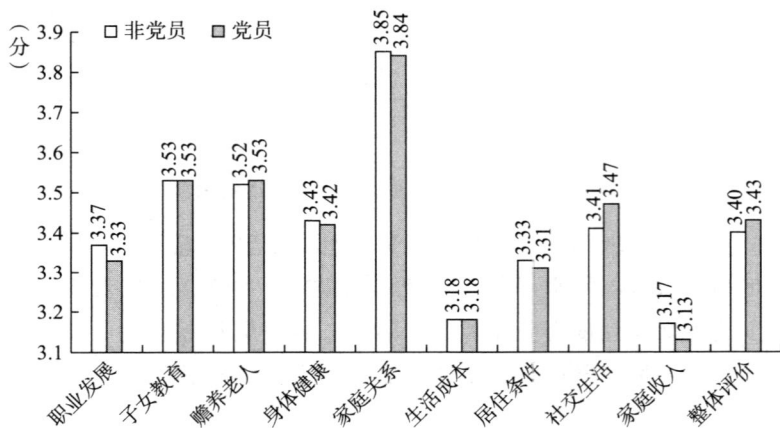

图 11-5　不同政治面貌高校教师的生活满意度

图 11-6 展示了不同政治面貌高校教师的生活信心得分。首先，其同

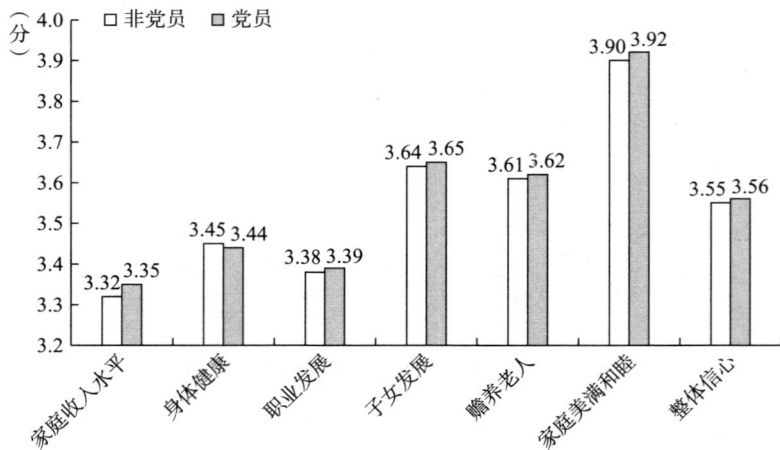

图 11-6　不同政治面貌高校教师的生活信心

样符合生活信心的总体得分特征，家庭美满和睦得分最高（分别为 3.92
分、3.90 分），家庭收入水平得分最低（分别为 3.35 分、3.32 分）。其
次，与生活满意度的情况相似，党员与非党员高校教师在生活信心方面的
得分相近，最大得分差距仅为 0.03 分（家庭收入水平）。

（4）婚姻状况与生活满意度、生活信心

从不同婚姻状况高校教师的生活满意度得分分布来看（见图 11 - 7），
首先，其同样与总体状况呈现相同的趋势。其次，在婚高校教师的整体评
价得分略高于非在婚群体，但得分接近，仅相差 0.03 分（3.42 分、3.39
分）。从具体维度来看，在婚高校教师对家庭关系、子女教育、赡养老人、
社交生活的满意度得分高于非在婚高校教师。然而，在职业发展维度上却
呈现相反的趋势，非在婚高校教师的满意度高于在婚高校教师。在其余维
度中，二者没有或仅具有较小的得分差距（身体健康、生活成本、居住条
件、家庭收入）。

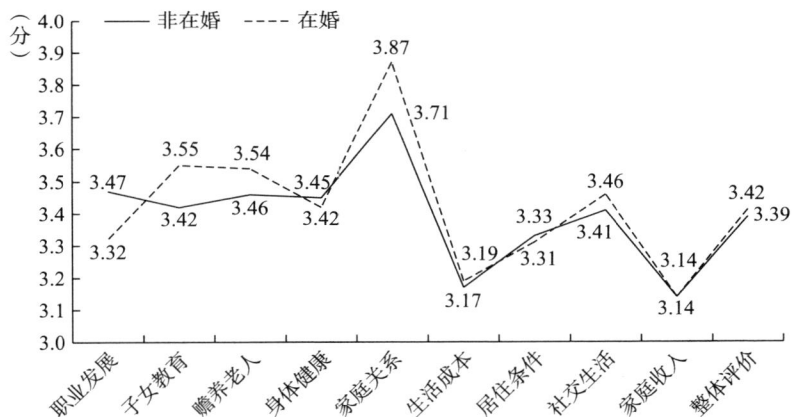

图 11 - 7　不同婚姻状况高校教师的生活满意度

不同婚姻状况高校教师的生活信心得分与其生活满意度的情况类似，
由图 11 - 8 可知，在婚高校教师对于家庭美满和睦、子女发展拥有更充足
的信心，然而在职业发展上，非在婚高校教师相较于在婚高校教师拥有更
高的信心，两者的得分差距达到 0.18 分。由此可以看出，对于高校教师而
言，来自家庭的压力与责任可能会对其职业发展起到一定的限制作用。

（5）户籍与生活满意度、生活信心

不同户籍状况高校教师的生活满意度分布同样符合总体的特征趋势，
由图 11 - 9 可知，家庭关系满意度得分最高（分别为 3.95 分、3.84 分），

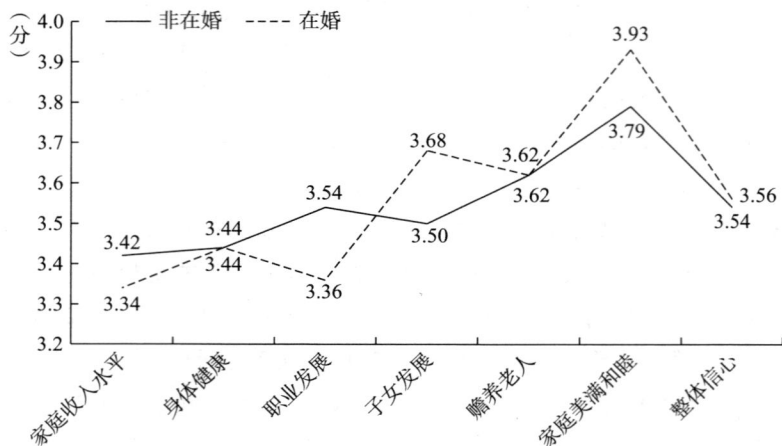

图 11 - 8　不同婚姻状况高校教师的生活信心

最低得分方面，拥有本地户籍的高校教师对家庭收入的满意度最低（3.13分），而非本地户籍的高校教师对生活成本的满意度最低，得分为 3.36分。无论从整体评价还是从具体指标来看，非本地户籍高校教师的满意度得分均高于本地户籍高校教师。

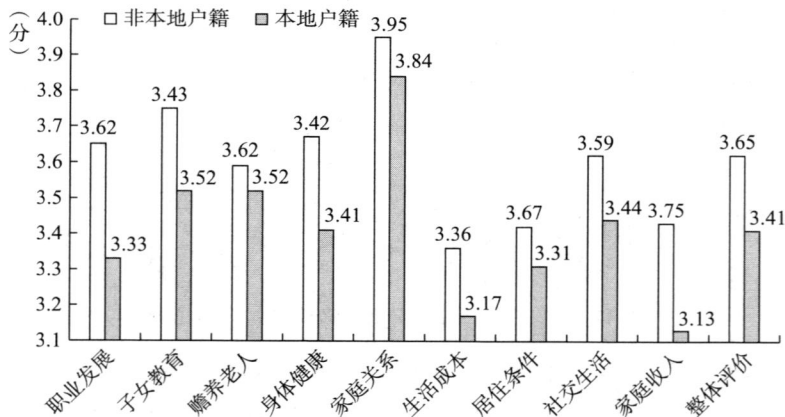

图 11 - 9　不同户籍状况高校教师的生活满意度

　　生活信心的分布同样符合总体趋势（见图 11 - 10），高校教师对家庭美满和睦的信心最高（分别为 3.99 分、3.91 分），对家庭收入水平的信心最低（分别为 3.46 分、3.33 分）。不同户籍状况高校教师的生活信心得分情况与生活满意度的得分情况相似，非本地户籍高校教师的生活信心高于本地户籍高校教师的生活信心。

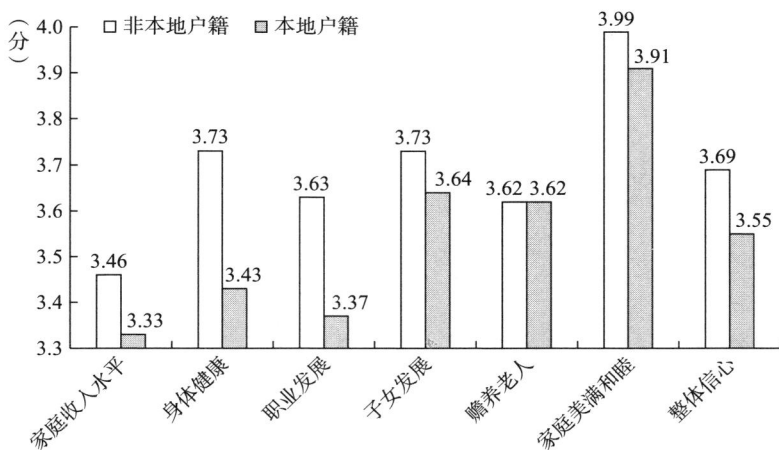

图 11 - 10　不同户籍状况高校教师的生活信心

2. 社会经济地位差异

本小节主要描述了个体的主、客观社会经济地位与生活满意度、生活信心的关系，具体包括高校教师的家庭年收入、受教育程度、专业技术职称、行政职务级别、主观社会经济地位。

（1）家庭年收入与生活满意度、生活信心

从不同收入水平来看，如表 11 - 4 所示，不同家庭年收入高校教师的生活满意度得分大致符合高校教师生活满意度总体特征的趋势，家庭关系满意度得分最高。随着收入水平的提高，高校教师的生活满意度不断提升。从整体评价来看，家庭年收入在 50 万元及以上的群体整体评价得分为 3.77 分，家庭年收入在 30 万 ~ 50 万元的群体次之（3.43 分），家庭年收入在 20 万 ~ 30 万元的群体得分为 3.14 分，家庭年收入在 20 万元及以下的得分最低（3.09 分），最高分与最低分之间相差 0.68 分。从各具体维度来看，家庭年收入与生活满意度同样呈正相关关系。

生活信心的得分分布同样符合总体特征，高校教师对家庭美满和睦的信心最高，对家庭收入水平的信心相对较低（见表 11 - 5）。从不同维度来看，与生活满意度相似，家庭年收入与生活信心呈正相关关系，家庭年收入由高到低的生活整体信心得分依次为 3.81 分、3.58 分、3.36 分、3.28 分。毫无疑问，家庭年收入的增长能够提升个体在生活各个方面的积极感受。

表 11 - 4　不同家庭年收入高校教师的生活满意度

单位：分

	20 万元及以下	20 万 ~ 30 万元	30 万 ~ 50 万元	50 万元及以上	F 值
职业发展	3.09	3.10	3.34	3.65	40.02 ***
子女教育	3.22	3.33	3.55	3.81	40.42 ***
赡养老人	3.20	3.37	3.55	3.78	35.66 ***
身体健康	3.23	3.24	3.46	3.61	18.95 ***
家庭关系	3.58	3.71	3.94	3.97	22.50 ***
生活成本	2.83	2.95	3.19	3.52	43.29 ***
居住条件	2.98	3.04	3.33	3.66	44.35 ***
社交生活	3.25	3.24	3.47	3.69	28.76 ***
家庭收入	2.68	2.70	3.18	3.66	105.34 ***
整体评价	3.09	3.14	3.43	3.77	69.09 ***

*** $p < 0.001$。

表 11 - 5　不同家庭年收入高校教师的生活信心

单位：分

	20 万元及以下	20 万 ~ 30 万元	30 万 ~ 50 万元	50 万元及以上	F 值
家庭收入水平	2.90	3.05	3.31	3.79	80.20 ***
身体健康	3.29	3.24	3.50	3.61	17.60 ***
职业发展	3.17	3.18	3.36	3.67	30.93 ***
子女发展	3.32	3.51	3.66	3.90	36.51 ***
赡养老人	3.34	3.44	3.64	3.86	30.32 ***
家庭美满和睦	3.68	3.77	3.98	4.05	20.02 ***
整体信心	3.28	3.36	3.58	3.81	53.54 ***

*** $p < 0.001$。

（2）受教育程度与生活满意度、生活信心

从表 11 - 6 不同受教育程度高校教师的生活满意度得分中可以看出，不同受教育程度高校教师的满意度得分符合高校教师生活满意度总体状况的特征趋势，对家庭关系的满意度较高，对家庭收入和生活成本的满意度较低。具体从不同维度来看，拥有硕士研究生学历的高校教师在职业发展、子女教育、赡养老人方面的满意度得分最低，拥有博士研究生学历的高校教师在身体健康、家庭关系、生活成本、居住条件、家庭收入方面得分最低。然而上述得分差异除职业发展外均不具有显著性。

在表 11 - 7 有关不同受教育程度高校教师的生活信心的评价中，可以看到博士研究生除了在家庭美满和睦方面得分较低，在其他各个方面均有较高的信心得分。然而，不同受教育程度高校教师的生活信心的得分差异也仅在家庭收入水平和职业发展维度上存在显著性。

表 11 - 6 不同受教育程度高校教师的生活满意度

单位：分

	大学专科或本科	硕士研究生	博士研究生	F 值
职业发展	3.25	3.17	3.38	5.12**
子女教育	3.63	3.49	3.53	0.60
赡养老人	3.69	3.49	3.53	1.12
身体健康	3.50	3.44	3.42	0.29
家庭关系	3.92	3.88	3.84	0.47
生活成本	3.19	3.20	3.18	0.05
居住条件	3.33	3.39	3.30	0.78
社交生活	3.56	3.45	3.45	0.49
家庭收入	3.21	3.17	3.14	0.24
整体评价	3.40	3.43	3.42	0.03

** $p < 0.01$。

表 11 - 7 不同受教育程度高校教师的生活信心

单位：分

	大学专科或本科	硕士研究生	博士研究生	F 值
家庭收入水平	3.25	3.19	3.36	3.46*
身体健康	3.31	3.42	3.45	0.75
职业发展	3.15	3.19	3.43	8.20***
子女发展	3.67	3.56	3.66	1.55
赡养老人	3.58	3.52	3.63	1.64
家庭美满和睦	3.92	3.92	3.91	0.02
整体信心	3.48	3.47	3.57	2.68

* $p < 0.05$，*** $p < 0.001$。

（3）专业技术职称与生活满意度、生活信心

表 11-8 展示了不同专业技术职称高校教师的生活满意度，不同专业技术职称高校教师的得分均符合高校教师生活满意度总体状况的特征趋势。从整体评价来看，拥有正高级职称以及初级职称的高校教师得分最高，均为 3.73 分，无职称的高校教师得分次之（3.52 分），拥有副高级职称的高校教师得分较低（3.33 分），拥有中级职称的高校教师得分最低，仅为 3.27 分。从不同维度来看，各维度得分情况与整体评价呈现大致相同的趋势：拥有正高级职称或初级职称的教师在多个维度的满意度得分均最高，而拥有中级职称的高校教师则拥有相对较低的生活满意度。

同样的，不同专业技术职称高校教师的生活信心得分特征与生活满意度相似（见表 11-9），符合高校教师生活信心总体状况的特征趋势。各个维度均呈现以下特征：初级、正高级高校教师拥有较高的生活信心，无职称、副高级高校教师次之，中级教师的生活信心相对最低。例如，从整体信心来看，初级高校教师的得分为 3.84 分，正高级高校教师的得分为 3.78 分，无职称高校教师的得分为 3.53 分，副高级高校教师的得分为 3.50 分，中级高校教师的得分为 3.46 分。对于这一发现，不难理解，与出生世代和生活满意度、生活信心的关系类似，正高级高校教师在工作与生活中已达到稳定、平衡的状态，而拥有初级职称的大多为年轻教师，干劲十足，因此这两类群体的生活满意度、生活信心得分相对较高；而拥有中级职称的高校教师正处于职业发展期，且在家庭中承担着作为中坚力量的压力，难免具有相对消极的心态感受。

表 11-8 不同专业技术职称高校教师的生活满意度

单位：分

	无职称	初级	中级	副高级	正高级	F 值
职业发展	3.34	3.73	3.12	3.25	3.81	40.39 ***
子女教育	3.54	3.69	3.35	3.52	3.79	14.26 ***
赡养老人	3.52	3.69	3.41	3.50	3.74	8.98 ***
身体健康	3.55	3.71	3.35	3.34	3.60	7.85 ***
家庭关系	3.80	3.95	3.78	3.81	4.01	5.48 ***
生活成本	3.22	3.35	3.00	3.15	3.49	14.81 ***
居住条件	3.36	3.44	3.16	3.24	3.66	15.44 ***
社交生活	3.44	3.76	3.36	3.37	3.69	12.31 ***

续表

	无职称	初级	中级	副高级	正高级	F 值
家庭收入	3.33	3.38	2.95	3.04	3.54	22.47***
整体评价	3.52	3.73	3.27	3.33	3.73	22.40***

*** $p < 0.001$。

表 11 - 9　不同专业技术职称高校教师的生活信心

单位：分

	无职称	初级	中级	副高级	正高级	F 值
家庭收入水平	3.38	3.60	3.22	3.22	3.70	19.05***
身体健康	3.46	3.76	3.40	3.37	3.60	6.67***
职业发展	3.38	3.76	3.27	3.29	3.70	17.60***
子女发展	3.59	3.84	3.51	3.64	3.87	11.51***
赡养老人	3.60	3.91	3.52	3.58	3.78	7.00***
家庭美满和睦	3.78	4.16	3.85	3.89	4.05	6.38***
整体信心	3.53	3.84	3.46	3.50	3.78	16.48***

*** $p < 0.001$。

（4）行政职务级别与生活满意度、生活信心

表 11 - 10 展示了不同行政职务级别高校教师的生活满意度，其符合高校教师生活满意度总体状况的特征趋势。从不同维度来看，大致呈现随着行政职务级别的提高，生活满意度随之增加的正向关系。但需要指出的是，在身体健康、家庭收入以及整体评价中则有所不同，科级正职高校教师的得分低于科级副职。以整体评价为例，处级正职及以上高校教师的得分最高（3.90 分），处级副职次之（3.63 分），科级副职的得分紧随其后（3.56 分），而科级正职的得分为 3.47 分，无级别高校教师的得分最低（3.37 分）。但总的来说，在更多的情况下，行政职务级别较高的高校教师的满意度相对更高，无级别或级别较低的高校教师的满意度相对更低。

不同行政职务级别高校教师的生活信心的得分情况与其生活满意度相似，由表 11 - 11 可知，在大多数情况下，行政职务级别较高的高校教师的生活信心相对更高，无级别或级别较低的高校教师的生活信心相对更低，但科级副职例外，他们在部分维度中较高级别教师拥有更高的信心得分。这一发现与专业技术职称的相关情况相呼应，在通常情况下，科级副职对应中级职称，该群体的生活满意度与生活信心得分相对较高。

表 11 - 10   不同行政职务级别高校教师的生活满意度

单位：分

	无级别	科级副职	科级正职	处级副职	处级正职及以上	F 值
职业发展	3.30	3.51	3.35	3.63	3.83	7.67***
子女教育	3.48	3.69	3.62	3.77	3.90	6.13***
赡养老人	3.48	3.61	3.67	3.73	3.97	6.02***
身体健康	3.41	3.48	3.37	3.56	3.57	1.37
家庭关系	3.82	3.76	3.99	4.00	4.00	3.30
生活成本	3.13	3.29	3.24	3.44	3.77	6.79***
居住条件	3.25	3.38	3.45	3.63	3.90	8.42***
社交生活	3.41	3.55	3.56	3.56	3.87	3.88**
家庭收入	3.08	3.36	3.11	3.47	3.83	9.56***
整体评价	3.37	3.56	3.47	3.63	3.90	6.96***

** $p < 0.01$, *** $p < 0.001$。

表 11 - 11   不同行政职务级别高校教师的生活信心

单位：分

	无级别	科级副职	科级正职	处级副职	处级正职及以上	F 值
家庭收入水平	3.29	3.52	3.30	3.57	3.90	6.37***
身体健康	3.43	3.48	3.44	3.49	3.53	0.26
职业发展	3.36	3.55	3.29	3.57	3.87	5.00***
子女发展	3.60	3.73	3.79	3.87	4.03	6.40***
赡养老人	3.59	3.62	3.69	3.72	4.00	2.61*
家庭美满和睦	3.88	3.98	4.00	4.02	4.20	2.76*
整体信心	3.53	3.65	3.59	3.71	3.92	4.97***

* $p < 0.05$, *** $p < 0.001$。

（5）主观社会经济地位与生活满意度、生活信心

图 11 - 11 展示了不同主观社会经济地位高校教师的生活满意度情况。根据受访者对主观社会经济地位 1 ~ 10 分的评价，将 1 ~ 10 分的主观社会经济地位以 2 分为单位重新编码为主观下层、主观中下层、主观中层、主观中上层和主观上层。无论是整体评价还是不同维度的满意度情况都可以看出相同的趋势，整体评价上，主观上层群体的满意度最高，主观下层群体的满意度最低，两者相差 1.50 分（4.13 分与 2.63 分）。

图 11－12 展示的不同主观社会经济地位高校教师的生活信心状况呈现相似的特征。主观社会经济地位越高，生活信心得分越高；主观社会经济地位越低，生活信心得分越低。然而，其中有一处值得注意，在身体健康的得分上，主观下层至主观中上层与整体信心呈正相关关系，但主观上层高校教师对身体健康的信心未继续增加，反而较主观中上层群体有所下降。可能的原因是，主观社会经济地位为上层的高校教师多年龄较大，相较于年轻教师，他们对身体健康的满意度相对较低。

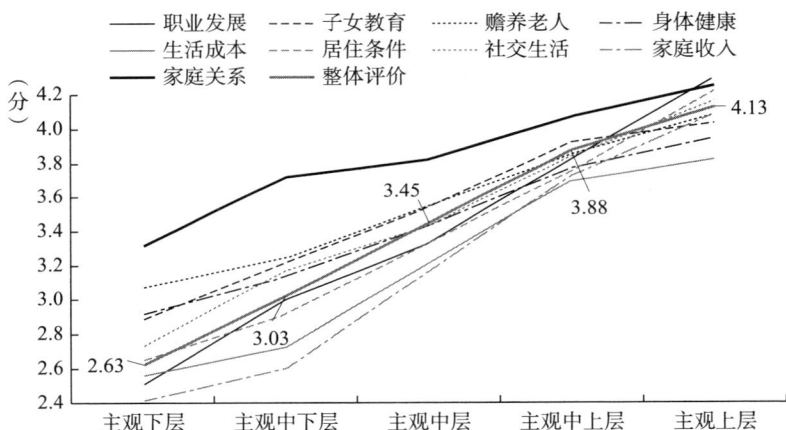

图 11－11　不同主观社会经济地位高校教师的生活满意度

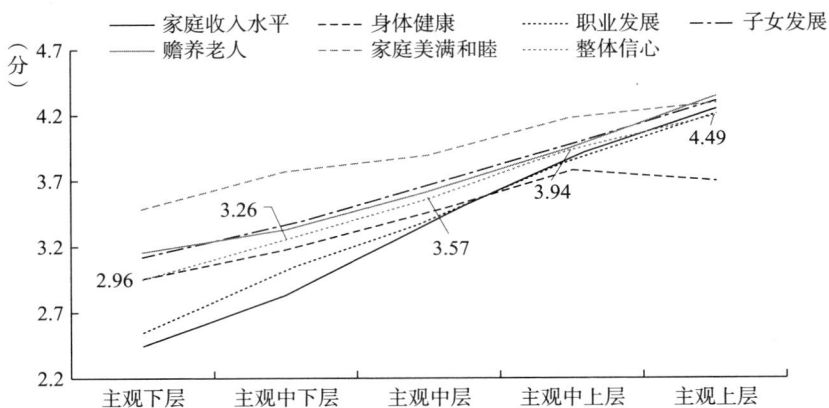

图 11－12　不同主观社会经济地位高校教师的生活信心

3. 学院学校差异

本小节主要描述了高校教师所在学院、学校特征与其生活满意度、生活信心的关系，具体包括所在学院的专业类别、高校类型和学校所在地区。

（1）专业类别与生活满意度、生活信心

从不同专业类别来看，表 11 - 12 的调查数据符合高校教师生活满意度总体特征的趋势，不同专业类别高校教师对家庭关系的满意度得分最高，对家庭收入和生活成本的满意度得分最低。将专业类别划分为理学、农业科学、医药科学、工程与技术科学、人文与社会科学五类，从整体评价来看，农业科学类高校教师的满意度得分最高，为 3.77 分，人文与社会科学类高校教师的满意度得分最低，为 3.30 分，两者相差 0.47 分。在具体维度的比较中，农业科学类高校教师对生活各方面的满意度得分均更高些，而人文与社会科学类高校教师在职业发展、子女教育、赡养老人、家庭关系、家庭收入方面的满意度得分最低，医药科学类高校教师在身体健康、生活成本、居住条件、社交生活方面的满意度得分最低。

表 11 - 12 不同专业类别高校教师的生活满意度

单位：分

	理学	农业科学	医药科学	工程与技术科学	人文与社会科学	F 值
职业发展	3.44	3.65	3.33	3.32	3.24	6.49***
子女教育	3.62	3.85	3.47	3.51	3.42	8.14***
赡养老人	3.58	3.77	3.47	3.52	3.44	4.29**
身体健康	3.46	3.75	3.29	3.41	3.35	6.03***
家庭关系	3.82	4.01	3.86	3.86	3.80	2.07
生活成本	3.22	3.56	3.00	3.23	3.01	9.80***
居住条件	3.32	3.73	3.10	3.34	3.19	8.54***
社交生活	3.47	3.71	3.35	3.45	3.37	4.33**
家庭收入	3.17	3.47	3.08	3.12	3.07	4.25**
整体评价	3.43	3.77	3.37	3.43	3.30	8.94***

** $p < 0.01$，*** $p < 0.001$。

从不同专业类别高校教师的生活信心来看（见表 11 - 13），农业科学类高校教师对生活的整体信心得分最高，为 3.86 分，接着依次为理学类高校教师（3.64 分）、工程与技术科学类高校教师（3.53 分）、人文与社会科学类高校教师（3.47 分），得分最低的为医药科学类高校教师（3.46 分），最高分与最低分之间相差 0.40 分。从具体维度来看，农业科学类高校教师对生活各方面信心的得分均最高，医药科学类高校教师以及人文与社会科学类高校教师的生活信心得分相对较低。

通过对不同专业类别高校教师的生活满意度与生活信心得分的分析，可以明显看出不同专业类别高校教师的差异，这些差异可能来源于学科特点、科研要求、教学方式等方面，值得进一步探究。

表 11－13　不同专业类别高校教师的生活信心

单位：分

	理学	农业科学	医药科学	工程与技术科学	人文与社会科学	F 值
家庭收入水平	3.38	3.67	3.16	3.33	3.25	5.61 ***
身体健康	3.51	3.71	3.29	3.42	3.38	4.78 ***
职业发展	3.49	3.73	3.45	3.33	3.30	7.56 ***
子女发展	3.77	3.97	3.51	3.61	3.55	9.56 ***
赡养老人	3.71	3.92	3.51	3.59	3.52	7.37 ***
家庭美满和睦	3.98	4.15	3.86	3.91	3.81	5.78 ***
整体信心	3.64	3.86	3.46	3.53	3.47	10.13 ***

*** $p < 0.001$。

（2）高校类型与生活满意度、生活信心

观察图 11－13 不同高校类型高校教师的生活满意度得分，可以发现其大致符合高校教师生活满意度总体状况的特征趋势，不同高校类型高校教师均对家庭关系有更高的满意度。"双一流"高校教师的满意度得分均高

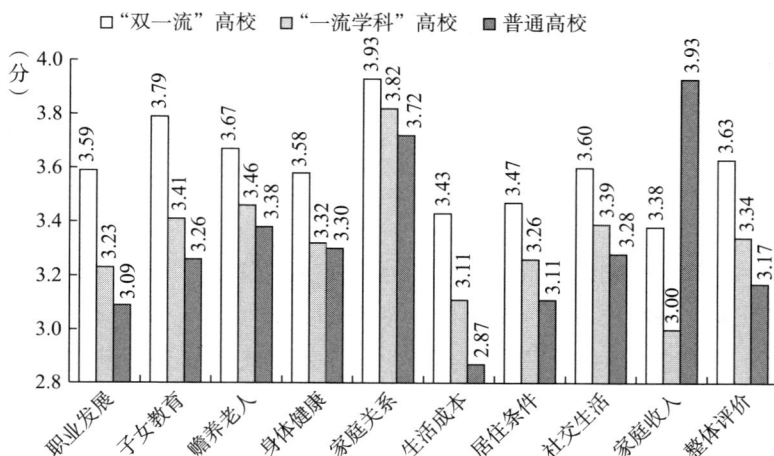

图 11－13　不同高校类型高校教师的生活满意度

于"一流学科"高校教师，普通高校教师的满意度得分整体较低。以整体评价为例，"双一流"高校教师的得分为 3.63 分，"一流学科"高校教师的得分为 3.34 分，普通高校教师的得分仅为 3.17 分，最高分与最低分之间的差距达 0.46 分。各个具体维度的评价也呈现相同的特征。

从生活信心来看，图 11 - 14 显示，"双一流"高校教师的生活信心得分均高于"一流学科"高校教师和普通高校教师。以整体信心为例，"双一流"高校教师的得分为 3.72 分，"一流学科"高校教师的得分为 3.47 分，普通高校教师的得分为 3.41 分，最高分与最低分之间相差 0.31 分。

总的来说，高校教师的生活满意度及生活信心存在院校差异，"双一流"高校通常拥有更丰富的资源、更多样的选择，学术平台更为广阔，在一定程度上能够为其教职人员带来积极的心态感受。

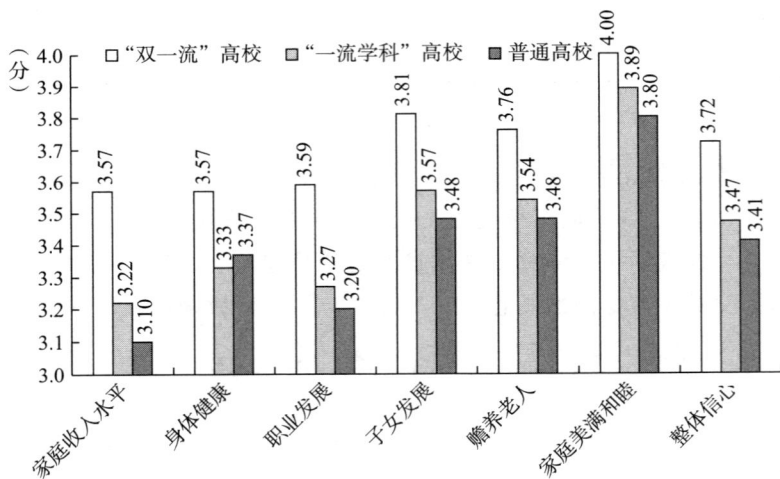

图 11 - 14　不同高校类型高校教师的生活信心

（3）所在地区与生活满意度、生活信心

进一步分析不同地区高校教师生活满意度的差异，根据调查城市，将高校划分为上海高校及非上海高校。从图 11 - 15 可以看出，不同地区高校教师的生活满意度得分情况符合高校教师生活满意度总体状况的特征趋势，不同地区高校教师均对家庭关系的满意度最高，对家庭收入的满意度最低。非上海高校教师的生活满意度得分高于上海高校教师，其中生活成本维度的得分差距最大，达到了 0.58 分（3.57 分与 2.99 分）。

不同地区高校教师的生活信心呈现与生活满意度相似的特征（见

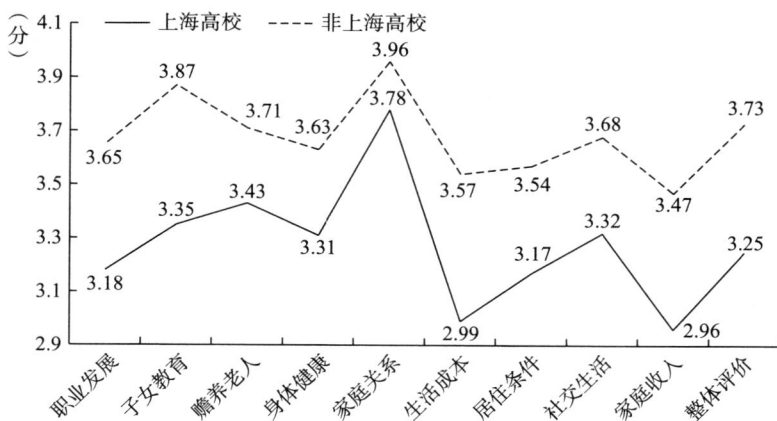

图 11 - 15　不同地区高校教师的生活满意度

图 11 - 16），非上海高校教师的生活信心得分均高于上海高校教师，其中家庭收入水平的得分差距最大，达到了 0.48 分（3.65 分与 3.17 分）。综上，上海作为国际化大都市，高昂的生活成本在国内城市中名列前茅，因此对其所在地高校教师心态产生消极影响也就不难理解。

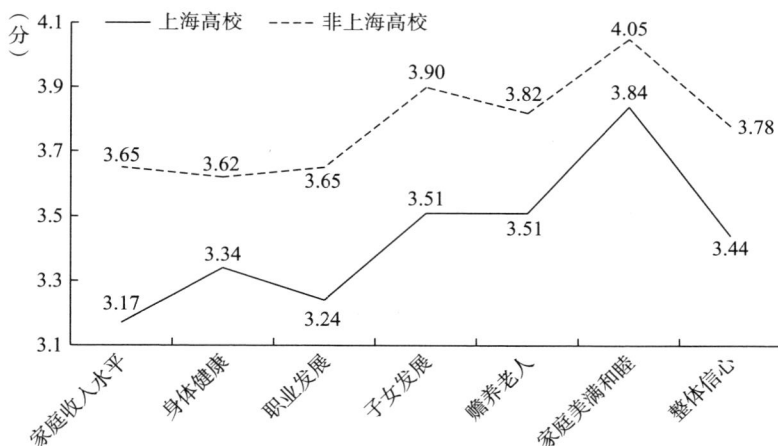

图 11 - 16　不同地区高校教师的生活信心

4. 职业流动方向差异

本小节主要描述了高校教师的职业流动方向与生活满意度、生活信心的关系，职业流动的类型通过比较不同阶段学习或工作院校的层次，分为未流动、向下流动、水平流动、向上流动和其他五类。

不同职业流动方向高校教师的生活满意度得分符合高校教师生活满意度总体状况的特征趋势（见表 11 - 14），各群体对家庭关系的满意度最高，除其他流动方向外，对家庭收入的满意度最低。向上流动的高校教师在生活各个维度上的满意度得分相对较高，水平流动或向下流动的高校教师的满意度得分相对较低。以整体评价为例，其他流动方向的得分为3.54分，接下来依次为未流动（3.43分）、向上流动（3.40分）、水平流动（3.36分），向下流动得分最低，仅为3.27分。

同样的，从不同职业流动方向高校教师的生活信心来看（见表11-15），其他及向上流动高校教师的生活信心得分较高，水平流动及向下流动高校教师的生活信心得分较低。以整体信心为例，最高得分为其他流动方向的高校教师的3.67分，最低得分为向下流动的高校教师的3.48分，两者相差0.19分。由此可以看出，职业流动方向对高校教师的心态感受可能有一定影响。

表11-14　不同职业流动方向高校教师的生活满意度

单位：分

	未流动	向下流动	水平流动	向上流动	其他	F 值
职业发展	3.34	3.27	3.37	3.45	3.49	1.20
子女教育	3.53	3.41	3.45	3.65	3.74	2.16
赡养老人	3.52	3.54	3.53	3.68	3.54	0.73
身体健康	3.42	3.20	3.43	3.45	3.52	1.03
家庭关系	3.84	3.80	3.80	3.93	3.92	0.64
生活成本	3.20	3.17	3.09	3.17	3.18	0.53
居住条件	3.32	3.32	3.25	3.32	3.35	0.23
社交生活	3.46	3.37	3.38	3.44	3.45	0.47
家庭收入	3.15	3.07	3.09	3.04	3.25	0.58
整体评价	3.43	3.27	3.36	3.40	3.54	1.03

表11-15　不同职业流动方向高校教师的生活信心

单位：分

	未流动	向下流动	水平流动	向上流动	其他	F 值
家庭收入水平	3.33	3.17	3.35	3.36	3.46	0.69
身体健康	3.44	3.24	3.42	3.51	3.51	0.84
职业发展	3.39	3.27	3.29	3.45	3.57	1.56
子女发展	3.63	3.71	3.64	3.72	3.85	1.40
赡养老人	3.61	3.59	3.57	3.77	3.74	1.23
家庭美满和睦	3.91	3.90	3.93	3.85	3.91	0.14
整体信心	3.55	3.48	3.53	3.61	3.67	0.84

四 高校教师生活满意度与生活信心的影响因素分析

为了进一步考察高校教师生活满意度、生活信心的影响因素，本章分别以生活满意度、生活信心为因变量（分为模型1、模型2），以社会人口特征变量、社会经济地位变量、学院学校变量、职业流动变量、社会比较变量为自变量，进行多元回归分析。模型1与模型2整体均通过了显著性检验且不存在共线性问题，通过对表11-16全效应模型中自变量结果的分析，本章有如下发现。

社会人口特征变量中，出生世代、性别、政治面貌、婚姻状况以及户籍对高校教师生活满意度、生活信心的影响均未通过0.05水平上的显著性检验。出生世代中，相较于"60世代前"教师，"90世代"教师显著拥有更高的生活满意度；相较于非党员群体，党员群体显著拥有更高的生活满意度，但这两者仅在0.1显著性水平上显著。因此可以看出，社会人口特征变量对高校教师的生活满意度、生活信心并没有显著性影响。

在社会经济地位变量中，家庭年收入对生活满意度、生活信心有显著的正向影响，相较于家庭年收入在20万元及以下的高校教师，家庭年收入为30万~50万元群体的生活满意度增加了0.184分，生活信心增加了0.171分；家庭年收入在50万元及以上的高校教师的生活满意度增加了0.284分，生活信心增加了0.220分。受教育程度并未对高校教师的生活满意度以及生活信心产生显著性影响。不同专业技术职称的高校教师中，相较于无职称的教师，副高级教师的生活满意度显著下降，然而这一点在生活信心的模型中并未呈现。模型2显示，相较于无职称的教师，初级教师的生活信心显著提升，这与前一部分描述统计的结论大体呼应。未发现不同行政职务级别对生活满意度、生活信心的显著作用。主观社会经济地位则对生活满意度以及生活信心均具有显著正向作用，主观社会经济地位每增加一个单位，生活满意度增加0.128分，生活信心增加0.116分，这一作用在0.001水平上显著，也就是高校教师的生活满意度以及生活信心会随着主观社会经济地位的提升而显著提升。

在学院学校变量中，相较于理学类教师，人文与社会科学类教师拥有显著更低的生活满意度，下降了0.123分。同样的，在生活信心的模型中，人文与社会科学类教师相较于理学类教师拥有显著更低的生活信心，下降了 0.169 分。此外，模型 2 还显示了相较于理学类教师，工程与技术科学类教师同样拥有显著更低的生活信心得分，下降了 0.137 分。在高校类型方面，模型 1 显示，相较于"双一流"高校教师，就职于"一流学科"高校的教师拥有更高的生活满意度，但这一作用仅在 0.1 水平上显著，在模型 2 中均没有显著性。此外，学校所在地区在生活满意度、生活信心的模型中均未发现显著性。

在职业流动变量中，尽管在描述统计中发现了不同职业流动方向教师得分均值的差异，但模型结果显示，这些差异均不具有统计显著性，也就是说，职业流动与否、职业流动方向并不能对高校教师的生活满意度以及生活信心造成影响。

在社会比较变量中，与同行相比，无论是与同一学院还是同一学校抑或同一地区的高校教师相比，比较结果基本未对个体的生活满意度、生活信心造成显著影响。同样的，与本市公务员相比的结果也显示其未对高校教师的生活满意度、生活信心造成显著影响。然而，若与本市国企白领、私企白领比较，相较于那些比较后认为自己的生活水平好于或等于上述两类群体的高校教师，认为自己的生活水平差于上述两类群体的高校教师会产生相对剥夺的感受，那么此类教师的生活满意度、生活信心将显著下降，也就是说，与本市国企白领、私企白领比较后的剥夺感将导致高校教师的生活满意度、生活信心得分显著下降。

表 11 - 16　高校教师生活满意度、生活信心影响因素的 OLS 模型

	生活满意度（模型 1）	生活信心（模型 2）
社会人口特征变量		
出生世代[a]		
60 世代	0.311（0.191）	0.126（0.168）
70 世代	0.158（0.190）	0.053（0.167）
80 世代	0.165（0.192）	0.102（0.168）
90 世代	0.372[+]（0.202）	0.180（0.178）
性别[b]	−0.028（0.036）	0.020（0.031）
政治面貌[c]	0.071[+]（0.037）	0.045（0.032）
婚姻状况[d]	0.079（0.051）	0.038（0.045）
户籍[e]	−0.047（0.078）	−0.063（0.069）

续表

	生活满意度（模型 1）	生活信心（模型 2）
社会经济地位变量		
家庭年收入[f]		
20 万 ~ 30 万元	0.026（0.057）	0.059（0.050）
30 万 ~ 50 万元	0.184**（0.056）	0.171***（0.050）
50 万元及以上	0.284***（0.061）	0.220***（0.054）
受教育程度[g]		
硕士研究生	0.098（0.105）	0.014（0.093）
博士研究生	− 0.002（0.100）	0.041（0.088）
专业技术职称[h]		
初级	0.068（0.109）	0.217*（0.096）
中级	− 0.090（0.076）	0.033（0.067）
副高级	− 0.188*（0.079）	− 0.063（0.069）
正高级	− 0.059（0.089）	0.024（0.078）
行政职务级别[i]		
科级副职	0.071（0.081）	0.050（0.072）
科级正职	0.005（0.069）	− 0.007（0.061）
处级副职	0.074（0.067）	0.062（0.059）
处级正职及以上	0.097（0.124）	0.063（0.109）
主观社会经济地位①	0.128***（0.012）	0.116***（0.010）
学院学校变量		
专业类别[j]		
农业科学	0.083（0.075）	0.058（0.066）
医药科学	− 0.015（0.101）	− 0.172+（0.089）
工程与技术科学	− 0.041（0.047）	− 0.137***（0.041）
人文与社会科学	− 0.123*（0.051）	− 0.169***（0.045）
高校类型[k]		
"一流学科"高校	0.042+（0.046）	− 0.002（0.040）
普通高校	− 0.074（0.055）	− 0.02（0.05）
所在地区[l]	0.040（0.048）	0.003（0.049）
职业流动变量		
职业流动[m]		
向下流动	− 0.025（0.103）	− 0.002（0.091）

续表

	生活满意度（模型1）	生活信心（模型2）
水平流动	− 0.051（0.057）	− 0.023（0.050）
向上流动	− 0.051（0.078）	0.035（0.068）
其他	0.072（0.081）	0.072（0.071）
社会比较变量[n]		
与所在学院其他老师相比	− 0.093 +（0.050）	− 0.055（0.044）
与所在学校其他学院老师相比	− 0.079（0.050）	− 0.041（0.044）
与所在地区其他高校老师相比	− 0.064（0.045）	− 0.026（0.040）
与本市公务员相比	− 0.062（0.047）	− 0.025（0.042）
与本市国企白领相比	− 0.142 **（0.054）	− 0.105 *（0.048）
与本市私企白领相比	− 0.161 **（0.051）	− 0.149 ***（0.045）
常量	2.778 ***（0.241）	2.979 ***（0.212）
调整后 R^2	0.336	0.272
样本量	1520	1520

注：①在前文现状分析部分，为清楚展示不同主观社会经济地位高校教师生活满意度、生活信心得分高低，将主观社会经济地位作为类别变量；而在影响因素分析部分，为了精简结果，将其作为连续变量放入模型。②[a] 参照组为60世代前；[b] 参照组为女性；[c] 参照组为非党员；[d] 参照组为非在婚；[e] 参照组为非本地；[f] 参照组为20万元及以下；[g] 参照组为大学专科或本科；[h] 参照组为无职称；[i] 参照组为无级别；[j] 参照组为理学；[k] 参照组为"双一流"高校；[l] 参照组为上海高校；[m] 参照组为未流动；[n] 参照组均为比较无剥夺感。③ + $p < 0.1$，* $p < 0.05$，** $p < 0.01$，*** $p < 0.001$。④括号内为标准误。

五 结论与讨论

综合以上数据描述与模型分析结果，本章有如下发现。

首先，高校教师的生活满意度在整体上处于中等偏上水平，其中，对家庭关系的满意度最高，对家庭收入的满意度最低；生活信心方面，同样的，对家庭美满和睦的信心最高，对家庭收入水平的信心最低。

其次，在社会人口特征变量的生活满意度、生活信心得分差距分布中可以看出，尽管在描述分析部分，不同出生世代、性别、政治面貌、婚姻状况、户籍高校教师的生活满意度得分以及生活信心得分存在一定差距，但有关高校教师生活满意度、生活信心影响因素的模型分析结果并未发现上述差距的显著性，即高校教师的生活满意度、生活信心并未受到出生世代、性别、政治面貌、婚姻状况、户籍等人口特征变量的显著影响。

再次，在社会经济地位变量的得分差距分布中可以看出，家庭年收入、专业技术职称、主观社会经济地位对高校教师的生活满意度、生活信心或多或少具有显著影响。具体来看，随着家庭年收入的提升，高校教师的生活满意度、生活信心也逐渐提升，但需要注意的是，模型结果显示，相较于年收入在20万元及以下的教师，家庭年收入在30万元及以上的教师的生活满意度、生活信心才会显著增强，而20万～30万元收入群体未受影响，也就是说，要起到提升作用需要达到"收入底线"。因此，提升高校教师的收入对其心态感受的提升具有重要的促进作用。此外，主观社会经济地位同样具有正向的增强作用，随着主观社会经济地位的提升，高校教师的生活满意度与生活信心逐渐提升。专业技术职称的影响仅在部分类别中显著，即相较于无职称的教师，副高级教师的生活满意度有所下降，而初级教师则拥有更高的对未来生活的信心。可能的原因是，副高级教师在工作中正处于上升期，还承担着家庭的重担，多方压力与不确定性导致了其消极的生活态度；而初级教师初入工作，且相较于无职称的教师具有更强的稳定性，因此他们满怀热情，对未来充满信心。值得关注的是，在社会经济地位变量中，受教育程度、行政职务级别对高校教师生活满意度、生活信心的作用并未通过显著性检验。可能的原因在于，高校教师的职业要求均需要较高的受教育程度，因此这一变量也就失去了成为关键的影响因素的可能性；而行政职务级别是一种衡量行政级别的变量，现实情况下，更多位于科研岗的教师并未担任行政职务，这一比例在样本中占到了近80%，因此无法对心态感受造成显著影响。

接着，在学院学校变量中，不同专业类别的高校教师的生活满意度与生活信心存在显著差距，相较于理学类教师，人文与社会科学类教师拥有更低的生活满意度与生活信心，工程与技术科学类教师拥有更低的生活信心。高校的不同专业类别存在较大差异，理学和人文与社会科学作为两个差异较大的领域，其教学模式、教学环境甚至科研学术方面均存在较大差异，两类教师拥有不同的心态感受自然可以理解。而高校类型、所在地区并未对高校教师的生活满意度、生活信心产生显著影响。

最后，在职业流动变量中，尽管在描述分析部分中不同职业流动方向存在着生活满意度、生活信心分布的明显差异，但模型分析结果显示，这些差异并不存在显著性。在社会比较变量中，若高校教师与同行或本市公务员相比，比较的结果对其生活满意度、生活信心并未产生显著影响。若与本市国企白领、私企白领相比，产生相对剥夺的感受，则其生活满意度、生活信心将显著下降。可能的原因在于，同行间以及教师与公务员之间，无论是社会声望还是社会经济地位的差距均较为有限，因此剥夺感较小，样本中与同学院老师、同学校老师、同地区老师、本市公务员相比后有剥夺感受的比例分别为 21.38%、33.49%、40.13%、53.22%。然而，若与本市国企白领、私企白领相比，由于职业之间明显的差异性，高校教师与之相比有剥夺感受的比例分别达到了 63.36%、71.78%，因此对其心态感受产生了显著的负向影响。

基于以上发现，应当有针对性地根据不同影响因素提出建议，以提升高校教师群体的生活满意度、生活信心。

参考文献

崔丽娟、秦茵，2001，《养老院老人社会支持网络和生活满意度研究》，《心理科学》第 4 期。

金盛华、田丽丽，2003，《中学生价值观、自我概念与生活满意度的关系研究》，《心理发展与教育》第 2 期。

李德明、陈天勇、吴振云，2008，《中国老年人的生活满意度及其影响因素》，《中国心理卫生杂志》第 7 期。

李智、刘松、周春山，2021，《代际差异视角下流动人口生活满意度影响因素分析》，《中国农业资源与区划》第 11 期。

刘华兴、曹现强，2019，《供给侧改革背景下城市居民生活满意度及影响因素分析——基于山东省公共服务满意度的实证研究》，《东岳论丛》第 11 期。

马丹，2015，《社会网络对生活满意度的影响研究——基于京、沪、粤三地的分析》，《社会》第 3 期。

邵韵萍，1998，《学习障碍与正常学习儿童主观生活质量的比较研究》，《中国临床心理学杂志》第 2 期。

王凤姿，2016，《老年人生活信心、抑郁与生活质量的关系》，《中国老年学杂志》第 12 期。

徐慧兰，1994，《老年人生活满意度及其影响因素研究》，《中国心理卫生杂志》第 4 期。

易龙飞，2020，《社会包容对流动人口生活满意度的影响——基于 CSS 数据的分析》，《浙江社会科学》第 6 期。

袁玥、李树茁、悦中山，2021，《参照群体、社会地位与农民工的生活满意度——基于广州调查的实证分析》，《人口学刊》第 5 期。

张文娟、李树茁，2005，《子女的代际支持行为对农村老年人生活满意度的影响研究》，

《人口研究》第 5 期。

郑立新、陶广放，2001，《儿童主观生活满意度影响因素的研究》，《中国临床心理学杂志》第 2 期。

朱迪，2016，《市场竞争、集体消费与环境质量——城镇居民生活满意度及其影响因素分析》，《社会学研究》第 3 期。

Andrews, F. M. and Withey, S. B. . 1974. "Developing Measures of Perceived Life Quality." *Social Indicators Research* 1 (1): 1 – 26.

Campbell, A. 1976. "Subjective Measures of Well-being." *American Psychologist* 31 (2): 117 – 24.

Diener, E. D. , Tay, L. and Myers, D. 2011. "The Religion Paradox: If Religion Makes People Happy, Why Are So Many Dropping Out?" *Journal of Personality and Social Psychology* 101 (6): 1278 – 1290.

Diener, E. 2006. "Guidelines for National Indicators of Subjective Well-Being and Ill-Being." *Journal of Happiness Studies* 7 (4): 397 – 404.

Gilman, R. and Handwerk, M. L. 2001. "Changes in Life Satisfaction As a Function of Stay in a Residential Setting." *Residential Treatment for Children and Youth* 18 (1): 47 – 65.

Haug, S. 2008. "Migration Networks and Migration Decision-Making." *Journal of Ethnic and Migration Studies* 34 (4): 585 – 605.

Man, P. 1991. "The Influence of Peers and Parents on Youth Life Satisfaction in Hong Kong." *Social Indicators Research* 24 (3): 347 – 365.

Tang, Liyang. 2012. "The Influences of Patient's Satisfaction with Medical Service Delivery, Assessment of Medical Service, and Trust in Health Delivery System on Patient's Life Satisfaction in China." *Health and Quality of Life Outcomes* 10 (1): 1 – 13.

第十二章　高校教师的社会公平感

张人浩[*]

公平是全人类共同价值观中的一个重要理念，是世界各国人民的共同理想。公平感蕴含着价值需求，反映了人们对应然与实然差距的评价，体现了人们对未来美好愿景或事物的向往与追求。习近平总书记指出："公平正义是中国特色社会主义的内在要求，所以必须在全体人民共同奋斗、经济社会发展的基础上，加紧建设对保障社会公平正义具有重大作用的制度，逐步建立社会公平保障体系。共同富裕是中国特色社会主义的根本原则，所以必须使发展成果更多更公平惠及全体人民，朝着共同富裕方向稳步前进。"① 社会公平感代表着人们对整个社会公平的感知，能够集中体现整个社会的公平状况。社会转型过程中，随着高等教育逐步走上正轨以及对高校教师等知识分子身份地位的恢复与正视，"知识"生产力价值及其社会文化价值日益凸显，并提高了相应地位群体的社会回报。社会公平感作为公众社会心态的体现之一，能够衡量高校教师对改革结果的评价，对社会稳定与和谐发展意义重大。本章基于"高校教师获得感调查"数据，对高校教师的社会比较与社会公平感进行描述统计分析，并进一步探究高校教师社会公平感的影响因素，为改善高校教师的社会心态、提高其社会公平感知做出一些努力。

一　文献综述

（一）概念界定与理论基础

社会公平感作为人们对所处社会的资源分配合理性的主观评价，体现

---

* 张人浩，中国人民大学社会与人口学院博士研究生。

① 《习近平关于社会主义社会建设论述摘编》（二），中国共产党新闻网，http://theory.people.com.cn/n1/2018/0122/c40531 - 29779501.html，2018 年 1 月 22 日。

了公众对于社会不平等的态度，这种社会心态背后的逻辑多源于社会公正研究中的分配正义原则（Wegner and Bernd，1991）。该原则将社会正义分为微观正义和宏观正义两个方面。微观正义指向个体，集中表现为个人所得报酬的公平性；宏观正义则指向社会，集中表现为社会成员整体上报酬分配的公平性（田芊、刘欣，2019）。在社会公平感的界定上，国内学者从不同的研究路径出发，将社会公平感分为微观层面的个体（分配）公平感和宏观层面的社会公平感（朱斌等，2018）。本章主要涉及宏观领域的公平感知问题，即社会成员如何从总体上评价社会的公平性。

目前，关于社会公平感的理论解释主要有三种有效思路：社会结构理论、社会比较理论、文化价值理论。"社会结构理论"也称为"自利理论"，该理论认为经济学意义上的理性行动者往往基于最大化利益原则（自利原则）判断自己的收入报酬是否合理、公平。身处不同社会地位的社会成员会出于理性动机而对不平等表达不一样的看法。具体来看，身处社会优势地位的人们倾向于保持现状，维护既得利益，因此社会优势群体更加认可与支持当前的社会资源分配方式，拥有较高的社会公平感；相反，社会弱势群体更倾向于认为现有的社会资源分配方式是不公平的，并认为需要通过平等化或再分配的措施来干预分配过程与结果，以期获得更多的社会资源。由此可以看出，社会经济地位在一定程度上决定了人们对于社会整体分配情况的感知。国外一些研究证实了社会结构理论：高社会地位、高收入的群体倾向于认为当前收入分配是公平的，并愿意继续维持社会资源分配现状；而低社会地位、低收入的群体则认为当前的收入分配并不公平，希望按照平均主义的原则重新进行分配（Shepelak and Alwin，1986；Headey and Bruce，1991；Svallfors，1997）。在国内的实证研究中，有学者发现，处于优势地位的社会成员更倾向于认为社会资源的分配是较为公平、合理的，而处于劣势地位的社会成员更倾向于认为当前社会资源的分配是不公平、不合理的（李春玲，2006）。基于上海市的调查数据发现，社会公平感是连接客观社会经济地位和主观阶层意识的中介变量，社会经济地位较高的人更容易产生公平的感知（翁定军，2010）。但有学者认为社会结构理论忽略了社会正式与非正式制度对社会成员行动、利益与偏好等方面的约束。此外，既有特定的社会认知、所处社会的各种规范等都会影响社会成员的行为和偏好（Dimaggio，1980）。社会结构理论仅关注了社会成员的社会经济地位对其主观心态的影响，忽略了人们的社会心理过程。这一理论之局限性导致其无法解释国内外的一些经验现象。国外的研究发现，个体客观的社会经济地位对其社会公平感的解释力较弱，有相当比例的社会底层民众认为当前的社会资源分配结果是公平的（Della and Richard，1980）。该理论同样无法解释为什么当今中国社会中社会经济地位较低的个体接受了较大的收入差距却认为自己的收入分配是公平的。相关研究发现，与高收入群体相比，低收入群体的社会公平感反而更高（胡小勇等，2016）。

作为社会结构理论的竞争性解释之一，社会比较理论认为人们的社会公平感知主要源自于个体在互动中与参照群体的社会比较（Jasso，1980，1981）。美国心理学家约翰·斯塔希·亚当斯（John Stacey Adams）提出的公平理论认为，人是社会性的人，与其他成员进行社会比较是人类的天性，追求公正与公平则是人类的基本要求。其中，人们的不公平感正是来自于这种社会比较，而非来自于其结构性的社会经济地位（Martin，2000），故个体的不公平感是在与参照群体的社会比较过程中产生的，社会比较则分为纵向的与自身比较以及横向的与周围人的比较。有学者通过分析2005年CGSS数据发现，个体与同龄人进行比较的相对社会地位和与自己过去进行比较的社会流动感知对社会公平感有非常重要的影响，且这两个因素的影响都要强于客观社会经济地位（马磊、刘欣，2010）。社会公平感作为社会成员对社会资源分配合理性及其自身在社会中所处位置的评价和主观判断（方学梅，2017），会在一定程度上受到社会比较的影响。其中，在横向比较与纵向比较中，对自己社会经济地位评价越高，其社会公平感也就越强。有研究表明，我国居民的社会公平感主要源自于相对剥夺的纵向和横向比较，而不是结构性的社会经济地位（麻宝斌、杜平，2017）。

同时，有研究认为人们所生活社会的文化传统、价值观念以及社会共识也会影响社会公平感。文化价值理论认为在国家或社会层面存在一个关于合理分配的主流价值观，各个国家或社会的文化传统和社会制度会影响这一观念，使其具有一定的差异性。这种占优势的公平观念会通过社会化的过程内化为社会成员的个体意识，从而影响社会成员对当前社会资源分配是否公平的判断（Alves and Rossi，1978；Shepelak and Alwin，1986）。目前对该理论进行运用的研究主要集中在对同一经济体制不同国家、不同经济体制国家以及某些国家市场化转型前后进行的比较上。有研究发现东欧国家在经历市场化改革后，前社会主义国家对不平等的宽容度都有明显提高，有些国家对不平等的容忍程度甚至比资本主义国家还要高（Kelley and Zagórski，2004）。

文化价值理论更适用于比较与分析不同社会文化语境下人们公平感的差异，故使用前两种理论解释我国高校教师的社会公平感更为有效与恰当。

（二）既往研究综述

在以往关于高校教师社会心态的研究中，学者主要探讨了高校教师的工作满意度、工作压力、职业幸福感、薪酬与收入公平感等。研究大多从性别、年龄、婚姻状况、户籍、政治面貌等人口学属性变量，以及教龄、薪酬收入、人才称号、职称与职务等职业特点变量出发来探究高校教师社会心态的影响因素。相关研究主要集中在高校教师对高校内经历与环境的评价上，较少涉及该群体与其他群体比较时的感受及其对整个社会的评价，如工作满意度、工作压力等集中体现了高校教师对工作环境尤其是高校管理体制等的评价，而社会公平感关注的是高校教师对其自身在整个社会中所处位置的评价，是社会心态的一个重要方面。此外，高校教师的社会公平感不仅反映了该群体对其所处环境的公平感知，也深刻影响了他们的学术研究动力、工作绩效与工作满意度等。研究高校教师的社会公平感有利于我们从整体上把握这一群体在社会转型时期的社会心态。

以往关于高校教师社会公平感影响因素的研究，主要从个人自我比较公平感、组织内部比较公平感、组织外部比较公平感三个方面考察了高校教师社会公平感的总体情况（李君甫、武斌，2015）。相关调查结果显示，近一半的高校教师认为个人的付出与回报是不匹配的，产生了较强的收入分配不公平感。超过一半的高校教师认为单位的行政领导与普通教师的收入差距大，而职称越高的老师收入分配公平感越强。在组织外部，与其他高校同行相比，只有11.1%的高校教师认为收入分配公平；与其他行业的专业技术人员相比，仅有7.6%的高校教师认为收入分配公平。在影响因素的分析中，研究者主要用性别、学历、年龄、职称等因素来解释收入分配的差异。有学者认为经济收入、社会保障、自身社会地位评估以及学术环境感知是影响青年高校教师社会不公平感的重要因素（廉思，2012），结果发现，低收入组高校教师的社会不公平感水平显著高于高收入组，收入小于支出的青年教师的社会不公平感显著高于收支大体平衡和收入大于支出的青年教师。职业保障作为维护高校教师职业稳定性的条件之一，能够增强人们的公平感知。社会地位自评越高，青年教师的公平感水平越高。对学术环境评价越低的高校青年教师，其社会不公平感越高。

高校教师的社会公平感反映了其对自己所处社会位置的评价，且会通过教授课程等方式潜移默化地传递给学生，对大学生的价值观塑造和成长成才产生至关重要的影响。目前的研究主要展示了高校教师社会公平感的整体状况，对其影响因素的分析较为缺乏。基于此，本章从社会结构理论与社会比较理论出发，探究影响高校教师社会公平感的因素，为改善该群体的社会心态、提高该群体的公平感知做出一些贡献。

二 研究设计

本章首先考察高校教师社会公平感现状，将社会人口特征与社会比较、社会公平感作交叉统计分析，比较不同群体的社会比较与社会公平感情况。接下来将社会人口特征变量、社会经济地位变量、学院学校变量与社会比较变量引入多元线性回归模型，从多角度考察高校教师社会公平感的影响因素。

（一）数据与样本

本章使用的数据来自上海大学于 2019～2021 年开展的"高校教师获得感调查"，调查采用问卷调查法，样本覆盖了"双一流"高校、"一流学科"高校与普通高校。在本章中，由于所使用的变量具有一定的缺失值，经过相应的处理和删除后，最终被本章选择并进行分析的样本量为 1610。变量选取及具体情况见表 12-1。

表 12-1 变量的描述性统计分析（$N = 1610$）

类别变量	变量定义	频数	占比（%）
出生世代	60 世代前	9	0.56
	60 世代	189	11.74
	70 世代	529	32.86
	80 世代	751	46.65
	90 世代	132	8.20
性别	男性	832	51.68
	女性	778	48.32
政治面貌	党员	1119	69.50
	非党员	491	30.50

类别变量	变量定义	频数	占比（%）
婚姻状况	在婚	1342	83.35
	非在婚	268	16.65
户籍	本地	1521	94.47
	非本地	89	5.53
家庭年收入	20 万元及以下	259	16.09
	20 万~30 万元	420	26.09
	30 万~50 万元	524	32.55
	50 万元及以上	407	25.28
受教育程度	大学专科或本科	59	3.66
	硕士研究生	244	15.16
	博士研究生	1307	81.18
专业技术职称	无职称	105	6.52
	初级	66	4.10
	中级	548	34.04
	副高级	603	37.45
	正高级	288	17.89
行政职务级别	无级别	1314	81.61
	科级副职	70	4.35
	科级正职	94	5.84
	处级副职	104	6.46
	处级正职及以上	28	1.74
专业类别	理学	308	19.13
	农业科学	123	7.64
	医药科学	55	3.42
	工程与技术科学	631	39.19
	人文与社会科学	493	30.62
高校类型	"双一流"高校	510	31.68
	"一流学科"高校	619	38.45
	普通高校	481	29.88

（二） 主要指标的操作化测量

1. 因变量

本章选取的因变量为社会公平感，使用问卷中的"总的来说，您认为当今的社会公不公平？"问题来测量，回答"1"表示"完全不公平"，"2"表示"比较不公平"，"3"表示"说不上公平但也不能说不公平"，"4"表示"比较公平"，"5"表示"完全公平"，数值越大，个体的社会公平感知越高。

2. 自变量

本章的自变量分为社会人口特征变量、社会经济地位变量、学院学校变量与社会比较变量。社会人口特征变量包括出生世代、性别、政治面貌、婚姻状况、户籍；社会经济地位变量包括家庭年收入、受教育程度、专业技术职称与行政职务级别；学院学校变量包括专业类别与高校类型；社会比较变量分为高校教师与高校内同一职业群体以及与高校外其他职业群体的比较，使用问卷中"您认为自己当前的生活水平分别与所在学院其他老师（职称、职务与您相当）相比，是好一些还是差一些""您认为自己当前的生活水平分别与所在学校其他学院老师（职称、职务与您相当）相比，是好一些还是差一些""您认为自己当前的生活水平分别与所在地区其他高校老师（类型、级别相同的高校，且职称、职务与您相当）相比，是好一些还是差一些""您认为自己当前的生活水平与本市公务员（年龄相当）相比，是好一些还是差一些""您认为自己当前的生活水平与本市国企白领（年龄相当）相比，是好一些还是差一些""您认为自己当前的生活水平与本市私企白领（年龄相当）相比，是好一些还是差一些"问题来测量，回答"低很多""低一些"定义为"有相对剥夺感"，赋值为1；回答"高一些""高很多"则定义为"无相对剥夺感"，赋值为0。

（三） 统计模型

本文分析的因变量社会公平感取值为1~5，我们将其看作连续变量，使用多元线性回归模型来分析高校教师社会公平感的影响因素。

三　高校教师社会比较与社会公平感现状

（一）与同一职业群体的社会比较

总体来看，高校教师普遍认为自己的生活水平与所在学院其他老师、所在学校其他学院老师、所在地区其他高校老师差不多，其比例依次为64.91%、54.16%、45.03%。高校教师认为自己的生活水平与所在学院其他老师最接近，与所在地区其他高校老师差别最大。11.93%的高校教师认为自己的生活水平比所在学院其他老师更高，23.17%的高校教师认为自己的生活水平比所在学院其他老师低；10.93%的高校教师认为自己的生活水平比所在学校其他学院老师更高，34.91%的高校教师认为自己的生活水平比所在学校其他学院老师低；11.43%的高校教师认为自己的生活水平比所在地区其他高校老师更高，43.54%的高校教师认为自己的生活水平比所在地区其他高校老师低。总体来看，高校教师与所在学院其他老师比较时，相对剥夺感较低；与所在地区其他高校老师比较时，相对剥夺感较高。

表 12－2　高校教师自评生活水平情况（与同一职业群体相比）（$N = 1610$）

单位：%

	低很多	低一些	差不多	高一些	高很多
所在学院其他老师	4.72	18.45	64.91	11.37	0.56
所在学校其他学院老师	6.40	28.51	54.16	10.31	0.62
所在地区其他高校老师	10.62	32.92	45.03	10.37	1.06

（二）与其他职业群体的社会比较

高校教师认为自己的生活水平与本市公务员最接近，其中28.63%的高校教师认为自己的生活水平与本市公务员差不多。高校教师认为自己的生活水平与本市私企白领差别最大，其次为本市国企白领：74.22%、67.39%的高校教师认为自己的生活水平比本市私企白领、本市国企白领低；59.19%的高校教师认为自己的生活水平比本市公务员低。总体而言，高校教师与本市公务员比较时，相对剥夺感较低；与本市私企白领比较时，相对剥夺感较高。

表 12 - 3 高校教师自评生活水平情况（与其他职业群体相比）（N = 1610）

单位：%

	低很多	低一些	差不多	高一些	高很多
本市公务员	20.37	38.82	28.63	11.06	1.12
本市国企白领	30.62	36.77	22.98	8.63	0.99
本市私企白领	45.28	28.94	17.70	7.14	0.93

（三） 高校教师的社会公平感

在 1610 份有效样本中，2.11% 的高校教师认为当今社会"完全不公平"；15.47% 的高校教师认为当今社会"比较不公平"；46.21% 的高校教师认为当今社会"说不上公平但也不能说不公平"，选择此项的高校教师占比最大；35.03% 的高校教师认为当今社会"比较公平"；1.18% 的高校教师认为当今社会"完全公平"。

表 12 - 4 高校教师社会公平感情况（N = 1610）

单位：%

完全不公平	比较不公平	说不上公平但也不能说不公平	比较公平	完全公平
2.11	15.47	46.21	35.03	1.18

（四） 不同社会人口特征高校教师的社会比较与社会公平感现状

为了分析高校教师中不同群体社会公平感的差异，本章选取了出生世代、性别、婚姻状况、政治面貌、户籍作为社会人口特征变量，与社会比较、社会公平感进行交互分类分析。交叉分析表只呈现卡方检验显著的结果。

1. 与同一职业群体做比较的自评生活水平情况

在与所在学院其他老师的比较中，只有不同性别高校教师的自评生活水平情况差异具有显著性。从表 12 - 5 可以看出，与男性高校教师相比，女性高校教师普遍认为自己的生活水平更低（24.68%）。一般而言，女性承担了更多的家务劳动、育儿等责任，生活压力较大，这会在一定程度上影响女性高校教师的社会心态，从而使她们产生较强的相对剥夺感。

表 12 - 5 社会人口特征与高校教师自评生活水平情况交互分类统计
（与所在学院其他老师相比）

单位：%

		低很多	低一些	差不多	高一些	高很多	卡方检验
性别	男性	4.45	17.31	63.22	14.06	0.96	Pearson χ^2 (4) = 18.2391;
	女性	5.01	19.67	66.71	8.48	0.13	$p = 0.001$

在与所在学校其他学院老师的比较中，不同性别、户籍高校教师的自评生活水平情况差异具有显著性（见表 12 - 6）。与女性高校教师相比，男性高校教师普遍认为自己的生活水平更低（35.34%）；与非本地户籍高校教师相比，本地户籍高校教师认为自己的生活水平更低（35.76%）。一般而言，本地户籍能够为人们带来更多的社会保障与生活便利，进一步提高人们的社会公平感，而此处的统计结果却与以往的经验相悖。

表 12 - 6 社会人口特征与高校教师自评生活水平情况交互分类统计
（与所在学校其他学院老师相比）

单位：%

		低很多	低一些	差不多	高一些	高很多	卡方检验
性别	男性	6.97	28.37	52.16	11.42	1.08	Pearson χ^2 (4) = 10.0974;
	女性	5.78	28.66	56.30	9.13	0.13	$p = 0.039$
户籍	本地	6.44	29.32	53.58	10.06	0.59	Pearson χ^2 (4) = 10.2449;
	非本地	6.39	27.83	54.88	10.21	0.69	$p = 0.036$

在与所在地区其他高校老师相比时，不同出生世代、政治面貌、户籍高校教师的自评生活水平情况差异具有显著性。不同出生世代中，"认为自己当前的生活水平比所在地区其他高校老师高"态度占比最大的群体是出生世代为 60 世代的高校教师（14.82%），"认为自己当前的生活水平比所在地区其他高校老师低"态度占比最大的群体是出生世代为 70 世代的高校教师（49.33%）。与非本地户籍高校教师相比，本地户籍高校教师认为自己的生活水平更低（44.51%）。

表 12 - 7　社会人口特征与高校教师自评生活水平情况交互分类统计
（与所在地区其他高校老师相比）

单位：%

		低很多	低一些	差不多	高一些	高很多	卡方检验
出生世代	60 世代前	0.00	44.44	44.44	11.11	0.00	Pearson χ^2 (16) = 26.7484；$p = 0.044$
	60 世代	7.94	29.63	47.62	13.23	1.59	
	70 世代	13.04	36.29	42.72	6.62	1.32	
	80 世代	10.52	31.69	44.87	11.98	0.93	
	90 世代	6.06	30.30	51.52	12.12	0.00	
政治面貌	党员	10.99	32.80	46.29	9.29	0.63	Pearson χ^2 (4) = 12.3371；$p = 0.015$
	非党员	9.78	33.20	42.16	12.83	2.04	
户籍	本地	11.11	33.40	44.97	9.47	1.05	Pearson χ^2 (4) = 29.9006；$p = 0.000$
	非本地	2.25	24.72	46.07	25.84	1.12	

　　总体来看，在与高校内同一职业群体的比较中，社会人口特征里的出生世代、性别、政治面貌、户籍与高校教师的自评生活水平情况具有显著的相关性，且随着比较范围的扩大，显著相关的社会人口特征变量会增多。具体差异上，与男性高校教师相比，女性高校教师普遍认为自己的生活水平更低；与非本地户籍高校教师相比，本地户籍高校教师认为自己的生活水平更低。

　　2. 与其他职业群体做比较的自评生活水平情况

　　与本市公务员相比，不同出生世代、户籍高校教师的自评生活水平情况差异具有显著性。不同出生世代中，"认为自己当前的生活水平比本市公务员高"态度占比最大的群体是出生世代为 60 世代的高校教师（15.87%），"认为自己当前的生活水平比本市公务员低"态度占比最大的群体是出生世代为 70 世代的高校教师（66.54%）；与非本地户籍高校教师相比，本地户籍高校教师认为自己的生活水平更低（60.75%）。

表 12 - 8　社会人口特征与高校教师自评生活水平情况交互分类统计
（与本市公务员相比）

单位：%

		低很多	低一些	差不多	高一些	高很多	卡方检验
出生世代	60 世代前	0.00	55.56	33.33	11.11	0.00	Pearson χ^2 (16) = 75.8026；$p = 0.000$
	60 世代	21.16	34.39	28.57	11.64	4.23	
	70 世代	27.60	38.94	22.12	10.78	0.57	
	80 世代	17.31	41.01	29.96	10.79	0.93	
	90 世代	9.09	31.06	46.97	12.88	0.00	

		低很多	低一些	差不多	高一些	高很多	卡方检验
户籍	本地户籍	21.37	39.38	27.68	10.52	1.05	Pearson χ^2 (4) = 35.5968;
	非本地户籍	3.37	29.21	44.94	20.22	2.25	$p = 0.000$

与本市国企白领相比，不同出生世代、性别、婚姻状况、户籍高校教师的自评生活水平情况差异具有显著性。不同出生世代中，"认为自己当前的生活水平比本市国企白领高"态度占比最大的群体是出生世代为 60 世代的高校教师（17.98%），"认为自己当前的生活水平比本市国企白领低"态度占比最大的群体是出生世代为 70 世代的高校教师（72.02%）；与男性高校教师相比，女性高校教师认为自己的生活水平更低（67.87%）；与非在婚高校教师相比，在婚高校教师认为自己的生活水平更低（69.30%）；与非本地户籍高校教师相比，本地户籍高校教师认为自己的生活水平更低（68.84%）。

表 12-9　社会人口特征与高校教师自评生活水平情况交互分类统计
（与本市国企白领相比）

单位：%

		低很多	低一些	差不多	高一些	高很多	卡方检验
出生世代	60 世代前	11.11	55.56	33.33	0.00	0.00	
	60 世代	25.93	31.75	24.34	14.81	3.17	Pearson χ^2 (16) = 69.1914;
	70 世代	38.75	33.27	20.42	6.81	0.76	$p = 0.000$
	80 世代	28.36	40.61	21.44	8.79	0.80	
	90 世代	18.94	34.85	39.39	6.82	0.00	
性别	男性	27.88	39.06	22.48	9.25	1.32	Pearson χ^2 (4) = 9.4998;
	女性	33.55	34.32	23.52	7.97	0.64	$p = 0.050$
婚姻	在婚	32.04	37.26	21.24	8.49	0.97	Pearson χ^2 (4) = 16.7405;
	非在婚	23.51	34.33	31.72	9.33	1.12	$p = 0.002$
户籍	本地	31.82	37.02	22.16	8.02	0.99	Pearson χ^2 (4) = 33.5080;
	非本地	10.11	32.58	37.08	19.10	1.12	$p = 0.000$

与本市私企白领相比，不同出生世代、婚姻状况、户籍高校教师的自评生活水平情况差异具有显著性。不同出生世代中，"认为自己当前的生活水平比本市私企白领高"态度占比最大的群体是出生世代为 60 世代的高校教师（13.23%），"认为自己当前的生活水平比本市私企白领低"态

度占比最大的群体是出生世代为 70 世代的高校教师（79.59%）；与非在婚高校教师相比，在婚高校教师认为自己的生活水平更低（75.26%）；与非本地户籍高校教师相比，本地户籍高校教师认为自己的生活水平更低（75.34%）。

表 12 - 10　社会人口特征与高校教师自评生活水平情况交互分类统计（与本市私企白领相比）

单位：%

		低很多	低一些	差不多	高一些	高很多	卡方检验
出生世代	60 世代前	44.44	33.33	22.22	0.00	0.00	
	60 世代	32.28	31.22	23.28	10.58	2.65	Pearson χ^2 (16) = 49.1472; $p = 0.000$
	70 世代	53.12	26.47	13.23	6.24	0.95	
	80 世代	45.41	29.16	17.98	6.79	0.67	
	90 世代	31.82	34.09	25.76	8.33	0.00	
婚姻	在婚	47.17	28.09	16.69	7.00	1.04	Pearson χ^2 (4) = 14.3152; $p = 0.006$
	非在婚	35.82	33.21	22.76	7.84	0.37	
户籍	本地	46.81	28.53	16.90	6.84	0.92	Pearson χ^2 (4) = 29.5594; $p = 0.000$
	非本地	19.10	35.96	31.46	12.36	1.12	

总体来看，与同一职业群体的社会比较结果相比，将参照群体选定为其他职业的高校教师对自己的生活水平评价更低，评价差异更加明显。随着参照群体职业市场化程度的加深，不同社会人口特征高校教师的相对剥夺感逐渐变强。具体来看，与男性高校教师相比，女性高校教师认为自己的生活水平更低；与非在婚高校教师相比，在婚高校教师认为自己的生活水平更低；与非本地户籍高校教师相比，本地户籍高校教师认为自己的生活水平更低。

3. 不同社会人口特征高校教师的社会公平感情况

从表 12 - 11 可以看出，不同性别、户籍高校教师的社会公平感具有显著性差异。具体差异中，与女性高校教师相比，男性高校教师的社会公平感更高（40.14%），而女性高校教师面临着更多的家务劳动、育儿压力，因此会产生较为消极的社会心态，其社会公平感知更低；与拥有本地户籍的高校教师相比，非本地户籍高校教师的社会公平感更高（47.19%）。非本地户籍高校教师属于流入群体，其对流入地社会整体情况的评价普遍较高，因此会产生更加积极的社会心态，社会公平感知更高。

表 12 - 11　社会人口特征与高校教师社会公平感情况交互分类统计

单位：%

		完全 不公平	比较 不公平	说不上公平但也 不能说不公平	比较 公平	完全 公平	卡方检验
性别	男性	2.64	15.87	41.35	38.46	1.68	Pearson χ^2 (4) = 20.7763； $p = 0.000$
	女性	1.54	15.04	51.41	31.36	0.64	
户籍	本地	2.10	16.11	46.22	34.32	1.25	Pearson χ^2 (4) = 12.4292； $p = 0.014$
	非本地	2.25	4.49	46.07	47.19	0.00	

（五）小结

在描述统计分析中，本节首先分析了高校教师的社会比较与社会公平感基本情况。总体来看，高校教师普遍认为自己的生活水平与所在学院其他老师、所在学校其他学院老师、所在地区其他高校老师差不多。在与同一职业群体的社会比较中，高校教师认为自己的生活水平与所在学院其他老师最接近，与所在地区其他高校老师差别最大。这种比较的差异在一定程度上与高校教师的社交距离有关。在与其他职业群体的社会比较中，高校教师认为自己的生活水平与本市公务员最接近，与本市私企白领差别最大，其次为本市国企白领。随着参照群体职业市场化程度的加深，高校教师的相对剥夺感逐渐变强。在对高校教师社会公平感的分析中，近一半的高校教师认为当今社会"说不上公平但也不能说不公平"。17.58% 的高校教师认为当今社会不公平，36.21% 的高校教师认为当今社会公平。总体来看，高校教师的社会公平感知较高。

在交叉分析中，本节将高校教师的社会人口特征与社会比较、社会公平感作交互分类统计分析，进一步比较高校教师中不同群体的社会比较与社会公平感情况。总体来看，在与同一职业群体的比较中，60 世代高校教师的自评生活水平状况最佳，70 世代高校教师的自评生活水平状况最差；与男性高校教师相比，女性高校教师普遍认为自己的生活水平更低。在与其他职业群体的比较中，与本市公务员比较时，60 世代高校教师的自评生活水平状况最佳，70 世代高校教师的自评生活水平状况最差；与本市国企白领、本市私企白领比较时，60 世代高校教师的自评生活水平状况最佳，70 世代高校教师的自评生活水平状况最差。此外，在与其他职业群体的比较中，我们发现与男性高校教师相比，女性高校教师认为自己的生活水平更低；与非本地户籍高校教师相比，本地户籍高校教师认为自己的生活水平更低。在社会公平感方面，与女性高校教师相比，男性高校教师的社会公平感更高；与本地户籍高校教师相比，非本地户籍高校教师的社会公平感更高。

综上，我们发现，参照群体与高校教师自评态度有一定的相关性。在与同一职业群体的比较中，社会人口特征差异的显著性变化不大，随着比较范围的扩大，显著相关的社会人口特征变量会增多。在与其他职业群体的比较中，高校教师对自己的生活水平评价更低，评价差异更加明显，且随着参照群体职业市场化程度的加深，不同社会人口特征高校教师的相对剥夺感逐渐变强。

对于上述发现，本章将进一步做统计模型的分析，依次加入社会人口特征变量、社会经济地位变量、学院学校变量与社会比较变量，以期获得高校教师社会公平感的影响因素，从而有针对性地提升高校教师群体的社会公平感。

四 高校教师社会公平感影响因素分析

为了进一步探讨高校教师社会公平感的影响因素，本章运用线性回归模型对高校教师的社会公平感进行分析，回归结果如表12-12所示。

表 12-12 高校教师社会公平感的线性回归分析

	社会公平感
社会人口特征变量	
出生世代[a]	
60 世代	-0.323 (0.253)
70 世代	-0.263 (0.251)
80 世代	-0.220 (0.252)
90 世代	0.001 (0.261)
性别[b]	0.017 (0.039)
政治面貌[c]	0.099 * (0.041)
婚姻状况[d]	0.154 ** (0.055)
户籍[e]	-0.040 (0.086)
社会经济地位变量	

	社会公平感
家庭年收入[f]	
20 万 ~ 30 万元	0.066（0.061）
30 万 ~ 50 万元	0.065（0.060）
50 万元及以上	0.076（0.066）
受教育程度[g]	
硕士研究生	0.260 *（0.110）
博士研究生	0.172 +（0.104）
专业技术职称[h]	
初级	0.002（0.116）
中级	0.138 +（0.082）
副高级	0.044（0.086）
正高级	0.166 +（0.098）
行政职务级别[i]	
科级副职	0.042（0.091）
科级正职	0.019（0.081）
处级副职	0.055（0.080）
处级正职及以上	0.083（0.147）
学院学校变量	
专业类别[j]	
农业科学	0.050（0.080）
医药科学	− 0.148（0.112）
工程与技术科学	− 0.000（0.053）
人文与社会科学	− 0.204 ***（0.056）
高校类型[k]	
"一流学科"高校	0.190 ***（0.047）
"双一流"高校	0.257 ***（0.055）
社会比较变量[l]	
与所在学院其他老师相比	− 0.163 **（0.053）
与所在学校其他学院老师相比	0.004（0.054）
与所在地区其他高校老师相比	− 0.102 *（0.050）
与本市公务员相比	− 0.098 +（0.053）
与本市国企白领相比	− 0.043（0.064）

	社会公平感
与本市私企白领相比	− 0. 154 * （0. 061）
常量	3. 089 *** （0. 299）
调整后 R^2	0. 119
样本量	1610

注：①[a] 参照组为 60 世代前；[b] 参照组为女性；[c] 参照组为非党员；[d] 参照组为非在婚；[e] 参照组为非本地；[f] 参照组为 20 万元及以下；[g] 参照组为大学专科或本科；[h] 参照组为无职称；[i] 参照组为无级别；[j] 参照组为理学；[k] 参照组为普通高校；[l] 参照组为比较无剥夺感。②[+] $p < 0.1$，[*] $p < 0.05$，[**] $p < 0.01$，[***] $p < 0.001$。③括号内为标准误。

从回归结果来看，政治面貌、婚姻状况、受教育程度、专业技术职称、专业类别、高校类型与社会比较变量对高校教师的社会公平感具有显著的影响。具体而言，在社会人口特征相关变量中，政治面貌对高校教师的社会公平感的作用是正向的，拥有党员身份的高校教师的社会公平感要比非党员高校教师提升 0.099 个单位。婚姻状况对高校教师的社会公平感有显著的正向影响，在婚高校教师的社会公平感要比非在婚高校教师提升 0.154 个单位。在社会经济地位相关变量中，受教育程度对高校教师的社会公平感具有显著的正向影响，相比拥有大学专科或本科学历的高校教师，拥有硕士研究生学历的高校教师的社会公平感显著提升了 0.260 个单位，拥有博士研究生学历的高校教师的社会公平感显著提升了 0.172 个单位。专业技术职称对高校教师的社会公平感具有显著的正向影响，与无职称的高校教师相比，拥有中级与正高级职称的高校教师的社会公平感分别增加了 0.138 个单位、0.166 个单位。这在一定程度上说明了，只有专业技术职称达到了足够高的级别，才会对高校教师的社会公平感产生正向的作用。在学院学校变量中，专业类别里只有人文与社会科学的系数是显著的，说明与教授理学的高校教师相比，教授人文与社会科学的高校教师的社会公平感显著降低了 0.204 个单位。与普通高校教师相比，"一流学科"高校教师的社会公平感显著提升了 0.190 个单位，"双一流"高校教师的社会公平感显著提升了 0.257 个单位。

在社会比较变量中，高校教师与同一职业群体、不同职业群体的比较都会对其社会公平感产生显著的负向影响。其中，高校教师与所在学院其他老师（职称、职务相当）相比自评生活水平每低一个单位，其社会公平感会降低 0.163 个单位；高校教师与所在地区其他高校老师（类型、级别相同的高校，且职称、职务相当）相比自评生活水平每低一个单位，其社会公平感会降低 0.102 个单位；高校教师与本市公务员（年龄相当）相比自评生活水平每低一个单位，其社会公平感会降低 0.098 个单位；高校教师与本市私企白领（年龄相当）相比自评生活水平每低一个单位，其社会公平感会降低 0.154 个单位。总体来看，社会比较变量对高校教师的社会公平感具有负向影响，当高校教师与他人比较且认为自身生活水平更低时，其社会公平感会降低，这一统计结果也符合社会比较理论。

五　结论与讨论

本章主要探讨了高校教师的社会比较与社会公平感现状，分析了影响高校教师社会公平感的重要因素。统计分析结果显示，在与同一职业群体的比较中，社会人口特征差异的显著性变化不大，出生世代、性别、政治面貌、婚姻状况、户籍与高校教师的社会比较有一定的相关性。在与其他职业群体的比较中，高校教师的自评生活水平更低，评价差异更加明显，且随着参照群体职业市场化程度的加深，其相对剥夺感逐渐增强。高校教师的社会公平感分层较为模糊，但认为"当今社会是公平的"人数比例大于认为"当今社会是不公平的"，该群体社会公平感知比较高。在社会人口特征的差异中，与女性高校教师相比，男性高校教师的社会公平感更高；与拥有本地户籍的高校教师相比，非本地户籍高校教师的社会公平感更高。

在高校教师社会公平感影响因素的分析中，政治面貌、婚姻状况、受教育程度、专业技术职称、专业类别、高校类型与社会比较变量发挥着不同的作用。在婚高校教师的社会公平感要比非在婚高校教师更高，因为婚姻能够为高校教师提供经济、情感等支持，进而有利于其保持更加积极的社会心态，使其拥有更高的社会公平感。拥有党员身份的高校教师的社会公平感要比非党员高校教师更高，因为党员政治觉悟更高，更容易对社会整体的公平状况持更高的期望。在专业类别方面，教授人文与社会科学的高校教师的社会公平感更低。不同专业的经费支持情况、教授内容等存在较大的差异，使得专业类别间接影响着高校教师的社会公平感。

在社会经济地位变量中，拥有硕士研究生、博士研究生学历的高校教师的社会公平感显著提升。高学历在求职与工作的过程中为高校教师带来了优势，从而使他们产生更加积极的社会公平感与社会心态。专业技术职称能够显著提升高校教师的社会公平感，且级别越高，社会公平感越强。专业技术职称主要体现了高校教师在高校中的学术地位，且能够通过增加收入、提供申报课题机会等方式提升高校教师的社会地位及其社会心态的积极性，从而使他们获得较高的社会公平感知。行政职务级别则对高校教师的社会公平感没有显著的影响。上述分析证明了社会结构理论，即高校教师的社会经济地位越高，其社会公平感知越强。

在学院学校变量中，与普通高校相比，"一流学科"高校、"双一流"高校教师的社会公平感显著更高。学校级别在一定程度上决定了高校教师的发展前景，能够通过提升薪酬收入、提供学术支持和完备的社会保障等途径来改善高校教师的生活与工作状况，使其保持较高的社会公平感知。

在社会比较变量中，高校教师与同一职业群体、其他职业群体的比较都会对其社会公平感产生显著的影响。其中，当高校教师与所在学院其他老师（职称、职务相当）相比自评生活水平更低时，其社会公平感降低得最多。这可能是因为高校教师与所在学院其他老师的社会距离最近，会产生较高的比较频率，在多次的比较中其不公平感会增强。高校教师与所在地区其他高校老师相比较时，其社会公平感也会显著降低。在与不同职业群体的比较中，当高校教师与本市私企白领（年龄相当）相比自评生活水平更低时，其社会公平感会显著降低。市场化在一定程度上加剧了收入的不平等，给体制外的群体带来了较高的薪酬回报与社会福利等，而高校教师会在比较中认为自己获得的报酬远不及企业白领，因此产生较强烈的相对剥夺感和不公平感。上述分析证明了社会比较理论，即高校教师在与同一职业群体和其他职业群体的比较中产生了相对剥夺感，且这会对高校教师社会公平整体感知产生负向影响。

参考文献

方学梅，2017，《不平等归因、社会比较对社会公平感的影响》，《华东理工大学学报》（社会科学版）第 2 期。

胡小勇、郭永玉、李静、杨沈龙，2016，《社会公平感对不同阶层目标达成的影响及其过程》，《心理学报》第 3 期。

李春玲，2006，《各阶层的社会不公平感比较分析》，《湖南社会科学》第 1 期。

李君甫、武斌，2015，《大学教师的收入公平感研究——基于北京地区 18 所大学的调查》，《江苏高教》第 2 期。

廉思，2012，《我国高校青年教师社会不公平感研究》，《中国青年研究》第 9 期。

麻宝斌、杜平，2017，《结构分化、观念差异与生活经历——转型时期社会公平感的影响因素分析》，《江汉论坛》第 3 期。

马磊、刘欣，2010，《中国城市居民的分配公平感研究》，《社会学研究》第 5 期。

邱秀芳，2006，《高校教师职称、月收入对主观幸福感的影响及其交互作用分析》，《理工高教研究》第 6 期。

孙衍收，2009，《高校教师主观幸福感的实证研究》，硕士学位论文，湘潭大学。

田芊、刘欣，2019，《分配公平感及其背后的正义原则》，《南京社会科学》第 7 期。

朱斌、苗大雷、李路路，2018，《网络媒介与主观公平感：悖论及解释》，《中国人民大学学报》第 6 期。

翁定军，2010，《阶级或阶层意识中的心理因素：公平感和态度倾向》，《社会学研究》第 1 期。

王凤娟、王京京，2012，《高校教师幸福感研究综述》，《中国市场》第 27 期。

Alves, W. M. and Rossi, P. H. 1978. "Who Should Get What? Fairness Judgements of the Distribution of Earnings." *American Journal of Sociology* 84 (3): 541 – 564.

Dimaggio, P. J. 1980. "The New Institutionalisms: Avenues of Collaboration." *Journal of Institutional and Theoretical Economics* (*JITE*) 154 (4): 696 – 696.

Della Fave and L. Richard. 1980. "The Meek Shall Not Inherit the Earth: Self-Evaluation and the Legitimacy of Stratification." *American Sociological Review* 45 (6): 955 – 971.

Headey, Bruce. 1991. "Distributive Justice and Occupational Incomes: Perceptions of Justice Determine Perceptions of Fact." *British Journal of Sociology* 42 (4): 581 – 596.

Jasso, Guillermina. 1980. "A New Theory of Distributive Justice." *American Sociological Review* 45 (1): 3 – 32.

Jasso, Guillermina. 1981. "Further Notes on the Theory of Distributive Justice." *American Sociological Review* 46 (3): 352 – 360.

Kelley, J. , Zagórski, K. 2004. "Economic Change And The Legitimation Of Inequality: The Transition From Socialism To The Free Market In Central-East Europe." *Research in Social Stratification and Mobility* 22 (4): 319 – 364.

Martin, Kreidl. 2000. "Perception of Poverty and Wealth in Western and Post-Communist Coun-tries." *Social Justice Research* 13 (2): 151 – 176.

Shepelak, Noorma J. and Alwin, Dauane F. 1986. "Beliefs about Inequality and Perceptions of Distributive Justice." *American Sociological Review* 51 (1): 30 – 46.

Svallfors, Stefan S. 1997. "Worlds of Welfare and Attitudes to Redistribution: A Comparison of Eight Western Nations." *European Sociological Review* 13 (3): 283 – 304.

Wegner, Bernd. 1991. "Relative Deprivation and Social Mobility: Structural Constraints on Distribu-tive Justice Judgments." *European Sociological Review* 7 (1): 3 – 18.

第十三章　高校教师的安全感

董思琦*

　　安全感问题研究有助于人们全面认识公众在当前形势下的心理状态与行为表现。对安全感影响因素的探究是研究公众生活质量与获得感不可忽视的内容，有助于从人的全面发展的角度为社会公众的健康生存与发展提供可行的途径。安全感是个底线，是提升获得感的基础（王俊秀、刘晓柳，2019），也是本章衡量高校教师获得感的重要指标。

　　本章基于高校教师获得感调查数据，对高校教师的安全感进行综合描述，其中除高校教师安全感的总体状况外，还包括个体的社会人口学特征、收入状况、学院和学校特征、各类安全感维度的关系。

一　安全感的相关研究回顾

（一）安全感的理论基础

　　精神分析理论和人本主义心理学一直很重视"安全感"这个概念。精神分析理论强调儿童早期经验对安全感形成的作用，把安全感作为衡量心理健康状况的一个重要指标。一个人生来的主要动机是寻求安全，避免恐惧和威胁，而不安全、恐惧则会导致焦虑。由于儿童自身弱小，他们必须在环境中寻求安全，这种基本的安全需求就成了其人格发展的主要动力。儿童的基本焦虑来源于家庭中父母对待儿童的态度，这促使个体寻求安全的应对生活的方式（高觉敷，1982：413~414；高觉敷，1987：363）。在现代文明社会中，人与人之间存在疏隔、敌视、怨恨、恐惧及信心丧失等感觉。这些感觉综合起来可以使人产生一种孤立无助的不安全感，觉得自

---

　　*　董思琦，浙江大学公共管理学院博士研究生。

己生活在一个充满潜在危险和敌对的世界当中，从而形成一种焦虑，并可能进而导致神经症（高觉敷，1987：361）。人本主义心理学也把安全当作人的基本需求，把安全感看作一种人格特质，认为它是决定心理健康的重要因素。需求层次理论把安全需求作为生理需求满足后出现的第二层级的需求（马斯洛，1987：44～49）。安全需求是指安全、稳定、依赖，免受恐吓、焦躁和混乱的折磨，对体制、秩序、法律、界限的需求。总的来说，心理学研究更侧重于安全感是个体的一种人格特质。

社会学将安全感作为测量社会心态的指标之一，提出了风险社会理论，关注以集体焦虑和普遍的社会不安全感为标志的新的社会形态或"风险社会"（王俊秀，2008）。在前现代社会，本体性安全主要来自四种信任类型：亲缘、地缘、宗教和传统。而在现代社会，这些因素失去了原来的重要性（吉登斯，1998：120），导致的后果便是现代社会人们内在的不安全感比前现代大多数社会环境强。从社会变迁的角度看，虽然现代社会面临的危险比前现代社会少，但是人们的安全感反而更低。这是由于人们面对的不再是前现代社会的危险，而是现代性的反思的威胁和危险——风险（吉登斯，2000：30～132）。风险是在一定社会环境下个体对不确定性和不安全的感受（王俊秀，2008）。安全感可以从幸福、安全的感觉和状态，实现目标的自我肯定和信心，以及个体对周围环境和关系可靠的、持续的期望三个方面来描述。

风险社会理论试图从现代性的角度探讨"当代精神中的不安全感"（贝克，2004：2～3）。该理论认为，工业社会正在变为"风险社会"，不安全感是风险社会的核心特征，风险可以被界定为系统地处理现代化自身引致的危险和不安全感的方式（贝克，2004：19）。

（二）安全感的测量

根据精神分析理论、人本主义心理学和风险社会理论，本章采取了对应的安全感测量方法。精神分析理论主要对个体的心理健康状况进行衡量。而人本主义心理学家认为，安全感是指从恐惧和焦虑中脱离出来的信心、安全和自由的感觉，特别是满足一个人现在和将来各种需要的感觉（Maslow，1942）。马斯洛编制了由 75 个问题构成的安全－不安全感问卷，又称为 S－I 问卷。中国从个人精神、心理、情感等维度测量安全感的研究起步较晚。丛中、安莉娟（2004）认为，安全感是对可能出现的对身体或心理的危险或风险的预感，以及个体在应对处置时的有力或无力感。他们编制了含有 16 条题目的安全感量表（SQ），并从中提取出"人际安全感""确定控制"两个主因子。目前国内学者大多采用了他们提出的安全感定义及测量维度，从生活积极和谐、工作或学习成效、工作或学习动机 3 个维度 17 个指标测量了心理安全感（李幕、刘海燕，2012），或是用生活满意度、总体幸福感来测量心理确定感，用状态性焦虑、状态性愤怒来测量不安全感，然后使用心理确定感、不安全感来测量民众心理安全感（方圣杰等，2013）。

基于风险社会理论，不安全、风险、焦虑、不确定性这些概念是可以替换使用的（Vail，1999：5-8）。风险意味着危险或对人们的威胁是可计算的，是不确定的，是一种可能性。有学者认为，安全/不安全可以从个人、经济、社会、政治、环境等方面来描述（Vail，1999：1-3）。

（三）安全感的影响因素

社会安全感取决于个体安全感，而影响个体安全感的因素有很多，包括个体主观因素与客观环境因素。有学者将财产、人身、交通等 7 项安全感转变为标准分数再求和得到总体安全感，发现安全感受社会稳定性、社会治安等社会因素、生活环境因素、个体因素和主观因素的影响（王俊秀，2008）。也有学者将安全感视为主观认知概念的潜变量，把安全感拆分为归属感、安全需要、确定控制感 3 个二阶因子进行测量，进而探讨政府与媒体应对、危机事件、群体应急、个体应急 4 种因素对重大突发事件中公众安全感的影响（杨菁、杨梦婷，2016）。综合来看，可以归纳出个人因素、社会因素、社区因素三类。

风险社会中一个重要的逻辑就是地位对于风险的决定性（贝克，2004），地位决定着个体所要面对的风险与承担风险的能力。人们的安全感更多是基于差异化的个体面对不同的风险环境。个体因素如性别、年龄、婚姻和身体状况，以及受教育程度、身份、收入、职业等，与公众安全感之间存在一定的关系。风险社会下风险分配的一个逻辑就是知识水平决定的风险认知逻辑（贝克，2004；王俊秀，2008）。有研究表明，影响安全感的人口统计变量包括性别、收入，男性的安全感普遍高于女性，安全感随着收入的增加而增强（Wood et al.，2015）。高校教师的风险认知决定着其风险可容忍度和安全感。个体的受教育程度、职业、工作性质等与知识背景有关的变量会影响风险认知，进而影响安全感。有研究结果显示，受教育程度越高，安全感越低（王俊秀，2008）。

在犯罪学对安全感的影响因素研究中，社区因素一直是不可忽视的。基于犯罪地理学与城市居民犯罪恐惧感研究传统，有研究指出，影响社区居民安全感的五个地点特征因素包括以住房为中心的社区物质环境、土地利用、居住密度、治安巡逻和邻里关系，它们通过地点的身份认同等机制影响居民安全感（肖鸿元，2017）。对农民安全感的研究发现，安全的土地产权经历和产权情景会强化农民的产权安全感知（马贤磊等，2015）。有关环境安全感的研究表明，传统社区和混合社区的受访者相比于常规社区，感觉更不安全；环境较好的社区居民安全感更高（Wood et al.，2015）。

近年来，学者们围绕社会资本视角，对社会网络与安全感做了许多探索性研究。有学者基于中国社会网络与职业经历调查的数据分析发现，青年餐饮网络的运作对健康方面的安全感影响具有两面性：一方面，餐饮网会弱化健康安全感；另一方面，餐饮网能强化文化价值观对健康安全感的正面影响（鞠牛，2020）。农民工关系型求职对其进入组织后的工作不安全感具有显著的影响，且农民工个体的社会资本存量（网络规模、网络成分和网络资源）对其关系型求职与工作不安全感之间的关系具有显著的调节作用（黄翠龙，2011）。

此外，安全感是马斯洛需求层次理论中的重要一环，安全感－不安全感不是单一概念，而是一组综合征；不是稳定的人格特质，而是受环境影响而变化的心理感受（Maslow，1942）。在我国当前的社会转型背景下，户籍的改变是人口流动以及生活居住环境发生改变的重要影响因素。大量移民研究发现，社会融合的各个方面都与主观幸福感呈正相关关系（唐婧，2021）。作为主观幸福感的一个维度，安全感会随着社会融合程度的提高而越来越强烈（Adams & Serpe，2000）。对于居所流动性所产生的心理后果，近年来有学者从社会生态心理学的视角出发（Oishi，2010；Oishi，2014），将居所流动视为一个会带来种种不同挑战的外部环境。个体面临居所流动，就要适应环境带来的挑战。有研究表明，居所流动预期产生的不安全感是比较强烈的（周静、谢天，2019）。较多针对流动儿童的实证研究发现，流动儿童的心理安全感要显著低于城市普通儿童（陈苏云等，2021；柴楠、吕寿伟，2017；师保国等，2009）。

总体上，目前评估或测量安全感的研究相对较多，但探究安全感的影响因素尤其是关键影响机制的研究偏少（姚本先、汪海彬，2011；曹羽鹤、王坚，2016）。基于需求层次理论和风险社会理论，本章将首先对高校教师总体和各维度安全感的影响因素进行讨论，分析个体的社会地位和安全感之间的关系；其次，对个体的受教育程度、行政职务级别、专业类别等与知识背景有关的变量进行分析，考察这些变量是否会影响其风险认知，进而影响安全感；再次，基于社会因素，重点考察社会网络对安全感的影响；最后，以城市移民高校教师为研究对象，探究社区融合因素对其总体社会安全感的影响，考察有流动经历的高校教师在当地的社会融合程度是否会显著影响其安全感。

二　研究设计

（一）　研究内容

本章将首先对高校教师的安全感进行描述性统计，其次将高校教师的工作特征与安全感进行交叉分析，并运用回归模型对影响高校教师安全感的因素展开分析。需要说明的是，总样本回归中将纳入个人因素、社区因素和社会网络因素，探索影响高校教师各维度安全感的因素，再针对高校教师中的流动人口部分样本，进行社会融合回归模型的分析。考虑到社会网络部分样本量有限，该模型纳入个人因素和社区因素两部分，未纳入社会网络因素，因而进入社会融合回归模型的样本量大于总样本回归模型的样本量。

（二）　概念的测量与操作化

1. 因变量

安全感包括高校教师对个人和家庭财产安全，医疗安全（包括药品），食品安全，个人信息、隐私安全，自然环境安全（如雾霾等），总体社会安全感六个维度的评价情况。按照五分法对安全感进行测量，划分为很不安全、不太安全、一般、比较安全、很安全，分别赋值为 1~5。

2. 自变量

自变量主要分为个人因素、社区因素、社会网络因素以及社会融合因素。

（1）个人因素

个人因素主要包括性别、年龄、婚姻状况、政治面貌这四项社会人口特征变量，受教育程度、家庭年收入这两项传统地位特征变量，以及高校层级、专业类别、专业技术职称、行政职务级别、职业流动方向这五项高校教师工作相关特征变量。

性别：在回归分析中编码为虚拟变量，男性为 1，女性为 0。

年龄：被访者填写问卷的年份减去其出生年份，在分析中将 1950～1959 年出生的受访者划分为 "50 世代"，1960～1969 年出生的受访者划分为 "60 世代"，1970～1979 年出生的受访者划分为 "70 世代"，1980～1989 年出生的受访者划分为 "80 世代"，1990 年及以后出生的受访者划分为 "90 世代"。

户籍：受访者的户籍，分为原始户籍、获得本地户籍、没有获得本地户籍三类。

婚姻状况：原始问卷分为未婚、同居、初婚有配偶、再婚有配偶、分居未离婚、离婚、丧偶七个类别，在统计分析中将未婚、同居、离婚、丧偶编码为 0，表示教师非在婚；将初婚有配偶、再婚有配偶、分居未离婚编码为 1，表示教师在婚。

政治面貌：原始问卷分为群众、共青团员、民主党派、共产党员四个类别。本章将群众、共青团员、民主党派合并为非党员，在回归分析中编码为虚拟变量，党员为 0，非党员为 1。

受教育程度：原始问卷分为大学专科、大学本科、硕士研究生、博士研究生四个类别。本章将大学专科、大学本科合并为大学专科或本科，在回归分析中编码为 0；硕士研究生编码为 1；博士研究生编码为 2。

健康状况：原始问卷中询问受访者的身体健康状况，分为很不健康、比较不健康、一般、比较健康、很健康五个层次，依次赋值为 1～5。

家庭年收入：受访者在前一年全年家庭总收入，分为低收入（10 万元以下）、中等收入（10 万～50 万元）以及高收入（50 万元及以上）。作为连续变量进入回归分析。

主观阶层认同：根据受访者对主观阶层 1～10 分的评价，将 1～10 分的主观社会地位以 2 分为单位重新编码为主观下层、主观中下层、主观中层、主观中上层和主观上层。

高校层级：受访者当前工作学校层级，采用两种划分标准：①普通高校、"211 工程" 高校和 "985 工程" 高校；②非 "双一流" 高校和 "双一流" 高校。

专业类别：受访者当前工作学院专业类别，分为理学、农业科学、医药科学、工程与技术科学和人文与社会科学五大类。

专业技术职称：受访者专业技术职称的级别，分为无职称、初级、中级、副高级和正高级五类。

行政职务级别：受访者担任过行政或管理最高的职务级别，原始问卷分为无级别、科级副职、科级正职、处级副职、处级正职、厅局级副职、厅局级正职及以上七类，分析中将处级正职、厅局级副职、厅局级正职及以上合并为处级正职及以上。

职业流动方向：根据受访者初教职及现教职的高校级别，分为未流动、向下流动、水平流动、向上流动、其他（包括国际流动、机构高校间流动等）五类。在回归分析中编码为虚拟变量，未流动赋值为0，向下流动赋值为1，水平流动赋值为2，向上流动赋值为3，其他赋值为4。

商业保险数量：基于原始问卷中"您及您家人购买过哪些商业保险？（可多选）"一题进行选项计数统计，若选择最后一项"以上都没有"，则计为0。

（2）社区因素

住房产权：受访者当前居住房屋的产权，原始分类为自购商品房（含经济适用房）、租住公房（公租房、廉租房）、租住私房、借住他人住房（不支付房租等费用）和租住单位型住房、其他六种类型，在回归分析中将自购商品房类型归为"有产权"，将其他五种类型归为"无产权"。

拥有住房数量：受访者家庭总共拥有的房产数量。

住房社区类型：受访者当前居住的社区类型，原始分类为未经改造的老城区（街坊型社区）、单一或混合的单位社区、保障性住房社区、普通商品房小区、别墅区或高级住宅区、新近由农村社区转变过来的城市社区（村改居、村居合并或"城中村"）和其他共七种类型。在回归分析中将单一或混合的单位社区、保障性住房社区归为"福利性住房社区"，将普通商品房小区、别墅区或高级住宅区归为"商品房社区"，将未经改造的老城区（街坊型社区）、新近由农村社区转变过来的城市社区（村改居、村居合并或"城中村"）和其他社区归为"城郊社区"。

高校教师中城市移民部分变量：

在本地居住时长：非原始户籍的受访者在当地居住的年数，依据受访者填写数值，划分为10年及以下、10~20年、20年及以上三类，在回归分析中编码为虚拟变量，依次赋值为1~3。

本地生活适应程度：非原始户籍的受访者对本地生活的适应程度，分为很不适应、不太适应、一般、比较适应、非常适应五类，依次赋值为1~5。

与本地人交往意愿：对非原始户籍的受访者进行调查，原始问卷中为六个涉及社区交往问题构成的量表，具体为"您愿意与本地人一起工作、聊天、做邻居、做亲密朋友、结婚、参与社区管理吗"，分为很不愿意、

不愿意、无所谓、愿意、非常愿意五个选项，依次赋值为 1 ~ 5，在回归中用加总得分引入方程。

本地身份认同：原始问卷中询问非原始户籍的受访者认为自己属于"本地人、新本地人、既是本地人又是外地人、外地人"中的哪一类别，在回归分析中编码为虚拟变量，分为认同程度高、认同程度较高、一般和认同程度低四类。

定居意向：受访者未来在当地的定居意向，分为非常有可能、有可能、不确定、不太可能、非常不可能五类。

（3）社会因素

社会网络规模是指构成一个社会网络的成员数目。原始问卷中统计了受访者过去半年经常联系的人中亲属的数量、亲密朋友的数量和熟人的数量。统计分析中将三种交往人数加总为受访者社会网络规模，并划分为 19 人以下、19 ~ 35 人、35 人以上三种网络规模。进一步的分析将亲密朋友数量和熟人数量这两组数据合并，构成"非亲属网络"进行测量，分为亲属网络规模和非亲属网络规模两类。

科研网规模：依据原始问卷中"在过去半年内，您一共和多少人讨论过重要的科研问题"，测量受访者科研网规模。

社会网络异质性是指构成个人社会网络的成员差异程度。本章依据原始问卷中"在与您经常联系的人当中，有没有符合下列条件的人？（多选）"进行类别计数，测量受访者社会网络异质性，即交往的人员职业类别越多、越不同于高校教师群体，社会网络异质性越强。

人际关系评价：依据原始问卷的人际关系量表，分为与上级关系、与同事关系、与学生关系三个类别进行评价，选项依次为非常差、比较差、一般、比较好、非常好五类，依次赋值为 1 ~ 5，将三个类别进行加总，取值为人际关系得分。

类别变量和连续变量的描述性统计结果如表 13 - 1 所示。

表 13 - 1 （a）　　类别变量的描述性统计结果

	变量类别	频数	占比（%）
性别	女性	847	48. 46
	男性	901	51. 54
婚姻状况	在婚	1448	82. 84
	非在婚	300	17. 16

	变量类别	频数	占比（%）
政治面貌	党员	1229	70.31
	非党员	519	29.69
户籍	原始户籍	243	14.79
	获得本地户籍	1314	79.98
	没有获得本地户籍	86	5.23
受教育程度	大学专科或本科	61	3.49
	硕士研究生	274	15.68
	博士研究生	1413	80.84
高校层级	普通高校	637	36.44
	"211 工程"高校	579	33.12
	"985 工程"高校	532	30.43
	"双一流"高校	550	31.46
	非"双一流"高校	1198	68.54
专业技术职称	无职称	122	6.98
	初级	69	3.95
	中级	595	34.04
	副高级	653	37.36
	正高级	309	17.68
行政职务级别	无级别	1426	81.58
	科级副职	73	4.18
	科级正职	108	6.18
	处级副职	110	6.29
	处级正职及以上	31	1.77
专业类别	人文与社会科学	325	18.59
	农业科学	135	7.72
	医药科学	59	3.38
	工程与技术科学	689	39.42
	理学	540	30.89
职业流动方向	未流动	1149	78.38
	向下流动	49	3.34
	水平流动	140	9.55
	向上流动	69	4.71
	其他	59	4.02

	变量类别	频数	占比（%）
本地身份认同	本地人	147	9.85
	新本地人	682	45.68
	既是本地人又是外地人	535	35.83
	外地人	129	8.64
住房社区类型	福利性住房社区	388	22.07
	商品房社区	1202	68.37
	城郊社区	168	9.56
住房产权	无产权	478	27.63
	有产权	1252	72.37

表 13 −1 （b）　　连续变量的描述性统计结果

连续变量	频数	均值	标准差
总体社会安全感	1749	3.47	0.80
个人和家庭财产安全	1749	3.77	0.78
医疗安全（包括药品）	1749	3.42	0.87
食品安全	1749	3.02	0.98
个人信息、隐私安全	1749	2.51	1.05
自然环境安全（如雾霾等）	1749	2.79	0.99
年龄	1748	40.34	8.00
家庭年收入	1748	39.48	37.20
健康状况	1745	3.46	0.81
商业保险数量	1556	2.28	1.83
主观阶层认同	1741	2.84	0.83
在本地居住时长	1464	1.89	0.76
本地生活适应程度	1488	1.84	0.68
与本地人交往意愿	1473	22.57	4.34
定居意向	1464	1.28	0.60
拥有住房数量	1739	1.38	1.71
社会网络规模	1674	26.42	62.06
亲属网络规模	1731	6.56	20.99
非亲属网络规模	1675	20.15	47.13
科研网规模	1598	9.28	13.01
社会网络异质性	1643	3.27	2.37
人际关系评价	1741	12.42	1.78

三　高校教师的安全感统计结果

（一）安全感总体状况

图 13 - 1 报告了高校教师对总体社会安全感和社会不同维度安全感的评价情况，其中 1 分代表很不安全，5 分代表很安全。总体而言，受访高校教师对总体社会安全感的评价均值为 3.47，选项集中在"比较安全"。图 13 - 2 报告了高校教师对总体社会安全感和社会不同维度安全感评价的占比情况，结合来看，高校教师对"个人和家庭财产安全"的评价最高，均值为 3.77，选择"比较安全"或"很安全"的教师占比为 71.81%；对"个人信息、隐私安全"最为担忧，均值仅为 2.51，有 33.13% 的教师选择了"不太安全"，有 19.06% 的教师选择了"很不安全"；对"自然环境安全（如雾霾等）"和"食品安全"的安全感偏低，评价集中在"一般"。各项指标评价从高到低依次为"个人和家庭财产安全""医疗安全（包括药品）""食品安全""自然环境安全（如雾霾等）""个人信息、隐私安全"。总体来看，高校教师对总体社会安全感的评价较高，认为"很安全"或"比较安全"的高校教师占 52.80%，仅有 1.13% 的高校教师认为"很不安全"。

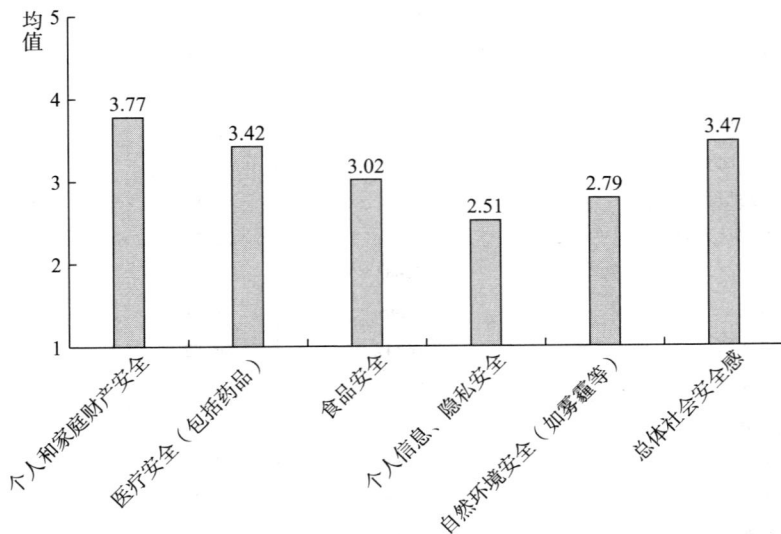

图 13 - 1　高校教师对总体社会安全感和社会不同维度安全感的评价均值情况

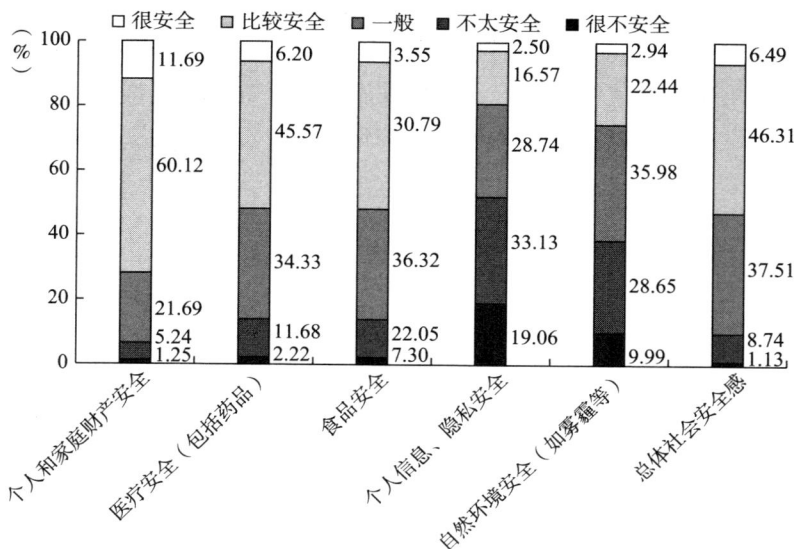

图 13 - 2　高校教师对总体社会安全感和社会不同维度安全感评价的占比情况

（二）社会人口特征与安全感

本节描述了主要的社会人口特征与安全感的关系，具体包括高校教师的性别、年龄、婚姻状况、政治面貌与安全感的关系。

1. 性别、年龄与安全感

图 13 - 3（a）报告了不同性别在总体社会安全感评价上的差异，相比于女性高校教师，男性高校教师的总体社会安全感呈现更强的右偏态分布。具体而言，女性高校教师总体社会安全感 1 ~ 5 分各分值的占比为 1.30%、10.02%、41.04%、43.99% 和 3.66%，该比例在男性高校教师群体中分别为 1.22%、8.32%、33.41%、48.17% 和 8.88%；图 13 - 3（b）报告了各维度安全感均值的性别差异情况，从均值来看，女性和男性高校教师总体社会安全感均值分别为 3.39 和 3.55。可见，男性高校教师的总体社会安全感略强于女性。具体分析各维度，男性高校教师在各维度的安全感评价均高于女性。其中，对自然环境安全（如雾霾等）与食品安全的评价差异较为明显。

图 13 - 4 报告了不同年龄的高校教师对总体社会安全感的评价，总体并无线性关系。具体而言，总体社会安全感评价最低的群体为"50 世代"高校教师，均值为 3.25，明显低于其他世代；"90 世代"高校教师的总体

社会安全感评价最高，且显著高于"80世代"；而"60世代"仅次于"90世代"，总体社会安全感均值为3.54；"70世代""80世代"高校教师的总体社会安全感均值同为3.45。据此推测，中年危机感或许是"70世代""80世代"高校教师的总体社会安全感评价低于"60世代"与"90世代"的原因之一。

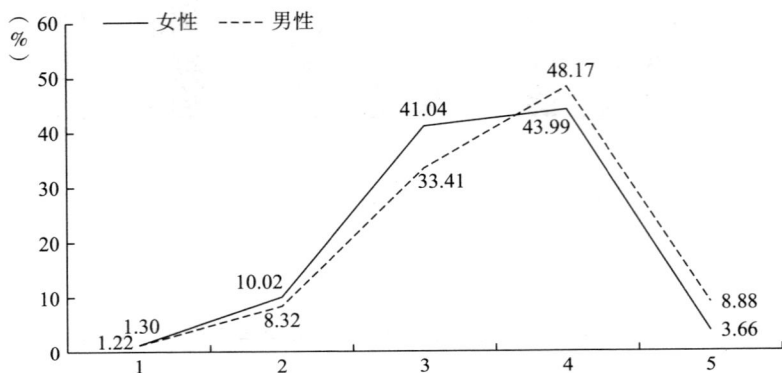

图 13 - 3 （a） 性别与总体社会安全感评价占比情况

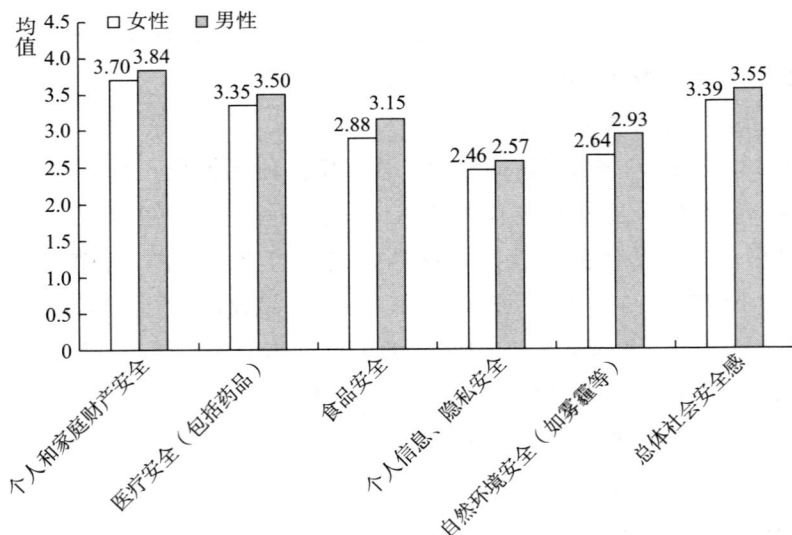

图 13 - 3 （b） 性别与社会不同维度安全感评价均值情况

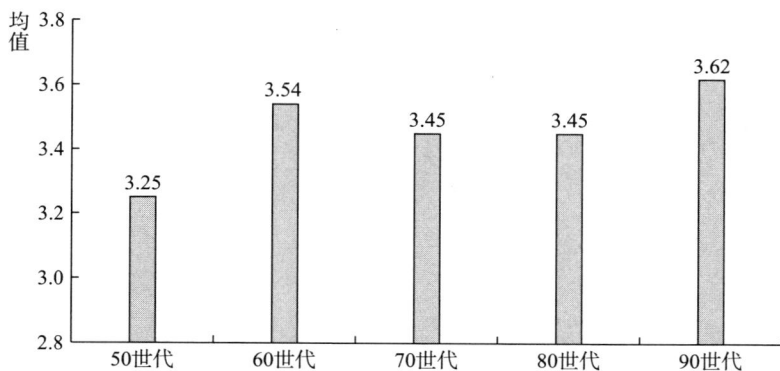

图 13 - 4　年龄与总体社会安全感评价均值情况

2. 婚姻状况、政治面貌与安全感

图 13 - 5（a）报告了不同婚姻状况的高校教师对总体安全感的评价均值。在婚高校教师的总体安全感评价均值为 3.47，非在婚高校教师的总体安全感评价均值为 3.53，两组之间均值差异较小且不具有统计显著性。图 13 - 5（b）报告了高校教师中党员和非党员群体的总体社会安全感评价情况，两类群体的评价几乎一致。从均值来看，党员和非党员高校教师总体社会安全感均值分别为 3.47 和 3.48。结合表 13 - 2 来看，无论是从整体还是具体维度而言，党员与非党员群体对安全感的评价差异甚微。

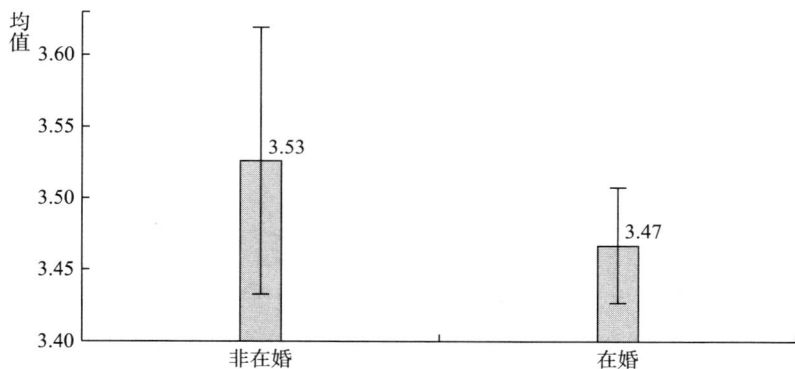

图 13 - 5（a）　婚姻状况与总体安全感评价均值情况

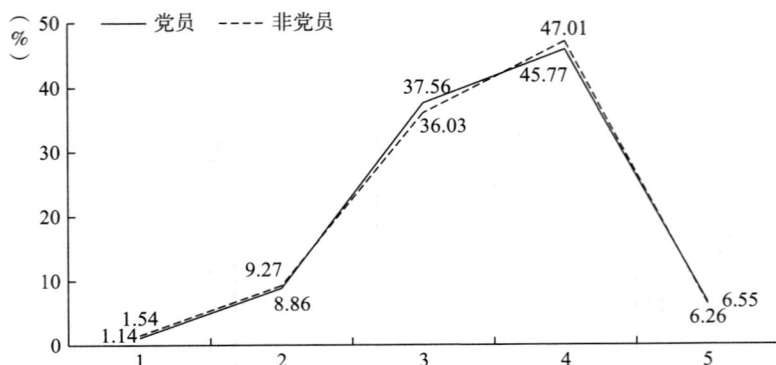

图 13 – 5 （b）　政治面貌与总体社会安全感评价占比情况

表 13 – 2　政治面貌与各维度安全感评价均值情况

	党员	非党员
个人和家庭财产安全	3.76	3.80
医疗安全（包括药品）	3.41	3.46
食品安全	3.02	3.02
个人信息、隐私安全	2.51	2.53
自然环境安全（如雾霾等）	2.77	2.85
N	1230	519

（三）　主客观社会地位与安全感

本节主要描述了个体的主客观社会地位特征与安全感的关系。衡量客观社会地位的维度具体包括高校教师的受教育程度、家庭年收入、专业技术职称、行政职务级别。

1. 受教育程度与安全感

图 13 – 6 为不同受教育程度的高校教师总体社会安全感评价分布的小提琴图。从中位数来看，拥有硕士研究生和博士研究生学历的高校教师的安全感评价为 4 分，而拥有大学专科或本科学历的高校教师的安全感评价仅为 3 分，拥有硕士研究生和博士研究生学历的高校教师的安全感评价高于拥有大学专科或本科学历的高校教师。从外部形状来看，拥有大学专科或本科学历的高校教师认为总体社会比较安全（4 分）的占比明显低于其他两类群体。而拥有博士研究生学历的高校教师认为总体社会"比较安全"（4 分）或"很安全"（5 分）的占比最高。总体而言，受教育程度与

安全感呈正向关系，即高校教师的学历越高，其总体社会安全感越强。

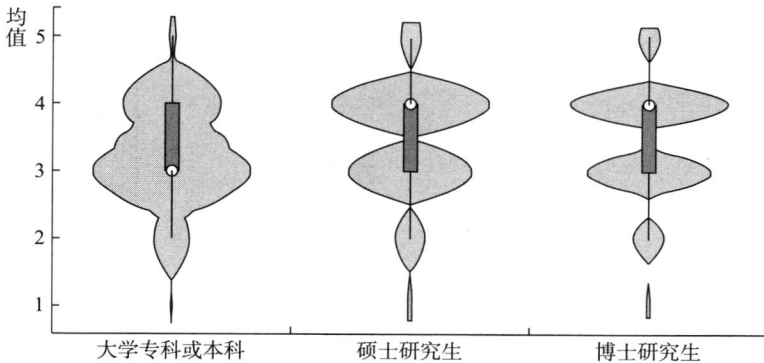

图 13-6　受教育程度与总体社会安全感评价均值情况

2. 家庭年收入与安全感

图 13-7 显示了不同收入层次的高校教师对总体社会安全感和社会不同维度安全感的评价情况。根据受访者的家庭年收入将其划分为低收入（10 万元以下）、中等收入（10 万 ~ 50 万元）以及高收入（50 万元及以上）三类。图 13-7（a）为不同收入层次的高校教师对不同维度安全感评价的得分均值折线图。结果显示，除食品安全外，其余维度均显示安全感得分随着收入层次的提升而提高；而"食品安全"维度则呈现中等收入高校教师群体的安全感评价低于低收入、高收入高校教师，均值仅为 2.96。图 13-7（b）呈现了各收入层次的高校教师对总体社会安全感评价的占比

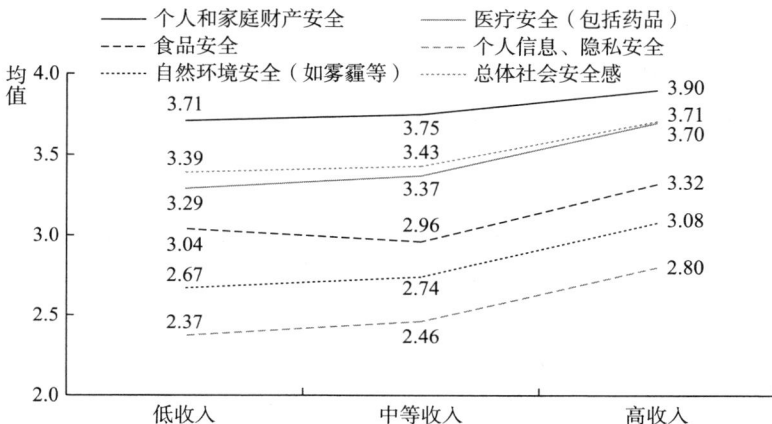

图 13-7（a）　家庭年收入与社会不同维度安全感评价均值情况

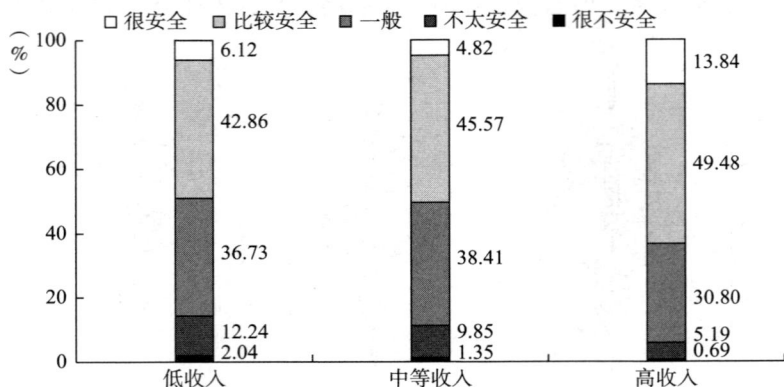

图 13-7（b）　家庭年收入与总体社会安全感评价占比情况

情况，可以看到，高收入高校教师认为总体社会"比较安全"或"很安全"的比例明显高于中等收入与低收入高校教师，而低收入高校教师中认为总体社会"很不安全"或"不太安全"的占比较高。总体而言，高校教师的家庭年收入与总体社会安全感评价呈正向关系（$p = 0.001$），即高校教师的家庭年收入越高，对社会总体安全感的评价越高。

3. 专业技术职称、行政职务级别与安全感

表 13-3 展示了拥有不同专业技术职称的高校教师的总体社会安全感评价占比情况，依照各专业技术职称人口样本量由高到低排序，依次为副高级、中级、正高级、无职称和初级。如表 13-3 所示，拥有初级职称与正高级职称的高校教师的安全感强，认为总体社会"很安全"或"比较安全"的占比远高于其他教师群体；而无职称和中级职称高校教师的安全感较弱，无职称高校教师中认为总体社会安全状况"一般"的人数占比最高（44.26%），中级职称高校教师中认为总体社会"不太安全"或"很不安全"的人数占 12.94%。总体来看，拥有的专业技术职称越高，高校教师安全感越强。

表 13-3　专业技术职称与总体社会安全感评价占比情况

专业技术职称	总体社会安全感评价（%）					N
	很不安全	不太安全	一般	比较安全	很安全	
无职称	0.82	8.20	44.26	40.16	6.56	122
初级	1.45	1.45	36.23	50.72	10.14	69
中级	1.85	11.09	37.65	43.70	5.71	595

专业技术职称	总体社会安全感评价（%）					N
	很不安全	不太安全	一般	比较安全	很安全	
副高级	1.07	9.95	38.74	44.72	5.51	653
正高级	0.65	5.81	30.00	55.16	8.39	310
总体	1.26	9.15	37.11	46.14	6.35	1749

Pearson χ^2（16）= 33.18；$p = 0.0070$

　　行政职务级别划分为无级别、科级副职、科级正职、处级副职、处级正职及以上。表13-4展示了拥有不同行政职务级别的高校教师对总体社会安全感的评价。如表13-4所示，在"很不安全"的评价中，科级副职和处级正职及以上的比例较高（分别为4.05%和3.23%），无级别次之（1.12%），处级副职比例最低（0.91%）；评价为"一般"的情况在科级正职中比例最高（44.44%），科级副职和无级别次之（分别为37.84%和37.03%），处级副职比例最低（30.91%）；在"比较安全"的评价中，处级副职高校教师占比超过了半数（53.64%），处级正职及以上次之（48.39%），科级正职占比最低（35.19%）；在"很安全"的评价中，科级正职比例最高（9.26%），科级副职和处级副职比例次之（分别为8.11%和7.27%），处级正职及以上比例最低（3.23%）。

表 13-4　行政职务级别与总体社会安全感评价占比情况

行政职务级别	总体社会安全感评价（%）					N
	很不安全	不太安全	一般	比较安全	很安全	
无级别	1.12	9.40	37.03	46.42	6.03	1426
科级副职	4.05	5.41	37.84	44.59	8.11	74
科级正职	0.93	10.19	44.44	35.19	9.26	108
处级副职	0.91	7.27	30.91	53.64	7.27	110
处级正职及以上	3.23	9.68	35.48	48.39	3.23	31
总体	1.26	9.15	37.11	46.14	6.35	1749

Pearson χ^2（16）= 17.39；$p = 0.0366$

4. 主观阶层认同与安全感

　　图13-8展示了不同主观阶层认同教师对安全感的评价。无论是总体

社会安全感评价还是社会不同维度的安全感评价，都呈现正相关趋势。主观上层群体的安全感评价最高，主观下层的安全感评价最低。值得注意的是，个人和家庭财产安全维度出现了比较特殊的情况，主观上层的安全感评价在该维度的得分低于主观中上层，与主观中层相同，为3.80分。这从侧面体现了主观上层对个人和家庭财产安全的更高层次担忧、需求与期待。

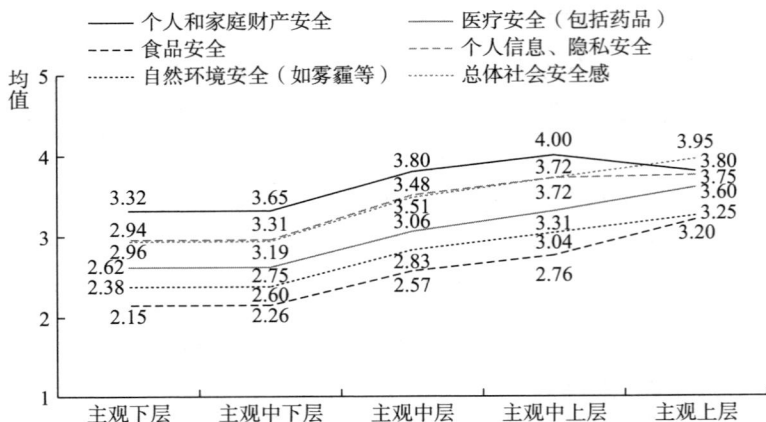

图 13-8 主观阶层认同与总体社会安全感和社会不同维度
安全感评价均值情况

（四）学院、学校特征与安全感

本节主要描述了所在学院、学校的特征与安全感的关系，具体包括高校教师所在学校的层级和所在学院的专业类别与安全感的关系。

首先分析高校教师所在学院专业类别与其总体社会安全感评价的关系。如表13-5所示，从均值来看，得分由低到高依次为人文与社会科学、工程与技术科学、理学、医药科学和农业科学。从对安全感的评价比例来看，认为总体社会"很安全"占比最高的是农业科学（16.46%）专业高校教师；医药科学专业高校教师对安全感的评价集中在"比较安全"；认为总体社会"比较安全"或"很安全"的农业科学专业高校教师占70.51%，远高于其他专业高校教师；超过半数的人文与社会科学专业高校教师的安全感较低。

表 13－5　学院、学校特征与总体社会安全感评价情况

| | | 总体社会安全感（%） | | | | | 均值 |
		很不安全	不太安全	一般	比较安全	很安全	
专业类别	人文与社会科学	1.45	12.12	45.85	35.44	5.14	3.31
	农业科学	0	3.05	28.66	51.83	16.46	3.82
	医药科学	1.28	0	28.21	65.38	5.13	3.73
	工程与技术科学	1.04	8.18	36.23	48.86	5.69	3.50
	理学	1.39	7.42	29.23	53.83	8.12	3.60
高校层级	普通高校	2.43	13.23	45.87	35.56	2.91	3.23
	"211 工程"高校	0.4	8.77	35.09	48.85	6.88	3.53
	"985 工程"高校	0.55	4.69	31.95	53.44	9.38	3.66
	非"双一流"高校	2.07	12.31	47.3	35.27	3.04	3.25
	"双一流"高校	0.74	7.28	33.48	50.6	7.9	3.58

其次是高校教师所在学校的层级与其安全感评价之间的关系。高校层级采用两种划分标准：①普通高校、"211 工程"高校和"985 工程"高校；②非"双一流"高校和"双一流"高校。如表 13－5 所示，从均值来看，普通高校、"211 工程"高校和"985 工程"高校教师的安全感均值呈逐渐升高的趋势，分别为 3.23、3.53 和 3.66；"双一流"高校教师的安全感均值高于非"双一流"高校教师，分别为 3.58 和 3.25。从安全感评价占比来看，"985 工程"高校与"双一流"高校教师的安全感评价明显偏向于"比较安全"，而普通高校和非"双一流"高校教师的安全感评价偏向于"一般"。

最后是高校教师所在学院的专业类别与安全感各维度的均值比较。如表 13－6 所示，从均值来看，医药科学专业高校教师对各维度的评价差异较大，其中对医疗安全（包括药品）的评价明显高于除农业科学专业外的其他专业，个人信息、隐私安全是其最担忧的；农业科学专业高校教师在各维度上的安全感评价均高于其他专业；人文与社会科学专业高校教师在各维度上的安全感评价均低于其他专业教师。

表 13－6　专业类别与社会不同维度安全感评价均值情况

	个人和家庭财产安全	医疗安全（包括药品）	食品安全	个人信息、隐私安全	自然环境安全（如雾霾等）
人文与社会科学	3.58	3.22	2.82	2.36	2.57

	个人和家庭 财产安全	医疗安全 （包括药品）	食品安全	个人信息、 隐私安全	自然环境 安全（如雾霾等）
农业科学	4.09	3.87	3.42	2.82	3.14
医药科学	3.92	3.74	3.18	2.46	2.89
工程与技术科学	3.79	3.42	3.04	2.54	2.86
理学	3.88	3.56	3.15	2.61	2.94

四　高校教师安全感的研究发现

表13-7是高校教师安全感的多元线性回归模型，以连续性的安全感评价为因变量，探究总体社会安全感与各维度安全感的影响因素。

模型1是高校教师对总体社会安全感评价的多元线性回归结果。在个人因素中，性别、受教育程度、家庭年收入、主观阶层认同、健康状况与总体社会安全感评价有很大相关性，而年龄、户籍、婚姻状况、政治面貌与总体社会安全感评价的关系不大。具体来说，相较于高校女教师，男教师的总体社会安全感评价显著提升0.112个单位；与拥有大学专科或本科学历的高校教师相比，拥有硕士研究生学历的高校教师的总体社会安全感评价显著提升0.372个单位；高校教师的家庭年收入与总体社会安全感评价呈显著正相关关系，家庭年收入每增加1万元，总体社会安全感评价提升0.002个单位；高校教师的主观阶层认同与总体社会安全感评价呈正相关关系，主观阶层认同每提升1个层级，总体社会安全感评价提升0.133个单位；高校教师的健康状况与总体社会安全感评价呈显著正相关关系，健康状况每提升1个层级，总体社会安全感评价提升0.132个单位。从职业特征来看，高校层级、专业类别与总体社会安全感评价有很大关系，而专业技术职称、行政职务级别、职业流动方向与总体社会安全感评价的关系不大。具体来说，高校教师的总体社会安全感评价与其就职高校的层级呈显著正相关关系，与就职于普通高校的教师相比，就职于"211工程"高校的教师的总体社会安全感评价显著提升0.221个单位，就职于"985工程"高校的教师的总体社会安全感评价显著提升0.250个单位；与理学专业的高校教师相比，人文与社会科学专业的高校教师的总体社会安全感评价显著低0.197个单位。由此可见，就职于"985工程"高校、非人文与社会科学专业的高校教师的总体社会安全感评价显著较高。由此可见，仅在信息安全感模型中受教育程度越高的高校教师的安全感评价越低，其他模型不显著。在职业特征方面，工作的技术性，即专业技术职称、行政职务级别对总体社会安全感评价没有显著影响，仅在财产安全感模型中具有职称等级越高、总体社会安全感评价越高的证明。

在社区因素中，住房社区类型和住房产权与总体社会安全感评价未显著相关。高校教师所拥有的房产数量与其总体社会安全感评价呈负相关关系，拥有的住房数量每增加1套，其总体社会安全感评价就下降0.103个单位。后续研究将会以城市移民身份的高校教师为研究对象，进一步探究社区因素对总体社会安全感评价的影响。而在居住条件方面，回归结果表明，居住在福利性住房社区的高校教师比居住在商品房社区和城郊社区高校教师的环境安全感评价更高，拥有住房产权的高校教师在各维度上的安全感评价都更高；健康状况越好的高校教师，其安全感评价越高；高校教师的家庭年收入越高，安全感评价越高。

从社会因素来看，人际关系评价、商业保险数量与总体社会安全感评价有显著相关性，个人网络规模、非亲属网络规模、科研网规模、社会网络异质性与总体社会安全感评价的关系不大。具体而言，高校教师的总体社会安全感评价与其人际关系评价呈显著正相关关系，总体社会安全感评价随着人际关系评价的提高而提高，人际关系评价每增加1个单位，总体社会安全感评价提升0.080个单位；高校教师的总体社会安全感评价与其购买过的商业保险数量呈显著正相关关系，每增加购买1个保险种类，其总体社会安全感评价提升0.024个单位。由此可见，男性、拥有硕士研究生学历、主观阶层认同程度高、健康状况较好、人际关系评价较高、购买过商业保险的高校教师的总体社会安全感评价显著较高。

模型2是高校教师对个人和家庭财产安全评价的多元线性回归结果。在个人因素中，年龄、婚姻状况、主观阶层认同、健康状况与财产安全感评价有很大相关性，而性别、户籍、政治面貌、受教育程度、家庭年收入与财产安全感评价的关系不大。具体来说，高校教师的年龄与其财产安全感评价有显著相关性，并且随着年龄的增长，财产安全感评价逐渐降低，年龄的对数每增加1个单位，财产安全感评价降低0.559个单位；婚姻状况也会影响高校教师的财产安全感评价，与非在婚高校教师相比，在婚高校教师的财产安全感评价显著提升0.134个单位；高校教师的主观阶层认同与其财产安全感评价呈正相关关系，主观阶层认同每提升1个层级，财产安全感评价会提升0.104个单位；高校教师的健康状况与财产安全感评价呈显著正相关关系，健康状况每提升 1 个层级，财产安全感评价提升 0.111 个单位。从职业特征来看，高校层级、专业技术职称、专业类别与财产安全感评价有很大相关性，而行政职务级别、职业流动方向与财产安全感评价的关系不大。具体来说，高校教师的财产安全感评价与其就职高校的层级呈显著正相关关系，与就职于普通高校的教师相比，就职于"211 工程"高校的教师的财产安全感评价显著提升 0.249 个单位，就职于"985 工程"高校的教师的财产安全感评价显著提升 0.244 个单位；高校教师的专业技术职称与财产安全感并不是线性的，但显著相关，有中级职称高校教师的财产安全感评价比无职称的显著提高 0.275 个单位，副高级高校教师的财产安全感评价比无职称的显著提高 0.240 个单位，正高级高校教师的财产安全感评价比无职称的显著提高 0.304 个单位；与理学专业的高校教师相比，人文与社会科学专业的高校教师的财产安全感评价显著降低 0.161 个单位。

在社区因素中，高校教师拥有的房产数量与财产安全感评价有很大相关性，而居住社区类型、住房产权与财产安全感评价的关系不大。具体来说，高校教师拥有的房产数量与财产安全感评价呈显著负相关关系，房产数量每增加 1 套，其财产安全感评价下降 0.056 个单位。

从社会因素来看，非亲属网络规模、人际关系评价与财产安全感评价具有显著相关性，个人网络规模、科研网规模、社会网络异质性、商业保险数量与财产安全感评价的关系不大。具体而言，非亲属网络规模是高校教师财产安全感的影响因素之一，非亲属网络规模每增加 1 人，其财产安全感评价提升 0.008 个单位；高校教师的财产安全感评价与其人际关系评价呈显著正相关关系，财产安全感评价随着人际关系评价的提高而提高，人际关系评价每增加 1 个单位，财产安全感评价提升 0.092 个单位。由此可见，较为年轻、主观阶层认同更强、健康状况更好、就职于"985 工程"高校、有正高级职称、农业科学专业、拥有的房产数量少、非亲属网络规模大、人际关系评价较高的高校教师对财产安全感的评价显著较高，而较为年长、人文与社会科学专业的高校教师对财产安全感的评价显著较低。

模型 3 是高校教师对医疗安全（包括药品）评价的多元线性回归结果。在个人因素中，性别、年龄、家庭年收入、主观阶层认同、健康状况与医疗安全感评价有很大相关性，而户籍、婚姻状况、政治面貌、受教育程度与医疗安全感评价的关系不大。具体来说，相较于女教师，高校男教师的医疗安全感评价显著提升 0.095 个单位；高校教师的年龄与其医疗安全感评价有显著相关性，并且随着年龄的增长，其医疗安全感评价逐渐降低，年龄的对数每增加 1 个单位，医疗安全感评价降低 0.511 个单位；高校教师的家庭年收入与医疗安全感评价呈显著正相关关系，家庭年收入每增加 1 万元，医疗安全感评价提升 0.002 个单位；高校教师的主观阶层认同与其医疗安全感评价呈正相关关系，主观阶层认同每提升 1 个层级，医疗安全感评价提升 0.127 个单位；高校教师的健康状况与其医疗安全感评价呈显著正相关关系，健康状况每提升 1 个层级，医疗安全感评价提升 0.128 个单位。从职业特征来看，高校层级、专业类别与医疗安全感评价有很大相关性，而专业技术职称、行政职务级别、职业流动方向与医疗安全感评价评价的关系不大。具体来说，高校教师的医疗安全感评价与其就职高校的层级呈显著正相关关系，与就职于普通高校的教师相比，就职于"211 工程"高校的教师的医疗安全感评价显著提升 0.194 个单位，就职于"985 工程"高校的教师的医疗安全感评价显著提升 0.357 个单位；与理学专业的高校教师相比，工程与技术科学专业高校教师的医疗安全感评价显著降低 0.152 个单位，而人文与社会科学专业高校教师的医疗安全感评价显著降低 0.343 个单位。

在社区因素中，高校教师的住房产权、房产数量与医疗安全感评价有很大相关性，而住房社区类型与医疗安全感评价的关系不大。具体来说，有产权的高校教师的医疗安全感评价比无产权的高校教师显著提高 0.199 个单位；高校教师拥有的房产数量与医疗安全感评价呈负相关关系，房产数量每增加 1 套，其医疗安全感评价下降 0.051 个单位。

从社会因素来看，人际关系评价、商业保险数量与医疗安全感评价显著相关，个人网络规模、非亲属网络规模、科研网规模、社会网络异质性与医疗安全感评价的关系不大。具体而言，高校教师的医疗安全感评价与其人际关系评价呈显著正相关关系，医疗安全感评价随着人际关系评价的提高而提高，人际关系评价每增加 1 个单位，医疗安全感评价提升 0.099 个单位；高校教师的医疗安全感评价与其购买过的商业保险数量呈显著正相关关系，每增加购买 1 个保险种类，其医疗安全感评价提升 0.027 个单位。由此可见，男性、主观阶层认同程度高、健康状况更好、就职于"985 工程"高校、拥有住房产权、房产数量少、人际关系评价较高、购买过商业保险的高校教师的医疗安全感评价显著较高，而较为年长、人文与社会科学或工程与技术科学专业的高校教师的医疗安全感评价显著较低。

模型 4 是高校教师对食品安全感评价的多元线性回归结果。在个人因素中，性别、家庭年收入、主观阶层认同、健康状况与食品安全感评价有很大相关性，而年龄、户籍、婚姻状况、政治面貌、受教育程度与食品安全感评价的关系不大。具体来说，相较于女教师，高校男教师的食品安全感评价显著提升 0.164 个单位；高校教师的家庭年收入与食品安全感评价呈显著正相关关系，家庭年收入每增加 1 万元，食品安全感评价提升 0.002 个单位；高校教师的主观阶层认同每提升 1 个层级，食品安全感评价提升 0.104 个单位；高校教师的健康状况与食品安全感评价呈显著正相关关系，健康状况每提升 1 个层级，食品安全感评价提升 0.140 个单位。从职业特征来看，高校层级、专业类别、职业流动方向与食品安全感评价有很大相关性，而专业技术职称、行政职务级别与食品安全感评价关系不大。具体来说，高校教师的食品安全感评价与其就职高校的层级呈显著正相关关系，与就职于普通高校的教师相比，就职于"211 工程"高校的教师的食品安全感评价显著提升 0.241 个单位，就职于"985 工程"高校的教师的食品安全感评价显著提升 0.499 个单位；相较于理学专业的高校教师，人文与社会科学专业的高校教师的食品安全感显著降低 0.269 个单位；相较于职业未流动的高校教师，职业向上流动的教师的食品安全感显著降低 0.296 个单位。就户籍因素而言，从系数来看，原始户籍即为本地户籍的高校教师的安全感评价高于获得本地户籍和没有获得本地户籍的教师，户籍因素在信息安全感模型中有显著影响。

在社区因素中，高校教师的住房社区类型和住房产权与食品安全感评价有很大相关性，而房产数量与食品安全感评价的关系不大。具体来说，与目前居住在福利性住房社区中的高校教师相比，居住在商品房社区的高校教师的食品安全感评价降低 0.157 个单位；有产权的高校教师的食品安全感评价比无产权的高校教师高 0.140 个单位。

从社会因素来看，人际关系评价与食品安全感评价显著相关，个人网络规模、非亲属网络规模、科研网规模、社会网络异质性、商业保险数量与食品安全感评价的关系不大。具体而言，高校教师的食品安全感评价与其人际关系评价呈显著正相关关系，食品安全感评价随着人际关系评价的提高而提高，人际关系评价每增加 1 个单位，食品安全感评价提升 0.114 个单位。由此可见，男性、主观阶层认同程度高、健康状况较好、就职于"985 工程"高校、人际关系评价较高的高校教师的食品安全感评价显著较高，而人文与社会科学专业、职业向上流动、居住在商品房社区的高校教师的食品安全感评价显著较低。

　　模型 5 是高校教师对个人信息、隐私安全评价的多元线性回归结果。在个人因素中，户籍、受教育程度、家庭年收入、主观阶层认同、健康状况与信息安全感评价有很大相关性，而性别、年龄、婚姻状况、政治面貌与信息安全感评价的关系不大。具体来说，与拥有原始户籍的高校教师相比，没有获得本地户籍的高校教师的信息安全感评价显著下降 0.326 个单位，而流动后获得本地户籍的高校教师的信息安全感评价显著下降 0.173 个单位；受教育程度是影响信息安全感评价的因素之一，与拥有大学专科或本科学历的高校教师相比，拥有硕士研究生学历的高校教师的信息安全感评价显著提升 0.370 个单位，拥有博士研究生学历的高校教师的信息安全感评价显著提升 0.354 个单位；高校教师的家庭年收入与信息安全感评价呈显著正相关关系，家庭年收入每增加 1 万元，信息安全感评价提升 0.004 个单位。高校教师的主观阶层认同每提升 1 个层级，信息安全感评价提升 0.165 个单位；高校教师的健康状况与信息安全感评价呈显著正相关关系，健康状况每提升 1 个层级，信息安全感评价提升 0.146 个单位。从职业特征来看，高校层级、专业类别与信息安全感评价有很大相关性，而专业技术职称、行政职务级别、职业流动方向与信息安全感评价关系不大。具体来说，与就职于普通高校的教师相比，就职于 "985 工程" 高校的教师的信息安全感评价显著提升 0.210 个单位；相较于理学专业的高校教师，人文与社会科学专业的高校教师的信息安全感评价显著降低 0.269 个单位。

　　在社区因素中，高校教师的住房社区类型、住房产权、房产数量均与信息安全感评价相关。具体来说，与目前居住在福利性住房社区的高校教师相比，居住在商品房社区的高校教师的信息安全感评价降低 0.196 个单位；有产权的高校教师的信息安全感评价比无产权的高校教师高 0.169 个单位；高校教师的房产数量与信息安全感评价呈负相关关系，房产数量每增加 1 套，其信息安全感评价下降 0.069 个单位。

　　从社会因素来看，人际关系评价与信息安全感评价显著相关，个人网络规模、非亲属网络规模、科研网规模、网络异质性、商业保险数量与信息安全感的关系不大。具体而言，高校教师的信息安全感评价与其人际关系评价呈显著正相关关系，信息安全感评价随着人际关系评价的提高而提高，人际关系评价每增加 1 个单位，信息安全感评价提升 0.085 个单位。由此可见，本地人、拥有硕士研究生学历、主观阶层认同程度高、健康状况较好、就职于 "985 工程" 高校、有产权、人际关系评价较高的高校教师的信息安全感评价显著较高，而人文与社会科学专业、没有获得本地户籍、居住在商品房社区、房产数量较多的高校教师的信息安全感评价显著较低。

模型 6 是高校教师对自然环境安全（如雾霾等）评价的多元线性回归结果。在个人因素中，性别、家庭年收入、主观阶层认同、健康状况与环境安全感评价有很大相关性，而年龄、户籍、婚姻状况、政治面貌、受教育程度与环境安全感评价的关系不大。具体来说，女性高校教师对环境安全感的评价比男性高校教师低 0.144 个单位；高校教师的家庭年收入与环境安全感评价呈显著正相关关系，家庭年收入每增加 1 万元，环境安全感评价提升 0.004 个单位；高校教师的主观阶层认同每提升 1 个层级，环境安全感评价提升 0.095 个单位；高校教师的健康状况与环境安全感评价呈显著正相关关系，健康状况每提升 1 个层级，环境安全感评价提升 0.136 个单位。从职业特征来看，高校层级、专业类别、专业技术职称与环境安全感评价有很大相关性，而行政职务级别、职业流动方向与环境安全感评价关系不大。具体来说，高校教师的环境安全感评价与其就职高校的层级呈显著正相关关系，与就职于普通高校的教师相比，就职于"211 工程"高校的教师的环境安全感评价显著提升 0.268 个单位，就职于"985 工程"高校的教师的环境安全感评价显著提升 0.406 个单位；高校教师的专业技术职称与环境安全感评价显著相关，有正高级专业技术职称的高校教师的环境安全感评价比无职称的显著降低 0.290 个单位；相较于理学专业的高校教师，人文与社会科学专业的高校教师的环境安全感评价显著降低 0.209 个单位。

在社区因素中，高校教师的住房社区类型、住房产权、房产数量与环境安全感有很大相关性。具体来说，与目前居住在福利性住房社区的高校教师相比，居住在商品房社区的高校教师的环境安全感评价降低 0.261 个单位，居住在城郊社区的高校教师的环境安全感评价降低 0.316 个单位；有住房产权的高校教师的环境安全感评价比无产权的高校教师高 0.158 个单位；高校教师的房产数量与环境安全感评价呈负相关关系，房产数量每增加 1 套，其环境安全感评价下降 0.108 个单位。

从社会因素来看，人际关系评价与环境安全感评价显著相关，个人网络规模、非亲属网络规模、科研网规模、社会网络异质性、商业保险数量与环境安全感的关系不大。具体而言，高校教师的环境安全感评价与其人际关系评价呈显著正相关关系，环境安全感评价随着人际关系评价的提高而提高，人际关系评价每增加 1 个单位，环境安全感评价提升 0.075 个单位。由此可见，男性、主观阶层认同程度高、健康状况较好、就职于"985 工程"高校、居住在福利性住房社区、有产权、人际关系评价较高的高校教师的环境安全感评价显著较高，而拥有正高级职称、人文与社会科学专业、居住在商品房社区或城郊社区的高校教师的环境安全感评价显著较低。

表 13－7　高校教师安全感的多元线性回归模型

变量	M1：总体安全感模型 B（SE）	M2：财产安全模型 B（SE）	M3：医疗安全模型 B（SE）	M4：食品安全模型 B（SE）	M5：信息安全模型 B（SE）	M6：环境安全模型 B（SE）
个人因素						
男性[a]	0.112 **	0.070	0.095 *	0.164 ***	0.027	0.144 **
	(2.281)	(1.432)	(1.863)	(2.744)	(0.413)	(2.301)
年龄	－0.191	－0.559 ***	－0.511 ***	－0.227	0.034	0.209
	（－1.191）	（－3.474）	（－3.039）	（－1.151）	(0.152)	(1.024)
户籍[b]						
获得本地户籍	－0.055	－0.003	－0.009	－0.005	－0.173 *	－0.122
	（－0.801）	（－0.044）	（－0.132）	（－0.063）	（－1.842）	（－1.401）
没有获得本地户籍	－0.142	0.035	0.043	0.209	－0.326 *	－0.132
	（－1.154）	(0.289)	(0.332)	(1.381)	（－1.923）	（－0.842）
在婚[c]	0.038	0.134 **	0.015	0.006	0.059	0.067
	(0.563)	(1.980)	(0.209)	(0.074)	(0.643)	(0.772)
非党员[d]	－0.019	0.053	0.069	－0.025	－0.049	0.037
	（－0.373）	(1.044)	(1.290)	（－0.402）	（－0.703）	(0.564)
受教育程度[e]						
硕士研究生	0.372 **	0.236	0.086	0.003	0.370 *	0.333
	(2.282)	(1.450)	(0.510)	(0.010)	(1.662)	(1.602)
博士研究生	0.247	0.176	0.050	－0.115	0.354 *	0.248
	(1.583)	(1.131)	(0.312)	（－0.615）	(1.667)	(1.255)
家庭年收入	0.002 ***	0.001	0.002 ***	0.002 **	0.004 ***	0.004 ***
	(3.362)	(1.353)	(3.156)	(2.354)	(4.533)	(4.602)
主观阶层认同	0.133 ***	0.104 ***	0.127 ***	0.104 ***	0.165 ***	0.095 **
	(4.344)	(3.415)	(4.000)	(2.782)	(3.933)	(2.444)
健康状况	0.132 ***	0.111 ***	0.128 ***	0.140 ***	0.146 ***	0.136 ***
	(4.415)	(3.748)	(4.149)	(3.848)	(3.586)	(3.584)
职业特征						
高校层级[f]						
"211 工程"高校	0.221 ***	0.249 ***	0.194 ***	0.241 ***	0.128	0.268 ***
	(3.61)	(4.09)	(3.06)	(3.23)	(1.53)	(3.44)

变量	M1：总体安全感模型 B（SE）	M2：财产安全模型 B（SE）	M3：医疗安全模型 B（SE）	M4：食品安全模型 B（SE）	M5：信息安全模型 B（SE）	M6：环境安全模型 B（SE）
"985工程"高校	0.250 *** (3.671)	0.244 *** (3.595)	0.357 *** (5.037)	0.499 *** (5.989)	0.210 ** (2.255)	0.406 *** (4.672)
专业技术职称[g]						
初级	0.119 (0.812)	0.166 (1.152)	0.058 (0.393)	−0.259 (−1.475)	−0.079 (−0.409)	−0.114 (−0.624)
中级	0.076 (0.773)	0.275 *** (2.784)	0.164 (1.605)	0.115 (0.953)	−0.048 (−0.352)	−0.118 (−0.933)
副高级	0.068 (0.646)	0.240 ** (2.275)	0.080 (0.733)	0.103 (0.792)	−0.105 (−0.736)	−0.124 (−0.925)
正高级	0.031 (0.253)	0.304 ** (2.450)	0.066 (0.513)	0.005 (0.033)	−0.131 (−0.774)	−0.290 * (−1.833)
行政职务级别[h]						
专业类别[i]						
农业科学	0.049 (0.475)	0.131 (1.284)	0.084 (0.784)	−0.084 (−0.673)	−0.088 (−0.626)	−0.017 (−0.132)
医药科学	0.095 (0.736)	−0.035 (−0.274)	−0.054 (−0.404)	−0.230 (−1.456)	−0.212 (−1.195)	−0.028 (−0.176)
工程与技术科学	−0.053 (−0.823)	−0.053 (−0.834)	−0.152 ** (−2.286)	−0.079 (−1.011)	−0.035 (−0.402)	0.079 (0.974)
人文与社会科学	−0.197 *** (−2.874)	−0.161 ** (−2.353)	−0.343 *** (−4.822)	−0.269 *** (−3.211)	−0.269 *** (−2.862)	−0.209 ** (−2.393)
职业流动方向[j]						
向下流动	0.136 (1.071)	0.052 (0.412)	−0.121 (−0.912)	−0.002 (−0.012)	0.046 (0.273)	−0.014 (−0.083)
水平流动	−0.057 (−0.682)	0.015 (0.180)	−0.072 (−0.825)	−0.116 (−1.134)	0.085 (0.743)	−0.108 (−1.012)
向上流动	−0.035 (−0.313)	−0.088 (−0.793)	−0.148 (−1.275)	−0.296 ** (−2.176)	−0.177 (−1.153)	−0.066 (−0.462)
其他	−0.014 (−0.122)	−0.028 (−0.254)	−0.052 (−0.443)	−0.087 (−0.622)	0.057 (0.372)	0.103 (0.715)
社区因素						
住房社区类型[k]						
商品房社区	−0.048 (−0.713)	−0.007 (−0.112)	−0.098 (−1.413)	−0.157 * (−1.915)	−0.196 ** (−2.136)	−0.261 *** (−3.055)
城郊社区	−0.122 (−1.331)	−0.011 (−0.122)	−0.037 (−0.395)	−0.185 (−1.643)	−0.207 (−1.644)	−0.316 *** (−2.702)
住房产权	0.071 (1.084)	0.084 (1.283)	0.199 *** (2.914)	0.140 * (1.744)	0.169 * (1.875)	0.158 * (1.893)
房产数量	−0.103 *** (−3.624)	−0.056 ** (−1.976)	−0.051 * (−1.725)	−0.031 (−0.884)	−0.069 * (−1.763)	−0.108 *** (−2.982)

变量	M1：总体安全感模型 B（SE）	M2：财产安全模型 B（SE）	M3：医疗安全模型 B（SE）	M4：食品安全模型 B（SE）	M5：信息安全模型 B（SE）	M6：环境安全模型 B（SE）
社会因素						
社会网络规模	-0.004 （-0.823）	-0.007 （-1.642）	-0.004 （-0.901）	-0.006 （-1.022）	-0.000 （-0.053）	-0.003 （-0.480）
非亲属网络规模	0.004 （0.912）	0.008 * （1.651）	0.004 （0.750）	0.005 （0.920）	-0.000 （-0.000）	0.002 （0.391）
科研网规模	-0.001 （-0.273）	0.000 （0.144）	0.000 （0.020）	-0.002 （-0.880）	0.001 （0.312）	0.002 （0.680）
社会网络异质性	-0.003 （-0.294）	0.006 （0.502）	0.006 （0.485）	0.001 （0.104）	-0.004 （-0.283）	0.003 （0.223）
人际关系评价	0.080 *** （5.884）	0.092 *** （6.762）	0.099 *** （6.973）	0.114 *** （6.884）	0.085 *** （4.562）	0.075 *** （4.332）
商业保险数量	0.024 * （1.713）	0.017 （1.262）	0.027 * （1.874）	0.010 （0.613）	0.002 （0.132）	0.005 （0.290）
截距	2.005 *** （3.162）	3.316 *** （5.243）	2.994 *** （4.554）	1.671 ** （2.160）	0.425 （0.490）	0.238 （0.301）
N	1047	1047	1047	1047	1047	1047
R^2	0.211	0.192	0.257	0.201	0.135	0.174

注：①[a] 参照组为女性；[b] 参照组为原始户籍；[c] 参照组为非在婚；[d] 参照组为党员；[e] 参照组为大学专科或本科；[f] 参照组为普通高校；[g] 参照组为无职称；[h] 参照组为无级别；[i] 参照组为理学；[j] 参照组为未流动；[k] 参照组为福利性住房社区。② $^* p < 0.05$，$^{**} p < 0.01$，$^{***} p < 0.001$。③括号内为标准误。④年龄取对数。

表 13-8 是高校教师中城市移民群体的安全感多元线性回归模型。从影响因素上看，在本地居住时长、本地生活适应程度、与本地人交往意愿、本地身份认同对高校教师的安全感评价在不同程度上有显著的正向影响。其中，在本地居住时长每增加 1 年，高校教师的食品安全感评价提高 0.088 个单位。本地生活适应程度每提升 1 个层次，高校教师的总体安全感评价提升 0.092 个单位、医疗安全感评价提升 0.099 个单位、环境安全感评价提升 0.085 个单位。与本地人交往意愿因素在六个安全感模型中全部显著，表现为交往意愿越强烈，安全感评价越高。本地身份认同在较大程度上影响了城市移民教师的食品安全感评价和信息安全感评价，相较于认为自己是"本地人"的高校教师，觉得自己是"新本地人"的高校教师的食品安全感评价下降 0.198 个单位，觉得自己"既是本地人又是外地人"的高校教师的食品安全感评价下降 0.264 个单位，觉得自己是"外地人"的高校教师的食品安全感评价下降 0.218 个单位。信息安全感评价随

着本地身份认同程度的降低而降低。通俗来讲，城市移民高校教师越觉得自己属于当地，也就越不担心自己的温饱问题和隐私问题，在"吃什么"和"我是谁"的意识中更有底气。定居意向会显著影响财产安全模型，定居意向每降低1个层级，财产安全感评价降低0.089个单位，即越不想在当地定居，高校教师对财产的安全感评价越低。住房社区类型仅在环境安全模型中有显著影响，相较于住在福利性住房社区的高校教师，住在商品房社区的高校教师的环境安全感评价下降0.177个单位，而住在城郊社区的高校教师的安全感评价更低，较住在福利性住房社区的高校教师下降0.202个单位。由此可见，住房社区类型会对高校教师的环境安全感评价产生影响，该结果在一定程度上支持了社会生态心理学视角的理论。有趣的是，房产数量在总体安全感、信息安全感和环境安全感评价中都呈显著负相关关系，即名下拥有的住房越多，安全感评价越低。住房数量每增加1套，高校教师对社会总体安全感评价下降0.081个单位，对信息安全感评价下降0.061个单位，对环境安全感评价下降0.080个单位。考虑到样本为城市移民群体，许多教师的房产很有可能不在当地而在其家乡，有理由推测，所拥有财产和所有人之间的距离增加了其不安全感。从安全感各维度来看，高校教师的本地生活适应程度越高，与本地人交往意愿越强烈，其总体安全感评价越高；与本地人交往意愿越强烈，本地身份认同程度越高，其财产安全感评价越高；本地生活适应程度越高，与本地人交往意愿越强烈，本地身份认同程度越高，其医疗安全感评价越高；在本地居住时长越长，与本地人交往意愿越强烈，本地身份认同程度越高，其食品安全感评价越高；与本地人交往意愿越强烈，本地身份认同程度越高，其信息安全感评价越高；本地生活适应程度越高，与本地人交往意愿越强烈，住在福利性住房社区，其环境安全感评价越高。总体而言，对于有移民经历的高校教师来说，在当地的社会融合程度会显著影响其安全感评价，社会融合程度越高，各维度安全感评价越高。

表 13-8　高校教师中城市移民群体的安全感多元线性回归模型

变量	M1：总体安全感模型 B（SE）	M2：财产安全模型 B（SE）	M3：医疗安全模型 B（SE）	M4：食品安全模型 B（SE）	M5：信息安全模型 B（SE）	M6：环境安全模型 B（SE）
个人因素						
男性[a]	0.112 *** (2.653)	0.093 ** (2.294)	0.083 * (1.880)	0.199 *** (3.800)	0.008 (0.153)	0.173 *** (3.254)

续表

变量	M1：总体安全感模型 B（SE）	M2：财产安全模型 B（SE）	M3：医疗安全模型 B（SE）	M4：食品安全模型 B（SE）	M5：信息安全模型 B（SE）	M6：环境安全模型 B（SE）
年龄	-0.176 (-1.134)	-0.517*** (-3.452)	-0.696*** (-4.240)	-0.519*** (-2.695)	-0.103 (-0.484)	0.219 (1.124)
在婚[b]	-0.031 (-0.523)	0.019 (0.322)	-0.081 (-1.293)	-0.023 (-0.314)	0.049 (0.600)	0.021 (0.273)
党员[c]	0.024 (0.522)	0.059 (1.364)	0.043 (0.913)	0.035 (0.632)	0.031 (0.501)	0.085 (1.496)
受教育程度	0.054 (1.113)	-0.004 (-0.083)	0.050 (0.983)	-0.004 (-0.074)	0.099 (1.492)	0.027 (0.443)
家庭年收入	0.074*** (3.164)	0.042* (1.883)	0.081*** (3.308)	0.042 (1.478)	0.019 (0.616)	0.058* (1.964)
主观阶层认同	0.118*** (4.364)	0.104*** (3.975)	0.123*** (4.316)	0.119*** (3.566)	0.152*** (4.113)	0.067* (1.964)
健康状况	0.161*** (6.324)	0.161*** (6.543)	0.210*** (7.812)	0.209*** (6.612)	0.217*** (6.244)	0.175*** (5.443)
职业特征						
高校类型[d]						
"211 工程"高校	0.239*** (4.692)	0.209*** (4.253)	0.221*** (4.122)	0.273*** (4.323)	0.173** (2.484)	0.318*** (4.945)
"985 工程"高校	0.222*** (3.845)	0.247*** (4.435)	0.383*** (6.284)	0.511*** (7.113)	0.198** (2.502)	0.403*** (5.522)
专业技术职称	-0.016 (-0.600)	0.017 (0.703)	-0.010 (-0.390)	-0.046 (-1.441)	-0.052 (-1.482)	-0.078** (-2.403)
行政职务级别	0.029 (1.270)	0.007 (0.302)	0.014 (0.572)	0.051* (1.782)	0.029 (0.937)	0.047 (1.628)
专业类别[e]						
农业科学	0.004 (0.041)	0.106 (1.243)	0.165* (1.765)	0.125 (1.146)	0.030 (0.258)	0.001 (0.000)
医药科学	0.103 (0.871)	-0.058 (-0.512)	0.015 (0.123)	-0.039 (-0.275)	-0.216 (-1.354)	-0.110 (-0.747)
工程与技术科学	-0.072 (-1.263)	-0.048 (-0.873)	-0.051 (-0.854)	-0.012 (-0.172)	0.009 (0.120)	0.011 (0.151)
人文与社会科学	-0.245*** (-3.952)	-0.173*** (-2.893)	-0.262*** (-4.001)	-0.173** (-2.242)	-0.243*** (-2.870)	-0.281*** (-3.590)
社会因素						
在本地居住时长	0.020 (0.588)	-0.015 (-0.457)	0.044 (1.216)	0.088** (2.075)	0.046 (0.994)	0.041 (0.963)
本地生活适应程度	0.092*** (2.749)	0.044 (1.359)	0.099*** (2.808)	0.029 (0.697)	0.002 (0.053)	0.085** (2.011)
与本地人交往意愿	0.022*** (4.358)	0.011** (2.286)	0.018*** (3.354)	0.014** (2.253)	0.024*** (3.509)	0.020*** (3.217)

续表

变量	M1：总体安全感模型 B（SE）	M2：财产安全模型 B（SE）	M3：医疗安全模型 B（SE）	M4：食品安全模型 B（SE）	M5：信息安全模型 B（SE）	M6：环境安全模型 B（SE）
本地身份认同ᶠ						
新本地人	-0.092 (-1.205)	-0.110 (-1.483)	-0.155* (-1.918)	-0.198** (-2.070)	-0.221** (-2.116)	-0.097 (-1.014)
既是本地人又是外地人	-0.093 (-1.186)	-0.153** (-2.015)	-0.148* (-1.784)	-0.264*** (-2.693)	-0.244** (-2.262)	-0.155 (-1.566)
外地人	-0.046 (-0.430)	0.040 (0.393)	-0.067 (-0.604)	-0.218* (-1.655)	-0.380*** (-2.615)	-0.145 (-1.088)
定居意向	-0.025 (-0.689)	-0.089** (-2.547)	-0.045 (-1.174)	-0.026 (-0.595)	0.044 (0.891)	0.037 (0.812)
住房社区类型ᵍ						
商品房社区	0.007 (0.121)	-0.012 (-0.223)	-0.059 (-0.962)	-0.041 (-0.560)	-0.070 (-0.871)	-0.177** (-2.397)
城郊社区	-0.080 (-0.990)	-0.101 (-1.296)	-0.003 (-0.031)	-0.024 (-0.242)	-0.110 (-0.990)	-0.202** (-1.975)
住房产权	0.008 (0.152)	-0.035 (-0.645)	0.084 (1.394)	0.041 (0.582)	0.102 (1.303)	0.079 (1.091)
房产数量	-0.081*** (-3.021)	-0.012 (-0.492)	-0.015 (-0.532)	-0.016 (-0.497)	-0.061* (-1.675)	-0.080** (-2.393)
截距	2.837*** (5.063)	4.718*** (8.736)	4.551*** (7.701)	3.506*** (5.042)	1.204 (1.573)	0.929 (1.321)
N	1333	1333	1333	1333	1333	1333
R^2	0.203	0.175	0.246	0.188	0.125	0.177

注：①ᵃ参照组为女性；ᵇ参照组为非在婚；ᶜ参照组为非党员；ᵈ参照组为普通高校；ᵉ参照组为理学；ᶠ参照组为本地人；ᵍ参照组为福利性住房社区。②*$p<0.05$，**$p<0.01$，***$p<0.001$。③括号内为标准误。

五 结论与讨论

在本章中，我们首先分析了高校教师的总体安全感，结果发现，高校教师的总体安全感较强，普遍认为总体社会比较安全。从具体维度来看，高校教师对个人和家庭财产安全的评价最高，对医疗安全（包括药品）的评价次之，对自然环境安全（如雾霾等）和食品安全的评价一般，对个人信息、隐私安全最为担忧。

其次，我们基于社会人口特征、主客观社会地位以及学院、学校特征，进一步比较了高校教师对总体社会安全感和社会不同维度安全感的评价情况。就性别差异而言，男性高校教师在各维度上的安全感得分均高于女性，尤其是在自然环境安全（如雾霾等）与食品安全方面，女性高校教师的安全感得分明显低于男性。从年龄来看，"50世代"高校教师的安全感评价最低，"90世代"高校教师的安全感评价最高，且显著高于"80世代"，而"60世代"高校教师的安全感评价仅次于"90世代"，排在第二。无论是从总体社会安全感评价还是具体维度来看，不同婚姻状态的高校教师对社会安全感的评价较为接近，党员与非党员高校教师对安全感的评价差异甚微。

就主客观社会地位而言，受教育程度与安全感评价呈正相关关系，即高校教师的受教育程度越高，总体安全感评价越高。在家庭年收入方面，除食品安全外，其余维度安全感评价均随着家庭年收入的增加而提高；而食品安全维度呈现中等收入高校教师群体的安全感评价低于低收入和高收入高校教师的特征。总体上高校教师的家庭年收入越高，总体安全感评价越高。在不同专业技术职称方面，拥有初级职称与正高级职称的高校教师的安全感评价较高，无职称和中级职称高校教师的安全感评价较低。在不同行政职务级别方面，处级副职高校教师的安全感评价最高，科级正职高校教师的安全感评价最低。在不同主观社会地位方面，无论是总体评价还是不同维度的安全感评价，都呈现正向关系，主观上层群体的安全感评价最高，主观下层的安全感评价最低，但个人和家庭财产维度出现了比较特殊的情况，主观上层的安全感评价在该维度低于主观中上层，这从侧面体现了主观上层对个人和家庭财产的担忧和需求。

就学院、学校特征而言，无论是在总体安全感还是在各维度上，农业科学专业高校教师的安全感评价都最高，人文与社会科学专业高校教师的安全感评价都最低。医药科学专业高校教师对各维度的评价差异较大，其中对医疗安全（包括药品）的评价明显高于除农业科学专业外的其他专业。人文与社会科学、医药科学专业的高校教师对个人信息、隐私安全最为担忧。普通高校、"211工程"高校和"985工程"高校教师的安全感依次上升，"双一流"高校教师的安全感评价高于非"双一流"。"985工程"高校与"双一流"高校教师普遍认为总体社会比较安全，而普通高校和非"双一流"高校教师的安全感评价一般。

回归分析进一步从不同方面更加细致地探究了不同特征的高校教师安全感评价的差异性。实证研究发现，个人因素、职业特征、社区因素、社会因素显著影响了高校教师的安全感评价。这些结果支持了个人因素影响论、社区因素影响论、社会因素影响论。

在个人因素中，性别在总体社会安全感、医疗安全（包括药品）、食品安全、自然环境安全（如雾霾等）四个方面具有显著影响，男性具有更高的安全感评价；从年龄来看，随着年龄的增长，高校教师对个人和家庭财产安全、医疗安全（包括药品）的担忧显著增多，安全感高校教师降低；受教育程度会对总体社会安全感和个人信息、隐私安全产生一定影响，其中拥有硕士研究生学历的高校教师的总体社会安全感评价较高；家庭年收入越高，高校教师的安全感评价越高，尤其是在医疗安全（包括药品），食品安全，个人信息、隐私安全，自然环境安全（如雾霾等）维度，高收入教师的安全感显著提升；健康状况与安全感的各个维度均呈显著正相关关系，即高校教师的健康状况越好，安全感评价越高。

从职业特征来看，高校层级、专业技术职称、专业类别与安全感评价有很大相关性。教师所在高校的层级越高，自身的安全感评价就越高，相较于就职于普通高校的教师，就职于"985工程"高校的教师在除个人信息、隐私安全外的所有维度上，安全感评价都显著较高；专业技术职称在个人和家庭财产安全上具有显著影响，专业技术职称越高，财产安全感评价越高；从专业类别来看，人文与社会科学专业的高校教师在各维度上的安全感评价都显著较低，推测是专业特点和研究方向使其更易认识到社会风险。

在社区因素中，户籍、住房社区类型、住房产权对安全感评价有不同程度的影响。其中，拥有原始户籍的高校教师较没有取得本地户籍的高校教师有更强烈的个人信息、隐私安全感；居住在福利性住房社区的高校教师在食品安全，个人信息、隐私安全，自然环境安全（如雾霾等）这三个维度中，都比居住在商品房社区、城郊社区的教师更具安全感；住房产权显著影响了高校教师的医疗安全感评价，有产权的教师对医疗安全的评价更高。

在社会因素中，人际关系评价和商业保险数量是影响高校教师安全感评价的重要因素。其中，人际关系评价与安全感各维度呈显著正相关关系，即高校教师的人际关系评价越高，其安全感评价越高；商业保险数量对高校教师的总体社会安全感、医疗安全感评价有显著正向影响，即商业保险所带来的规避风险作用能提升高校教师的总体社会安全感和医疗安全感。

针对城市移民高校教师的研究表明，在当地的社会融合程度会显著影响其安全感评价，社会融合程度越高，各维度安全感评价越高，且居住在福利性住房社区能给移民高校教师带来较强的安全感。

从研究结果可以看到，安全感除了受到社会交往评价、商业保险数量等社会因素的影响之外，还受到社区因素和性别、年龄、受教育程度、健康状况、主观阶层认同等个人因素的影响。

参考文献

安东尼·吉登斯，1998，《社会的构成》，李康、李猛译，生活·读书·新知三联书店。

安东尼·吉登斯，2000，《现代性的后果》，田禾译，译林出版社。

安莉娟、丛中，2003，《安全感研究述评》，《中国行为医学科学》第 6 期。

曹羽鹤、王坚，2016，《安全感研究述评与展望》，《中国健康心理学杂志》第 12 期。

柴楠、吕寿伟，2017，《"非贫困性辍学"的贫困根源》，《当代教育科学》第 7 期。

陈苏云、王带宁、侯博，2021，《流动儿童社会支持与心理安全感的关系》，《中国健康心理学杂志》第 5 期。

丛中、安莉娟，2004，《安全感量表的初步编制及信度、效度检验》，《中国心理卫生杂志》第 2 期。

方圣杰、吴晓燕、张林，2013，《一般社会民众心理安全感状况的调查研究》，《中国健康心理学杂志》第 7 期。

高觉敷，1982，《心理学的心理学与心理学的社会学》，《南京师大学报》（社会科学版）第 3 期。

高觉敷主编，1987，《西方心理学的新发展》，人民教育出版社。

黄翠龙，2011，《基于社会网视角的农民工关系型求职与工作不安全感的影响效应研究》，硕士学位论文，华南理工大学。

鞠牛，2020，《我国青年人群的社交餐饮网与健康安全感——基于文化心理视角的分析》，《中国青年研究》第 6 期。

李幕、刘海燕，2012，《心理安全感作用问卷的编制》，《求实》第 S1 期。

李培林、田丰，2011，《中国新生代农民工：社会态度和行为选择》，《社会》第 2 期。

马斯洛，1987，《动机与人格》，许金声等译，华夏出版社。

马贤磊、仇童伟、钱忠好，2015，《土地产权经历、产权情景对农民产权安全感知的影响——基于土地法律执行视角》，《公共管理学报》第 12 期。

师保国、徐玲、许晶晶，2009，《流动儿童幸福感、安全感及其与社会排斥的关系》，《心理科学》第 6 期。

唐婧，2021，《新型城镇化背景下流动人口安全感的增进研究》，《河北公安警察职业学院学报》第 2 期。

王俊秀，2008，《面对风险：公众安全感研究》，《社会》第 4 期。

王俊秀，2014，《社会心态：转型社会的社会心理研究》，《社会学研究》第 1 期。

王俊秀、刘晓柳，2019，《现状、变化和相互关系：安全感、获得感与幸福感及其提升路径》，《江苏社会科学》第 1 期。

王俊秀、张潘士、王大为，2002，《社会安全感研究》，《社会心理研究》第 2 期。

王绍光、刘欣，2002，《信任的基础：一种理性的解释》，《社会学研究》第 3 期。

Wood，L.，Shannon，T.，Bulsara，M.，贾宜如，2015，《郊区安全与社会问题：建成环境、社会资本和居民安全感认知的探索性研究》，《城市规划学刊》第 3 期。

乌尔里希·贝克，2004，《风险社会》，何博闻译，译林出版社。

肖鸿元，2017，《基于地点的城市社区居民安全感影响因素及作用机制分析》，硕士学位论文，西安外国语大学。

杨菁、杨梦婷，2016，《重大突发事件中公众安全感的影响因素及治理对策研究——基于 4·20 雅安地震公众安全感的实证分析》，《探索》第 1 期。

姚本先、汪海彬，2011，《我国城市居民安全感的调查研究》，《增强心理学服务社会的意识和功能——中国心理学会成立 90 周年纪念大会暨第十四届全国心理学学术会议论文摘要集》。

周静、谢天，2019，《居所流动预期能预测个体物质主义价值观——不安全感的中介作用及心理需要的调节作用》，《中国社会心理学评论》第 1 期。

Adams，R. E. & Serpe，R. T. 2000. "Social Integration, Fear of Crime, and Life Satisfaction." *Sociological Perspectives* 43（4）：605 – 629. Maslow，A. H. 1942. "The Dynamics of Psychological Security-insecurity." *Character & Personality*；*A Quarterly for Psychodiagnostic & Allied Studies* 10（4）：331 – 344.

Maslow，A. H. 1942. "The Dynamics of Psychological Security-insecurity." *Character & Personality*；*A Quarerly for Psychodiagnostic & Allied Studies* 10（4）：331 – 344.

Oishi，S. 2010. "The Psychology of Residential Mobility：Implications for the Self, Social Relationships, and Well-being." *Perspectives on Psychological Science* 5（1）：5 – 21.

Oishi，S. 2014. "Socioecological Psychology." *Annual Review of Psychology* 65：581 – 609.

Vail，John. 1999. "Insecure Times：Conceptualising Insecurity and Security." in *Insecure Times：Living with Insecurity in Contemporary Society*，Vail，J. J.，Wheelock，J.，and Hill，M.（Eds.）New York：Newcastle University Press.

第十四章　高校教师的社会信任

董思琦[*]

中国的社会转型带来的后果之一就是信任危机（黄正元、孙磊，2010）。如何消除信任危机、重建良好的信任关系就成了摆在我们面前的一个迫切的课题（李传喜、李海云，2012）。社会信任是反映人民获得感与社会和谐程度的一个重要指标，也是关注高校教师获得感的研究必须要讨论的问题。高校教师作为知识分子代表，其社会信任水平深刻影响着社会总体信任水平。

本章基于高校教师获得感调查数据，对高校教师的社会信任进行综合描述，其中除了高校教师的社会信任总体状况外，还包括个体的社会人口特征、收入状况、学院和学校特征与各类社会信任维度的关系。运用回归模型，本章进一步分析与检验了影响高校教师社会信任的因素，主要从个人因素、职业特征、社区因素和社会因素四个角度进行讨论。

一　社会信任的相关研究回顾

（一）社会信任的来源

社会学既研究人与人的信任关系，也研究人与社会的信任关系，故而必将关注社会信任的因素、作用和问题，重视社会环境，包括经济、制度和文化对信任的影响。不同时代、不同地域的学者对社会信任问题的认识经历了由浅入深、由表及里的过程，其思想观点的发展可分为以下三个阶段。

起初，学者对社会信任的研究集中在微观社会学层面，注重从个体视

＊　董思琦，浙江大学公共管理学院博士研究生。

角探究社会信任的来源，这一时期的代表性学者有美国学者祖克尔和巴伯，特点在于从微观需要入手，强调社会信任对个体的有利性系其来源的基本动因。祖克尔（Zucker，1986）提出信任形成的三个层面：①基于交往经验的信任，来自交往、交换和交易经验；②基于相信行动者具有某种社会、文化特性，它们来源于社会模仿与合作规则；③基于非个人的规则、社会规范和制度的信任。由此，信任由私人关系扩展到公共性的专家系统、制度系统或法律系统。巴伯（1989）认为，信任是相互的，发生在两个以上行动者或社会组织之间，可分为三种类型：一是对自然、道德、社会秩序持续运转的期望；二是对与自己保持社会关系的人按照角色要求行事的期望；三是对与自己交往的人能承担责任和履行义务的期望。

其后，学者将研究视角从微观社会学发展到宏观社会学，将社会信任问题放在交换的环境中讨论。西美尔（2002）认为，现代社会中的主要社会关系或互动方式是交换，而信任是交换最重要的条件。他深入研究了普遍信任问题，认为人们必须相信被接受的货币不会大幅度贬值，并能被再用掉。这种信任已经是对赋予货币有效性的人或政府的信任。社会从传统到现代的转变伴随着从以人格信任为主转向以系统信任为主。此外，他还探究了信任的来源，认为信任基于对未来可能事件的预测和计算，存在于知和无知之间。卢曼（2005）更为强调互动在信任产生中的作用，指出信任本质上是简化复杂性的机制之一，它与社会结构、制度变迁存在明确的互动关系。他提出了三种主要的交换媒介：货币、真理、权力。他认为这三种交换媒介在信任情形中有着非常重要的地位，且信任总是从已有的证据进行推断。吉登斯（2000）强调信任是人的在世条件、生命价值的终极意义，并认为基本信任根植于社区、亲缘纽带和友谊的个人化信任关系之中。而在现代社会，每个主体都不得不把自己从既有的社会关系中抽离出来，并不断地让自己嵌入陌生的社会关系中，且一切都充满了不确定性，一切都建立在流沙之上。

在多学科融合的治学背景下，以福山为代表的社会学学者受到经济学视角下博弈理论、成本理论、交易理论等理论工具的影响，认为信任会直接影响企业规模和经济效益，进而影响一国的经济实力和国际竞争力（福山，2016）。信任基于一个群体的成员共同遵守的一套行为规范，成为社会资本建立的基础。信任由文化模式决定。

（二）社会信任的分类

比较常见的分类方式是按照信任的对象进行区分，在这种分类法则下，说服力较强的两种分类方式为韦伯提出的特殊信任与普遍信任分类以及卢曼提出的人际信任与制度信任分类，二者并不矛盾。

（1）特殊信任与普遍信任

特殊信任是指以血缘性社区为基础，建立在私人关系和家庭或准家族关系之上的信任；普遍信任是指以信仰共同体为基础，建立在有相同信仰或利益之上的信任（韦伯，1999；彭泗清，1999；雷开春、张文宏，2012）。

特殊信任与普遍信任的划分暗含了信任者与信任对象之间关系的远近亲疏排列，因此，这样的类型划分在一定程度上可以反映人际关系的"差序格局"。在这种理论指导下，学者们对我国存在的差序格局进行了更为深入的探讨，发现我国居民社会关系中的信任格局的确以自我为中心分次第强弱，不同身份构建起的社会关系具有明显的亲疏之别，距离自我更近的群体方可得到个体高度的信任（胡荣、李静雅，2006；邹宇春等，2012）。

（2）人际信任与制度信任

人际信任是产生于自然人之间的情感关系纽带，常发生于首要群体和次要群体中；而制度信任发生于更抽象的关系之中，依赖于制度环境（如法律、政治、经济等相关制度）（Luhmann，1979；邹宇春等，2012）。在现代社会，科层组织的兴起与扩散提供了另外一种资源分配方式，因此，许多社会活动超出了传统人际架构的范围。这种建立在"非人际"关系上的社会现象导致一种不以自然人为对象的信任逐渐成为现代社会运作的重要机制（张苙云、谭康荣，2005）。

人际信任与制度信任的划分将信任的托付对象从人扩大到制度，从对受访者的人际情感亲疏的测量扩大到对制度公信力的看法。这种划分方式带来了关于信任更丰富的信息。我国学者引入这种方法后发现，在自然人与制度的二重分类下，多种问卷结果显示，整体上人们对制度（及其代表）的信任水平高于对个人的信任水平；对制度（及其代表）的信任程度存在"差序格局"；将人际信任与制度信任的所有子类做比较发现，对家人的信任水平最高，对制度（及其代表）的信任水平次之，对陌生人的信任水平最低（邹宇春等，2012；陈云松、边燕杰，2015；郭小弦，2015）。

除了以上两种常见分类之外，还有学者提出了自己的分类方法，将人际信任分为认知信任与情感信任（Lewis and Andrew，1985）。在直接互动、比较熟悉或者关系紧密的情况下，个体能获得充足的有关他者的信息，有可能出现特殊信任或情感信任；而在间接互动、不熟悉或者关系疏远的情况下，个体对他者的了解较少，则可能出现普遍信任或认知信任（Lewis and Andrew，1985；邹宇春等，2012）。

（三）社会信任的影响因素研究

完成对社会信任的分类后，便需要回答是什么影响了社会信任的问题。目前，得到大多数学者认可的社会信任影响因素有三种：个人特征及经济社会地位指标、社区融合、社会资本。大部分学者认为，社会信任与这三类影响因素呈现正相关关系。

1. 个人特征及经济社会地位指标与社会信任

经济社会地位是个人特征的一个重要方面。鉴于经济因素对社会信任的影响较大，本章将其单独列出。普遍存在的个人特征影响因素为受教育程度与收入以及个人经历（个人社会经验、年龄）。大多数学者认为，受教育程度和个人经历与社会信任存在显著正相关关系，但是收入因素如何影响社会信任则存在国内外的分歧。我国学者认为，收入水平差异对公民的社会信任水平没有影响，这与国外学者得到的结论相反（Alesina and Ferrara，2002；杨明等，2011）。

我国的社会关系较为复杂，故而政治身份识别是更为特殊的个人特征因素。与社会信任相似，不同收入公民的政治信任水平无显著差异，但受教育程度的提高反而带来政治信任水平下降，这与社会信任相反。并且，性别、婚姻状况的差异没有带来政治信任水平的统计差异，但民族成分成为影响我国居民政治信任水平的一个因素，少数民族居民的政治信任水平较高（郭小弦，2015；陈云松、边燕杰，2015）。更为重要的是，党员身份可以带来更高的制度信任水平（刘伶俐、吴江龙，2015）。当然，作为政治合法性基础之一的经济和收入因素，也证明二者之间存在双向相关关系（陈云松、边燕杰，2015）。

尽管以上研究结果受限于数据情况和研究者的研究意图而有所不同，但是它们依然为我们直观地描绘了社会信任的影响因素。在一些重要指标上存在的分歧（如受教育程度和收入）也值得之后的研究进一步关注。

2. 社区融合与社会信任

社区融合是影响外国居民社会信任水平的一个重要因素，对我国居民影响较小，这是由不同国家的社会结构差异决定的。社会信任水平的社区因素影响论强调居民所处社区的客观特点和居民对社区的主观评价对其社会信任水平的影响（Putnam，2000；Delhey and Newton，2003）。社区的稳定性程度对居民的社会信任水平有着积极影响：居民更加信任当前与他交往时间较长的其他人，也更倾向于信任那些未来可能与他交往时间较长的其他人。如果居民居住在当前社区的时间较长，或者居民的出生地在当前社区所在的城市，那么基于过往的长期交往经验和未来的长期交往预期，居民的社会信任水平会更高。在和谐程度更高的社区里，居民面临的社会风险能够通过社区成员、街道办或者居委会的帮助得以分散，因此，居民对社会信任决策风险的承受能力更强，社会信任水平更高。此外，出生地与当前社区所在地为同一个州的居民的社会信任水平更高，而祖籍国家的差异度、居民在目前社区所在州的居住时间对其社会信任水平没有显著影响（Alesina and Ferrara，2002）。相比之下，居民对邻里关系的满意度对其社会信任水平有着显著但不稳健的积极作用（Delhey and Newton，2003）。

3. 社会资本与社会信任

起初，学者们对社会资本的定义是包含社会信任的，信任被当成社会资本的要素。社会资本被定义为社会组织中的诸如信任、规范以及网络等内容，它们可以通过促进合作的行动提高社会的效率（Putnam，1995）。受其影响，有学者提出社会资本的六个构成因子：信任因子、社会交往因子、社区安全因子、亲属联系因子、社区归属因子和社团因子（胡荣、李静雅，2006）。

随着社会资本概念的厘清，研究者逐渐认为信任不能等同于社会资本或其构成元素。从微观层面来看，信任是个人所拥有的预期，由个体支配以指导行动。即便不接触被信任对象，个体也可能对其投入信任。但社会资本不属于个体，它必须建立在个体与他者关系网络的基础上，归属于网络内的其他成员。两者无法等而论之。因此，社会资本和信任应被看作两个不同的概念，而且社会资本会影响信任的生成。从关系规范的角度来看，信任是社会资本的结果，而非社会资本的构成（邹宇春等，2012）。

从信任、规范中剥离出来的社会资本概念更接近于社会网络交往。在这一理论指导下，我国研究者开始运用多种社会网络交往指标来测量社会资本与信任之间的关系。具体而言，部分学者更为关注社会交往成分在社会资本中的测量，针对城市新移民群体探究了社会交往与信任的关系（雷开春、张文宏，2012）。另有部分学者更为关注社会交往方式在社会资本中的测量，发现由拜年网、职业网和饭局网等工具测量到的不同维度的社会资本分别对不同的信任类型产生作用（邹宇春等，2012）。还有些学者侧重于考察个体网络交往与政治信任之间的关系（郭小弦，2015），如饮食社交与政治信任的关系等（陈云松、边燕杰，2015）。

就社会资本对社会信任产生正向影响还是负向影响这一问题，研究者发现了关于社会资本对社会信任的作用方面不一致的结论。对一些城镇居民社会资本的研究表明，无论是社团参与、公共事务参与，还是职业网、拜年网，社会资本和社会信任之间都有显著的正向关联。但是部分学者在研究社会资本变量与我国居民政治信任关系时得出与之相反的结论，认为二者呈负相关关系（胡荣等，2011；邹宇春等，2012；陈云松、边燕杰，2015；郭小弦，2015）。对此，有学者将这种现象解释为关系资本积累的过程，社会资本可能随着政治信任水平的提高而增加，也完全可能随着政治信任水平的提高而减少（陈云松、边燕杰，2015）。从社会资本与社会信任的区分到社会资本对社会信任的正负效应的梳理，可以发现，社会资本与社会信任的关系值得被进一步研究，因此，本章运用高校教师的科研网等社会资本变量，探究其与社会信任的关系。

二 研究设计

（一）研究问题和研究假设

本章首先对高校教师的整体社会信任程度进行描述性统计，其次将高校教师工作特征与社会信任程度进行交叉分析，最后运用回归模型探究影响高校教师社会信任差异的因素。

已有研究认为，主要有三种社会信任水平的影响因素，分别是个人因素、社会因素、社区因素，并由此归纳出三种解释理论。

个人因素影响论主张社会信任是相对个人化的主观评价，个人自身的主客观特征是影响其社会信任水平的主要因素（Uslaner，1999，2000；Putnam，2000）。自身收入高、学历高的人更可能具有较高的社会信任水平，据此推测高校教师也存在这种现象，提出本章的假设1。

假设1：高校教师的个人因素对其社会信任水平有正向影响，即收入越高、受教育程度越高、高校层级越高、有向上流动经历的高校教师，其个人关系信任程度和组织关系信任程度越高。

社会因素影响论指出，社会信任是整个社会系统的产物，社会客观现实与个人对社会的主观评价是影响其社会信任水平的主要因素（Putnam，2000）。社会网络是一种具有可转换性的资源，因为它可以降低社会活动的信息成本。社会网络规模大的人抵御失信风险的能力更强（王绍光、刘欣，2002）。因此，我们有理由假设社会网络规模大的人更容易对他人产生信任，据此提出本章的假设2。

> 假设2：高校教师的社会因素对其社会信任水平有正向影响，即社会网络规模越大、异质性越强，科研网规模越大的高校教师，其个人关系信任程度和组织关系信任程度越高。

社区因素影响论认为，社会信任是个人基于对其所属社区的参考群体的认识扩展而成的，社区的客观特点和个人对社区的主观看法是影响其社会信任水平的主要因素（Putnam，2000；Delhey and Newton，2003）。在本地居住时长、本地生活适应程度、与本地人交往意愿、本地身份认同等不同的所处社区特征与感受，都可能导致高校教师在社会信任水平上产生差异，据此我们重点以流动高校教师为研究对象进行回归分析，提出本章的假设3。

> 假设3：高校教师的社区因素对其社会信任水平有正向影响，即在本地居住时间越长、本地生活适应程度越高、越愿意与本地人交往、本地身份认同程度越高、定居意向越强烈的高校教师，其个人关系信任程度和组织关系信任程度越高。

（二）概念的测量与操作化

1. 因变量

基于学者们在社会信任层面的普遍研究，本章将社会信任划分为个人关系信任和组织机构信任，在问卷中用两个量表进行测量。其中，个人关系信任包括家人、亲戚、邻居、同事、朋友、老同学、陌生人七个维度，组织机构信任包括中央政府、地方政府、军队、司法部门、慈善机构、电视媒体、网络媒体七个维度。按照五分法对社会信任进行测量，划分为非常不信任、不太信任、一般、比较信任、非常信任，分别赋值为 1~5。

2. 自变量

自变量主要分为三类，即个人因素、社会因素以及社区因素。

（1）个人因素

个人因素主要包括性别、年龄、婚姻状况、政治面貌这四项社会人口特征变量，受教育程度、家庭年收入这两项传统地位特征变量，以及高校层级、专业类别、专业技术职称、行政职务级别、职业流动方向这五项高校教师工作相关特征变量。

性别：在回归分析中编码为虚拟变量，男性为 1，女性为 0。

年龄：被访者填写问卷的年份减去其出生年份，在描述性统计中将1950~1959 年出生的受访者划分为"50 世代"，1960~1969 年出生的受访者为"60 世代"，1970~1979 年为"70 世代"，1980~1989 年为"80 世代"，出生年份在 1990 年及以后的为"90 世代"，据此称"出生世代"。在回归分析中，将年龄取对数后，作为连续变量进入回归分析。

婚姻状况：原始问卷分为未婚、同居、初婚有配偶、再婚有配偶、分居未离婚、离婚、丧偶七个类别，在统计分析中将未婚、同居、离婚、丧偶编码为 0，表示教师非在婚；将初婚有配偶、再婚有配偶、分居未离婚编码为 1，表示教师在婚。

政治面貌：原始问卷分为群众、共青团员、民主党派、共产党员四个类别。本章将群众、共青团员、民主党派合并为非党员，在回归分析中编码为虚拟变量，党员为 0，非党员为 1。

受教育程度：原始问卷分为大学专科、大学本科、硕士研究生、博士研究生四个类别。在本章分析中将大学专科、大学本科合并为大学专科或本科，在回归分析中编码为 0；硕士研究生编码为 1；博士研究生编码为 2。

家庭年收入：受访者在前一年全年的家庭总收入，分为低收入（10 万元以下）、中等收入（10 万~50 万元）以及高收入（50 万元及以上）三个类别。

高校层级：受访者当前工作高校层级，采用两种划分标准：①普通高校、"211 工程"高校和"985 工程"高校；②非"双一流"高校和"双一流"高校。

专业类别：受访者当前工作学院专业类别，分为理学、农业科学、医药科学、工程与技术科学和人文与社会科学五大类。

专业技术职称：受访者专业技术职称的级别，分为无职称、初级、中级、副高级和正高级五类。

行政职务级别：受访者担任过行政或管理最高的职务级别，原始问卷分为无级别、科级副职、科级正职、处级副职、处级正职、厅局级副职、厅局级正职及以上七类，分析中将处级正职、厅局级副职、厅局级正职及以上合并为处级正职及以上。

职业流动方向：根据受访者初教职及现教职的高校级别生成，分为未流动、向下流动、水平流动、向上流动、其他（包括国际流动、机构高校间流动等）五类。在回归分析中编码为虚拟变量，向下流动赋值为 - 1，水平流动赋值为 0，向上流动赋值为 1。

（2）社会因素

社会网络规模是指构成一个社会网络的成员数目。原始问卷中统计了受访者过去半年经常联系的人中亲属的数量、亲密朋友的数量和熟人的数量。统计分析中将三种交往人数加总为受访者社会网络规模，并划分为 19 人以下、19 ~ 35 人、35 人以上三种网络规模。进一步的分析中将亲密朋友数量和熟人数量这两组数据合并，构成"非亲属网络"进行测量，分为亲属网络规模和非亲属网络规模两类。

社会网络异质性是指构成个人社会网络的成员差异程度。本章依据原始问卷中"在与您经常联系的人当中，有没有符合下列条件的人？（多选）"进行类别计数，测量受访者社会网络异质性，即交往的人员职业类别越多、越不同于高校教师群体，社会网络异质性越强。

科研网规模：依据原始问卷中"在过去半年内，您一共和多少人讨论过重要的科研问题"测量受访者科研网规模。

（3）社区因素（高校教师中城市移民部分变量）

户籍：受访者的户籍，分为原始户籍、获得本地户籍、没有获得本地户籍三类。

在本地居住时长：非原始户籍的受访者在当地居住的年数，依据受访者填写数值，划分为 10 年及以下、10 ~ 20 年、20 年及以上三类，在回归分析中编码为虚拟变量，依次赋值为 1 ~ 3。

本地生活适应程度：非原始户籍的受访者对本地生活的适应程度，分为很不适应、不太适应、一般、比较适应、非常适应五类，在回归分析中编码为虚拟变量，依次赋值为 1 ~ 5。

与本地人交往意愿：对非原始户籍的受访者进行调查，原始问卷中为由六个涉及社区交往问题构成的量表，具体为"您愿意与本地人一起工作、聊天、做邻居、做亲密朋友、结婚、参与社区管理吗"，分为很不愿意、不愿意、无所谓、愿意、非常愿意五个程度，依次赋值为 1～5，在回归分析中用加总得分引入方程。

本地身份认同：原始问卷中询问非原始户籍的受访者认为自己属于"本地人、新本地人、既是本地人又是外地人、外地人"中的哪一类别，在回归分析中编码为虚拟变量，分为认同程度高、认同程度较高、一般和认同程度低四类。

定居意向：受访者未来在当地的定居意向，分为非常有可能、有可能、不确定、不太可能、非常不可能五类。

表 14-1 呈现了社会信任变量的描述性分析结果。

表 14-1　社会信任变量的描述性分析结果

连续变量		频数	均值	标准差
个人关系信任程度	家人	1748	4.60	0.59
	亲戚	1748	3.93	0.68
	邻居	1748	3.42	0.74
	同事	1748	3.78	0.65
	朋友	1748	4.06	0.63
	老同学	1748	3.88	0.70
	陌生人	1748	2.40	0.94
组织机构信任程度	中央政府	1748	4.11	0.80
	地方政府	1748	3.90	0.84
	军队	1748	4.12	0.80
	司法部门	1748	3.80	0.89
	慈善机构	1748	3.16	0.96
	电视媒体	1748	2.90	0.95
	网络媒体	1748	2.52	0.97

三　高校教师的社会信任统计结果

（一）社会信任总体状况

图 14-1 报告了高校教师对个人关系和组织机构信任的程度，其中 1

分代表非常不信任，5 分代表非常信任。总体而言，受访高校教师在个人关系信任方面的均值为 3.72，在组织机构信任方面的均值为 3.51，即在"一般"与"比较信任"之间。可见，高校教师对个人关系的信任程度高于对组织机构的信任程度。

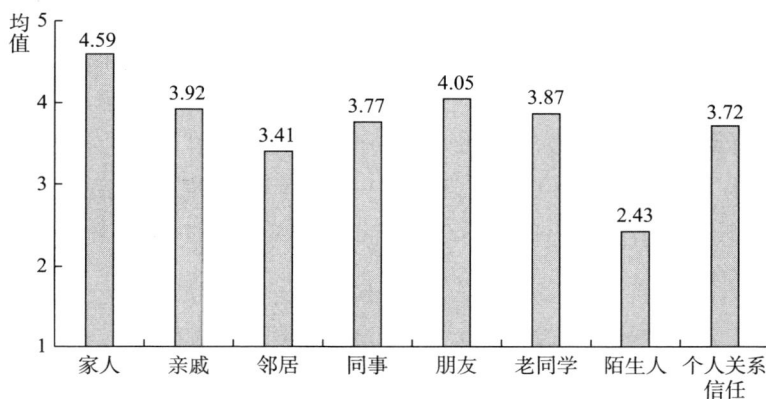

图 14 - 1（a）　高校教师个人关系信任程度

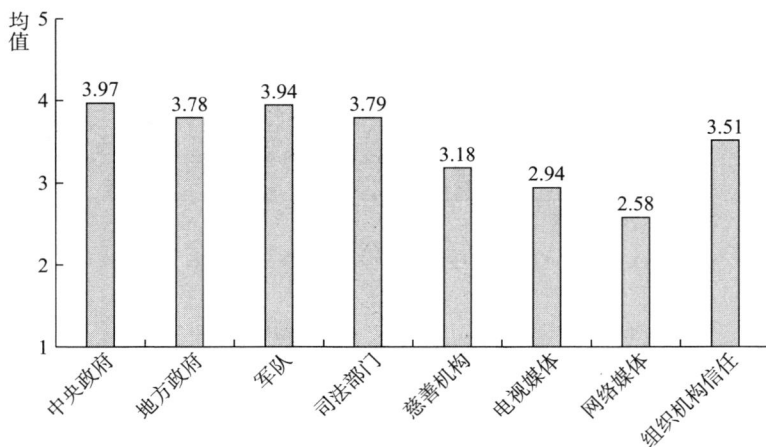

图 14 - 1（b）　高校教师组织机构信任程度

在个人关系信任方面，从图 14 - 1（a）呈现的各维度均值来看，高校教师对各类个人关系信任的程度均值排序从大到小依次为"家人"、"朋友"、"亲戚"、"老同学"、"同事"、"邻居"以及"陌生人"。图 14 - 2（a）报告了高校教师个人关系信任程度占比情况，从中可以看出，高校教师对"家人"的信任程度很高，有 64.21% 的高校教师选择"非常信任"，31.56% 的高校教师选择"比较信任"；对"邻居"的信任程度集中在"一般"；

仅有11.00%的高校教师选择信任"陌生人"。需要指出的是，高校教师对"朋友"信任的程度高于"亲戚"，亲缘纽带和友谊同时在个人关系信任中发挥作用。

在组织机构信任方面，从图14-1（b）呈现的各维度均值来看，高校教师对各类组织机构信任的程度均值排序从大到小依次为"中央政府"、"军队"、"司法部门"、"地方政府"、"慈善机构"、"电视媒体"以及"网络媒体"。图14-2（b）报告了高校教师组织机构信任程度占比情况，其中对"军队""中央政府""地方政府""司法部门"的信任程度集中在"比较信任"，对"慈善机构"和"电视媒体"的信任程度集中在"一般"，而对"网络媒体"的信任程度，超85%的高校教师选择了"非常不信任"、"不太信任"和"一般"。

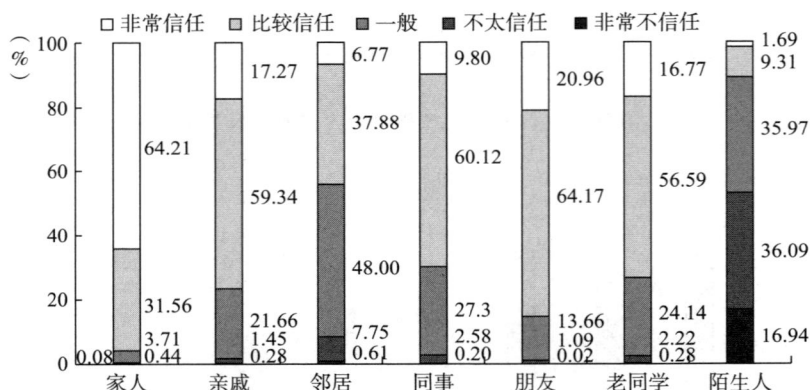

图14-2（a）　高校教师个人关系信任程度占比情况

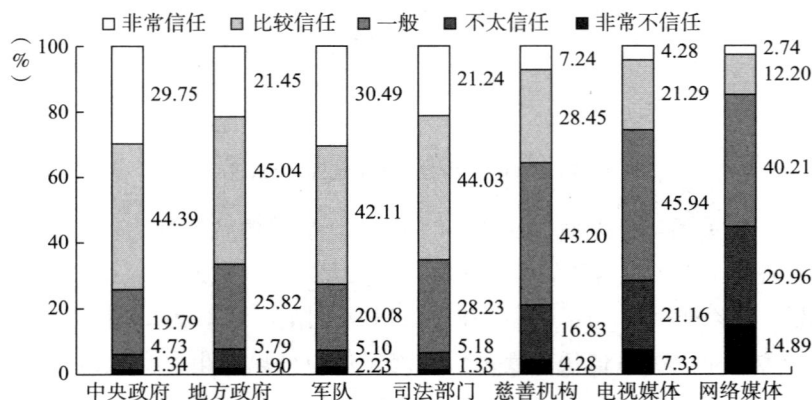

图14-2（b）　高校教师组织机构信任程度占比情况

（二）社会人口特征与社会信任

本节描述了主要的社会人口特征与社会信任的关系，具体包括高校教师的性别、年龄、婚姻状况、政治面貌与个人关系信任、组织机构信任。

（1）性别、年龄与社会信任

图 14-3 报告了不同性别在社会信任各维度上的均值差异。总体而言，不同性别在各维度的信任程度排序上一致。值得注意的是，在个人关系信任上，男性教师的信任均值整体上高于女性；而在组织机构信任中，女性教师的信任均值整体上略高于男性。

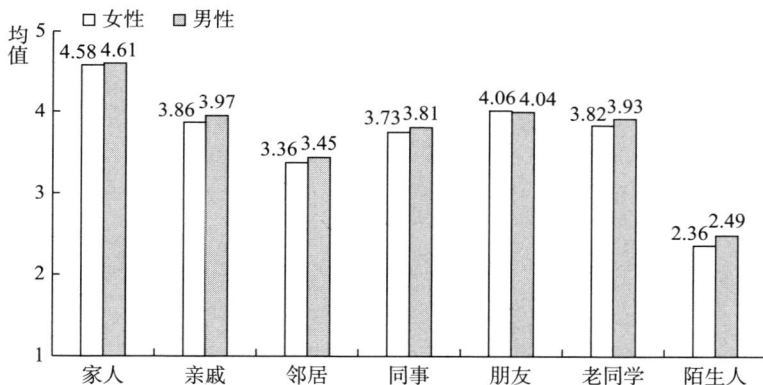

图 14-3（a）　性别与个人关系信任

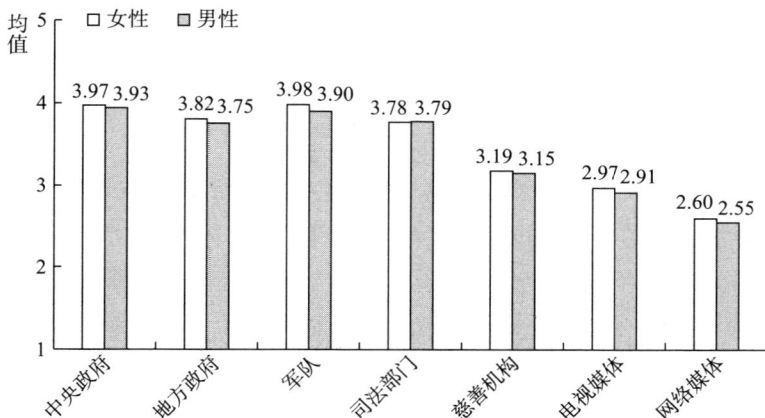

图 14-3（b）　性别与组织机构信任

图 14-4 报告了不同年龄的高校教师对社会各维度的信任程度。总体来看，不同年龄的高校教师对个人关系信任各维度的评价较为接近，而对

组织机构信任各维度的评价呈现两端高中间低的现象，即"70 世代"最低、"50 世代"与"90 世代"较高的情况。

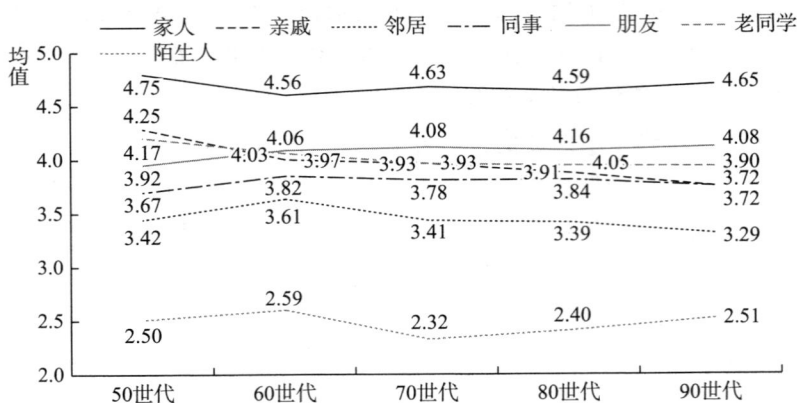

图 14－4（a）　　年龄与个人关系信任

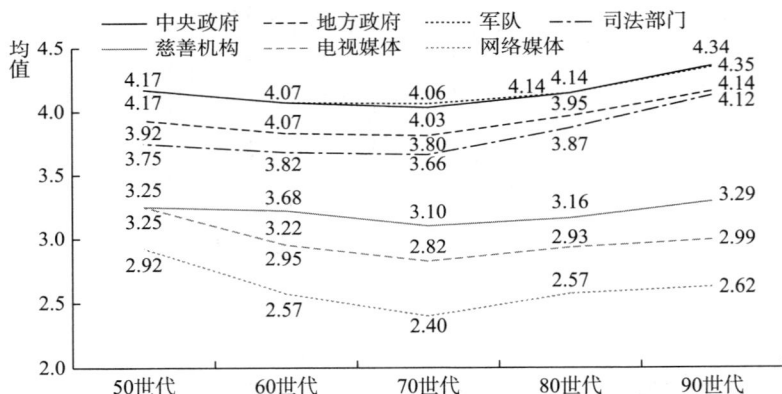

图 14－4（b）　　年龄与组织机构信任

具体而言，从不同年龄的高校教师对关系信任的评价来看，"50 世代"高校教师对家人的信任程度最高，均值达到 4.75；"60 世代"高校教师对邻居和陌生人的信任程度较高；"70 世代"对陌生人的信任程度最低，均值仅为 2.32。值得注意的是，对老同学的信任程度，随着年龄的减小而逐渐降低，"50 世代"高校教师对老同学的信任程度均值为 4.25，而"90 世代"对老同学的信任程度均值仅为 3.72。对此我们不难理解，与老同学认识时间的长短、拥有老同学的数量，是导致出现这一现象的原因。此外，我们可以发现，不同年龄的高校教师对朋友的信任程度都很高，除"50 世代"外，其余年龄的高校教师对朋友的信任程度都仅次于家人，排在第二位。

从对组织机构信任的评价来看，不同年龄的高校教师对中央政府和军队的信任程度都很高，且二者的评价曲线几乎重合。"90 世代"高校教师对军队的信任程度最高，均值为 4.35；"70 世代"对网络媒体的信任程度最低，均值仅为 2.40。不同年龄均表现出对中央政府、军队、地方政府、司法部门信任程度高于总体均值，对慈善机构、电视媒体、网络媒体的信任程度低于均值的特征。

（2）婚姻状况、政治面貌与社会信任

图 14 - 5（a）报告了不同婚姻状况的高校教师在个人关系信任方面的均值情况。在婚、非再婚高校教师的均值分别为 3.73 和 3.71，差异较小。图 14 - 5（b）报告了不同婚姻状况的高校教师在组织机构信任方面的均值情况。在婚、非在婚高校教师的均值分别为 3.48 和 3.62，非在婚高校教师对组织机构的信任程度显著高于在婚高校教师。

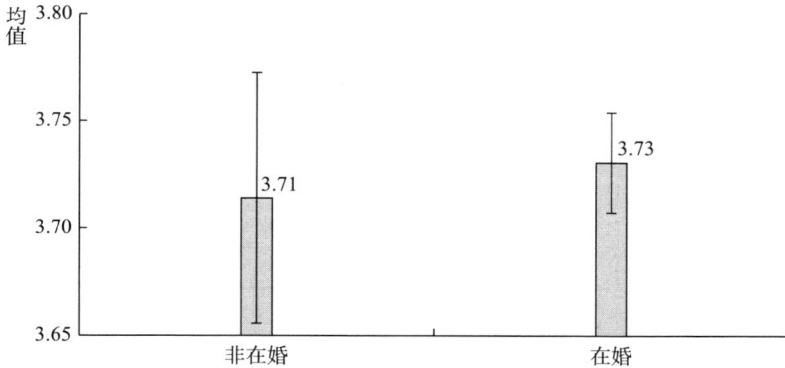

图 14 - 5（a）　婚姻状况与个人关系信任

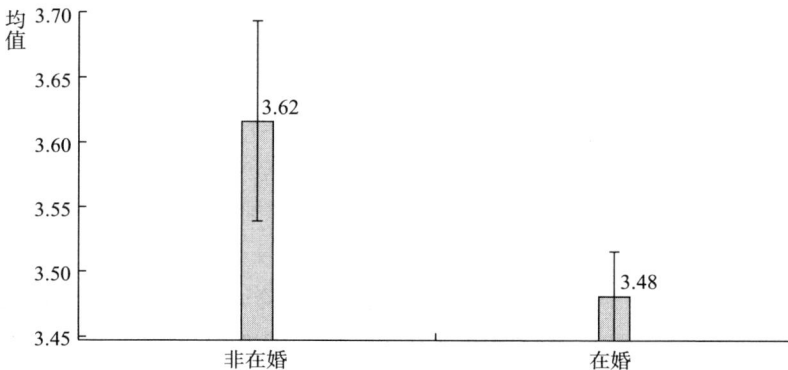

图 14 - 5（b）　婚姻状况与组织机构信任

表 14 - 2 报告了党员和非党员高校教师的社会信任各维度均值情况。从均值来看，党员与非党员高校教师对个人关系信任的程度差异甚微，但在组织机构信任方面，具有党员身份的高校教师在各维度上的信任程度均高于非党员高校教师。

表 14 - 2　政治面貌与信任程度的均值

变量		党员	非党员
个人关系 信任程度	家人	4.63	4.55
	亲戚	3.94	3.93
	邻居	3.42	3.41
	同事	3.79	3.77
	朋友	4.07	4.05
	老同学	3.90	3.84
	陌生人	2.36	2.50
组织机构 信任程度	中央政府	4.16	4.00
	地方政府	3.93	3.85
	军队	4.15	4.04
	司法部门	3.85	3.69
	慈善机构	3.18	3.11
	电视媒体	2.93	2.84
	网络媒体	2.55	2.45

四　高校教师社会信任的研究发现

表 14 - 3 中的模型 1 是个人关系信任的人口特征模型，以连续性个人关系信任量表得分为因变量，探究个人关系信任程度的影响因素。

在人口特征因素中，性别、年龄、受教育程度与个人关系信任程度有很大相关性，而婚姻状况、政治面貌、家庭年收入与个人关系信任程度的关系不大。具体来说，相较于高校女教师，男教师的个人关系信任得分显著提升 0.439 分；高校教师的年龄与其个人关系信任程度有显著相关性，并且随着年龄的增长，个人关系信任得分逐渐增加，年龄的对数每增加 1 个单位，个人关系信任得分提升 1.086 分；与拥有大学专科或本科学历的高校教师相比，拥有硕士研究生学历的高校教师的个人关系信任得分显著提升 0.802 分，拥有博士研究生学历的高校教师的个人关系信任得分显著提升 1.063 分。由此可见，男性、更年长、受教育程度更高的高校教师在个人关系信任程度上显著更高。

表 14-3 中的模型 2 是个人关系信任的职业特征模型。在职业特征因素中，高校层级、行政职务级别与个人关系信任程度有很大相关性，而专业技术职称、专业类别、职业流动方向与个人关系信任程度的关系不大。具体来说，与就职于非"双一流"高校的教师相比，就职于"双一流"高校的教师的个人关系信任得分显著提升 0.904 分；行政职务级别与个人关系信任程度的关系并不是线性的，有行政职务级别且为科级正职级别的高校教师的个人关系信任得分比无职称的显著高 0.686 分，处级副职级别的高校教师的个人关系信任程度显著比无职称的高 0.747 分。由此可见，从职业特征因素来看，就职于"双一流"高校、有行政职务级别且为科级正职或处级副职级别的高校教师在个人关系信任程度上显著较高。

表 14-3　个人关系信任与高校教师人口特征、职业特征的线性回归分析结果

	M1：个人关系信任——人口特征模型 B（SE）	M2：个人关系信任——职业特征模型 B（SE）
男性[a]	0.439（2.761）***	0.190（1.074）
年龄	1.086（2.500）**	0.697（1.232）
在婚[b]	-0.080（-0.362）	-0.155（-0.654）
非党员[c]	-0.167（-0.971）	-0.158（-0.823）
受教育程度[d]		
硕士研究生	0.802（1.721）*	0.836（1.590）
博士研究生	1.063（2.462）**	0.921（1.853）*
家庭年收入[e]		
中等收入	-0.095（-0.200）	0.071（0.141）
高收入	0.322（0.621）	0.322（0.582）
高校层级[f]		0.904（2.089）**
专业技术职称[g]		
初级		0.349（0.657）
中级		0.301（0.845）

续表

	M1：个人关系信任 ——人口特征模型 B（SE）	M2：个人关系信任—— 职业特征模型 B（SE）
副高级		0.085（0.230）
正高级		0.417（0.951）
行政职务级别[h]		
科级副职		0.334（0.783）
科级正职		0.686（1.882）*
处级副职		0.747（2.000）**
处级正职及以上		0.552（0.830）
专业类别[i]		
农业科学		0.322（0.921）
医药科学		0.245（0.468）
工程与技术科学		0.175（0.722）
人文与社会科学		−0.222（−0.856）
职业流动方向[j]		
向下流动		−0.189（−0.389）
水平流动		−0.091（−0.304）
向上流动		0.183（0.442）
其他		0.097（0.223）
截距	21.030（12.861）***	21.753（10.242）***
N	1780	1495
R^2	0.016	0.039

注：①[a] 参照组为女性；[b] 参照组为非在婚；[c] 参照组为党员；[d] 参照组为大学专科或本科；[e] 参照组为 10 万元以下；[f] 参照组为非"双一流"高校；[g] 参照组为无职称；[h] 参照组为无级别；[i] 参照组为理学；[j] 参照组为未流动。② * $p < 0.05$，** $p < 0.01$，*** $p < 0.001$。③括号内为标准误。

表 14−4 中的模型 3 是组织机构信任的人口特征模型，以连续性组织机构信任量表得分为因变量，探究组织机构信任程度的影响因素。

在人口特征因素中，年龄、婚姻状况、政治面貌、受教育程度、家庭年收入与组织机构信任程度有很大相关性，而性别与组织机构信任程度的关系不大。具体来说，高校教师的年龄与其组织机构信任程度有相关性，并且随着年龄的增长，组织机构信任得分有下降趋势，年龄的对数每增加 1 个单位，组织机构信任得分下降 1.122 分；与非在婚高校教师相比，在婚高校教师的组织机构信任得分显著下降 0.801 分；党员高校教师的组织机构信任得分比非党员高校教师高 0.801 分；与拥有大学专科或本科学历的高校教师相比，拥有博士研究生学历的高校教师的个人关系信任得分显著提升 1.072 分；高校教师的家庭年收入与组织机构信任程度之间的关系并不是线性的，但家庭年收入在 50 万元及以上的高校教师的组织机构信任得分比家庭年收入在 10 万元以下的显著高 1.272 分。由此可见，更年轻、非在婚、党员、拥有博士研究生学历、来自高收入家庭的高校教师的组织机构信任程度显著较高。

　　表 14-4 中的模型 4 是组织机构信任的职业特征模型。在职业特征因素中，专业类别与组织机构信任程度有很大相关性，而高校层级、专业技术职称、行政职务级别、职业流动方向与组织机构信任程度的关系不大。具体来说，相较于理学专业的高校教师，农业科学专业的高校教师的组织机构信任得分显著高 1.486 分，而人文与社会科学专业的高校教师的组织机构信任得分显著低 0.867 分。由此可见，从职业特征来看，就职于"985 工程"高校、农业科学专业的高校教师的组织机构信任程度显著更高。

表 14-4　组织机构信任与高校教师人口特征、职业特征的线性回归分析结果

	M3：组织机构信任——人口特征模型 B（SE）	M4：组织机构信任——职业特征模型 B（SE）
男性[a]	0.128（0.574）	-0.263（-1.082）
年龄	-1.122（-1.829）*	-0.997（-1.287）
在婚[b]	-0.801（-2.582）***	-0.620（-1.901）*
非党员[c]	-0.803（-3.311）***	-0.831（-3.180）***
受教育程度[d]		
硕士研究生	0.934（1.422）	0.958（1.343）
博士研究生	1.072（1.760）*	0.849（1.252）
家庭年收入[e]		
中等收入	-0.398（-0.587）	-0.508（-0.720）
高收入	1.272（1.745）*	0.581（0.763）
高校层级[f]		0.531（0.901）
专业技术职称[g]		
初级		1.162（1.601）
中级		-0.201（-0.411）

续表

	M3：组织机构信任 ——人口特征模型 B（SE）	M4：组织机构信任—— 职业特征模型 B（SE）
副高级		− 0.457（− 0.886）
正高级		− 0.102（− 0.174）
行政职务级别[h]		
科级副职		0.056（0.101）
科级正职		0.435（0.883）
处级副职		0.426（0.842）
处级正职及以上		0.886（0.980）
专业类别[i]		
农业科学		1.486（3.101）***
医药科学		0.302（0.422）
工程与技术科学		0.401（1.212）
人文与社会科学		− 0.867（− 2.463）**
职业流动方向[j]		
向下流动		0.198（0.301）
水平流动		− 0.271（− 0.654）
向上流动		− 0.347（− 0.612）
其他		− 0.388（− 0.661）
截距	28.593（12.403）***	27.591（9.521）***
N	1780	1495
R^2	0.032	0.102

注：①[a] 参照组为女性；[b] 参照组为非在婚；[c] 参照组为党员；[d] 参照组为大学专科或本科；[e] 参照组为10万元以下；[f] 参照组为非"双一流"高校；[g] 参照组为无职称；[h] 参照组为无级别；[i] 参照组为理学；[j] 参照组为未流动。② $p < 0.05$，** $p < 0.01$，*** $p < 0.001$。③括号内为标准误。

综上，假设1部分成立，在高校教师的个人因素中，受教育程度对其社会信任程度有正向影响，即受教育程度越高，社会信任程度越高；而家庭年收入仅对组织机构信任产生正向影响，在个人关系信任模型中不显著，即收入越高，越信任社会机构，但对关系信任没有显著影响；就职高校层级越高的高校教师，其个人关系信任程度越高，而流动经历在个人关系信任和组织机构信任中都不显著。据此推测，高校教师的社会信任更多建立在其求学的过程中，确定职业为教师后也许会因收入条件的不同而对组织机构有不同的信任程度，但其个人状态与社会地位基本稳定，信任程度不随流动经历变化。

表 14-5 是社会信任水平与社会因素的线性回归分析结果，以连续性社会信任量表得分为因变量，探究社会因素对高校教师社会信任水平的影响。

表 14-5 中的模型 5 为高校教师个人关系信任的网络特征模型。统计数据表明，受教育程度、高校层级、专业技术职称、个人网络规模、非亲属网络规模、科研网规模和社会网络异质性与个人关系信任程度有很大相关性，而性别、年龄、婚姻状况、政治面貌、家庭年收入、行政职务级别、专业类别与个人关系信任程度的关系不大。具体来说，与拥有大学专科或本科学历的高校教师相比，拥有博士研究生学历的高校教师的个人关系信任得分显著提升 1.235 分；与就职于非"双一流"高校的教师相比，就职于"双一流"高校的教师的个人关系信任得分显著提升 0.891 分；专业技术职称与个人关系信任程度之间的关系并不是线性的，但拥有中级职称的高校教师的个人关系信任得分比无职称的显著高 0.610 分。在社会网络规模方面，个人网络规模与个人关系信任程度呈显著正相关关系，个人网络规模越大，个人关系信任程度就越高，个人网络规模每增加 1 人，个人关系信任得分提高 0.037 分；非亲属网络规模与个人关系信任程度呈显著负相关关系，非亲属网络规模越大，个人关系信任程度就越低，非亲属网络规模每增加 1 人，个人关系信任得分下降 0.033 分。高校教师的科研网规模与个人关系信任程度呈显著正相关关系（$p < 0.001$），科研网规模每增加 1 人，个人关系信任得分随之提高 0.025 分，即科研网规模越大的高校教师，其个人关系信任程度越高。社会网络异质性与个人关系信任程度呈显著正相关关系（$p < 0.01$），社会网络种类每增加 1 个类别，个人关系信任得分随之提高 0.082 分，即社会网络异质性越强的高校教师，其个人关系信任程度越高。由此可见，拥有博士研究生学历、就职于"双一流"高校、拥有中级职称、个人网络规模大且其中亲属占比高、科研网络规模大、社会网络异质性强的高校教师的个人关系信任程度显著更高。

表 14-5 中的模型 6 为高校教师组织机构信任的网络特征模型。统计数据表明，婚姻状况、政治面貌、专业类别和科研网规模与组织机构信任程度有显著相关性，而性别、年龄、受教育程度、家庭年收入、高校层级、专业技术职称、行政职务级别、个人网络规模、非亲属网络规模和社会网络异质性与组织机构信任程度的关系不大。具体来说，与非在婚高校

教师相比，在婚高校教师的组织机构信任得分显著下降 0.821 分；党员高校教师的组织机构信任得分比非党员高校教师高 0.715 分；从专业类别来看，相较于理学专业的高校教师，农业科学专业的高校教师的组织机构信任得分显著高 1.147 分，而人文与社会科学专业的高校教师的得分显著低 0.932 分。在社会网络规模方面，高校教师的科研网规模与个人关系信任程度显著正相关（$p < 0.001$），科研网规模每增加 1 人，个人关系信任得分随之上升 0.026 分，即科研网规模越大的高校教师，其个人关系信任越高。由此可见，非在婚、党员、就职于"双一流"高校、农业科学专业、科研网规模更大的高校教师的组织机构信任程度显著更高。

总体而言，假设 2 成立，高校教师的社会网络规模与社会信任水平有正向影响，个人网络规模、非亲属网络规模、科研网规模和社会网络异质性与社会信任水平有不同程度的显著相关。社会网络规模更大、强关系占比更大、科研网规模更大、社会网络异质性更强的高校教师的个人关系信任程度和组织关系信任程度都更高。

表 14 – 5　社会信任水平与社会因素的线性回归分析结果

	M5：个人关系信任——网络特征模型	M6：组织机构信任——网络特征模型
	B（SE）	B（SE）
个人网络规模	0.037（2.321）**	0.005（0.221）
非亲属网络规模	− 0.033（− 1.955）*	0.001（0.042）
科研网规模	0.025（3.688）***	0.026（2.774）***
社会网络异质性	0.082（2.123）**	0.023（0.432）
男性[a]	0.142（0.801）	− 0.334（− 1.346）
年龄	0.367（0.673）	− 1.016（− 1.315）
在婚[b]	− 0.060（− 0.254）	− 0.821（− 2.472）**
非党员[c]	− 0.037（− 0.201）	− 0.715（− 2.704）***
受教育程度[d]		
硕士研究生	0.944（1.612）	1.089（1.333）
博士研究生	1.235（2.190）**	1.106（1.410）
家庭年收入[e]		
中等收入	− 0.259（− 0.501）	− 0.203（− 0.280）
高收入	0.081（0.145）	0.930（1.186）
高校层级[f]	0.891（2.161）**	0.099（0.173）

续表

	M5：个人关系信任 ——网络特征模型 B（SE）	M6：组织机构信任 ——网络特征模型 B（SE）
专业技术职称[g]		
初级	0.110（0.214）	1.062（1.462）
中级	0.610（1.742）*	0.080（0.160）
副高级	0.176（0.469）	−0.547（−1.038）
正高级	0.375（0.862）	−0.461（−0.752）
行政职务级别[h]		
科级副职	0.589（1.431）	0.149（0.263）
科级正职	0.361（0.955）	0.756（1.440）
处级副职	0.468（1.234）	0.369（0.691）
处级正职及以上	0.268（0.412）	0.110（0.123）
专业类别[i]		
农业科学	−0.114（−0.321）	1.147（2.290）**
医药科学	−0.142（−0.289）	0.218（0.314）
工程与技术科学	0.024（0.102）	0.081（0.243）
人文与社会科学	−0.377（−1.470）	−0.932（−2.601）***
截距	22.182（10.688）***	26.896（9.257）***
N	1489	1489
R^2	0.069	0.120

注：①[a] 参照组为女性；[b] 参照组为非在婚；[c] 参照组为党员；[d] 参照组为大学专科或本科；[e] 参照组为10万元以下；[f] 参照组为非"双一流"高校；[g] 参照组为无职称；[h] 参照组为无级别；[i] 参照组为理学。② * $p<0.05$，** $p<0.01$，*** $p<0.001$。③括号内为标准误。

表 14-6 是社会信任水平与社区因素的线性回归分析结果，以城市移民高校教师为研究对象，以连续性社会信任量表得分为因变量，探究社区因素对高校教师社会信任水平的影响。

在表 14-6 个人关系信任的社区融合模型（M7）中，性别、高校层级、行政职务级别、专业类别、户籍、本地生活适应程度、与本地人交往意愿和个人关系信任程度有很大相关性，而年龄、婚姻状况、政治面貌、受教育程度、家庭年收入、专业技术职称、职业流动方向、在本地居住时长、本地身份认同和定居意向与个人关系信任程度的关系不大。具体来说，相较于高校女教师，男教师的个人关系信任得分上升了 0.327 分；与就职于非"双一流"高校的教师相比，就职于"双一流"高校的教师的个人关系信任得分显著提升 0.796 分；行政职务级别与个人关系信任程度之间的关系并不是线性的，科级正职级别的高校教师的个人关系信任得分比无职称的高校教师显著高 0.731 分；相较于理学专业的高校教师，农业科学专业的高校教师的个人关系信任得分显著高 0.757 分。在社区因素方面，与拥有原始户籍的高校教师相比，后期获得本地户籍的高校教师的个人关系信任得分显著提高 3.764 分，没有获得本地户籍的高校教师的个人关系信任得分显著提高 3.778 分。由此可见，具有区域流动经历的高校教师更依赖个人关系，特殊信任水平更高。高校教师的本地生活适应程度与个人关系信任程度呈正相关关系（$p < 0.001$），本地生活适应程度每提升 1 个层次，个人关系信任得分提升 0.551 分。此外，高校教师与本地人交往意愿和其个人关系信任程度呈显著正相关关系（$p < 0.001$），与本地人交往意愿得分每提升 1 分，个人关系信任得分随之提升 0.137 分，即越愿意与本地人交往的高校教师，其个人关系信任程度越高。由此可见，男性、就职于"双一流"高校、行政职务级别为科级正职、农业科学专业、有区域流动经历、本地生活适应程度更高、更愿意与本地人交往的高校教师的个人关系信任程度显著更高。

表 14-6 中的模型 8 为高校教师组织机构信任的社区融合模型。统计数据表明，年龄、政治面貌、家庭年收入、专业技术职称、专业类别、与本地人交往意愿、定居意向和组织机构信任程度有很大相关性，而性别、婚姻状况、受教育程度、高校层级、行政职务级别、职业流动方向、户籍、在本地居住时长、本地生活适应程度和本地身份认同与组织机构信任程度的关系不大。具体来说，相较于年轻的高校教师，年长高校教师的组织机构信任得分下降 2.306 分；党员高校教师的组织机构信任得分比非党员高校教师高 0.587 分；高校教师的家庭年收入与组织机构信任程度之间的关系并不是线性的，家庭年收入在 10 万～50 万元的高校教师的组织机构信任得分比家庭年收入在 10 万元以下的高校教师显著低 1.619 分；不同专业技术职称的高校教师的组织机构信任程度整体差异不大，但具有初级职称的高校教师的组织机构信任得分比无职称的高校教师高 1.842 分；从专业类别来看，相较于理学专业的高校教师，农业科学专业的高校教师的组织机构信任得分显著高 1.862 分，而人文与社会科学专业的高校教师得分显著低 0.782 分；高校教师与本地人交往意愿和其个人关系信任程度呈显著正相关关系（$p < 0.001$），与本地人交往意愿得分每提高 1 分，组织机

构信任得分随之提高 0.211 分，即越愿意与本地人交往的高校教师，其组织机构信任程度越高。此外，定居意向与组织机构信任程度呈正相关关系，相较于"非常有可能"定居在当地的高校教师，定居意向为"不确定"的高校教师的组织机构信任得分显著降低 1.575 分。由此可见，较为年轻、党员、具有初级职称、农业科学专业、与本地人交往愿意更强、定居意愿更强烈的高校教师的组织机构信任程度显著更高。

综上，对于城市移民高校教师而言，社区因素对其社会信任水平有正向影响。假设 3 部分成立，本地生活适应程度、与本地人交往意愿、定居意向和社会信任水平都有不同程度的显著相关性，在本地居住时长、本地身份认同与社会信任水平的关系不大。本地生活适应程度越高、越愿意与本地人交往的高校教师，其个人关系信任程度和组织机构信任程度越高。与社区融合较好的高校教师，拥有较高的社会信任水平。据此推测，社会信任对于高校教师来说，更多取决于个人特质，社区环境提供的更多是个人融合意愿和适应能力所带来的一种对社会信任的正向反馈。

表 14 - 6　社会信任水平与社区因素的线性回归分析结果

	M7：个人关系信任 ——社区融合模型 B（SE）	M8：组织机构信任 ——社区融合模型 B（SE）
男性[a]	0.327（1.653）*	- 0.335（- 1.211）
年龄	0.052（0.072）	- 2.306（- 2.143）**
在婚[b]	- 0.046（- 0.166）	- 0.617（- 1.627）
非党员[c]	0.087（0.403）	- 0.587（- 1.954）*
受教育程度[d]		
硕士研究生	0.398（0.533）	0.398（0.382）
博士研究生	0.638（0.890）	0.432（0.434）
家庭年收入[e]		
中等收入	- 0.343（- 0.613）	- 1.619**（- 2.047）
高收入	- 0.341（- 0.553）	- 1.140（- 1.312）
高校层级[f]	0.796（1.660）*	0.714（1.071）
专业技术职称[g]		
初级	0.189（0.288）	1.842（2.052）**
中级	0.337（0.736）	0.197（0.310）
副高级	0.158（0.330）	0.142（0.213）
正高级	0.356（0.657）	0.544（0.724）

	M7：个人关系信任——社区融合模型 B（SE）	M8：组织机构信任——社区融合模型 B（SE）
行政职务级别[h]		
科级副职	0.724（1.524）	0.554（0.832）
科级正职	0.731（1.743）*	-0.016（-0.034）
处级副职	0.245（0.602）	0.320（0.563）
处级正职及以上	0.704（0.878）	1.429（1.273）
专业类别[i]		
农业科学	0.757（1.923）*	1.862（3.381）***
医药科学	0.237（0.419）	0.437（0.546）
工程与技术科学	0.399（1.473）	0.561（1.482）
人文与社会科学	-0.197（-0.678）	-0.782（-1.923）*
职业流动方向[j]		
向下流动	-0.628（-1.180）	-0.160（-0.213）
水平流动	-0.044（-0.132）	-0.107（-0.215）
向上流动	0.069（0.164）	-0.053（-0.091）
其他	0.153（0.312）	0.104（0.153）
户籍[k]		
获得本地户籍	3.764（2.058）**	0.353（0.139）
没有获得本地户籍	3.778（2.030）**	1.216（0.467）
在本地居住时长	0.009（0.601）	0.249（1.084）
本地生活适应程度	0.551***（3.444）	0.213（0.952）
与本地人交往意愿	0.137（5.964）***	0.211（6.583）***
本地身份认同[l]		
新本地人	-0.430（-1.201）	-0.542（-1.092）
既是本地人又是外地人	-0.322（-0.876）	-0.685（-1.358）
外地人	0.069（0.143）	-0.503（-0.733）
定居意向[m]		
有可能	-0.287（-1.074）	0.276（0.742）
不确定	-0.596（-1.282）	-1.575（-2.424）**
不太可能	-1.159（-0.850）	-1.747（-0.918）
非常不可能	-2.730（-1.220）	-2.977（-0.953）

续表

	M7：个人关系信任 ——社区融合模型 B（SE）	M8：组织机构信任 ——社区融合模型 B（SE）
N	1130	1130
R^2	0.126	0.175

注：①[a] 参照组为女性；[b] 参照组为非在婚；[c] 参照组为党员；[d] 参照组为大学专科或本科；[e] 参照组为 10 万元以下；[f] 参照组为非"双一流"高校；[g] 参照组为无职称；[h] 参照组为无级别；[i] 参照组为理学；[j] 参照组为未流动；[k] 参照组为原始户籍；[l] 参照组为本地人；[m] 参照组为非常有可能。② $*\ p < 0.05$，$**\ p < 0.01$，$***\ p < 0.001$。③括号内为标准误。

五　结论与讨论

在本章中，首先，我们分析了高校教师的社会信任总体状况，结果发现，高校教师的社会信任总体上处于中等偏上水平。在个人关系信任各维度上，高校教师对家人的信任程度最高，对陌生人的信任程度最低。值得注意的是，高校教师对朋友的信任程度普遍高于亲戚，亲缘纽带和友谊同时在个人关系信任中发挥作用。在组织机构信任各维度上，高校教师对中央政府的信任程度最高，对网络媒体的信任程度最低。

其次，我们基于人口特征、主客观社会地位和学院学校类别情况，进一步比较了不同群体的社会信任程度。就人口特征而言，从性别来看，男性高校教师对个人关系的信任程度整体上高于女性高校教师，而女性高校教师对组织机构的信任程度整体上略高于男性高校教师。从年龄来看，不同年龄的高校教师都比较信任个人关系，其中"50 世代""60 世代"对关系信任的程度相对高一些。具体来说，"50 世代"高校教师对家人的信任程度最高，"60 世代"高校教师对邻居和陌生人的信任程度相对更高，"70 世代"对陌生人的信任程度最低。需要指出的是，对老同学的信任程度随着年龄的减小而逐渐降低。在组织机构信任方面，"90 世代"高校教师对组织机构的信任程度最高；"70 世代"对组织机构的信任程度最低，尤其体现在对网络媒体的不信任上。在不同的婚姻状况中，在婚教师的个人关系信任程度高于非在婚教师，而非在婚教师对组织机构信任的程度高于在婚教师。在政治面貌上，党员高校教师比非党员高校教师有更高的组织机构信任程度，在个人关系信任方面并未呈现明显差异。

就客观社会地位而言，在拥有不同受教育程度的高校教师中，受教育程度与社会信任总体呈正向关系，即高校教师的受教育程度越高，社会信任程度越高。在不同收入群体中，高校教师的家庭年收入越高，社会信任程度越高，这一点在组织机构信任方面更为明显。在不同专业技术职称的高校教师中，在个人关系信任方面，高校教师的职称等级越高，个人关系信任程度越高，即正高级职称高校教师对个人关系信任的程度最高，而无职称高校教师对个人关系信任的程度最低；在组织机构信任方面，具有初级职称与正高级职称的高校教师对组织机构信任的程度较高，而具有中级职称的高校教师的组织机构信任程度最低。在不同行政职务级别的高校教师中，处级正职及以上高校教师的社会信任程度最高，无级别高校教师的社会信任程度最低。

就主观社会地位而言，高校教师的主观阶层认同与不同维度的社会信任总体呈现正向关系，即随着高校教师主观阶层的上升，其社会信任程度也会提升。但值得注意的是，在家人、朋友这两个关系信任维度，以及中央政府、军队这两个机构信任维度上，主观上层高校教师的信任程度略低于主观中上层高校教师。

就学院学校类别而言，在不同高校层级中，"双一流"高校教师的机构信任程度高于非"双一流"高校教师。在不同专业类别中，无论是关系信任还是机构信任，农业科学专业高校教师的社会信任程度最高，人文与社会科学专业高校教师的社会信任程度最低。农业科学专业高校教师的社会信任程度明显高于其他专业，差异主要来源于其对中央政府、地方政府、军队以及司法部门的信任程度较高。在其他维度上，各专业无明显差异。

回归分析进一步从不同方面更加细致地探究了不同特征的高校教师在社会信任方面的差异性。实证研究发现，个人因素、职业特征、社区因素、社会因素都显著影响了高校教师的社会信任水平。这些结果支持了个人因素影响论、社区因素影响论、社会因素影响论。

在个人因素中，高校教师的性别、年龄、受教育程度与个人关系信任程度有较大关联，男性、更年长、受教育程度更高的高校教师更可能拥有更高的个人关系信任程度；年龄、婚姻状况、政治面貌、受教育程度、家庭年收入与组织机构信任程度有很大相关性，更年轻、非在婚、党员、具有博士研究生学历、来自高收入家庭的高校教师更可能拥有较高的组织机构信任程度。高校教师的受教育程度与社会信任水平紧密相关，无论是与个人关系信任还是与组织机构信任都有很大关联，受教育程度高的高校教师，有更大概率拥有更高的社会信任水平；高校教师的性别仅与个人关系信任程度相关，男性的特殊信任程度更高，而其婚姻状况、政治面貌、家庭年收入仅与组织机构信任程度相关，非在婚、党员、来自高收入家庭的高校教师更可能拥有较高水平的普遍信任。不同于理论预期，婚姻显著降低了高校教师的组织机构信任程度。这可能是因为，婚姻使个体将更多的时间和精力花在家庭生活上而减少了对社会组织的依赖，降低了普遍信任水平，这种负面影响远远抵消了婚姻通过增强个体对邻里的依附以及对公共事务决策的参与带来的社会信任水平的提高（Li et al.，2005）。

具有不同职业特征的高校教师也在不同程度上形成了社会信任水平差异。高校层级和行政职务级别与个人关系信任程度的相关性较大。数据显示，就职于"双一流"高校的教师更可能拥有较高的特殊信任水平，高校层级、专业类别与组织机构信任水平的相关性较强，农业科学专业高校教师具有更高水平的社会信任。

高校教师的社区因素与社会信任水平的相关性很强，户籍、本地生活适应程度、与本地人交往意愿、定居意向与社会信任水平有不同程度的显著相关，只有在本地居住时长、本地身份认同与社会信任水平的关系不大。数据表明，有区域流动经历、更愿意与本地人交往的高校教师在个人关系信任程度上显著较高；更愿意与本地人交往、定居意愿更强烈的高校教师在组织机构信任程度上显著较高。总体而言，社区融合程度较高的高校教师，更倾向于拥有较高的社会信任水平。

高校教师的社会网络规模在很大程度上影响了其社会信任水平，个人网络规模、非亲属网络规模、科研网规模和社会网络异质性与社会信任水平都有不同程度的显著相关。社会网络规模更大、强关系占比更高、科研网规模更大、社会网络异质性更强的高校教师，会拥有更高的社会信任水平。与高校教师密切相关的一个重要因素实际是该校中广泛存在的科研网。越是积极参与科研交流活动的高校教师，越能在和他人交往的过程中认识到互助、合作、友善、共识、公益等人际关系处理方式在协调彼此关系、增进社会福利方面的重要性，而它们又构成了社会信任的核心特征，这提高了其社会信任水平。

改革开放以来，随着知识分子在现代化建设中的作用日益突出，社会各界对他们的关注逐渐增多，而高校教师作为知识分子代表，其社会信任水平深刻影响着社会信任总体状况。从整体来看，高校教师的社会信任整体处于中上水平，但群体内部有较为明显的差异性，如何提升这一群体的社会信任水平是值得探讨的。从个人关系信任与组织机构信任两个方面来看，促进有流动经历的高校教师更好地融入社区，使其具有较强的社区交往意愿和定居意向，扩大其社会网络规模，尤其是科研网的拓展，能够显著提升其社会信任水平。除此之外，高校教师自身的发展也会提升其社会信任水平，受教育程度提高、家庭年收入增加、就职高校层级的提升、担任行政职务都可能提升这一群体的社会信任水平。因此，高校要利用学术活动和交流平台促进教师社会网络规模的拓展，关心教师的社区融合情况，畅通教师的晋升渠道，鼓励教师积极进行学术交流，从而提升其社会信任水平。

参考文献

安东尼·吉登斯，1998，《现代性与自我认同》，赵旭东、方文、王铭铭译，生活·读书·新知三联书店。

安东尼·吉登斯，2000，《现代性的后果》，田禾译，译林出版社。

伯纳德·巴伯，1989，《信任的逻辑与局限》，牟斌、李红、范瑞平译，福建人民出版社。

陈云松、边燕杰，2015，《饮食社交对政治信任的侵蚀及差异分析：关系资本的"副作用"》，《社会》第 1 期。

弗朗西斯·福山，2016，《信任：社会美德与创造经济繁荣》，郭华译，广西师范大学出版社。

高海燕、王鹏、谭康荣，2022，《中国民众社会价值观的变迁及其影响因素——基于年龄—时期—世代效应的分析》，《社会学研究》第 1 期。

郭小弦，2015，《社会网络交往与政治信任——基于 JSNET 数据的实证分析》，《西安交通大学学报》（社会科学版）第 1 期。

胡荣、胡康、温莹莹，2011，《社会资本、政府绩效与城市居民对政府的信任》，《社会学研究》第 1 期。

胡荣、李静雅，2006，《城市居民信任的构成及影响因素》，《社会》第 6 期。

黄正元、孙磊，2010，《社会转型与社会亚稳定态运行关系探微》，《广西社会科学》第 3 期。

雷开春、张文宏，2012，《城市新移民的社会信任及其与社会交往的关系剖析》，《江苏行政学院学报》第 6 期。

李传喜、李海云，2012，《社会信任危机的现代反思及其三维重构》，《南都学坛》第 5 期。

刘伶俐、吴江龙，2015，《青年群体社会信任影响因素分析——基于全国 20 个省市的调查》，《中国青年社会科学》第 5 期。

卢曼，2005，《信任：一个社会复杂性的简化机制》，瞿铁鹏、李强译，上海人民出版社。

马克斯·韦伯，1999，《儒教与道教》，王容芬译，商务印书馆。

孟天广、杨明，2012，《转型期中国县级政府的客观治理绩效与政治信任——从"经济增长合法性"到"公共产品合法性"》，《经济社会体制比较》第 4 期。

彭泗清，1999，《信任的建立机制：关系运作与法制手段》，《社会学研究》第 2 期。

王绍光、刘欣，2002，《信任的基础：一种理性的解释》，《社会学研究》第 3 期。

西美尔，2002，《货币哲学》，陈戎女译，华夏出版社。

杨明、孟天广、方然，2011，《变迁社会中的社会信任：存量与变化——1990—2010年》，《北京大学学报》（哲学社会科学版）第 6 期。

张苙云、谭康荣，2005，《制度信任的趋势与结构：［多重等级评量］的分析策略》，《台湾社会学刊》第 35 期。

赵文龙、王夏峥，2012，《当代大学生信任问题研究——基于某高校的调查》，《西安交通大学学报》（社会科学版）第 5 期。

邹宇春、敖丹、李建栋，2012，《中国城市居民的信任格局及社会资本影响——以广州为例》，《中国社会科学》第 5 期。

Alesina, A. and La Ferrara, E. 2002. "Who Trusts Others?" *Journal of Public Economics* 85 (2)：207 – 234.

Delhey, J. and K. Newton. 2003. "Who Trusts? The Origins of Social Trust in Seven Nations." *European Societies* 5 (2)：93 – 137.

Lewis, J. David and Andrew, J. Weigert. 1985. "Social Atomism, Holism, and Trust." *The Sociological Quarterly* 26 (4)：455 – 471.

Li, Y., A. Pickles, A., and Savage, M. 2005. "Social Capital and Social Trust in Britain." *European Sociological Review* 21 (2)：109 – 123.

Luhmann, N. 1979. *Trust and Power*. New York：John Wiley & Sons.

Putnam, Robert. D. 1995. "Turning In, Tuning Out：The Strange Disappearance of Social Capital in America." *Political Science and Politics* December 28 (4)：664 – 683.

Putnam, R. 2000. *Bowling Alone*. New York：Simon and Schuster.

Uslaner, E. 1999. "Democracy and Social Capital." in *Democracy and Trust*, edited by Warren, M. E., Cambridge：Cambridge University Press.

Uslaner, E. 2000. "Producing and Consuming Trust." *Political Science Quarterly* 115 (4)：569 – 590.

Zucker, L. G. 1986. "Production of Trust：Institutional Sources of Economic Structure." *Research in Organization Behavior* 8：53 – 111.

第十五章　高校教师的获得感

李桂兴　袁　媛[*]

2015 年习近平总书记在中央全面深化改革领导小组第十次会议上提出"把改革方案的含金量充分展示出来，让人民群众有更多获得感"，[①]"获得感"一词被正式提出，并成为衡量改革成效的重要指标，近年来日益成为社会热议、学界关注的重要课题，吸引大量交叉学科开展研究。作为当前民众期待发展公平正义与满足美好生活需要的社会诉求，获得感的提升不仅有利于个体解决现实问题、提升幸福指数，更有利于规避社会的物化现象，形成正确的义利观，促进社会的和谐稳定。是否给人民群众带来实实在在的获得感，是改革成效的一个重要评价标准。让人民群众有更多获得感，不是一个抽象的描述，而是体现在经济社会发展的各个环节。

作为主流价值的承载者和守护者，高校教师群体承担着多重压力，作为高知群体，往往把自我发展当作人生价值和目标，了解和把握高校教师群体的迫切需求、现实状况与发展预期，是把握其获得感的重要内容，也是社会稳健发展的基础工作。关注并把握高校教师群体的获得感状况，是提升人民群众获得感的必要内容。

一　研究综述

自 2015 年"获得感"这一概念提出以来，据知网统计，相关发文量逐年增加，涉及学科范围较广，主要集中在教育学、政治学、行政管理、农业经济和社会学等相关学科。已有关于获得感的研究总结起来大体可以

---

* 李桂兴，上海大学社会学院博士研究生；袁媛，上海大学社会学院博士研究生。
① 《习近平：让人民群众有更多获得感》，人民网，http://theory.people.com.cn/n1/2017/0609/c40531 – 29329063.html，最后访问日期：2023 年 12 月 4 日。

分为三类：一是对"获得感"的内涵界定和测量，二是探究获得感现状及特点，三是探究获得感的"角色"研究。

（一）获得感概念与相关概念辨析

剖析"获得感"一词，"获"强调人们分享改革红利的基本过程，"得"强调人们取得现实收益的客观结果，"感"则强调人们对客观获得感知的主观感受。由此可见，"获得感"的字面意思就是一种因客观获得而产生的主观感觉，既有客观性，也有主观性。由此可见，获得感是人们识别、承认他们自身处境或观察到周遭社会现象之后，所形成的某种特定评价、感受和立场的社会感知。相较于更强调弥散性主观体验的幸福感，获得感与社会发展和个人成长有着更加紧密的联系。因此，作为"中间态"的获得感能够比幸福感更有效地反映、评价和预测人们美好生活和社会发展进步的现实状况（王俊秀、刘晓柳，2019）。所谓获得感，是指多元利益主体在改革和发展客观过程中对自身实际所得的主观评价（王浦劬、季程远，2018）。中国人的获得感是个体对获取自身需求满足的内容、实现途径与所需条件的认知评价以及在此过程中的心理体验（董洪杰等，2019）。"获得感"一词由客观层面的"获得"和主观层面的"感"组成，客观和主观之间有递进关系（黄冬霞、吴满意，2017）。虽然不同学者对于获得感的定义不尽相同，但学界较为统一的认知是对获得感的探究离不开客观和主观两个维度。

获得感与幸福感、安全感的关系研究。党的十九大报告明确指出："中国特色社会主义进入新时代，我国社会主要矛盾已经转化为人民日益增长的美好生活需要和不平衡不充分的发展之间的矛盾"，[①] 同时，报告指出，获得感、幸福感和安全感是测量中国公民美好生活感知最为全面、客观、准确和科学的结构体系。有研究通过对获得感、幸福感和安全感关系的模型检验发现，获得感是幸福感形成的重要基础，安全感同时发挥了中介和调节的作用，在获得感与幸福感的关系中扮演了"连接器"和"催化剂"的角色（王恬等，2018；郑建君，2020）。

获得感与满意度的关系研究。已有研究认为，相对于生活满意度来

---

① 《新华社评论员：深刻认识主要矛盾的历史性变化——四论学习贯彻党的十九大精神》，新华网，http://www.xinhuanet.com/politics/2017-10/29/c_1121872747.htm，最后访问日期：2023年12月4日。

说，获得感与民众生活关系更紧密，更有即时性和情景性（王俊秀、刘晓柳，2019），是客观现实和满意度之间的中间状态，有学者认为民生获得感高于民生满意度，且二者有正向相关关系（叶胥等，2018）。还有学者基于需求理论，进一步通过获得感包含的获得体验、获得环境、获得内容、获得途径和获得分享五个维度验证了获得感对生活满意度有显著的影响。获得感产生于客观获得的内容，在获得环境下通过对获得途径的比较生成介于主客观之间的相对获得感，并最终形成主观满意度（谭旭运、董洪杰等，2020）。

获得感与剥夺感的关系研究。"获得感"作为一个新概念，因时间和地域差异具有不同的界定标准，目前尚无统一的测量指标。获得感与剥夺感相对，分属同一维度的不同方向。剥夺理论指出，当人们在与参照物或某一标准相比处于劣势时，往往会产生失望、不满、怨愤等消极情绪，进而产生剥夺感的主观感知；而获得感则相反，是建立在人们所拥有的资源的基础上，即对自己"拥有"的主观感受。虽然感受不同，但二者都可能对人们的社会心态产生影响，进而对社会稳定及社会发展产生影响（史鹏飞，2020）。

（二）获得感的维度与测量

由于不同研究者对获得感的定义不同，划分维度和测量指标也有较大差异，因此，首先需要对现有文献涉及的获得感维度的划分标准进行梳理总结。既有研究获得感划分维度从单维到五维的均有，具体维度划分如表15-1所示。分类的研究情况虽多，但总结起来主要围绕四个标准。从获得感字面概念出发，主要强调获得感中"获得"和"感"两部分，有用单一的问题和指标划定获得感的，如用幸福感、满意度体现获得感（王积超、闫威，2019；袁浩、陶田田，2019；聂伟、风笑天，2020），还有除了注重主观的"感"，也注意到获得感中客观的"获得"的研究，认为获得感是客观和主观、物质和精神的集合（吴维煊，2019；项军，2019；徐延辉、刘彦，2021；杨三等，2022）。从获得感心理机制出发，绝对获得感与相对获得感对应，突出获得感的相对性，强调获得感是在特定时间和空间中通过对比而得，当下和未来相对、个人与他人或社会相对（赵卫华，2018；侯斌，2019；梁土坤，2019；王浦劬、季程远，2019），其中被广泛认可的是王浦劬和季程远（2018）的研究，他们以民众的得失感知来界定获得感，并结合时空差别区分了"纵向获得感"与"横向获得感"。

从获得感的形成过程出发，强调获得感的过程和结果，获得感是从获得到获得感的过程（吕小康、黄妍，2018；谭旭运、豆雪姣等，2020；陈丹引，2021；朱英格等，2022），在这一过程当中会有许多必不可少的环节，有学者通过自由联想法形成量表，并对量表进行多次修订和信效度检验，得到目前过程体现较为完整的五个划分维度：获得内容、获得环境、获得途径、获得体验和获得共享（谭旭运、董洪杰等，2020）。从获得感的来源出发，强调在具体情境中获得感涉及的并列关系来源内容（文宏、刘志鹏，2018；杨金龙、张士海，2019；杨金龙、王桂玲，2019；廖福崇，2020；朱平利、刘娇阳，2020；陈丹引，2021），在按此标准分类的研究中，文宏、刘志鹏将获得感分为经济获得感、政治获得感、民生获得感，该划分标准此后被广泛引用。

目前，国内学者对于获得感的研究不断深入，研究方法不断增多。总的来说，2018年及以前多为定性研究，但自2019年起，定量研究逐渐增多，同时，理论性研究和定性研究也有一定发展。这些研究为获得感研究的深化做出了各自的贡献，不但丰富了社会比较理论、相对剥夺理论、需求理论、激励理论等相关理论，而且对获得感的内涵、价值、提升对策进行了深入的分析和推进。现有研究中关于获得感的测量方式不尽相同，一些研究者会运用已有调查（中国综合社会调查、中国家庭追踪调查、全国流动人口动态监测调查、上海都市社区调查等）问卷中的某些题目对获得感进行操作化，但也有一些研究者认为，这种做法主观性强，并不严谨，对于获得感应设计出一套专门的测量题目，并对量表进行修订和验证。定性研究方法多适用于探索性编制获得感量表，有学者结合结构化访谈编制出员工工作获得感初始量表，运用探索性因素分析、验证性因素分析和相关分析来检验量表的信度和效度，形成员工工作获得感的正式量表（朱平利、刘娇阳，2020）。用相同的方式，其他学者编制了包括认知获得感和情感体验获得感两个分量表的城市社区居民获得感量表（王艳丽、陈红，2021）。此外，还有学者通过自由联想法形成量表的初始项目，先后进行两次预测并根据结果修订量表，然后对量表进行正式施测并检验其信度效度，同时采用中文版生活满意度量表和幸福倾向量表进行效标效度检验（董洪杰等，2019）。

表 15 – 1　既有研究获得感维度划分

维度	来源	内容
单维	王积超、闫威，2019	"总的来说，您觉得您的生活是否幸福？"
	袁浩、陶田田，2019	"至今我都能够得到我在生活上希望拥有的重要东西。"
	聂伟、风笑天，2020	工作获得感：对工作的整体满意度情况
二维	吴维煊，2019	工作获得感：显性获得感、隐性获得感
	项军，2019	客观获得、主观获得感
	徐延辉、刘彦，2021	物质层面获得感、心理层面获得感
	杨三等，2022	公共服务获得：增益获得、由此带来的感受与行为选择
	赵卫华，2018	绝对获得感、相对获得感
	侯斌，2019	当下获得感、未来获得感
	王浦劬、季程远，2019	纵向获得感、横向获得感
三维	梁土坤，2019	总体获得感、相对获得感、预期获得感
	陈丹引，2021	数字获得感：社会资源获得感、社会公平促进感、政治获得感
	朱英格、董妍等，2022	获得保障、获得体验和获得信念
	文宏、刘志鹏，2018	经济获得感、政治获得感、民生获得感
四维	吕小康、黄妍，2018	个人发展感、社会安全感、社会公正感、政府工作满意度
	朱平利、刘娇阳，2020	工作获得感：工作尊严感、薪酬满足感、能力提升感、职业憧憬
五维	谭旭运、董洪杰等，2020；谭旭运、豆雪姣等，2020	获得内容、获得环境、获得途径、获得体验、获得共享
	杨金龙、张士海，2019	经济获得感、公共服务获得感、政治获得感、安全获得感、自我实现获得感
	杨金龙、王桂玲，2019	工作获得感：工作收入、工作安全、工作环境、工作时间、工作晋升满意度
	廖福崇，2020	民生获得感：劳动就业、基础教育、医疗卫生、住房保障和社会保障

（三）获得感现状与影响因素

有研究者通过时序分析揭示了近年来我国人民获得感的现状。有研究通过对全国调查数据的分析得出，处于转型期的中国社会，人民的"获得感""横向获得感""纵向获得感"从 2004 年至 2014 年都在稳步上升，并且"纵向获得感"大于"横向获得感"（董洪杰等，2019；王浦劬、季程远，2019）。在揭示获得感现状的研究中发现，获得感可能会出现"钝化"现象，也称获得感"悖论"，收入差距与居民幸福感和获得感之间呈"倒

U 型"关系（杨金龙、张士海，2019；马红鸽、席恒，2020）。"获得感悖论"一词源于经济学家 Easterlin 发现的著名的"幸福悖论"，指居民幸福感并不完全随经济收入提升而增长，同样，获得感悖论指互动双方虽有主客观资源的投入，但一方的外在给予未能转化为另一方的内在认可、一方的客观付出未能得到另一方的主观承认的社会心理现象。然而，有人认为"获得感悖论"的结论并非是稳定的，在对农民工群体的研究中，幸福感研究中的"获得感悖论"并没有出现，农民工的工资收入和获得感是正向线性相关的，并没有出现获得感"钝化"困境（聂伟，2020）。与此不同的是，对于清洁工工作满意度的调查显示，相比于其他部门员工，清洁工虽然工作质量低，但其由于自身经历和预期，因此工作满意度更高，出现了"工作获得感悖论"（Léné，2019）。

人们对获得感的定义不同，可能导致获得感扮演不同的角色，有关获得感影响因素的研究可归纳为社会结构地位模型、心理认知模型和宏观政策模型三类，有研究总结国民经济获得感主观层面来源于宏观经济发展、个人经济收入、分配公平等方面（文宏、林彬，2021）。

社会结构地位模型认为获得感是主客观社会地位共同作用的结果，提升客观获得可以提高主观获得感，但二者并非等同（项军，2019）。有研究经过模型检验发现，年龄、就业情况、收入、文化程度均影响民生获得感（叶胥等，2018）。还有研究发现个人的阶层状况、家庭收入、户口、民族、健康、政治面貌、工作和子女数量影响居民获得感，而提高居民获得感在一定程度上有利于提升幸福感（王恬等，2018）。然而有人认为社会结构地位因素的力量在削弱，获得感悖论的原因就在于伴随着中国经济的高速发展，人民群众的需求发生了深刻的变迁，其重要表征之一就是需求结构的日益多元化，尤其是高收入人群需求类型正从基本物质型向公平、正义等更高发展型升级，由此导致个人物质财富所带来的综合获得感效应不断减弱（杨金龙、张士海，2019）。

心理认知模型认为当个体存在公平认知和信念时，更容易促进获得感的产生和提高（黄艳敏等，2017）。个体的主观社会阶层越高，获得感水平就越高，是因为社会比较理论和相对剥夺理论认为主观社会阶层越高，体验到的相对剥夺感就越低，获得感也就随之提高（朱英格等，2022）。关于农民工入户意愿的研究认为，获得感是就业质量和农民工的入户意愿的中间机制，无论是与本地居民比较而产生的组间相对剥夺感，还是与其他农民工比较产生的组内相对剥夺感，都会强化农民工的入户意愿（聂伟，2020）。从公共服务支出的视角出发，有人将公共服务满意度操作化为获得感，并发现公共服务获得感在公共服务支出对收入差距容忍度的效应中存在中介调节机制。其原因在于由于个体是基于客观现实与主观认知来判断收入差距，当个体自身实际收入与理想收入存在差异，外在获得感可能对此产生互补作用，因此主观公共服务获得感在某种程度上与收入差距容忍度存在更为直接的因果关系（李琦、倪志良，2021）。有人运用心理感知的"边际效应"递减的规律来解释获得感悖论现象，认为正是长期的"获得"可能让"获得的感觉"不再显著（吕小康、黄妍，2018）。还有学者从马斯洛需求的五个层次分析了民众获得感钝化现象，认为需求层次的提高、相对公平感的缺失和对未来预期的不确定性是三个主要原因（辛秀芹，2016）。

　　宏观政策也是影响获得感的重要方面，有研究利用中国综合社会调查（CGSS）数据考察了人们的经济获得感、政治获得感与民生获得感三方面的时序差异，认为自党的十八大以来我国人民获得感总体呈现上升趋势，不同维度的获得感呈现复杂的态势，人民获得感在城乡之间和东西部地区之间存在不平衡与不充分的现实问题（文宏、刘志鹏，2018）。现有关于获得感的研究对象有基于全国人民的，也有基于特定群体的，如青年、教师、公务员、流动人口等。研究层次除了基于个人层次的，也有少部分研究聚焦在不同行业（任国强等，2021）、省份（王恬等，2018）或社区（李斌、张贵生，2018），探究行业间、地区间或社区间的获得感差异。这些研究结果显示，竞争性行业收入获得感低，变化幅度较大，垄断性行业收入获得感高，变化幅度较小。地区差异方面，重庆市居民获得感最高，广东省最低，东部和东北地区除了广东省、天津市和辽宁省外，其他地区居民的获得感超出中部和西部绝大部分地区。社区级差异体现在市场价值等级高的社区，其社区居民的公共服务获得感反而低，社会经济地位高的个人，其公共服务获得感也相对较低。有研究认为财政投入直接提高了基本公共服务质量，进而提升了民生获得感（廖福崇，2020）。有研究通过对我国青岛、武汉和昆明3座城市的2417位社区居民进行问卷调查发现，城市社区公共服务对生活满意度和居民获得感具有显著的正向影响（于洋航，2021）。低保制度能够在基本生活、医疗、教育保障以及贫富差距问题方面提升贫困群体主观获得感（张栋，2020），城市发展水平与青年获得感高度关联。社会经济保障是青年获得感的重要物质基础；社会凝聚是青年获得感的关系基础；社会包容是青年获得感的心理基础；社会赋权是青年获得感的权能基础（聂伟、蔡培鹏，2021）。伴随现代化过程中各种宏观政策的颁布，有研究对获得感悖论的原因进行分析。用现代性的"自反性"来解释，自反性就是现代化过程造成的自我冲突，是与现代化过程自我对抗的副作用（贝克等，2016），因此，获得感悖论的出现是不可避免的。

现有关于获得感的研究带来许多启发。第一，现有研究对于获得感概念界定的维度并不统一，是因为基于不同侧重点形成的标准不同，因此，针对高校教师群体的获得感指标缺乏具体、全面的划分；第二，研究对象的不同可能导致获得感悖论的结果不稳定，应进行更多主体的研究，才能继续深化理论。具体来说，由于农民工这一群体的收入还未达到拐点，因此并未出现获得感悖论现象，但从理论上说，高校教师群体作为中间阶层，收入可能会在拐点上，那么，获得感悖论现象是否会出现以及影响高校教师获得感的具体因素及影响机制也有待探讨。

二　概念测量与操作化

高校教师的总体获得感变量由保障性获得感、社会性获得感、体验性获得感、流动性获得感和比较性获得感五个维度取均值合成。

保障性获得感由高校教师的工作状况和生活状况两个一级指标取均值合成。其中，工作状况由工作收入满意度、工作稳定性满意度、工作环境满意度和工作时间满意度四个二级指标取均值合成，每个二级指标分别赋值 1~5 分，分值越大代表工作满意度越高。生活状况由子女教育满意度、赡养老人满意度和居住条件满意度三个二级指标取均值合成，每个二级指标分别赋值 1~5 分，分值越大代表生活满意度越高。

社会性获得感由高校教师的个人奉献状况和社会认可状况两个一级指标取均值合成。其中，个人奉献状况由问卷中三个题目的答案取均值合成，分别为"我经常改进同事或合作者的方案和建议""我经常把自己的工作经验和知识分享给同事或合作者""我愿意付出超常的努力，以帮助本专业的科研教学工作获得成功"，每个题目的答案分别赋值 1~5 分，分值越大代表越符合。社会认可状况由他人对高校教师职业的尊重指标来测量，赋值 1~5 分，分值越大代表社会认可状况越满意。

体验性获得感由高校教师的身体健康状况和精神健康状况两个一级指标取均值合成。其中，身体健康状况指标赋值 1~5 分，分值越大代表身体越健康。精神健康状况由问卷中六个题目的答案取均值合成，分别为"我感到情绪沮丧、郁闷、做什么事情都不能振奋""我感到精神紧张""我感到坐卧不安、难以保持平静""我感到未来没有希望""我做任何事情都感到困难""我认为生活没有意义"，每个题目的答案分别赋值 1~5 分，分值越大代表精神健康状况越好。

流动性获得感由高校教师的工作晋升状况指标取均值合成。职业晋升状况由工作的晋升机会满意度、工作的绩效考核机制满意度和工作中能充分展现自己的能力与技能满意度三个二级指标取均值合成，每个二级指标分别赋值 1~5 分，分值越大代表工作晋升状况越满意。

比较性获得感由同行比较生活水平状况和非同行比较生活水平状况两个一级指标取均值合成。其中，同行比较生活水平状况由问卷中的三个题目的答案取均值合成，分别为"您认为自己当前的生活水平与所在学院其他老师（职称、职务与您相当）相比，是好一些还是差一些？""您认为自己当前的生活水平与所在学校其他学院老师（职称、职务与您相当）相比，是好一些还是差一些？""您认为自己当前的生活水平与所在地区其他高校教师（类型、级别相同的高校，且职称、职务与您相当）相比，是好一些还是差一些？"，每个题目的答案分别赋值 1~5 分，分值越大代表与同行业的人相比生活状况越好。非同行比较生活水平状况由问卷中的三个题目的答案取均值合成，分别为"您认为自己当前的生活水平与本市公务员（年龄相当）相比，是好一些还是差一些？""您认为自己当前的生活水平与本市国企白领（年龄相当）相比，是好一些还是差一些？""您认为自己当前的生活水平与本市私企白领（年龄相当）相比，是好一些还是差一些？"，每个题目的答案分别赋值 1~5 分，分值越大代表与非同行业的人相比的生活状况越好。

表 15-2 为变量的描述性统计结果，样本中高校教师总体获得感变量的平均得分为 3.41 分（总分为 5 分），表明样本中的高校教师的总体获得感较高，处于中等偏上水平。从获得感的分项指标来看，高校教师的体验性获得感最高，均值为 4.26，其次为社会性获得感、保障性获得感和流动性获得感，得分分别为 3.72、3.40 和 3.20，比较性获得感的得分最低，为 2.47。

表 15－2（a）　类别变量的描述性统计结果

	变量定义	频数	占比（％）
住房产权	无产权	619	29.27
	有产权	1496	70.73
受教育程度	硕士研究生及以下	413	19.73
	博士研究生	1680	80.27
专业技术职称	无职称	154	7.24
	初级	86	4.04
	中级	681	32.00
	副高级	820	38.53
	正高级	387	18.19
行政职务级别	无级别	1631	80.15
	科级	207	10.17
	处级及以上	197	9.68
职业流动方向 （初教职—现教职）	未流动	1452	80.35
	向下流动	59	3.27
	水平流动	206	11.40
	向上流动	90	4.98
兼职	没有兼职经历	1780	84.12
	有兼职经历	336	15.88
合同类型	长期合同（终身制）	853	39.99
	短期固定期限合同	1280	60.01
高校类型	普通高校	725	33.71
	"一流学科"高校	627	29.15
	"双一流"高校	799	37.15
户籍	非本地户籍	112	5.57
	本地户籍	1899	94.43
所在地区	上海	1514	70.39
	非上海	637	29.61
性别	女性	995	46.74
	男性	1134	53.26
出生世代	60 世代及以前	267	12.42
	70 世代	756	35.18
	80 世代	962	44.77
	90 世代	164	7.63

类别变量	变量定义	频数	占比（%）
婚姻状况	非在婚	336	16.12
	在婚	1749	83.88
政治面貌	非党员	639	29.76
	党员	1508	70.24

表 15 - 2（b） 连续变量的描述性统计结果

	均值	标准差
总体获得感	3.41	0.49
保障性获得感	3.40	0.62
社会性获得感	3.72	0.58
体验性获得感	4.26	0.56
流动性获得感	3.20	0.79
比较性获得感	2.47	0.69
与上级关系	3.91	0.72
与同事关系	4.19	0.63
与学生关系	4.28	0.64
公平感	3.18	0.78
安全感	3.49	0.79
个人关系信任	3.72	0.48
组织机构信任	3.44	0.72
科研网络	10.38	18.77
论文量（对数）	1.93	0.97
个人年收入（对数）	2.94	0.76
主观社会地位	5.23	1.63

三 高校教师获得感的方差分析

方差分析结果显示，有无住房产权与高校教师的总体获得感并无显著的相关关系，但是拥有住房产权能显著提升高校教师的保障性获得感和体验性获得感。拥有住房产权的高校教师的保障性获得感和体验性获得感均值分别为 3.434 和 4.269，而没有住房产权的高校教师的保障性获得感和体验型获得感均值分别为3.315和4.221（见表15-3）。

表15-3 住房产权与获得感的方差分析

变量	无产权		有产权		F值
	均值	标准差	均值	标准差	
保障性获得感	3.315	0.669	3.434	0.594	16.43 ***
社会性获得感	3.775	0.579	3.701	0.573	7.23 **
体验性获得感	4.221	0.582	4.269	0.556	3.20 +
流动性获得感	3.238	0.808	3.180	0.784	2.39
比较性获得感	2.489	0.677	2.459	0.691	0.86
总体获得感	3.407	0.503	3.408	0.479	0.00

$^+ p < 0.1$，$^{**} p < 0.01$，$^{***} p < 0.001$。

从高校教师的受教育程度来看，受教育程度与高校教师的总体获得感呈显著的正相关关系，博士研究生的总体获得感均值为3.430，而硕士研究生及以下受教育程度的高校教师的总体获得感均值为3.318。另外，高校教师的受教育程度与社会性获得感、流动性获得感和比较性获得感均呈现显著的正相关关系。具体来看，博士研究生的社会性获得感、流动性获得感和比较性获得感均值分别为3.736、3.237和2.505，而硕士研究生及以下高校教师的社会性获得感、流动性获得感和比较性获得感均值分别为3.653、3.025和2.322（见表15-4）。

表15-4 受教育程度与获得感的方差分析

变量	硕士研究生及以下		博士研究生		F值
	均值	标准差	均值	标准差	
保障性获得感	3.369	0.542	3.411	0.640	1.51
社会性获得感	3.653	0.531	3.736	0.592	6.68 **
体验性获得感	4.220	0.563	4.265	0.561	2.16
流动性获得感	3.025	0.772	3.237	0.796	23.75 ***
比较性获得感	2.322	0.622	2.505	0.695	23.94 ***
总体获得感	3.318	0.431	3.430	0.498	17.85 ***

$^{**} p < 0.01$，$^{***} p < 0.001$。

从高校教师的专业技术职称来看，高校教师的职称等级与总体获得感呈现显著的相关关系，各职称等级的高校教师的总体获得感均呈现显著的差异。并且，不同职称等级的高校教师在保障性获得感、社会性获得感、体验性获得感、流动性获得感和比较性获得感上均存在显著的差异。如，正高级职称的高校教师的总体获得感、保障性获得感、社会性获得感、体验性获得感、流动性获得感和比较性获得感均值分别为 3.655、3.688、3.918、4.414、3.513 和 2.740，而无职称等级的高校教师的总体获得感、保障性获得感、社会性获得感、体验性获得感、流动性获得感和比较性获得感均值分别为 3.478、3.406、3.784、4.291、3.335 和 2.572（见表 15 − 5）。

表 15 − 5　专业技术职称与获得感的方差分析

变量	无职称		初级		中级		副高级		正高级		F 值
	均值	标准差	均值	标准差	均值	标准差	均值	标准差	均值	标准差	
保障性获得感	3.406	0.584	3.535	0.567	3.274	0.572	3.353	0.650	3.688	0.571	31.79 ***
社会性获得感	3.784	0.621	3.922	0.603	3.615	0.542	3.684	0.576	3.918	0.570	21.65 ***
体验性获得感	4.291	0.477	4.280	0.461	4.223	0.578	4.196	0.620	4.414	0.413	10.95 ***
流动性获得感	3.335	0.747	3.472	0.794	3.071	0.736	3.098	0.811	3.513	0.757	28.09 ***
比较性获得感	2.572	0.693	2.644	0.684	2.302	0.604	2.422	0.682	2.740	0.715	30.13 ***
总体获得感	3.478	0.448	3.570	0.458	3.297	0.432	3.351	0.505	3.655	0.451	43.16 ***

*** $p < 0.001$。

从高校教师的行政职务级别来看，高校教师的行政职务级别与总体获得感呈现显著的相关关系，各行政职务级别的高校教师的总体获得感均呈现显著的差异。并且，不同行政职务级别的高校教师在保障性获得感、社会性获得感、体验性获得感、流动性获得感和比较性获得感上均存在显著的差异。如，处级及以上职务的高校教师的总体获得感、保障性获得感、社会性获得感、体验性获得感、流动性获得感和比较性获得感均值分别为 3.595、3.631、3.902、4.379、3.425 和 2.641，而无职务级别的高校教师的总体获得感、保障性获得感、社会性获得感、体验性获得感、流动性获得感和比较性获得感均值分别为 3.380、3.365、3.690、4.239、3.170 和 2.436（见表 15 − 6）。

表 15 − 6　行政职务级别与获得感的方差分析

变量	无级别		科级		处级及以上		F 值
	均值	标准差	均值	标准差	均值	标准差	
保障性获得感	3.365	0.618	3.422	0.687	3.631	0.564	16.36 ***

变量	无级别		科级		处级及以上		F 值
	均值	标准差	均值	标准差	均值	标准差	
社会性获得感	3.690	0.577	3.800	0.657	3.902	0.510	13.84 ***
体验性获得感	4.239	0.574	4.275	0.551	4.379	0.440	5.55 **
流动性获得感	3.170	0.791	3.143	0.859	3.425	0.734	9.51 ***
比较性获得感	2.436	0.668	2.428	0.712	2.641	0.748	8.19 ***
总体获得感	3.380	0.483	3.413	0.527	3.595	0.455	17.31 ***

** $p < 0.01$，*** $p < 0.001$。

从高校教师的社会流动来看，高校教师的社会流动与总体获得感呈现显著的相关关系，相比未流动的高校教师，向下流动会降低高校教师的总体获得感，而向上流动会提升高校教师的总体获得感，具体来说，未发生社会流动、向下流动和向上流动的高校教师的总体获得感均值分别为3.441、3.311和3.502。另外，社会流动与保障性获得感、社会性获得感和流动性获得感呈显著的相关关系，具体来说，相比向下流动、未发生社会流动和水平流动的高校教师群体，向上流动能显著提升高校教师的保障性获得感和流动性获得感。相比向下流动和水平流动的高校教师，向上流动能显著提升高校教师的社会性获得感（见表15－7）。

表 15－7 社会流动与获得感的方差分析

变量	未流动		向下流动		水平流动		向上流动		F 值
	均值	标准差	均值	标准差	均值	标准差	均值	标准差	
保障性获得感	3.431	0.622	3.291	0.504	3.328	0.673	3.568	0.623	4.16 **
社会性获得感	3.760	0.574	3.564	0.643	3.621	0.636	3.736	0.553	5.18 **
体验性获得感	4.267	0.559	4.221	0.631	4.216	0.616	4.319	0.482	0.91
流动性获得感	3.238	0.790	3.130	0.722	3.113	0.809	3.377	0.828	2.89 *
比较性获得感	2.509	0.692	2.350	0.573	2.430	0.694	2.508	0.744	1.68
总体获得感	3.441	0.485	3.311	0.425	3.342	0.522	3.502	0.504	4.29 **

* $p < 0.05$，** $p < 0.01$。

从高校教师的兼职状况来看，高校教师的兼职状况与总体获得感呈显著的正相关关系，有兼职经历的高校教师的获得感显著高于没有兼职经历的高校教师，具体来说，有兼职经历的高校教师的总体获得感均值为3.468，没有兼职经历的高校教师的总体获得感均值为3.398。另外，高校教师的兼职经历能显著提升其社会性获得感和比较性获得感，具体来说，有兼职经历的高校教师的社会性获得感和比较性获得感均值分别为 3.784和 2.559，而没有兼职经历的高校教师的社会性获得感和比较性获得感均值分别为 3.711 和 2.453（见表 15－8）。

表 15－8　兼职与获得感的方差分析

变量	没有兼职经历		有兼职经历		F 值
	均值	标准差	均值	标准差	
保障性获得感	3.392	0.612	3.448	0.653	2.29
社会性获得感	3.711	0.565	3.784	0.644	4.55*
体验性获得感	4.249	0.558	4.286	0.589	1.28
流动性获得感	3.187	0.783	3.262	0.844	2.53
比较性获得感	2.453	0.674	2.559	0.752	6.72**
总体获得感	3.398	0.477	3.468	0.529	5.80*

* $p < 0.05$，** $p < 0.01$。

　　从高校教师与学校签订的合同类型来看，高校教师签订的合同类型与总体获得感呈显著的相关关系，相比签订短期固定期限合同的高校教师来说，与高校签订长期合同的高校教师的总体获得感更高，具体来说，签订短期固定期限合同的高校教师的总体获得感均值为 3.331，签订长期合同的高校教师的总体获得感均值为 3.529。另外，相比签订短期固定期限合同的高校教师来说，与高校签订长期合同能显著提升高校教师的保障性获得感、社会性获得感、体验性获得感、流动性获得感和比较性获得感，具体来说，与高校签订短期固定期限合同的高校教师的保障性获得感、社会性获得感、体验性获得感、流动性获得感和比较性获得感均值分别为3.277、3.665、4.227、3.107 和 2.380，而与高校签订长期合同的高校教师的保障性获得感、社会性获得感、体验性获得感、流动性获得感和比较性获得感均值分别为 3.594、3.808、4.298、3.342 和 2.605（见表 15－9）。

表 15－9　合同类型与获得感的方差分析

变量	长期合同（终身制）		短期固定期限合同		F 值
	均值	标准差	均值	标准差	
保障性获得感	3.594	0.607	3.277	0.597	141.99***
社会性获得感	3.808	0.609	3.665	0.554	31.51***

变量	长期合同		短期固定		F 值
	均值	标准差	均值	标准差	
体验性获得感	4.298	0.555	4.227	0.567	8.21 **
流动性获得感	3.342	0.818	3.107	0.763	45.78 ***
比较性获得感	2.605	0.738	2.380	0.638	56.53 ***
总体获得感	3.529	0.514	3.331	0.451	88.29 ***

** $p < 0.01$, *** $p < 0.001$。

从高校教师所在的学校类型来看，教师所在的高校类型与总体获得感呈显著的相关关系，高校教师的总体获得感随高校等级的上升而上升，普通高校、"一流学科"高校和"双一流"高校的教师的总体获得感均值分别为3.223、3.375和3.608。另外，不同高校类型的教师的保障性获得感、社会性获得感、体验性获得感、流动性获得感和比较性获得感均存在显著差异，具体来说，普通高校的教师的保障性获得感、社会性获得感、体验性获得感、流动性获得感和比较性获得感均值分别为3.201、3.510、4.192、2.971、2.244，"一流学科"高校的教师的保障性获得感、社会性获得感、体验性获得感、流动性获得感和比较性获得感均值分别为3.379、3.723、4.239、3.173和2.357，而"双一流"高校的教师的保障性获得感、社会性获得感、体验性获得感、流动性获得感和比较性获得感均值分别为3.605、3.914、4.326、3.432和2.764（见表15-10）。

表 15-10 高校类型与获得感的方差分析

变量	普通高校		"一流学科"高校		"双一流"高校		F 值
	均值	标准差	均值	标准差	均值	标准差	
保障性获得感	3.201	0.561	3.379	0.615	3.605	0.613	87.98 ***
社会性获得感	3.510	0.566	3.723	0.543	3.914	0.553	101.05 ***
体验性获得感	4.192	0.615	4.239	0.560	4.326	0.506	11.29 ***
流动性获得感	2.971	0.721	3.173	0.779	3.432	0.804	68.91 ***
比较性获得感	2.244	0.616	2.357	0.601	2.764	0.710	135.52 ***
总体获得感	3.223	0.418	3.375	0.466	3.608	0.487	136.62 ***

*** $p < 0.001$。

从高校教师的户籍来看，高校教师的户籍与总体获得感呈显著的相关关系，非本地户籍的高校教师的获得感显著高于本地户籍的高校教师，具体来说，本地户籍的高校教师的总体获得感均值为3.394，非本地户籍的高校教师的总体获得感均值为 3.674。另外，非本地户籍能显著提升高校教师的保障性获得感、社会性获得感、体验性获得感、流动性获得感和比较性获得感，具体来说，本地户籍的高校教师的保障性获得感、社会性获得感、体验性获得感、流动性获得感和比较性获得感均值分别为 3.390、3.709、4.247、3.176 和 2.446，而非本地户籍的高校教师的保障性获得感、社会性获得感、体验性获得感、流动性获得感和比较性获得感均值分别为 3.597、3.969、4.428、3.607 和 2.771（见表 15 – 11）。

表 15 – 11　户籍与获得感的方差分析

变量	非本地户籍		本地户籍		F 值
	均值	标准差	均值	标准差	
保障性获得感	3.597	0.708	3.390	0.617	11.74 ***
社会性获得感	3.969	0.635	3.709	0.571	21.50 ***
体验性获得感	4.428	0.411	4.247	0.565	11.03 ***
流动性获得感	3.607	0.847	3.176	0.789	31.29 ***
比较性获得感	2.771	0.675	2.446	0.686	23.81 ***
总体获得感	3.674	0.510	3.394	0.482	35.49 ***

*** $p < 0.001$。

从所在地区来看，教师所在地区与总体获得感呈显著的相关关系，非上海的高校教师的总体获得感显著高于上海的高校教师，具体来说，上海的高校教师的总体获得感均值为 3.298，非上海的高校教师的总体获得感均值为 3.676。另外，非上海的高校教师的保障性获得感、社会性获得感、体验性获得感、流动性获得感和比较性获得感显著高于上海的高校教师，具体来说，上海的高校教师的保障性获得感、社会性获得感、体验性获得感、流动性获得感和比较性获得感均值分别为 3.278、3.616、4.206、3.082 和 2.311，而非上海的高校教师的保障性获得感、社会性获得感、体验性获得感、流动性获得感和比较性获得感均值分别为 3.700、3.974、4.373、3.485 和 2.850（见表 15 – 12）。

表 15 – 12　所在地区与获得感的方差分析

变量	上海		非上海		F 值
	均值	标准差	均值	标准差	
保障性获得感	3.278	0.570	3.700	0.633	230.08 ***

续表

变量	上海		非上海		F 值
	均值	标准差	均值	标准差	
社会性获得感	3.616	0.558	3.974	0.551	186.00***
体验性获得感	4.206	0.592	4.373	0.468	40.30***
流动性获得感	3.082	0.738	3.485	0.848	122.05***
比较性获得感	2.311	0.641	2.850	0.646	316.17***
总体获得感	3.298	0.440	3.676	0.488	309.38***

*** $p < 0.001$。

从高校教师的性别来看，高校教师的性别与总体获得感呈显著的相关关系，男性高校教师的获得感显著高于女性高校教师，具体来说，女性高校教师的总体获得感均值为 3.358，而男性高校教师的总体获得感均值为 3.454。另外，男性高校教师的保障性获得感、社会性获得感、流动性获得感和比较性获得感显著高于女性，具体来说，女性高校教师的保障性获得感、社会性获得感、流动性获得感和比较性获得感均值分别为 3.356、3.665、3.119 和 2.408，而男性高校教师的保障性获得感、社会性获得感、流动性获得感和比较性获得感均值分别为 3.441、3.771、3.269 和 2.523（见表 15 – 13）。

表 15 – 13　性别与获得感的方差分析

变量	女性		男性		F 值
	均值	标准差	均值	标准差	
保障性获得感	3.356	0.585	3.441	0.649	9.86**
社会性获得感	3.665	0.564	3.771	0.590	17.75***
体验性获得感	4.239	0.516	4.269	0.599	1.47
流动性获得感	3.119	0.755	3.269	0.819	19.06***
比较性获得感	2.408	0.661	2.523	0.706	14.91***
总体获得感	3.358	0.456	3.454	0.508	21.15***

** $p < 0.01$，*** $p < 0.001$。

从高校教师的出生世代来看，高校教师的出生世代与总体获得感呈现显著的相关关系，高校教师的获得感存在显著的出生世代差异，60 世代及以前和 90 世代出生的高校教师的获得感显著高于 70 世代和 80 世代出生的高校教师。另外，不同出生世代的高校教师的保障性获得感、社会性获得感、体验性获得感、流动性获得感和比较性获得感均存在显著的差异。具体来说，60 世代及以前和 90 世代出生的高校教师的保障性获得感、社会性获得感、体验性获得感、流动性获得感和比较性获得感均显著高于 70 世代和 80 世代出生的高校教师（见表 15 - 14）。

表 15 - 14　出生世代与获得感的方差分析

变量	60 世代及以前		70 世代		80 世代		90 世代		F 值
	均值	标准差	均值	标准差	均值	标准差	均值	标准差	
保障性获得感	3.669	0.599	3.370	0.614	3.342	0.617	3.480	0.586	21.68***
社会性获得感	3.802	0.581	3.682	0.593	3.705	0.581	3.881	0.468	7.37***
体验性获得感	4.345	0.539	4.229	0.588	4.241	0.559	4.322	0.489	3.80**
流动性获得感	3.277	0.867	3.081	0.801	3.234	0.769	3.447	0.685	12.64***
比较性获得感	2.631	0.756	2.406	0.693	2.457	0.664	2.586	0.633	8.80***
总体获得感	3.545	0.522	3.353	0.500	3.396	0.468	3.543	0.403	14.91***

** $p < 0.01$，*** $p < 0.001$。

从高校教师婚姻状况来看，高校教师的婚姻状况与总体获得感并无显著的相关关系，但是，非在婚群体的流动性获得感和比较性获得感显著高于在婚群体，具体来说，在婚群体的流动性获得感和比较性获得感均值分别为 3.171 和 2.444，而非在婚群体的流动性获得感和比较性获得感均值分别为 3.330 和 2.543（见表 15 - 15）。

表 15 - 15　婚姻状况与获得感的方差分析

变量	非在婚		在婚		F 值
	均值	标准差	均值	标准差	
保障性获得感	3.421	0.669	3.396	0.612	0.48
社会性获得感	3.746	0.654	3.713	0.568	0.89
体验性获得感	4.224	0.633	4.260	0.546	1.18
流动性获得感	3.330	0.825	3.171	0.785	11.35***
比较性获得感	2.543	0.696	2.444	0.679	5.97*
总体获得感	3.452	0.531	3.397	0.477	3.71

* $p < 0.05$，*** $p < 0.001$。

四　获得感的影响因素分析

本章的回归分析主要探讨了高校教师获得感的影响因素。表 15 – 16 呈现的是高校教师总体获得感的回归分析结果。因为本研究的因变量是一个连续变量，因此采用 OLS 模型进行回归分析。模型 1 至模型 3 为分模型，模型 4 为总模型。

模型 1 中，仅放入控制变量，模型结果显示，控制了其他变量，男性高校教师的总体获得感显著高于女性教师，男性教师的总体获得感比女性教师高 0.087 个单位。出生世代与总体获得感呈显著的相关关系，70世代和 80 世代出生的高校教师的总体获得感显著低于 60 世代及以前的教师，具体来说，控制了其他变量，70 世代出生的高校教师的总体获得感比 60 世代及以前的教师低 0.183 个单位，80 世代出生的高校教师的总体获得感比 60 世代及以前的教师低 0.142 个单位。婚姻状况和政治面貌与总体获得感没有显著的相关关系。

模型 2 为社会结构地位模型，在模型 1 的基础上加入了个人年收入、住房、受教育程度、科研状况、科研网络规模、专业技术职称、行政职务级别、流动经历及兼职经历变量。模型结果显示，个人年收入与总体获得感呈显著的正相关关系，模型 4 中，控制了其他变量，个人年收入（对数）每提升一个单位，总体获得感提升 0.072 个单位。住房产权与总体获得感呈显著的正相关关系，模型 4 中，控制了其他变量，有住房产权的高校教师的总体获得感比没有住房产权的教师多 0.042 个单位。受教育程度与总体获得感呈显著的正相关关系，即控制了其他变量，受教育程度为博士研究生的教师群体的总体获得感高于硕士研究生及以下教师群体，但是在模型 4 中不显著。高校教师的论文发表量与总体获得感呈正相关关系，但是在加入其他变量之后变为负相关关系，且两者之间关系不显著。高校教师的科研网络规模与总体获得感呈显著的正相关关系，模型 4 中，控制了其他变量，高校教师的科研网络规模每提升一个单位，获得感上升0.002 个单位。职称等级与总体获得感呈显著的负相关关系，即中级职称教师的总体获得感显著低于无职称等级的教师，但是在模型 4 中不显著。副高级职称教师的总体获得感比无职称等级的教师低 0.105 个单位，且在0.05 水平上显著。流动经历变量显示，相比没有流动经历的高校教师群体，向上流动对高校教师的总体获得感具有提升作用，向下流动会降低高校教师的总体获得感，但是两者均不显著，而水平流动会显著降低高校教师的获得感，但是在加入其他变量之后，在模型4中，两者之间变得不显著。控制变量中，性别的总体获得感系数由正变负，即男性高校教师的总体获得感显著低于女性教师，具体来说，男性高校教师的总体获得感比女性教师低0.056个单位，但是在模型4中变得不显著。从出生世代来看，70世代出生的高校教师的总体获得感显著低于60世代及以前出生的教师，80年代同样如此，90世代出生的高校教师的总体获得感比60世代及以前出生的教师高0.161个单位，但是在模型4中，出生世代变量变得不显著。政治面貌变量在模型4中变得显著，具体来说，党员群体的总体获得感比非党员群体低0.039个单位。

模型3为心理认知模型，在模型2的基础上加入了主观社会地位、人际关系（三类）、公平感、安全感及社会信任变量。模型结果显示，高校教师的主观社会地位会显著提升其总体获得感，在模型4中，控制了其他变量，高校教师的主观社会地位每提升一个等级，其总体获得感将提升0.080个单位。高校教师与上级或同事的关系与总体获得感呈显著的正相关关系，模型4中，控制了其他变量，高校教师与上级的关系每提升一个等级，其总体获得感上升0.141个单位，与同事的关系每提升一个等级，其总体获得感提升0.041个单位，与学生的关系每提升一个等级，其总体获得感提升0.018个单位，但是不显著。公平感与总体获得感呈显著的正相关关系，模型4中，控制了其他变量，高校教师的公平感每提升一个等级，其总体获得感提升0.090个单位。安全感与总体获得感呈显著的正相关关系，模型4中，控制了其他变量，高校教师的安全感每提升一个等级，其总体获得感提升0.066个单位。信任感的提升将显著提升高校教师的总体获得感，模型4中，控制了其他变量，高校教师的个人关系信任每提升一个等级，其总体获得感将提升0.057个单位，而高校教师的组织机构信任每提升一个等级，其总体获得感将提升0.110个单位。

模型4为宏观政策模型，在模型3的基础上加入了合同类型、高校类型、户籍、高校所在地变量。模型结果显示，控制了其他变量，相比签订长期合同（终身制）的高校教师，签订短期固定期限合同的高校教师的获得感更低。"双一流"高校的教师的总体获得感高于普通高校，但是不显著。户籍对总体获得感的影响不显著。非上海高校教师的总体获得感显著高于上海高校教师的获得感，具体来说，控制了其他变量，非上海高校教师的总体获得感比上海高校教师高0.113个单位。

表 15 – 16　高校教师总体获得感的回归分析

	模型 1	模型 2	模型 3	模型 4
性别[a]	0.087 *** （0.021）	− 0.056 + （0.029）	− 0.025 （0.021）	− 0.028 （0.022）
出生世代[b]				
70 世代	− 0.183 *** （0.036）	− 0.116 * （0.053）	− 0.037 （0.039）	− 0.011 （0.040）
80 世代	− 0.142 *** （0.035）	− 0.059 （0.055）	− 0.021 （0.041）	0.013 （0.043）
90 世代	− 0.007 （0.051）	0.161 * （0.080）	0.092 （0.059）	0.096 （0.062）
在婚[c]	− 0.020 （0.030）	− 0.032 （0.040）	0.018 （0.030）	0.022 （0.031）
党员[d]	− 0.005 （0.023）	− 0.019 （0.030）	− 0.042 + （0.022）	− 0.039 + （0.023）
个人年收入（对数）		0.202 *** （0.019）	0.105 *** （0.015）	0.072 *** （0.017）
有住房产权[e]		0.054 + （0.031）	0.011 （0.023）	0.042 + （0.024）
受教育程度[f]		0.083 + （0.046）	0.036 （0.034）	0.048 （0.035）
论文量（对数）		0.010 （0.017）	− 0.003 （0.012）	− 0.004 （0.013）
科研网络规模		0.006 *** （0.001）	0.003 *** （0.001）	0.002 ** （0.001）
专业技术职称[g]				
初级		0.137 （0.099）	0.096 （0.072）	0.045 （0.074）
中级		− 0.133 * （0.063）	− 0.049 （0.046）	− 0.066 （0.049）
副高级		− 0.167 ** （0.064）	− 0.071 （0.047）	− 0.105 * （0.050）
正高级		− 0.019 （0.074）	0.013 （0.054）	− 0.013 （0.057）
行政职务级别[h]				
科级		− 0.067 （0.045）	− 0.087 ** （0.033）	− 0.090 ** （0.034）
处级及以上		0.064 （0.052）	0.029 （0.039）	0.026 （0.040）
社会流动[i]				
向下流动		− 0.047 （0.073）	− 0.073 （0.053）	− 0.017 （0.059）
水平流动		− 0.093 * （0.045）	− 0.034 （0.033）	− 0.022 （0.035）
向上流动		0.018 （0.065）	0.000 （0.047）	0.001 （0.048）
是否兼职[j]		0.045 （0.037）	0.011 （0.027）	0.009 （0.028）
主观社会地位			0.086 *** （0.007）	0.080 *** （0.007）
与上级关系			0.147 *** （0.019）	0.141 *** （0.019）
与同事关系			0.042 + （0.024）	0.041 + （0.024）
与学生关系			0.012 （0.021）	0.018 （0.022）
公平感			0.091 *** （0.015）	0.090 *** （0.015）
安全感			0.074 *** （0.015）	0.066 *** （0.016）

	模型 1	模型 2	模型 3	模型 4
	总体获得感	总体获得感	总体获得感	总体获得感
个人关系信任			0.058 * (0.025)	0.057 * (0.025)
组织机构信任			0.112 *** (0.017)	0.110 *** (0.017)
合同类型[k]				− 0.045 + (0.024)
高校类型[l]				
"一流学科" 高校				− 0.006 (0.030)
"双一流" 高校				0.026 (0.032)
户籍[m]				− 0.068 (0.049)
所在地区[n]				0.113 *** (0.030)
_cons	3.507 *** (0.046)	2.774 *** (0.125)	0.682 *** (0.130)	0.853 *** (0.142)
N	2060	1119	1104	1044
adj. R^2	0.029	0.199	0.579	0.591

注：①[a] 参照组为女性；[b] 参照组为 60 世代及以前；[c] 参照组为非在婚；[d] 参照组为非党员；[e] 参照组为无住房产权；[f] 参照组为硕士研究生及以下；[g] 参照组为无职称；[h] 参照组为无级别；[i] 参照组为无流动；[j] 参照组为无兼职；[k] 参照组为长期合同（终身制）；[l] 参照组为普通高校；[m] 参照组为非本地户籍；[n] 参照组为上海；②[+] $p < 0.1$，[*] $p < 0.05$，[**] $p < 0.01$，[***] $p < 0.001$；③括号内为标准误。

表 15 - 17 的模型 5 至模型 9 分别为高校教师的保障性获得感、社会性获得感、体验性获得感、流动性获得感和比较性获得感的回归分析。

回归结果显示，个人年收入能显著提升高校教师的保障性获得感、社会性获得感、流动性获得感和比较性获得感。拥有住房产权能显著提升高校教师的保障性获得感、体验性获得感和比较性获得感。相比受教育程度为硕士研究生及以下的高校教师群体，博士研究生教师群体的体验性获得感更高。高校教师的论文发表量越多，其体验性获得感越低。高校教师的科研网络规模越大，其社会性获得感越高。中级职称教师的比较性获得感显著低于无职称教师，副高级职称教师的社会性获得感和比较性获得感显著低于无职称教师，正高级职称教师的社会性获得感和比较性获得感显著低于无职称教师，而其流动性获得感显著高于无职称教师。科级职务教师的保障性获得感、流动性获得感和比较性获得感显著低于无职务的教师。从流动经历变量来看，向下流动会显著降低高校教师的体验性获得感，水平流动会显著降低高校教师的社会性获得感，而向上流动会显著提升高校教师的流动性获得感。高校教师的主观社会地位越高，其保障性获得感、社会性获得感、体验性获得感、流动性获得感和比较性获得感越高。人际关系变量显示，高校教师与上级的关系越好，其保障性获得感、社会性获得感、流动性获得感和比较性获得感越高。高校教师与同事的关系越好，其保障性获得感和体验性获得感越高。高校教师与学生的关系越好，其社会性获得感越高。高校教师的公平感越高，其保障性获得感、流动性获得感和比较性获得感越高。高校教师的安全感越高，其保障性获得感、体验性获得感和流动性获得感越高。高校教师的个人关系信任的提升能显著提高其保障性获得感、体验性获得感和流动性获得感，但同时也显著降低了其比较性获得感。而组织机构信任的提升能显著提升高校教师的保障性获得感、社会性获得感、体验性获得感、流动性获得感和比较性获得感。签订短期固定期限合同的高校教师比签订长期合同（终身制）的高校教师的保障性获得感和流动性获得感低，但体验性获得感高。从学校类型来看，"一流学科"高校和"双一流"高校教师的社会性获得感显著高于普通高校。从户籍来看，拥有本地户籍的高校教师的比较性获得感显著低于非本地户籍的高校教师。从所在地区来看，非上海高校教师的保障性获得感、社会性获得感、体验性获得感和比较性获得感显著高于上海高校教师。从性别来看，男性高校教师的保障性获得感显著低于女性教师。从出生世代来看，80世代和90世代出生的高校教师的流动性获得感显著高于60世代及以前出生的教师。从婚姻状况来看，在婚教师的社会性获得感显著高于非在婚教师。从政治面貌来看，党员教师的比较性获得感显著低于非党员教师。

表 15 – 17　高校教师获得感的回归分析

	模型 5 保障性获得感	模型 6 社会性获得感	模型 7 体验性获得感	模型 8 流动性获得感	模型 9 比较性获得感
个人年收入（对数）	0.057 * (0.026)	0.103 *** (0.026)	0.026 (0.028)	0.093 ** (0.033)	0.080 ** (0.029)
有住房产权[a]	0.107 ** (0.035)	– 0.014 (0.036)	0.067 + (0.038)	– 0.039 (0.045)	0.086 * (0.040)
受教育程度[b]	– 0.032 (0.052)	0.012 (0.053)	0.098 + (0.056)	0.101 (0.067)	0.064 (0.059)
论文量（对数）	0.011 (0.018)	0.022 (0.019)	– 0.050 * (0.020)	0.005 (0.023)	– 0.008 (0.021)
科研网络规模	0.001 (0.001)	0.004 *** (0.001)	0.002 (0.001)	0.002 (0.001)	0.002 (0.001)

续表

	模型 5 保障性获得感	模型 6 社会性获得感	模型 7 体验性获得感	模型 8 流动性获得感	模型 9 比较性获得感
专业技术职称[c]					
初级	0.079 (0.108)	0.076 (0.111)	−0.103 (0.116)	0.096 (0.138)	0.082 (0.123)
中级	−0.018 (0.072)	−0.076 (0.074)	0.013 (0.078)	−0.031 (0.092)	−0.216 ** (0.082)
副高级	−0.093 (0.074)	−0.128 + (0.075)	−0.024 (0.079)	−0.031 (0.094)	−0.250 ** (0.084)
正高级	0.023 (0.084)	−0.145 + (0.086)	0.029 (0.090)	0.197 + (0.107)	−0.171 + (0.096)
行政职务级别[d]					
科级	−0.111 * (0.050)	−0.025 (0.051)	−0.007 (0.054)	−0.191 ** (0.063)	−0.115 * (0.057)
处级及以上	0.003 (0.058)	0.014 (0.059)	0.055 (0.063)	0.062 (0.074)	−0.001 (0.066)
社会流动[e]					
向下流动	0.003 (0.086)	−0.002 (0.088)	−0.155 + (0.093)	0.107 (0.110)	−0.038 (0.098)
水平流动	−0.009 (0.052)	−0.124 * (0.053)	−0.014 (0.056)	0.031 (0.066)	0.002 (0.059)
向上流动	0.049 (0.070)	−0.101 (0.072)	−0.001 (0.076)	0.159 + (0.090)	−0.106 (0.080)
是否兼职[f]	−0.008 (0.041)	−0.002 (0.042)	−0.039 (0.044)	0.055 (0.052)	0.037 (0.047)
主观社会地位	0.093 *** (0.011)	0.028 * (0.011)	0.066 *** (0.012)	0.087 *** (0.014)	0.125 *** (0.012)
与上级关系	0.154 *** (0.029)	0.096 ** (0.029)	0.033 (0.031)	0.310 *** (0.036)	0.111 *** (0.033)
与同事关系	0.079 * (0.036)	0.020 (0.037)	0.092 * (0.039)	0.037 (0.046)	−0.025 (0.041)
与学生关系	0.008 (0.032)	0.156 *** (0.033)	0.040 (0.035)	−0.060 (0.041)	−0.051 (0.037)
公平感	0.101 *** (0.022)	0.034 (0.023)	0.027 (0.024)	0.182 *** (0.029)	0.109 *** (0.026)
安全感	0.088 *** (0.023)	0.035 (0.024)	0.096 *** (0.025)	0.071 * (0.029)	0.040 (0.026)

	模型 5 保障性获得感	模型 6 社会性获得感	模型 7 体验性获得感	模型 8 流动性获得感	模型 9 比较性获得感
个人关系信任	0.119 ** (0.037)	0.051 (0.037)	0.107 ** (0.039)	0.105 * (0.047)	− 0.097 * (0.042)
组织机构信任	0.104 *** (0.026)	0.131 *** (0.026)	0.063 * (0.028)	0.139 *** (0.033)	0.111 *** (0.029)
合同类型[g]	− 0.127 *** (0.035)	− 0.011 (0.035)	0.063 + (0.037)	− 0.120 ** (0.044)	− 0.031 (0.039)
高校类型[h]					
"一流学科" 高校	0.023 (0.044)	0.079 + (0.045)	− 0.053 (0.047)	− 0.010 (0.056)	− 0.070 (0.050)
"双一流" 高校	0.041 (0.047)	0.120 * (0.049)	− 0.078 (0.051)	0.011 (0.061)	0.037 (0.054)
户籍[i]	− 0.022 (0.072)	0.068 (0.074)	− 0.107 (0.078)	− 0.134 (0.092)	− 0.144 + (0.082)
所在地区[j]	0.110 * (0.044)	0.108 * (0.045)	0.089 + (0.047)	− 0.034 (0.056)	0.290 *** (0.050)
性别[k]	− 0.053 + (0.032)	− 0.023 (0.033)	− 0.050 (0.035)	− 0.010 (0.041)	− 0.003 (0.037)
出生世代[l]					
70 世代	0.000 (0.059)	− 0.068 (0.060)	− 0.036 (0.064)	0.051 (0.075)	
80 世代	− 0.052 (0.063)	− 0.100 (0.065)	− 0.051 (0.068)	0.227 ** (0.081)	0.041 (0.072)
90 世代	− 0.002 (0.090)	0.077 (0.093)	− 0.011 (0.097)	0.347 ** (0.115)	0.066 (0.103)
婚姻状况[m]	0.012 (0.045)	0.088 + (0.047)	0.051 (0.049)	− 0.032 (0.058)	− 0.013 (0.052)
政治面貌[n]	− 0.009 (0.033)	− 0.053 (0.034)	0.022 (0.036)	− 0.055 (0.042)	− 0.102 ** (0.038)
_cons	0.418 * (0.208)	1.175 *** (0.213)	2.039 *** (0.224)	− 0.449 + (0.266)	1.080 *** (0.237)
N	1044	1044	1044	1044	1044
adj. R^2	0.472	0.342	0.214	0.436	0.392

注：①[a] 参照组为无住房产权；[b] 参照组为硕士研究生及以下；[c] 参照组为无职称；[d] 参照组为无级别；[e] 参照组为无流动；[f] 参照组为无兼职；[g] 参照组为长期合同（终身制）；[h] 参照组为普通高校；[i] 参照组为非本地户籍；[j] 参照组为上海；[k] 参照组为女性；[l] 参照组为 60 世代及以前；[m] 参照组为非在婚；[n] 参照组为非党员；② + $p < 0.1$, * $p < 0.05$, ** $p < 0.01$, *** $p < 0.001$；③括号内为标准误。

五 结论与讨论

本章首先回顾了高校教师获得感的相关理论及影响机制，在此基础上构建了高校教师获得感的测量指标体系，将高校教师的获得感划分为保障性获得感、社会性获得感、体验性获得感、流动性获得感和比较性获得感五个维度。然后对影响高校教师获得感的因素进行了回归分析。

实证研究结果表明，高校教师的获得感处于中等偏上水平，调查样本中的高校教师总体获得感得分为 3.41 分（总分为 5 分）。高校教师的体验性获得感最高，其次为社会性获得感、保障性获得感和流动性获得感，比较性获得感的得分最低，为 2.47 分。

进一步对影响高校教师获得感的因素进行探析，社会结构地位模型显示，个人年收入会显著提升高校教师的总体获得感。拥有住房产权会显著提升高校教师的保障性、体验性和比较性获得感。博士研究生教师群体的体验性获得感显著高于硕士研究生及以下的教师群体。论文发表量越多，高校教师的体验性获得感越差，可能是因为长期从事科研论文发表压力而导致高校教师的身体和精神状况变差。科研网络规模越大，高校教师的社会性获得感越高。中级职称和副高级职称教师的获得感显著低于无职称教师的获得感，这种差距主要体现在比较性获得感上，可能是因为高校教师的职称等级越高，其选择的比较对象等级也越高，相比之下的落差越大，获得感也随之降低。高校教师向上流动会显著提升其流动性获得感。心理认知模型显示，高校教师主观社会地位的提升将显著提升其总体获得感。高校教师的人际关系特别是与上级和同事的人际关系越好，其总体获得感越高，与学生的人际关系越好，其社会性获得感越高。高校教师的公平感和安全感越高，其总体获得感越高。个人关系信任感将显著提升高校教师的获得感，主要体现在保障性获得感、体验性获得感、流动性获得感上，但却会降低比较性获得感。组织机构信任感的提升将显著提升高校教师的保障性获得感、社会性获得感、体验性获得感、流动性获得感和比较性获得感。宏观政策模型显示，签订短期固定期限合同的高校教师的获得感比签订长期合同（终身制）的教师低，主要体现在保障性获得感和流动性获得感上，而签订短期固定期限合同的高校教师的体验性获得感显著高于签订长期合同（终身制）的教师。80 世代和 90 世代出生的高校教师的流动性获得感显著高于 60 世代及以前出生的教师。在婚教师的社会性获得感显著高于非在婚教师。

参考文献

贝克、吉登斯、拉什，2016，《自反性现代化：现代社会秩序中的政治、传统与美学》，赵文书译，北京：商务印书馆。

陈丹引，2021，《数字获得感：基于数字能力和数字使用的青年发展》，《中国青年研究》第 8 期。

董洪杰、谭旭运、豆雪姣、王俊秀，2019，《中国人获得感的结构研究》，《心理学探新》第 5 期。

侯斌，2019，《就业能提升获得感吗？——基于对城市低保受助者再就业情况的考察》，《兰州学刊》第 4 期。

黄冬霞、吴满意，2017，《思想政治教育获得感：内涵、构成和形成机理》，《思想教育研究》第 6 期。

黄艳敏、张文娟、赵娟霞，2017，《实际获得、公平认知与居民获得感》，《现代经济探讨》第 11 期。

李斌、张贵生，2018，《居住空间与公共服务差异化：城市居民公共服务获得感研究》，《理论学刊》第 1 期。

李琦、倪志良，2021，《公共服务支出提升了居民收入差距容忍度吗？——基于公共服务获得感的中介效应研究》，《经济问题探索》第 8 期。

梁土坤，2019，《农村低收入群体经济获得感的内涵、特征及提升对策》，《学习与实践》第 5 期。

廖福崇，2020，《公共服务质量与公民获得感——基于 CFPS 面板数据的统计分析》，《重庆社会科学》第 2 期。

吕小康、黄妍，2018，《如何测量"获得感"？——以中国社会状况综合调查（CSS）数据为例》，《西北师大学报》（社会科学版）第 5 期。

马红鸽、席恒，2020，《收入差距、社会保障与提升居民幸福感和获得感》，《社会保障研究》第 1 期。

聂伟，2020，《就业质量、获得感对农民工入户意愿的影响》，《农业技术经济》第 7 期。

聂伟、蔡培鹏，2021，《让城市对青年发展更友好：社会质量对青年获得感的影响研究》，《中国青年研究》第 3 期。

聂伟、风笑天，2020，《996 在职青年的超时工作及社会心理后果研究——基于 CLDS 数据的实证分析》，《中国青年研究》第 5 期。

任国强、崔婉婷、马自笑，2021，《居民收入获得感的行业差距分析》，《统计与决策》第 10 期。

史鹏飞，2020，《从社会心理学视角看获得感》，《人民论坛》第 Z1 期。

谭旭运、董洪杰、张跃、王俊秀，2020，《获得感的概念内涵、结构及其对生活满意度的影响》，《社会学研究》第 5 期。

谭旭运、豆雪姣、董洪杰，2020，《社会阶层视角下民众获得感现状与提升对策》，《广西师范大学学报》（哲学社会科学版）第 5 期。

王积超、闫威，2019，《相对收入水平与城市居民获得感研究》，《中央财经大学学报》第 10 期。

王俊秀、刘晓柳，2019，《现状、变化和相互关系：安全感、获得感与幸福感及其提升路径》，《江苏社会科学》第 1 期。

王浦劬、季程远，2018，《新时代国家治理的良政基准与善治标尺——人民获得感的意蕴和量度》，《中国行政管理》第 1 期。

王浦劬、季程远，2019，《我国经济发展不平衡与社会稳定之间矛盾的化解机制分析——基于人民纵向获得感的诠释》，《政治学研究》第 1 期。

王恬、谭远发、付晓珊，2018，《我国居民获得感的测量及其影响因素》，《财经科学》第 9 期。

王艳丽、陈红，2021，《城市社区居民获得感量表的编制》，《心理与行为研究》第 5 期。

文宏、林彬，2021，《人民获得感：美好生活期待与国民经济绩效间的机理阐释——主客观数据的时序比较分析》，《学术研究》第 1 期。

文宏、刘志鹏，2018，《人民获得感的时序比较——基于中国城乡社会治理数据的实证分析》，《社会科学》第 3 期。

吴维煊，2019，《"隐性获得感"是教师发展的原动力》，《中国教育学刊》第 4 期。

项军，2019，《客观"获得"与主观"获得感"——基于地位获得与社会流动的视角》，《社会发展研究》第 2 期。

辛秀芹，2016，《民众获得感"钝化"的成因分析——以马斯洛需求层次理论为视角》，《中共青岛市委党校青岛行政学院学报》第 4 期。

徐延辉、刘彦，2021，《社会分层视角下的城市居民获得感研究》，《社会科学辑刊》第 2 期。

杨金龙、王桂玲，2019，《农民工工作获得感：理论构建与实证检验》，《农业经济问题》第 9 期。

杨金龙、张士海，2019，《中国人民获得感的综合社会调查数据的分析》，《马克思主义研究》第 3 期。

杨三、康健、祝小宁，2022，《基本公共服务主观绩效对地方政府信任的影响机理——公众参与的中介作用与获得感的调节效应》，《软科学》。

叶胥、谢迟、毛中根，2018，《中国居民民生获得感与民生满意度：测度及差异分析》，《数量经济技术经济研究》第 10 期。

于洋航，2021，《城市社区公共服务、生活满意度与居民获得感》，《西北人口》第

3 期。

袁浩、陶田田，2019，《互联网使用行为、家庭经济状况与获得感——一项基于上海的实证研究》，《社会发展研究》第 3 期。

张栋，2020，《低保制度提升贫困群体主观幸福感、获得感、安全感了吗？——基于 CFPS 面板数据的实证分析》，《商业研究》第 7 期。

赵卫华，2018，《消费视角下城乡居民获得感研究》，《北京工业大学学报》（社会科学版）第 4 期。

郑建君，2020，《中国公民美好生活感知的测量与现状——兼论获得感、安全感与幸福感的关系》，《政治学研究》第 6 期。

朱平利、刘娇阳，2020，《员工工作获得感：结构、测量、前因与后果》，《中国人力资源开发》第 7 期。

朱英格、董妍、张登浩，2022，《主观社会阶层与我国居民的获得感：社会排斥和社会支持的多重中介作用》，《中国临床心理学杂志》第 1 期。

Léné，A . 2019. "Job Satisfaction and Bad Jobs：Why Are Cleaners So Happy at Work？" *Work，Employment and Society* 33（4）：666 – 681.

第十六章 研究结论与对策建议

刘　飞　张文宏[*]

百年大计，教育为本。党的二十大报告指出，"教育、科技、人才是全面建设社会主义现代化国家的基础性、战略性支撑。必须坚持科技是第一生产力、人才是第一资源、创新是第一动力，深入实施科教兴国战略、人才强国战略、创新驱动发展战略，开辟发展新领域新赛道，不断塑造发展新动能新优势"（习近平，2022）。改革开放40多年来，党和国家高度重视高等教育的发展，在高校教师队伍建设方面确立了一系列重大的战略部署，使我国教师队伍有了极大的发展。

目前我国高校已经建成一支庞大的教师队伍，教育部发布的历年《全国教育事业发展统计公报》显示，1999年时，全国高等学校教职工126.52万人，其中普通高等学校106.51万人，专任教师42.57万人。[①] 时至2019年，全国共有普通高等学校2688所（含独立学院257所），普通高等学校教职工256.67万人，其中专任教师174.01万人，比上年增加6.74万人，增长4.03%。普通高校生师比为17.95∶1，其中，本科院校17.39∶1，高职（专科）院校19.24∶1。[②]

随着高校教师队伍不断壮大，优化高校师资队伍、创建一流师资队伍是当前"双一流"建设高校的首要任务，而高校教师自身的生活状况则是影响着他们科研与教学工作的重要因素。2018年，《中共中央 国务院关于全面深化新时代教师队伍建设改革的意见》把教师队伍的地位待遇问题提

---

* 刘飞，南开大学社会学院助理研究员，社会学博士；张文宏，南开大学社会学院院长、二级教授、博士生导师，哲学（社会学）博士。

① 《1999年全国教育事业发展统计公报》，http://m.moe.gov.cn/jyb_sjzl/sjzl_fztjgb/tnull_841.html，最后访问日期：2023年8月10日。

② 《2019年全国教育事业发展统计公报》，http://m.moe.gov.cn/jyb_sjzl/sjzl_fztjgb/202005/t20200520_456751.html，最后访问日期：2023年8月10日。

到了特别重要的位置，明确要提升教师的政治地位、社会地位和职业地位，让"教师职业吸引力明显增强，教师成为让人羡慕的职业"。①

一　本研究主要发现

（一）高校教师的社会地位与职业流动

"双一流"高校建设的实施，将高校师资队伍建设摆在了更加突出的位置。如何进一步提高高校教师的地位和待遇，以吸引、激励优秀人才进入高校教师队伍，提高高校教师队伍的整体水平，成为我国从高等教育大国迈向高等教育强国的关键。本研究聚焦于高校教师的主观与客观的双重社会地位。在阶级阶层分析中，客观维度的分层研究往往聚焦于阶层结构分化、收入差距、社会流动等方面，主观维度揭示的是人们对客观社会变迁和社会分化的主观认知。

从收入方面来看，正高级职称以下的教师和拥有正高级职称的教师在收入上有显著的差距。与其他无行政职务级别或行政职务级别较低的教师相比，处级正职及以上的教师在收入上有着显著的优势。此外，"双一流"高校教师的收入也显著高于普通高校的教师。住房表征的家庭资产也是体现人们社会地位的重要指标之一，虽然高校教师群体绝大多数拥有自购商品房，但还有将近31%的高校教师在租用住房，而且超过30%的高校教师居住的社区环境较差。究其原因，一方面，家庭年收入与高校教师的住房产权获得、住房面积、居住环境紧密相关，在拥有初级职称的高校教师中仍有约30%的教师无现住房产权；另一方面，住房数量和居住环境还会随着行政职务级别的提升逐渐增加和改善。拥有流动经历的高校教师，尤其是有水平流动或向下流动经历的高校教师在住房数量和住房产权的获得方面有更大优势，这说明一些高校可能会通过给予住房补贴来吸引更高层次的教师。

在主观地位认同方面，传统的社会地位指标——受教育程度不具有显著影响，这可能是由于当前高校教师的任职普遍要求博士学历，高校教师在学历上的差异较小，而另一指标——家庭年收入仍然是重要的影响因

---

① 《中共中央 国务院关于全面深化新时代教师队伍建设改革的意见》，https://www.gov.cn/zhengce/2018-01/31/content_5262659.htm，最后访问日期：2023年8月10日。

素。主观社会地位更多是将自己置身于整个社会阶层结构中进行评价，专业技术职称更多反映的是其教学与科研的技术水平，难以作为范围更广的社会地位评价标准，因此，专业技术职称对主观地位认同并没有显著影响。值得注意的是，高校教师与所在城市的公务员、国企白领进行社会比较形成的相对剥夺感对主观社会地位具有显著影响，这也显示出高校教师与其他职业群体进行比较时，倾向于选择同为体制内的其他社会成员作为比较对象。

在高校教师的职业流动方面，研究发现，高校教师的整体流动率较低，大多数高校教师毕业后的初职即为现职，即便是有流动经历的高校教师，其职业流动频次也较少。46～55 岁的中年教师职业流动率较高；毕业院校层级越高的教师越不太可能更换工作院校；毕业于港澳台及海外院校的教师职业流动较为频繁。在高校教师职称晋升方面，平均而言，一名高校教师如果毕业就进入高校任教，到获得正高级职称大约需要 19 年时间。从高校教师的主要职业流动路径来看，最普遍的路径是初职选择进入等同或低于其毕业院校层级的高校后就不再轻易变动工作单位，主要通过获得专业技术职称实现向上流动，之后是寻求获得不同层次的人才称号，同时也可尝试获得行政职务。

（二）高校教师的工作与生活状况

随着教师和高校之间劳动关系的转变，"预聘与长聘""非升即走"等聘用方式开始在诸多高校推行。本研究发现，高校教师普遍认为自身面临着较大的科研压力，"双一流"高校教师和普通高校教师之间的差异最为明显，而绝大多数"双一流"高校也已经采用"非升即走"等评聘方式来给高校教师限定科研任务量。研究还发现，影响高校教师工作满意度的主要因素为个人年收入和合同类型，收入的增加能够显著提高其工作满意度，与高校签订长期合同（终身制）的教师比签订短期固定期限合同的教师有更高的工作满意度。在"双一流"高校工作的教师比普通高校教师有更高的工作满意度。然而，通常被认为会影响教师工作满意度的专业技术职称和职业流动并没有发挥显著作用，这可能是专业技术职称之间的差异受到个人年收入、合同类型等因素遮掩所致。

高校教师面临的健康风险将直接影响到我国教育事业的发展质量，本研究发现，与公众通常认为的高校教师工作时间相对自由不同，多数高校教师处于超时工作的状态，即平均每周用于工作的时间超过 40 小时。而且相比于教师的社会地位和职业特征等因素，工作时间是影响其自评健康的关键因素。高校教师作为脑力工作者，久坐不动、熬夜是其工作特征，因此，普遍存在颈椎和腰椎疼痛、失眠和高血压等慢性病。高校教师对家庭收入的满意度最低，对家庭关系和未来生活的信心程度相对较高，生活满意度总体上处于中等偏上水平。家庭收入和与其他职业群体的社会比较是影响其生活满意度的决定性因素。

（三）高校教师的社会心态

对高校教师社会心态的分析主要包括社会公平感、安全感、社会信任以及获得感四个维度，总体上高校教师对以上四个维度都有较高的评价。具体而言，社会公平感的影响因素中，受教育程度而非家庭年收入对社会公平的评价有显著影响，拥有中级或正高级职称的教师比无职称的教师更倾向于认为社会是公平的，与其他高校教师和其他职业群体进行社会比较产生的相对剥夺感是导致公平感降低的主要因素。家庭年收入、住房产权和健康状况是影响高校教师安全感的主要因素；与无职称的高校教师相比，具有中级、副高级、正高级职称的高校教师拥有更高水平的财产安全感；职业流动对安全感没有显著影响。在社会信任方面，高校教师有着较高水平的人际关系信任和组织机构信任。值得注意的是，他们在人际关系信任中对陌生人的信任度较低，在组织机构信任中对电视媒体和网络媒体的信任度不高。在人际关系信任和组织机构信任的影响因素中，个体社会地位中的受教育程度、家庭年收入以及专业技术职称、行政职务级别和职业流动方向等职业特征对社会信任的解释力较为有限，而是否获得本地户籍对人际关系信任有显著影响。在本研究中，获得感指标体系包括保障性获得感、社会性获得感、体验性获得感、流动性获得感、比较性获得感和总体获得感。高校教师间在受教育程度、专业技术职称、行政职务级别、职业流动以及合同类型上的差异能够解释大部分获得感的差异。

二　高校教师发展政策变迁

本研究通过对高校教师的社会地位、职业流动、工作状况、生活状况以及社会心态的分析，结合后期访谈以及日常观察可以发现，当前高校教师比较关注的是职称评聘、个人收入，这两者也往往关系到教师的工作与生活满意度以及职业流动选择。为此，本部分将对改革开放后高校教师发展政策的变迁历程进行简单回顾，主要涉及教师职称评聘和薪酬两部分内容。

（一）高校教师职称评聘政策变迁

1992 年，党的十四大提出要建立社会主义市场经济体制，我国高等教育也随之进入了高速发展阶段。1993 年颁布的《中华人民共和国教师法》规定，拥有研究生或大学本科学历才能够获得高等学校教师资格。1995 年12 月，国务院根据《中华人民共和国教师法》制定颁布了《教师资格条例》，从教师资格认定、教师任职条件、教师资格证书管理等方面详细规定了教师准入门槛。1998 年，《中华人民共和国高等教育法》也明确规定副高级以上级别的教师除应当具备以上基本任职条件外，还应当对本学科具有系统而坚实的基础理论和比较丰富的教学、科学研究经验，教学成绩显著（王鹏炜、李莹，2019）。1999 年教育部颁布的《关于当前深化高等学校人事分配制度改革的若干意见》、2000 年教育部颁布的《关于深化高等学校人事制度改革的实施意见》强调搞活用人制度和分配制度，要逐步建立符合高等学校特点的学校自主用人、人员自主择业、政府依法监督、配套措施完善的人事管理新体制。2006 年，人事部出台《事业单位岗位设置管理试行办法》等，定编定岗的聘任制成为高校教师劳动关系的改革方向（李志峰、罗桂，2019）。

从 2010 年开始，我国高校教师相关政策主题集中在教师的专业化发展，劳动关系呈现自主化和契约化的特征。2010 年国务院颁布的《国家中长期教育改革和发展规划纲要（2010—2020 年）》提出要落实和扩大高校办学自主权。2011 年，中共中央办公厅、国务院办公厅发布的《关于进一步深化事业单位人事制度改革的意见》规定，高等学校在备案编制内设岗位，该意见释放出不再刻意区分编制内外的政策信号。2014 年，国务院颁布施行了《事业单位人事管理条例》，将人员聘用制度确立为事业单位基本用人制度。2017 年 3 月，教育部等五部门联合印发的《关于深化高等教育领域简政放权放管结合优化服务改革的若干意见》明确高校成为职称评审的权利控制主体，同年《中共教育部党组关于加快直属高校高层次人才发展的指导意见》再次强调高校应落实聘用合同管理，明确高校与教师的双方权利和义务（晋兴雨等，2020）。

1992～2009 年国家对高校教师职称评聘出台的一系列政策促使高校教师职业身份及其与高校间劳动关系发生变化，高等教育一直被视作公共产品，高校则被国家确定为事业单位，行政任命制下的高校教师劳动关系实质是高校与教师间的行政关系。随着评聘制度和劳动关系的改革，教师逐渐从"单位人"转变为"社会人"。2010 年至今的评聘制度改革继续深化，人员编制管理转变为岗位编制管理，教师岗位类别更为多样化，高校教师的自主性和个性化发展得到改善。

（二）　高校教师薪酬政策变迁

高校教师的薪酬制度改革同样大致经历了两个阶段。以 1985 年中共中央、国务院发布《关于国家机关和事业单位工作人员工资制度改革问题的通知》为标志，高校教师的薪酬制度由计划经济的"公平为先"开始向市场经济的"效率至上"转变。这一时期高校教师的薪酬由四部分，即基础薪酬、职务薪酬、工龄津贴和奖励薪酬组成。基础薪酬采用统一标准；职务薪酬分级发放，在总薪酬中所占比重较大；工龄津贴按年资发放；奖励薪酬按实际情况发放。从 1993 年开始，随着专业技术职务等级薪酬制的实施，高校教师的薪酬结构也发生了转变，主要包括专业技术职务薪酬和津贴，其中后者采取了按劳分配的方式，额度与在总薪酬中的占比都较为灵活。此后，事业单位逐步建立了按照财政资金来源不同、人员分类不同采取不同薪酬标准的薪酬制度。国家全额拨款高校执行国家统一的薪酬制度和标准，随着国家"简政放权"各项举措的推进，20 世纪末各高校为了进一步激发高校教师工作积极性，普遍采用以引入"津贴"为特征的"职务等级薪酬制"，职务序列和职务等级决定薪酬中的固定部分，实际完成工作数量及质量决定薪酬中活的部分（仇勇等，2015）。

2006 年，《高等学校贯彻〈事业单位工作人员收入分配制度改革方案〉的实施意见》发布。此轮改革使高校教师迈入了"绩效薪酬"时代。高校教师的薪酬包括岗位薪酬、薪级薪酬、绩效薪酬和津贴补贴，其中岗位薪酬和薪级薪酬为基本薪酬，执行国家统一标准，由职称和职级决定。目前我国高校教师职称分为 4 等 12 级：教授（1～4 级）、副教授（5～7 级）、讲师（8～10 级）、助教（11～12 级），是高校教师岗位薪酬和薪级薪酬的决定因素。绩效薪酬则旨在衡量评价高校教师的工作表现和业绩，由国家进行总量控制，高校自主分配。实践中各个高校绩效薪酬基本涵盖了基于绩效评价的薪酬以及院系层面的津贴补贴和创收收入（仇勇等，2015）。

与高校教师职称评聘制度同步改革的是薪酬制度，市场化人才定价机制成为主流趋势。不仅领军人才、学科带头人等高层次人才成为高校人才争夺战的重点，一些优秀的博士生和出站博士后也成为高校不惜重金引进的对象。高校教师工资虽然仍是以政府规定为主，但岗位津贴已成为教师工资结构的重要组成部分，高校教师的收入得到了一定改善。

三　当前高校教师相关政策存在的主要问题与对策建议

（一）避免绩效评价陷阱与建立科学评价体系

和企业劳动者生产物质产品不同，高校教师学术职业的产出是人类精神产品。物质产品的价值可以借助于利润高低来判断，精神产品价值则不能在市场中快速转化为利润，其价值具有独创性、持久性、再生性与社会效益性等特性。高校教师工作包括教育教学、科研和社会服务三个方面的内容，除了科研成果进行量化统计时具有较高的可操作性外，教育教学和社会服务是难以准确量化评价的。学生的成长除了受限于个人与家庭的禀赋外，根本无法分清学生所取得的成绩究竟应归功于哪位教师的工作绩效，教师备课、授业、传道、解惑以及论证课题项目时投入的脑力、劳力、时间等无形劳动也难以拟定客观的计算标准。因此，目前在很多高校中实施的绩效考核被简化为不同等级期刊的论文、不同等级的课题和不同教学奖项的积分，从而导致了"看数量、拼级别"的窘境广泛存在，这样的绩效薪酬，无疑丧失了对高校教师教学科研工作激励的初衷。甚至高校教师会把自己的学术工作当作"挣工分"，这种绩效考核正在消磨教师"以学术为业"的信念，反而帮助他们建立"以学术为生"的理念。

高校需要建立符合学术活动规律的科学严谨的绩效评价机制。具体而言，考核指标宜粗不宜细，应以同行评价为主，以考核教师的学术水平和学术贡献为主。考核教师应主要由基层学术单位负责，而不是按照学校人事部门制定的详细的量化指标计算"工分"，因为基层学术单位比学校人事部门更了解本专业教师的学术水平和工作业绩。考核周期不宜太短，以3～5年为宜。考虑到顶刊论文发表周期较长，有些达到3年以上，而对于"非升即走"的考核要求一般需要专业领域的顶刊论文，而聘期考核周期通常也为3年，所以应适当放宽聘期考核周期。频繁考核也不符合学术规律，一个课题的深入研究往往需要几年甚至十几年时间，最优秀的学者也难保证短期内必能产出有较高价值的学术成果。因此，需要在制定论文发表数量的基础上补充完善代表作评价机制，单纯要求论文发表数量易导致教师功利性追求论文发表而降低研究质量，也不能一味强调代表性成果而有损论文的不断发表累积，高校应根据专业发展需求结合教师职业发展意愿制定兼顾发表数量和质量的评价标准。

（二）建立个人与团队评价相结合的评价体系

随着科学技术的快速发展和高校组织方式的变化，原创性的重大成果、重大创新越来越需要紧密团结的科研团队形成合力进行攻关，而不再是依靠某位教师单枪匹马埋头苦干，科研创新的载体已经由教师个体转变为科研团队。当前的绩效考核方式源于企业管理，但是在高校这样的公共部门中工作成果不易量化，这也导致当前评价指标强调个体绩效，而弱化了对团队重大成果、重大创新的要求。如果从科研团队合作的视角来审视高校教师目前合作的情况，团队负责人由知名专家学者担任，其主要职责是引领团队科研方向、管理团队成员和链接学术资源，团队成员则是具体任务的执行者，两者的分工明显不同。团队负责人一般是成果的享有者，团队成员则是贡献者，但是当前职称评审制度难以体现科研团队成员职业的差异，对不同职业的成员通常以相同的标准进行评价。这对于青年教师有失公平，易造成青年人才的流失，从而影响团队成员结构的稳定性，更不利于团队文化的建设。

高校需更加重视教师间合作成果以及将职称指标直接赋予科研团队。具体而言，目前多数高校在引进人才和职称评价时对论文和著作只认定独著或第一作者，即使一些高校对于英文论文会认可通信作者或者共同一作，但往往也会严格限定第一作者的单位必须为本校。这一规定虽然在一定程度上能够杜绝为了增加个人绩效，在没有实质贡献的情况下挂名科研论文，但这明显与当下知识生产模式严重不符。理工科论文通常由多位作者署名，而人文社科领域独著的比例较高，但近年观察国内人文社科领域CSSCI类期刊发表情况可知，两位及多位合作者署名的论文也在急剧增加。因此，在教师职称评价时，应对不同位序的署名赋予相应的权重，使用好职称评价制度来鼓励跨院校、跨学科的合作，激励高校教师共同解决重大的学术与社会问题。在解决好对共同署名科研成果认定的基础上，需要进一步将职称指标下放到科研团队，进而精确到教师个人。例如，可以规定一个科研团队若取得重大科研成果，可以给到该团队限定名额的正高级和副高级职称名额，这些指标由团队根据成员的实际贡献自主分配。这对于在重大科研攻关中负责难以通过科研成果体现但又不可缺少的基础性工作的教师尤为重要，能够有效提升教师个人和整个团队的工作积极性。

（三）加强聘后管理与促进教师有序流动

我国高等教育领域人才市场状况整体上表现为流动性不足与失序性流动并存。首先，高校教师的聘后管理仍有待加强。由于我国高校长期实行的是职称评审制度，在职称评审制度下教师一旦获得某一职称后即为终身制，大量高校教师在获评某一职称后，如果不想晋升更高职称，通常可以依靠以往的工作成果，在较低的科研产出水平下保持该职称至退休。因此，高校应加强聘后管理，采用"竞聘上岗"的职称聘用方式，严格执行聘期考核制，在聘用制度上做到"有上有下""有进有出"。聘后管理的强化虽然会在一定程度上增加教师压力，但能够有效提升教师的竞争意识，杜绝教师在获得职称晋升后的放松、懈怠。

在高校评聘"有进有出"的背景下，一些成果普通的教师为了晋级职称可能会选择流动至学校层级稍低的学校，实现校际间的向下流动，也会有成果优秀的教师流动至更好的学校，在流动中实现优化人才资源配置，但当前我国高校教师流动率较低。与之形成鲜明对比的是高层次人才流动失序，高校通过高薪、购房补贴、安家费和大额科研启动经费等手段吸引人才，而教师在变换工作单位过程中又往往会遇到原学校利用各种手段的阻碍。为此，政府相关部门应尝试建立院校间的人才流动协商补偿机制以及完善"双一流"评价中的人才指标要求。首先，就高校教师的职业流动而言，从区域性流动来看，国家可以采取措施改善西部地区高层次人才的待遇，对其子女在升学等方面给予政策优惠，从而弥补东部地区和中西部地区在子女教育质量和高考竞争压力方面的差异。对于同一区域间的职业流动而言，可以探索建立类似体育类职业俱乐部间的人员转会制度，在保障高校教师合理权利的同时也能够弥补流出学校的人才损失。其次，从"双一流"建设评价指标来看，多项指标均与人才数量有关，高校为了提升某一学科的评价通常花重金抢夺人才。高校高层次人才数量固然是评价的重要指标，但在此基础上可以进一步细化指标权重，例如，对于同一层次的两位拔尖人才，可赋予由高校自身培养的高层次人才更高权重。这会使高校管理者更多从长期效益考虑，注重对自身人才的培养，将引人与育人相结合。

（四）提高具有行业间竞争力的收入水平

高校不但知识密集，而且是以知识生产为主要工作的机构，由于中国高校绝大多数为公立院校，因而可将高校视作中央或地方政府在公共服务领域的延伸，尽管其拥有部分自主权，但其更主要的任务还是要实现社会效益，而非经济效益。在排除制度外收入以后，我国高校教师薪酬的整体水平是比较低的，而且与金融、互联网行业相比并无优势，甚至差距较大。根据2020年《中国劳动统计年鉴》（国家统计局人口和就业统计司、人力资源和社会保障部规划财务司，2020），高等教育行业平均工资为141699元，笔者通过计算发现，高校教师平均工资仅为互联网和相关服务、软件和信息技术服务业平均工资的67.74%和80.05%，仅为货币金融服务、资本市场服务行业平均工资的78.41%和49.36%。虽然高等教育行业平均工资包括高校中行政管理人员等，但仍可见高等教育行业平均工资远低于金融和互联网行业。考虑到调查高校主要分布于一线城市或省会城市，这些高校的教师获得体制外收入的机会高于其他城市，因而全国高校教师平均收入水平应低于该水平。

在高校人才队伍建设过程中，需要营造尊重知识、尊重劳动、尊重人才、尊重创造的氛围，体现"一流人才、一流业绩、一流报酬"的原则。虽然相比于其他职业，高校教师的学术职业没有很强的功利性，需要学术兴趣和献身精神，需要有对学术事业的忠诚，也不应以是否有利于提高收入作为自己学术工作的依据，但在市场经济条件下，收入的市场竞争力是决定高校人才资源配置效率和人才流动的重要因素，目前高校教师的收入水平较低，特别是固定收入部分在其总收入中所占的比例不高，难以在社会中维持体面稳定的生活。因此，在制定高校薪酬政策时，需高度重视全行业的薪酬市场调查数据，并以较快的响应速度，尽可能准确地获取相关劳动力市场的行业薪酬信息。基于这些薪酬信息，学校薪酬部门应定期评价现有的薪酬水平，并适时根据市场、物价指数变动情况，增加财政预算，定期调整教师的薪酬，至少使其可以达到在其他行业中具有博士学位的员工相同的薪酬水平。进而提升学术职业的吸引力，集聚优秀的学者，促进"双一流"建设的实施成效。此外，还需要进一步完善薪酬制度的顶层设计，保持科学合理的收入结构比例。不同层级的高校需要从"教育、科研、社会服务"等大学功能维度出发，将"教师个人发展"统筹于"双一流"高校的发展目标，以此确定以固定工资为主、绩效工资为辅的薪酬结构。例如，校级层面主导基础性绩效工资，使所有教师均能享受到良好的薪酬保障，再通过二级学院自主的绩效奖励适度拉开收入差距，从而在确保固定工资保障作用的同时合理发挥绩效工资的激励作用。

（五）建立长期高校教师追踪调查机制

最后，由于基于大规模随机抽样的微观数据的缺乏，有关高校教师收入影响因素的实证研究较少，难以科学地分析什么因素真正影响高校教师工资，也无法为高校教师薪酬制度设计提供有价值的建议。高校教师收入调查是我国高校人事制度和薪酬管理改革发展的现实需要，因此，应持续开展薪酬调查和数据采集，逐步扩大被调查的高校和人员范围，定期发布权威性的高校薪酬报告，并将历次调查的数据整理汇总，形成有比较价值和借鉴意义的历史数据库。记录高校教师收入水平变化的趋势，反映教师收入分配制度改革的历程，预测教师收入分配制度改革发展的方向，从而为建构具有中国特色的高校薪酬管理理论提供创见，为"双一流"建设高校的教师薪酬制度改革提供科学的实证依据。

参考文献

仇勇、李宝元、董青，2015，《我国高校教师的薪酬制度改革研究——基于历史走势分析与国际经验借鉴》，《国家教育行政学院学报》第 10 期。

国家统计局人口和就业统计司、人力资源和社会保障部规划财务司编，2020，《中国劳动统计年鉴–2020》，中国统计出版社。

晋兴雨、张英姿、于丽英，2020，《高校教师聘用制：政策演进与退出机制构建——基于 A 大学改革实践的分析》，《教育发展研究》第 3 期。

李志峰、罗桂，2019，《高校教师劳动关系变迁的深层结构与治理逻辑——基于 1978 年来的政策文本分析》，《复旦教育论坛》第 4 期。

王鹏炜、李莹，2019，《改革开放 40 年我国高校教师队伍建设政策的变迁逻辑》，《陕西师范大学学报》（哲学社会科学版）第 4 期。

习近平，2022，《高举中国特色社会主义伟大旗帜 为全面建设社会主义现代化国家而团结奋斗——在中国共产党第二十次全国代表大会上的报告》，10 月 16 日，ht-tps：//www. gov. cn/xinwen/2022 – 10/25/content_5721685. htm，最后访问日期：2023 年 8 月 10 日。

图书在版编目（CIP）数据

高校教师的获得感与社会流动 / 张文宏等著. -- 北
京：社会科学文献出版社，2024.1（2025.2 重印）
ISBN 978 - 7 - 5228 - 3112 - 1

Ⅰ.①高… Ⅱ.①张… Ⅲ.①高等学校 - 教师 - 工作
- 研究 Ⅳ.①G645.1

中国国家版本馆 CIP 数据核字（2023）第 244706 号

高校教师的获得感与社会流动

著　　者 / 张文宏 等

出 版 人 / 冀祥德
组稿编辑 / 谢蕊芬
责任编辑 / 赵　娜　孟宁宁　李　薇　李会肖
责任印制 / 王京美

出　　版 / 社会科学文献出版社·群学分社 （010）59367002
　　　　　　地址：北京市北三环中路甲 29 号院华龙大厦　邮编：100029
　　　　　　网址：www.ssap.com.cn
发　　行 / 社会科学文献出版社 （010）59367028
印　　装 / 唐山玺诚印务有限公司

规　　格 / 开本：787mm × 1092mm　1/16
　　　　　　印张：26.25　字数：455 千字
版　　次 / 2024 年 1 月第 1 版　2025 年 2 月第 2 次印刷
书　　号 / ISBN 978 - 7 - 5228 - 3112 - 1
定　　价 / 168.00 元

读者服务电话：4008918866